IBM商业价值蓝皮书

BEYOND
ACCELERATION
Exponential Technologies
Accelerate Enterprise Growth

比快更快

前沿技术加速企业成长

IBM商业价值研究院 / 著

人民东方出版传媒
People's Oriental Publishing & Media
东方出版社
The Oriental Press

目　录

CONTENTS

序　言

今后的五大趋势

提供当下和未来趋势的研究成果，

为充满不确定性的世界贡献价值

上篇　跨行业报告

第一章

识别“必需”

制胜后疫情时代

第二章

数字加速

在危机时期推动增长的主要技术

第三章

新一代的混合云管理能力

疫情新常态下，引领企业走出数字化转型困境

第四章

目前推动采用云技术的七种持续模式

现场笔记

第五章

智慧架构的速度

混合云创造数字业务价值，降低执行风险

第六章

扩展 AI 的公认概念

从试验变为工程原则

第七章

人工智能的业务价值

疫情期间的巅峰表现

第八章

新型互联资产模式

如何运用智能资产、机器学习和数字孪生，

提高运营效率，增强业务连续性

第九章

区块链——造福人类的伟大技术

建立信任和创造价值的五大原则

下篇　行业报告

第一章

开放式混合多云上的银行业务

迁移到面向金融服务的全新业务架构

第二章

破茧化蝶涅槃重生

企业级架构驱动的未来金融企业转型

第三章

颠覆消费品企业发展定律

后疫情时期的竞争优势竞赛

第四章

我们所熟知的通信服务时代已经结束

5G 和边缘计算将如何帮助界定谁能在

蓬勃发展的数字经济中获胜

第五章

CSP 与智能后台优势

通过人工智能和自动化获得竞争优势

第六章

改善保险客户体验

借助数据和 AI 赢得客户的心

第七章

依托平台拓展保险业务

对降本增收的积极影响

第八章

2030 年卡车行业展望

数字化重塑：路遥知马力，日久见真章

第九章

汽车商务的未来

数字化体验创造全新未来

第十章

混合云处方

加速医疗保健和生命科学行业转型

第十三章

借助区块链，让老化电网重现活力

建立新型模式，提高能源灵活性

第十四章

疫情过后恢复活力

旅游业复苏的四种方式

第十五章

工业品行业大规模数字化转型

企业范围变革的三项行动

第十六章

发展服务化业务模式

工业机械明星企业指引前进方向

第十七章

制胜产业互联网经济

构建产业互联网的三大关键要素

今后的五大趋势

提供当下和未来趋势的研究成果，
为充满不确定性的世界贡献价值

未来道路上会有哪些趋势等着你？

作为全球商业思想领导力的先行者，IBM 商业价值研究院基于过去数万次的全球高管访谈，通过数据分析和研究，提炼出今后几年的全球五大趋势，为您以及您所在的组织提供前行助力。

趋势一 社会契约重要性日益凸显

企业领导必须参与解决问题，而不是成为问题

为应对新冠肺炎疫情，世界各地纷纷采取各种封锁措施，致使经济陷入困境，发展机会差距进一步扩大，不发达地区数以百万计的人口受到的影响尤其严重。疫情应对措施加剧了社会的不平等，众多公共机构的流程和政策以及社会规范的结构性弱点暴露无遗。各个国家和地区必须重塑社会、教育和经济政策，应对未来可能发生的"黑天鹅"事件。

新冠肺炎疫情突如其来，导致前所未有的大规模裁员和无薪休假。

马士基	宣布因疫情带来的重大变化，最多可能影响到 27000 个工作岗位（约占全球员工总数的三分之一）
迪士尼	由于新冠肺炎疫情对主题公园业务造成巨大冲击，裁员增至 32000 人
西南航空	2020 年 7 月，约 28% 的员工接受延长假期和离职补贴。携手各级工会共同行动，避免 2021 年进一步裁员
科尔士百货公司	公司裁员 15%，每年节省 6500 万美元
壳牌公司	裁员高达 9000 人，约占员工总数的 10%
汇丰银行	宣布裁员计划，计划面向美国和欧洲裁员 35000 人，占全球员工总数的 15%

大多数人认为，在全球公共健康危机期间，社会有义务照顾遭受影响的员工。数字鸿沟以及不发达地区的资源匮乏局势，将进一步拉大发展机会和财富/收入方面的差距。

趋势二　关注心理健康，领导细致周到

组织领导必须采取整体方法，
关心员工的身心健康和思想情绪

组织领导必须细致周到地考虑会影响员工心理健康和福祉的诸多因素。疫情对员工及家庭的个人生活、职业生涯、健康福祉造成了巨大的影响。目前，企业文化凸显出前所未有的重要性，大多数组织面临严峻的企业文化挑战：亟须建立并培养倡导包容、鼓励创新及有助于提高生产力的文化。

管理层应当注意：员工的思想负担加重。这可能表现为对个人财务状况表示担忧；关心自己和家人的身心健康；认为疫情将卷土重来，对各级机构的信心开始有所动摇等。员工心理健康欠佳，压力过大，很可能会对工作绩效和生产力、工作敬业度、同事沟通交流、身体机能和日常活动等产生消极影响。一旦出现心理障碍，旷工、业务欠缺和失业比率将随之上升。

心理健康问题会对员工、企业和经济产生可见影响。然而，这些问题常常遭到忽视或未能妥善处理。

趋势三　供应链面临风险

疫情期间供应链非常不稳定，进一步彰显出建立

综合的智能工作流程的必要性

新冠肺炎疫情使全球供应链遭受重创——让我们进一步认识到实施转型的迫切性。疫情揭示出全球供应链的弱点和脆弱性，同时也彰显出供应链对于企业、社会乃至整个经济体的重要性。新冠肺炎疫情进一步显示，必须强化全球供应链网络，必须保证供应链能够动态、迅捷地与企业生态系统和流程实现互联互通。为避免在未来的黑天鹅事件中总是处于被动地位，组织领导必须评估如何积极应对今后可能发生的不可预测及无法避免的颠覆局面。领先的组织迅速采用数据驱动型智能工作流程和呈指数级发展的技术，获得深入洞察，有效采取行动，积极应对未来挑战。

从混乱的供应链到供应链创新。93%的企业在新冠肺炎疫情初期面临因需求波动引发的种种挑战。除了采取短期应对措施，企业还积极开展供应链创新：按现代运输模式重新定义物流；智慧制造为微型细分市场定制产品；客户日益要求供应链完全透明；借助强大的技术和特定于职位的专业知识，对员工队伍进行培训；对供应链进行独特配置，以收集各种计算环境中的数据；全球品牌企业创建特定于微型市场的"本地内容"和专门服务。

趋势四　科技决定成败

加速技术转型，彻底重新定义竞争格局

　　新冠肺炎疫情给数字化转型带来了紧迫感。受访高管越来越相信技术的能力——先行一步的组织几乎立竿见影地取得成效，因此大力推进企业的数字化转型。为了取得成功，领先的企业打破孤岛式的组织结构，确保员工和技术都具有长期胜任工作所需的能力、弹性和适应性。

　　克服以往的技术转型障碍，更有效地部署现有工具。

　　59%的组织因新冠肺炎疫情而加快数字化转型步伐。

　　66%的组织表示，完成了先前遭遇巨大阻力的转型计划。

　　59%的组织因新冠肺炎疫情而加快了数字技术投资步伐。

　　疫情期间，基于技术的能力推动组织走向成功。

　　●员工队伍适应能力：在综合运用内外部数据以改善员工队伍管理的受访者中，业绩出众企业的比例要比其他企业高出400%。

　　●客户参与度：在采用智能自动化技术深化客户关系的受访者中，业绩出众企业的比例要比其他企业高出141%。

　　●弹性和业务连续性：在采用云扩展本地IT环境，满足需求高峰的受访者中，业绩出众企业的比例要比其他企业高出120%。

趋势五　虚拟即现实

从推动向虚拟化转变，转向论证保留模拟模式的合理性

在疫情的影响下，人们在是否需要数字化技术方面的观念发生了转变。虚拟企业才是企业的未来形式，它能够超越传统的组织限制。创新必须保持开放透明。信任客户、员工及合作伙伴，有助于推动开展的任何工作。

未来，所有组织均将成为虚拟企业，大多数组织已开始为此努力。

84%的高管认为，客户将越来越热衷在线或虚拟环境互动，减少面对面互动。

70%的高管计划在 2022 年之前对扩展现实工作流程自动化进行评估，帮助提高绩效，打造更卓越的员工体验。

67%的高管计划在未来两年支持员工选择远程工作。

结语：

从 2006 年至今，IBM 已经进行过数十项预测。回顾这些预测，很多已经成为现实，引领科技发展的方向，或是改变了商业运营模式、提升运营效率，或者是通过科技让人类生活更加美好。可以说，IBM 一年一度的五大预测，是全球科技发展的风向标。

2021 年，请随着我们继续挖掘 IBV 的研究成果。我们将一如既往，积极运用业务洞察和先进的研究方法与技术，帮助你和企业在瞬息万变的商业环境中保持独特的竞争优势。

上　篇

跨行业报告

第一章

识别 "必需"

制胜后疫情时代

引　言

是时候以全新方式审视来路、规划前途了。无论新冠肺炎疫情的影响是逐渐消散，还是持续存在，2020 年注定是一个重大的转折点。整个世界从未如此步调一致地改变行为模式，共同实施封锁、隔离和强制社交距离。企业和政府都受到极其严重的冲击，关于未来的设想和规划彻底改变。从亚洲到美洲，无论行业内部还是行业之间都在不断重新洗牌。未来充满前所未有的不确定性——既蕴含新的机遇，又隐藏新的风险。

为了更深入地了解这一重要时刻的影响和意义，IBM 商业价值研究院（IBV）启动了有史以来最广泛的首席执行官（CEO）研究项目。IBV 依托近 20 年的最高管理层调研经验，广泛收集全球各个经济领域 3000 多名 CEO 和公共机构最高层领导的洞察。同时，我们与全球预测和定量分析的领军机构——牛津经济研究院合作，借助他们深厚的专业知识，作为本次调研的有益补充。此外，IBV 精心挑选了二十几名 CEO，开展了内容宽泛的独家专访，深入了解目前令这些高层领导备受困扰的思维模式、时代主题和重大挑战。

调研结果意义非凡。我们发现了一些令人意外的结果，它们不仅反映新时代的空前巨变，还揭示了很多新的优先任务和新的关注领域。无论是日益受到青睐的远程工作，还是不断加速的技术采用步伐，都表明过去的主流实践与未来的需求相去甚远。

CEMEX 是全球领先的建材企业，它的 CEO Fernando González 这样表示："新冠肺炎疫情改变了我们对于未来发展趋势的看法。我们开始对一切提出质疑和挑战。传统的规划方法已然过时。我们时刻保持警惕，敏锐观察，迅速应对。"加拿大最大的能源企业 Suncor 的 CEO 兼总裁 Mark Little 颇为感慨地说："我们再也回不到过去了。"这几乎道出了每一名受访 CEO 的心声。

在新时代背景下，我们面临的核心问题是：对于客户、员工、社区和投资者而言，什么才是不可或缺的？在访谈过程中，几乎所有的 CEO 都强调要专注于企业最突出的优势，彰显自身的差异化特点，创造最大的价值，这是企业压倒一切的当务之急。

超越动荡乱象，思路日渐清明：避免脱轨、拒绝放任；打破传统、锐意进取；发挥优势、不懈追求。这既适用于对外的产品和服务，也适用于对内的产品和服务。哪些人对于组织至关重要？哪些要素对于业务运营不可或缺？尽管许多调研结果确实不同寻常、耐人寻味，但我们也发现，受访者不仅重视"摆脱疫情冲击，迎接新常态"，同样也关注"收缩战线，专注根本"。

"我们必须鼓足勇气，坚定信念，将精力集中在少数几项优先任务上。"AT&T Communications 的 CEO Jeff McElfresh 表示，AT&T Communications 拥有超过 1.3 亿美国客户，服务对象涵盖几乎所有《财富》1000 强企业。"绝不能再多头并进。必须心无旁骛，将全部精力和资源投入到能够带来最大成功的事情上。转变企业运营模式，依靠合作伙伴完成部分职能。我们从事自己真正擅长的领域，把其他不太重要的任务交给其他人。"

本次 CEO 调研所揭示的关键主题

领导力

更扁平、更快捷、更灵活的组织架构更有利于企业迈向成功。"此次经历帮助我们减少了官僚作风，提高了反应速度。" 全球医疗器械、药品和快速消费品生产商强生公司的 CEO Alex Gorsky 这样表示。另外，业绩出众的企业更强调核心价值主张。正如 Gorsky 所说，"必须做好准备，全力以赴"。

技术

技术成熟度是更为重要的绩效差异化因素，而云计算、人工智能（AI）和物联网（IoT）则在必备工具清单中位居前列。2020 年疫情期间投资上述技术的企业，绩效表现明显优于同行。

员工

远程工作模式将长期存在，因此企业需要打造混合员工队伍，使现场员工与远程同事能够协同工作。企业文化也将随之转变，亟须开创新型管理方法，进一步提升执行能力。

开放创新

受访 CEO 预计，合作伙伴规模将缩减，但合作伙伴的战略重要性将提升。如果能与擅长某些领域的合作伙伴携手，共同挖掘未曾利用的商机，为什么要凡事亲力亲为呢？

网络安全

业绩出众企业的 CEO 更加注重防范网络风险和数据泄露。他们认识到，信任是业务生态系统的基本要素。

本报告共分三节。第一节"'必需'的优先级"，介绍从 3000 名受访 CEO 那里获得的主要调研结果。

第二节"'必需'的竞争力"，展开剖析、重点聚焦业绩出众企业的 CEO，他们无论在疫情发生前还是疫情期间的表现均优于同行。在这一节中，我们将阐述他们与业绩欠佳企业的 CEO 之间的差异。

第三节"'必需'的专注度"，介绍调研数据所揭示的三个受访群体的洞察。与"'必需'的竞争力"的主题一致，我们发现受访者可自然地分为以下三个群体：客户专注型、产品专注型、运营专注型（请参阅文末的"研究和分析方法"）。

尽管名称看上去有些熟悉，但是为了在当前独特的时代背景下重塑企业，绝不能再按传统方法行事。在第三节中，我们会重点介绍每个群体积累的经验教训，包括每个群体中业绩出众者与业绩欠佳者之间的具体差别。我们发现，这三个群体的企业所重视的最重要因素截然不同。

当然，目前每一家重要企业都非常重视客户、产品和运营这三个要素——而且在每一方面均需保持竞争优势（例如，三组受访者均将客户合作视为优先任务）。这一点与以前战略规划时代截然不同，在战略规划时代，专注某一个领域也能取得成功。因此，针对每个特定群体的分析能使几乎所有企业受益。

然而，CEO 们不可能将所有任务都列为高优先级，这就是为什么企业亟须找到自身不可或缺的差异化优势（并依靠合作伙伴帮助完成其他领域的工作）。过去一年中，业绩出众者与业绩欠佳者之间的差距有所扩大，战略重点领域的差异尤为明显。

本报告结尾附有"行动指南"，重点说明如何将这些发现应用于贵组织，同时总结每一节的"最重要问题"。另外报告中还根据需要添加了有针对性的"洞察"，介绍一些尖锐主题，例如：失去意义的最高管理层职务；持续存在的多元化和包容性问题；首席执行官一再忽视的新兴技术盲区。此外，我们还按行业深入研究受访者，探寻一些出乎意料的模式。在新的一年里，IBV 将继续对特定行业和特定最高管理层职务开展调研，以充实本报告的结论，并结合深度定量研究和独特的定性分析，帮助企业领导作出更明智的业务决策。

第一节 "必需"的优先级

IBV 对全球 3000 名 CEO 开展的独家调研揭示出明确的优先任务：

——明确目标，敏捷行动

——驱动转型，技术为要

——拥抱监管，适应变化

2020 年的商业环境剧烈动荡，企业被迫放弃长期计划和规则，解决迫在眉睫的紧急问题。首席执行官过去强调的是"必须做什么"，而 2020 年的问题却变成"应该做什么"。借鉴传统上的主流实践以及新冠肺炎疫情期间最成功的转变，我们可以汲取哪些经验教训，从而确保未来两到三年实现最理想的结果？

明确目标，敏捷行动

经历了过去一年的各种不确定性，受访 CEO 普遍强调组织的敏捷性，即组织快速作出响应、调整对策并且不影响发展势头的能力，将其视为企业领导最主要的优先任务之一，重视程度空前提升。Suncor 的 CEO Mark Little 指出："敏捷能力是企业脱颖而出的关键。"

我们的研究表明，56% 的受访 CEO 强调，在未来两到三年，必须大力增强组织的运营敏捷性和灵活性（图 1-1）。

新加坡星展银行是东南亚最大的银行之一，它的 CEO Piyush Gupta 表示："如果能够敏捷规划、积极尝试并持续培养学习文化，势必增强适应能力和灵活性，这意味着更迅速地把握商机以及应对环境变化。"他接着补充道："这正是我们努力的目标。"放眼未来，受访 CEO 认识到，无论是受到竞争压力、政府要求还是外部事件的驱动，组织必须有目的地为变化作好准备，这一点彰显出前所未有的重要性；同时，还必须部署能够快速作出调整的基础架构。

企业面临的挑战常常在于，难以确定敏捷行动的明确影响，有时甚至会引发"敏捷混乱"。因此，敏捷的工作方式需要更有目的性。他们必须明确关注业务成果和指导原则，了解在哪些领域开展创新可以将核心优势提升到新的水平，这样，敏捷计划才会产生实质性、有价值的重大变化和现实影响。

受访 CEO 认识到，只有建立一支被赋能的远程员工队伍，企业才

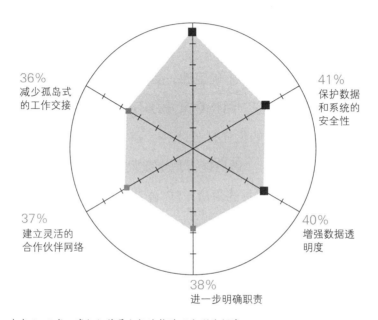

为打造灵活应变的企业，CEO 亟需采取的三大行动

56%
增强运营敏捷性和灵活性

36%
减少孤岛式
的工作交接

41%
保护数据
和系统的
安全性

37%
建立灵活的
合作伙伴网络

40%
增强数据透
明度

38%
进一步明确职责

问题：未来 2—3 年，贵组织将最积极地推进以上哪些领域？

图 1-1　三大核心要素：敏捷性、安全性和透明度

能以这种全新方式增强灵活性，推动创新。尽管企业在 2020 年提出了大量战略优先任务（包括增强供应链连续性、采用虚拟技术接洽客户等），但受访 CEO 普遍将支持远程工作视为最主要的关注点，在采访中提到这一点的受访人数最多（图 1-2）。

"远程工作会对大型企业的领导能力造成极大的压力，我并不认为大多数高管都赞同远程工作。"AT&T Communications 的 CEO Jeff McElfresh 断言："我不清楚是否有人找到了因为疫情而加速推进的分布式员工队伍模式的秘诀。并非所有领导都善于管理分布式工作模

新的期望使灵活性成为最主要的战略优先任务之一

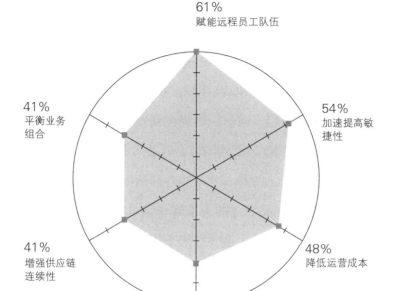

61%
赋能远程员工队伍

54%
加速提高敏捷性

41%
平衡业务组合

48%
降低运营成本

41%
增强供应链连续性

41%
采用虚拟技术接洽客户

问题：自 2020 年初以来，上述措施的实施对于推进企业战略有多重要？

图 1-2　推动远程工作方式

式。你需要更准确地了解每一个职位，确定最适合的领导类型。为充分发挥远程工作的潜力，我们还有很多工作要做。"

　　企业在这方面确实尽了很大的努力。作为阿根廷领先的电信和娱乐公司，阿根廷电信的 CEO 在提及未来员工队伍时指出："我们积极设想后疫情时代的员工体验，未来的发展趋势将会如何。我们思考数字化、线上协作、敏捷以及整体灵活性，这样每个团队都可以确定工作方式。我们共同设计流程，打破孤岛与传统的模式。"

驱动转型，技术为要

3000 名受访 CEO 一致认为，技术因素将是未来两到三年影响企业发展的最为重要的外部力量。这一点有足够的依据。IBV 近期发布的"数字加速"报告表明，数字化成熟度与财务业绩密切相关。此次调研覆盖 12 个行业，结果表明，在新冠肺炎疫情期间，技术成熟度较高的企业的收入增长率比成熟度较低的同行企业平均高出 6%。[①] 在相关研究中，60%的受访高管指出，疫情加快了企业的数字化转型步伐。[②]

"一些有效部署了技术平台的企业逐渐走出疫情阴影，而没有此类平台的企业仍在苦苦挣扎。"澳大利亚国家银行（全球最大的 25 家银行之一）的 CEO Ross McEwan 表示。他充满感慨地补充道："我们银行投入了大量资金重新构建平台。"

技术不仅有助于增强敏捷性，也是组建混合员工队伍、提高运营效率及加强客户互动的关键。"如何运用技术增强灵活性？"Ketchum 的前 CEO Barri Rafferty 如此发问（现任 Wells Fargo 执行副总裁兼传播主管）。

哪些技术最重要？根据最新的 CEO 调研结果，在帮助企业实现成果的技术中，物联网（IoT）、云计算和 AI 排在前三位（图 1-3）。

上述结果与 IBV "数字加速"报告不谋而合——在该报告中，受

[①] Payraudeau, Jean－Stéphane, Anthony Marshall, and Jacob Dencik, Ph. D. "Digital Acceleration：Top Technologies Driving Growth in a Time of Crisis." IBM Institute for Business Value. November 2020. https://ibm.co/digital-acceleration.

[②] "COVID－19 and the Future of Business：Executive Epiphanies Reveal Post－pandemic opportunities." IBM Institute for Business Value. September 2020. https://ibm.co/covid-19-future-business.

受访 CEO 认为物联网 (IoT)、云计算和 AI 对实现业务成果最有帮助。

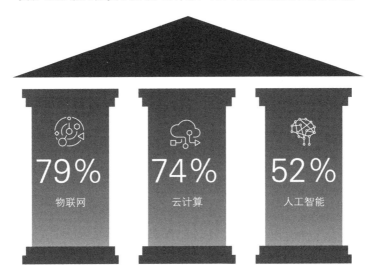

问题：未来 2—3 年，哪些技术对于企业实现成果帮助最大？

图 1-3 需要立即关注和采用的技术

访者同样将云和 AI 视为推动绩效的主要差异化因素。[1] 而且这三种技术往往相互关联，却又能够自我强化。IoT 能够从车辆、工业流程、客户互动以及其他方面收集数据。这些数据通过互联云进行组织和传播，通常由 AI 进行处理和增强。IoT、云计算和 AI 相辅相成，它们是面向未来的企业获得竞争优势的关键，它们颠覆传统工作模式，形成"智能工作流"。

关于如何实施这些技术，英国 B2B 媒体和咨询服务公司 Ascential 的 CEO Duncan Painter 表示："如果你确实希望借力于云驱动的全球平

---

① Payraudeau, Jean - Stéphane, Anthony Marshall, and Jacob Dencik, Ph. D. "Digital Acceleration：Top Technologies Driving Growth in a Time of Crisis." IBM Institute for Business Value. November 2020. https：//ibm.co/digital-acceleration.

台环境，就必须信任擅长相关领域的合作伙伴。因为仅凭一己之力，无法（从云中）获得全部价值。"

技术的重要性也体现在企业最高管理层的排位方面。当问及未来两到三年，哪些最高层主管在推动企业发展方面将发挥最大作用时，受访 CEO 回答技术负责人——首席信息官（CIO）和首席技术官（CTO）——的比例要高出首席营销官（CMO）和首席人力资源官（CHRO）两倍以上。事实上，在调研中，受访者将技术负责人与首席财务官（CFO）和首席运营官（COO）视为最重要的高管（图 1-4）。这一点与过往的调研结果大相径庭，表明 CEO 承认技术在企业中发挥着重大作用。（请参阅下文"消逝的首席战略官"。）

CEO 认为 CIO/CTO 将发挥举足轻重的作用

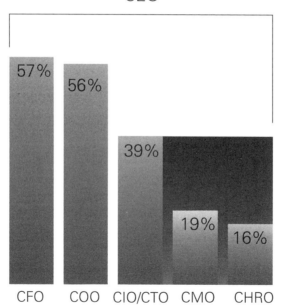

问题：在最高管理层团队中，哪些职务对于推动企业发展发挥最关键的作用？

图 1-4　高管排位——技术

消逝的首席战略官

自 2013 年起，IBV 在开展 CEO 研究时总会提及一个有关全体高管的问题：未来两到三年，哪些最高层主管将发挥最关键的作用？通常，首席财务官（CFO）和首席运营官（COO）这两个职务会名列前茅。CEO、CFO 和 COO 这种三驾马车模式始终保持稳定。

但放眼全局，有望跻身排名前列（甚至成为下一任 CEO）的职务已发生显著变化。回顾 2013 年，首席创新官（CIO）异军突起，当时有 47% 的受访者认为该职位非常重要，在总体排名中位列第五。但在最近的一项调研中，该职位几乎跌至榜末，仅有 4% 的 CEO 提到它。2013 年，首席营销官（CMO）是榜单上另一个有力的竞争者，获得了 66% 的受访者的支持；同样，目前该职位的重要性也明显下降，仅有 19% 的受访者选择 CMO。

不过，首席战略官（CSO）的消逝速度远超其他任何职务。在 2013 年，67% 的 CEO 将 CSO 视为关键职位——仅次于 CFO。如今，战略角色几乎跌出榜单，仅有 6% 的受访者提到它。

那么，CEO 的注意力转向何处了呢？转向了技术负责人——首席技术官（CTO）或首席信息官（CIO）。2020 年，CTO/CIO 职务最终排在第三位，获得了 39% 的受访 CEO 提名，这是技术负责人有史以来在调研中排名最高的一次。

"技术无处不在，任何一项工作都离不开它。"强生公司 CEO Alex Gorsky 表示，"无论是远程医疗、利用数据全面揭秘新冠肺炎基因图谱以生产疫苗，还是整合数据、与大型医疗保健系统合作以确定开展临床试验的最佳地点，所有这些工作都可以在数字化互联互通的帮助下进一步提速。"

拥抱监管，适应变化

第三大优先任务是拥抱监管，适应变化。在过去 17 年的 IBV CEO 调研中，在受访者认为最重要的外部力量中，监管因素从未进入榜单的前四名。近十年来，技术因素和市场因素（涵盖竞争、市场动态、不断变化的客户期望等）轮流坐庄，难分高下。然而，2020 年监管因素跃升至第二位，在调研中有半数的 CEO 将其列为优先任务（图 1-5）。

通常数字化成熟度越高，财务绩效越强劲，但监管问题在不断增加

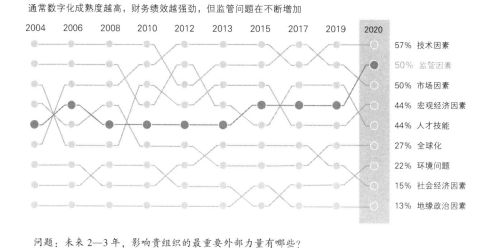

									2020	
2004	2006	2008	2010	2012	2013	2015	2017	2019		57% 技术因素
										50% 监管因素
										50% 市场因素
										44% 宏观经济因素
										44% 人才技能
										27% 全球化
										22% 环境问题
										15% 社会经济因素
										13% 地缘政治因素

问题：未来 2—3 年，影响贵组织的最重要外部力量有哪些？

图 1-5　重新思考监管

毋庸置疑，这表明各国政府在解决隐私、数据、贸易以及疫情所加剧的健康问题等方面，表现得越来越果断。疫情封锁和隔离为政府主导商业运营开创了先河，至少有半数受访 CEO 对此表示关注。

本节三个最重要的问题

如何有目的性地提高敏捷性，建立远程员工队伍？

——应当对工作方式和组织模式作出哪些调整，包括业务运营的地理区域分布？

——需要如何改变企业文化，将混合员工队伍视为新的业务现实？

——为了提高员工队伍的生产力和敬业度，需要增加哪些支持机制？

是否充分发挥技术潜力？

——如何确定新技术和新能力？

——打算采取哪些步骤对技术投资进行优先级排序和整合？

——运用技术加强竞争优势的最佳机遇在哪里？

监管可能会对战略造成怎样的影响？

——为应对预期的监管环境变化，目前应采取哪些措施？

——如何重新定义或建立新的合作关系，以应对监管变化？

——新法规可能带来哪些新的机遇？

第二节　"必需"的竞争力

我们的研究表明，业绩出众者与业绩欠佳者之间的差异主要体现在五大主要领域：

——领导力先行，使命必达

——超越工具，技术领跑

——远程协同，以人为本

——开放创新，合作共赢

——网络安全，保驾护航

2020 年，判断哪些企业值得学习的传统绩效评估方法被颠覆。全球疫情的暴发以及随之而来的封锁政策，让某些行业和地区遭受重创，但另一些行业和地区则逆势增长。周边因素的影响是如此之大，以致某些时候，企业仅仅因为身处有利的环境就获益匪浅，而身处不利环境的企业却遭到惩罚（请参阅下页"绩效悖论：运气、错觉和自负"。）

为针对这种现实状况进行调整，IBV 应用双因素筛选法对 3000 名 CEO 提供的数据进行筛选。我们挑选出表示在 2020 年之前三年及 2020 年收入增长与同行持平或高于同行的企业。约 1/5 的受访者在这两个时期都满足绩效出众的标准。类似比例（1/5）的受访者表示，两个时期的收入增长都低于标准。IBV 对业绩出众者与业绩欠佳者所作的回答进行了比较，发现二者差异极大。

业绩出众企业在进入 2020 年前的收入增长率就高于竞争对手，随后优势不断扩大——年度增长率差距为 5%—7%。如果企业年收入为 100 亿美元，这一收入增长率差距相当于年收入增加 7 亿美元。

业绩欠佳的企业普遍将现金流视为阻碍未来发展的主要障碍，比例较业绩出众的企业要高出 31%，这一点可能并不让人意外。与此同时，在认为赢家和输家之间的竞争差距逐渐拉大的受访者中，业绩欠佳企业的比例约为业绩出众企业的两倍——这表明业绩欠佳企业普遍认为自身处于劣势地位。

绩效悖论：运气、错觉和自负

绝不能仅仅因为业绩理想，就认定自己的方法得当。同样，即使企业陷入困境，也不要轻易断言自己出了差错。这是疫情经济的真实写照。

等式两端的错觉风险前所未有。2020 年，无论采取怎样的战略、实践或人才配置，酒店和旅游业均难免遭受重创。再来看看销售清洁用品、鼻拭子和宠物食品的企业。这些企业的收入增长或许更多是因为恰逢其时，无关乎任何非同寻常的心理战略。

"如果你运气好，正好在你的赛道上，但是不要太高兴。"一家亚洲可穿戴消费品制造商的 CEO 表示，"就像战争能刺激军工发展，但是战争结束了，军工技术还是会回到民用。这无非是把明年的钱或者后年的钱提前给你。"

企业领导所能掌握的可供指导行动市场信息更难解读，未来影响更是难以看清。某些企业无疑会因疫情期间的出色业绩而变得过于自信。事实上，在产品专注型的受访群体中，绝大多数的受访者对防范各种未来风险充满信心。历史一再证明，这种自信毫无根据。

CEO 应时刻提醒自己和团队成员：单纯依靠幸运企业的经验（或者否定不幸企业的成就）显然不是成熟的做法，很可能会造成误导。必须采取数据驱动的决策方法，高度重视可疑及片面信息，这一点至关重要。董事会负责对 CEO 开展评估，他们务必格外警惕，避免过度奖励因为处于顺境而取得突出业绩的人，或者严厉批评那些身处逆境却竭力追求的人。

业绩出众者与业绩欠佳者之间的差异主要体现在五大主要领域：

——领导力

——技术

——员工

——开放创新

——网络安全

因素1——领导力先行，使命必达

在此次调研中，业绩出众企业所关注的优先任务更为集中，而业绩欠佳企业的回答则较为分散（图 1-6）。业绩出众的企业不会被动收集信息，更不会冒险一搏，然后听天由命。我们看到，无论业绩出众的企业专注于哪些特定领域，果断的战略领导力都能够让他们从竞争中脱颖而出。事实上，85%的业绩出众企业认为领导力是影响业绩的关键因素。只有69%的业绩欠佳企业持相同的观点。

从以上分析中不难看出，业绩出众的企业除了善于作出更明确的选择外，还始终强调与客户相关的工作事项。为了更详尽地了解这些优先任务，我们将在第三节中进行深入分析。

再举一个典型例子：在认为强烈的使命感是激发员工敬业度的关键因素的受访者中，业绩出众企业的比例要比业绩欠佳企业高出53%（图 1-7）。在当今强调信任的商业氛围中，人们对组织的整体信任度不断下降，因此信任成为新的竞争优势。"与一年前相比，人们对企业社会责任的期望更高了。"强生公司的 CEO Alex Gorsky 表作为一个集体,业绩出众的企业能在重点任务上达成一致,而业绩欠佳的企业很难就首要任务达成共识。

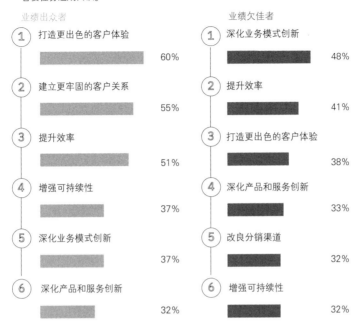

问题:未来2—3年,贵组织将最优先发展以上哪些领域?

图 1-6　聚焦重点

示,"这在很大程度上演变成企业的社会标签。人们的期望发生了变化"。全球金融和出行服务提供商 Daimler Mobility 的 CEO Franz Reiner 认为企业必须弄清两个问题:"企业的主张是什么?希望实现什么目标?"

"我们有明确的使命,企业的核心宗旨并不仅限于赚钱。"星展银行 CEO Piyush Gupta 表示,"使命感已经深深根植于我们的企业文化。就此而言,我认为相较于许多其他同行企业,我们具有与生俱来的先天优势。"

这些努力不但可以提升员工敬业度,也有助于提高业绩。IBV

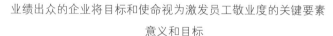

业绩出众的企业将目标和使命视为激发员工敬业度的关键要素

意义和目标

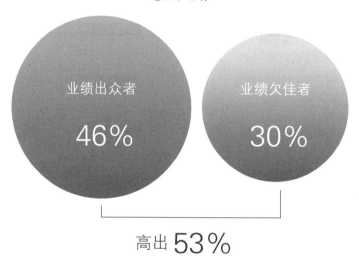

问题：未来 2—3 年，激发员工敬业度的最重要组织属性有哪些?

图 1-7　使命的力量

CHRO 调研报告"告别陈规，锐意创新"中指出："员工体验评分排名前 25% 的企业报告的销售利润较排名后 25% 的企业要高出 2 倍以上。"[1] 此外，IBM 开创性的调研"员工体验指数"表明，员工体验越出色，工作能动性和积极性越高，离职意向越低。[2]

---

　　① "Unplug From the past: Chief Human Resources Officer Insights from the 20th Edition of the Global C – suite Study." IBM Institute for Business Value. June 2018. https://www.ibm.com/thought – leadership/institute – business – value/c – suite – study/chro. Specific report available at.https://www.ibm.com/downloads/cas/D2KEJQRO.

　　② "The Employee Experience Index: A New Global Measure of a Human Workplace and Its Impact." IBM® Smarter Workforce Institute. WorkHuman® Research Institute. July 2017. https://www.ibm.com/downloads/cas/JDMXPMBM.

因素 2——超越工具，技术领跑

业绩欠佳企业的 CEO 往往对技术影响力的认识不够充分，仍然重点关注传统的市场问题。在选择未来两到三年面临的主要挑战时，业绩欠佳的企业选择最多的是"市场变化"，比例高于所有其他因素。

而业绩出众的企业则重点关注新兴技术未来会带来的风险和机遇。印度生活用品公司 Titan Company Limited 的执行总监 C. K. Venkataraman 指出："大约五年前，我们开始大力投资发展（新兴）技术。我们的技术采用进度一直呈现特定的几何级曲线；然而，新冠肺炎疫情暴发后，采用进度变成了指数级曲线。在疫情的影响下，客户加速采用新兴技术，企业执行数字战略的速度也随之加快。我认为采用进度至少可以缩短两年。"

新兴技术必须建立在某种基础之上，在认为技术基础架构是最主要挑战的受访者中，业绩出众企业的 CEO 要比业绩欠佳企业的 CEO 多两倍。具体而言，62% 的业绩出众企业的受访者指出技术基础架构是最主要挑战，比例远高于访谈中包含的另外 17 项特定挑战（图 1-8）。这也表明业绩出众的企业对技术持续快速发展的重视，以及落后者对这一因素的忽视。

就特定技术而言，业绩欠佳的企业似乎已经被领先者远远地甩在了身后。在认为聊天机器人、语音技术和自然语言处理是实现未来成果的关键技术的受访者中，业绩欠佳企业的比例较业绩出众企业高出三倍以上。诚然，这些工具的功能非常强大（请参阅 IBV 调研报告

业绩出众的企业深知，技术在不断发展，技术基础也绝不能落伍

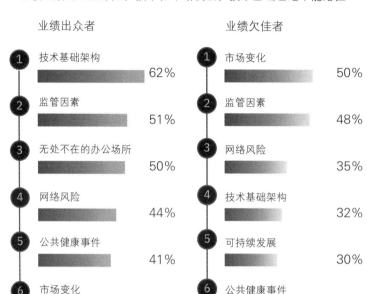

问题：您预计未来 2—3 年，以上哪些因素将成为贵组织面临的最大挑战？

图 1-8 奠定坚实的基础

"虚拟客服技术的价值"以了解其优点)。[1] 然而，业绩欠佳的企业应当明白，如果没有其他复杂技术配合，这些工具终将无法发挥差异化的优势。IBV 最近的"数字加速"报告中说道："每个行业都有自己独特的技术组合……这称为'技术指纹'……务必了解有助于各个行业实现最佳绩效的独特技术组合。"[2]纵观参与调研的 12 个行业，技术成

---

[1]　Petrone，Joe，Gillian Orrell，and Carolyn Heller Baird. "The value of virtual agent technology：Improve customer service and boost financial results with AI-enabled systems." IBM Institute for Business Value. October 2020. http://ibm.co/virtual-agent-technology.

[2]　Payraudeau，Jean-Stéphane，Anthony Marshall，and Jacob Dencik，Ph. D. "Digital acceleration：Top technologies driving growth in a time of crisis." IBM Institute for Business Value. November 2020. https://ibm.co/digital-acceleration.

熟度较高的企业在新冠肺炎疫情期间的收入增长较未采用相关技术的企业高出 6%。[①]

此外，在预计 AI 技术将在未来两到三年突显成效的受访者中，业绩出众者的比例要比业绩欠佳者多两倍以上（图 1-9）。

在预计运用 AI 技术取得丰硕成果的受访者中，业绩出众者要比业绩欠佳者多两倍以上

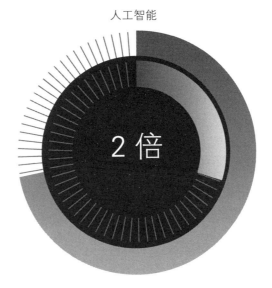

人工智能

2 倍

业绩欠佳者　｜　业绩出众者

30%　｜　72%

问题：未来 2—3 年，以上哪些技术对于贵组织实现成果的帮助最大？

图 1-9　人工智能，切实成果

①　Payraudeau, Jean – Stéphane, Anthony Marshall, and Jacob Dencik, Ph. D. "Digital acceleration：Top technologies driving growth in a time of crisis." IBM Institute for Business Value. November 2020. https：//ibm.co/digital-acceleration.

这种认识上的鸿沟表明，如果企业在 AI 采用方面落后，那么差距可能会进一步拉大。值得注意的是，在 IBV 的"数字加速"报告中，我们将 AI 明确指定为多个行业的差异化技术。[①] 业绩出众的企业已经认识到，鉴于 AI 对业绩的显著影响以及迄今为止业界相对较低的 AI 采用率，因此尽早采用 AI 可获得先发优势。对于即将到来的下一次计算革命而言，技术差距会带来更大的代价，必须引起注意。例如，尽管少数 CEO 认为量子计算在近期成果发挥关键作用，但技术的长期潜力需要企业仔细斟酌（请参阅下文"量子计算机遇"）。

量子计算机遇

CEO 预计未来 2—3 年，哪项技术能够帮助企业实现最大的成果。我们提供了一份列表，一共 16 个技术选项——包括生物特征识别、自动驾驶汽车、5G 等，最终云计算、IoT 和 AI 成了大赢家。甚至业绩欠佳企业的 CEO 也大多赞同重点发展这些技术。

至于该列表的榜尾——量子计算，89% 的 CEO 不认为量子计算能在未来两至三年内为企业带来业绩。不过，这一结果与科技行业媒体的大肆报道及量子计算吸引的投资规模形成鲜明对比。

毫无疑问，量子计算的成效很难判别，很少有企业聘请量子计算专家，因而他们很难了解如何将量子计算融入工作流程，以及如何发挥量子计算的最大价值。同时，量子计算一直在朝着广

[①] Payraudeau, Jean - Stéphane, Anthony Marshall, and Jacob Dencik, Ph. D. "Digital acceleration: Top technologies driving growth in a time of crisis." IBM Institute for Business Value. November 2020. https://ibm.co/digital-acceleration.

泛应用的方向稳步发展，预计将对各行各业以及企业运营产生巨大影响，影响力远远超出技术堆栈。[①]

对这个情形我们并不陌生，可以回想一下不久前人们对 AI 的看法：人们普遍将 AI 视为新奇技术，是技术痴迷者的专利，离广泛应用还相去甚远，因而可以忽略。然而，那些选择投资 AI 并在应用 AI 的过程中逐渐适应和熟悉该技术的企业，最有可能随着 AI 技术的成熟率先享受由此带来的成果和优势。那些忽视量子计算并任由它成为企业盲点的 CEO 需自担风险，这就跟十年前 AI 出现时错失良机的情形一样。

因素3——远程协同，以人为本

"未来的工作场所将是怎样的？" Ketchum 的前 CEO Barri Rafferty 问道（现任 Wells Fargo 执行副总裁），"如何围绕协作重塑工作模式？"

在工作场所方面，业绩出众者与业绩欠佳者的观点截然不同。在疫情推动下，"无处不在"的远程工作场所成为业绩出众企业未来关注的重点领域之一，50%的业绩出众企业 CEO 将此视为重大挑战。而关注这一点的业绩欠佳企业的比例仅为 25%——与关税等主题的比例差不多。

令人惊讶的是，尽管各行各业所面临的与混合劳动力有关的问题

[①] "The quantum decade：Preparing for the next computing revolution." Infographic. IBM Institute for Business Value. 2021. https://www.ibm.com/downloads/cas/Q5Q8ZOWR.

各不相同，但仅有一个行业（即地方政府），有超过 50% 的业绩欠佳的企业关注这一挑战。即使另一些行业中也有相对较高比例的业绩欠佳企业关注无处不在的办公场所——包括小额/消费者银行业务、IT服务及零售。但总体而言，对于这个问题，业绩欠佳的企业始终落后于业绩出众的竞争对手。换言之，业绩出众的企业积极作好准备，迎接无处不在的工作场所带来的挑战和机遇，而业绩欠佳的企业则远远落在后面。

另外，业绩出众的企业更注重员工福祉，尽管改善员工健康与福利状况会消耗短期利润，但支持开展相关工作的业绩出众者的比例较业绩欠佳者要高出 97%（图 1-10）。这项发现进一步验证了另一份

即使会消耗利润，支持改善员工福祉的业绩出众者的比例仍较业绩欠佳者多出 97%。

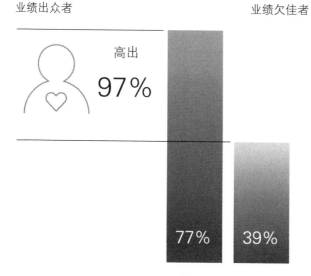

问题：疫情期间，贵组织在多大程度上支持员工健康，即使这样会消耗利润？

图 1-10　人才重于利润

IBV 调研报告"加速 HR3.0 转型之旅"的结论。该报告显示，支持将员工身心健康和经济福祉作为"核心价值"的业绩出众企业 CHRO 的比例，要比业绩欠佳企业的 CHRO 多出近三倍。[①] 此类支持不仅要有善意的初衷，还要能够赢得员工的广泛好评。Smart Dubai 是一家积极推动城市数字化转型的政府机构，它的 CEO Younus Al Nasser 这样表示："人才能力是最重要的能力。如果能做到人尽其才，就能实现技术进步。"

但是，务必注意一点：如果员工自身没有感受到关爱，则表明最高管理层对员工福祉的关注度还不够充分。(请参阅下文"'员工福祉'对 CEO 以及其他人意味着什么")。

"员工福祉"对 CEO 以及其他人意味着什么

疫情使企业领导进一步认识到：保障员工的身心健康是重要的优先任务。为此，一方面要提供简单的人文关怀，另一方面要推行智慧的业务实践。CEMEX 的 Fernando González 表示，他们在企业办公场所建立了医疗保健中心，事实证明这带来了竞争优势："我们的供应链未发生严重中断。某些竞争对手就没有这么幸运了，企业只能关闭，暂停业务，疲于应对工作中心的疫情感染问题。"

---

① Wright, Amy, Diane Gherson, Josh Bersin, and Janet Mertens. "Accelerating the Journey to HR 3.0: Ten Ways to Transform in a Time of Upheaval." IBM Institute for Business Value in collaboration with the Josh Bersin Academy. Unpublished study data. October 2020. http://ibm.co/hr-3.

许多企业的努力并没有在员工中产生共鸣。在近期的"跨越鸿沟"报告中，我们对雇主观点与员工观点进行了比较。当问及企业是否努力改善员工的身心健康时，80%的高管表示赞同或强烈赞同。但向员工提出同样的问题时，表示认同的仅占46%，这个比例非常低。当问及企业是否提供充分的培训，指导员工如何在疫情期间采用全新方式开展工作时，74%的高管表示已提供培训，但仅有38%的员工表示认同。[①]

由此可以看出，很多企业的感知和响应流程尚不完善，甚至完全不起作用。如果企业雇主认为自己提供了福利，但福利的受众却毫无感受，那么企业的措施无疑是失败了。员工对于雇主的期望已经彻底改变。为践行全面改善员工福祉的承诺，显然还有很多工作要做。

总体而言，我们预计，企业对忠诚高产而且掌握行业特定技能的员工的需求将进一步提升。在2020年之前，IBV研究已深入探索企业面临的人才短缺挑战以及技能需求快速变化产生的影响。[②]

而现在，在强调行业特定技能重要性的受访者中，业绩出众者的比例几乎是业绩欠佳者的两倍（图1-11）。

---

① "Closing the chasm." IBM Institute for Business Value. October 2020. http://ibm.co/closing-chasm.

② LaPrade, Annette, Janet Mertens, Tanya Moore, and Amy Wright. "The enterprise guide to closing the skills gap: Strategies for building and maintaining a skilled workforce." IBM Institute for Business Value. September 2019. https://ibm.co/closing-skills-gap.

在强调行业特定技能的受访者中，业绩出众者的比例要比业绩欠佳者高出 79%

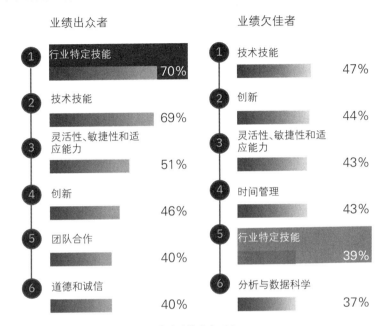

问题：未来 2—3 年，贵组织需要获得的最关键技能有哪些？

图 1-11 以技能为焦点

这也印证了本年度 CEO 调研提出的"最重要"关注点。要想在这种商业环境中取得成功，企业需要具备强大的领导能力，重塑关键技能人才的招聘、培养和维系方式。

因素4——开放创新，合作共赢

在过去几年里，我们发现希望未来几年有更多合作机会的 CEO 的比例急剧下降。在 2015 年，有 79% 的 CEO 希望加强合作；到 2020 年，比例已降至 36%。

尤其值得注意的是，业绩出众的企业更重视合作，反映出"专注于自己最擅长的工作"准则，这与业绩欠佳企业形成鲜明对比。当被问及 2020 年重要性提升幅度最大的因素时，63% 的业绩出众企业选择了合作关系；相比之下，仅有 32% 的业绩欠佳企业作出同样的选择（图 1-12）。

表示通过合作获取所需能力的业绩出众企业的比例，要比业绩欠佳的企业高出 97%

合作关系

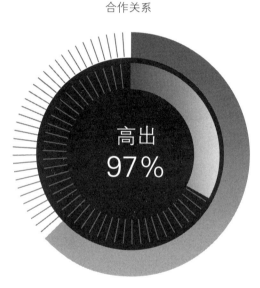

高出
97%

业绩欠佳者　业绩出众者
32%　63%

问题：新冠肺炎疫情使合作关系在推动业务转型方面的重要性发生了怎样的改变？

图 1-12　专注于自己最擅长的领域，其余工作交由合作伙伴完成

在那些预计将来会积极寻求建立灵活合作伙伴网络的受访者中，业绩出众企业的比例要比业绩欠佳的企业高出 47%。强调客户关系和客户体验的业绩出众企业的比例分别比业绩欠佳企业高出 68% 和 59%，反映出对外开放的观点。

换言之，企业正在缩减合作伙伴规模，但业绩出众的企业认识到，与自己合作的伙伴比以往更重要、更有价值。一家英国日用商品零售商的 CEO 明确指出："通过找到合作伙伴，建立相关的生态系统，我们就可以将精力集中在能够带来最高价值的领域，从而加速实现业务成果。"

要想充分发挥开放创新的优势，需要建立值得信任、安全可靠的合作关系。通过充分放大生态系统的有效性，业绩出众的企业进一步拉开了与封闭型落后企业的差距。Ascential 的 CEO Duncan Painter 指出："过去五年，真正拥抱生态系统的企业认识到，他们所做的就是促进协作和发挥各自优势。"大家都为其他合作方提供专业知识，但并不打算尝试复制他们的工作……尊重其他合作伙伴的专业能力，有利于企业更快地完成工作。而更快地完成工作，就可以获得更理想的业务成果。"

因素5——网络安全，保驾护航

业绩出众的企业不但高度关注生态系统、远程活动和整体科技发展，而且对网络安全这个重要领域的关注度也明显高于业绩欠佳的企业。在将网络风险视为未来两到三年面临的最大挑战之一的受访者中，业绩出众企业的比例要比业绩欠佳的企业高出 26%。保护数据和系统安全也是业绩出众的企业努力实现的目标，排在网络安全之后。此外，那些希望技术在安全和风险领域发挥最大影响的受访者中，业绩出众企业的比例要比业绩欠佳的企业高出 31%（图 1-13）。

业绩出众的企业将技术视为增强安全性的有力手段

网络安全的重要性

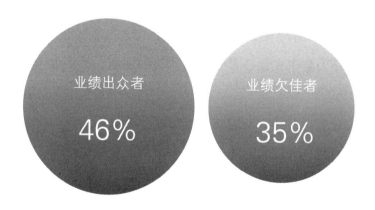

高出 31%

问题：未来 2—3 年，您认为技术将对贵组织的哪些方面产生最大影响？

图 1-13　技术保障

业绩出众的企业认识到，开展合作、建立文化、促进客户互动都离不开技术，因此必须将数字安全和信任融入战略之中。技术意义重大而且影响深远，因此将网络安全提升为最高优先级的任务可谓实至名归。这与 IBV "数字加速" 调研的结论一致。该调研表明，业绩出众的企业运用 AI 技术收集和评估威胁情报的比例要比其他企业高出72%。由于准备不够充分，业绩欠佳的企业不仅会表现出技术弱点，[①]

---

① Payraudeau, Jean - Stéphane, Anthony Marshall, and Jacob Dencik, Ph. D. "Digital acceleration: Top Technologies Driving Growth in a Time of Crisis." IBM Institute for Business Value. November 2020. https://ibm.co/digital-acceleration.

还会暴露安全漏洞——哪怕企业的技术成熟度较低，但本质上仍然离不开技术。

本节五个最重要的问题

如何培养更为专注的战略领导力？

——新一代领导的最新基本要求是什么？

——客户如何帮助推动领导作出决策？

——我们通过哪些新的方式以身作则，与数字原生代员工精诚合作？

对于技术，我们是否说得多而做得很少？

——如何将技术和技术领导整合到战略规划流程之中？

——如何更改 KPI 以反映新的能力和目标？

——我们采取哪些措施以培养技能，吸引顶尖技术人才？

我们能否进一步开展工作，促进员工福祉，包括关注心理健康？

——为保障员工健康、安全和经济状况，我们应采取哪些措施？

——如何发现新出现和持续存在的员工问题？

——如何进一步赢得员工的信任，帮助他们树立强烈的使命感？

如何依托合作关系帮助我们开拓创新？

——如何利用不断壮大的生态系统，积极影响我们的产品、工作流程和体验？

——我们可以将哪些能力委托给最值得信任的合作伙伴，可以从他们那里获得哪些能力，或者共同培养哪些能力？

——如何通过技术增强与合作伙伴之间的合作透明度和灵活性？

如何融合网络安全能力，将其作为开展一切工作的基本要素？

——如何梳理职责，帮助发展涵盖生态系统的全面端到端网络安全能力？

——我们需要采取哪些措施，确保每一名员工都认为自己要对网络安全负责？

——如何运用网络安全的优势，增进客户、合作伙伴及员工的信任？

第三节 "必需"的专注度

我们将 3000 名受访者划分为三个自然群体，每个群体都有其独特的实践与优先任务：

——客户专注型（50%）

——产品专注型（30%）

——运营专注型（20%）

为了进一步发掘更为具体的洞察（因为 CEO 越来越强调建立独特的优势），我们在本次调研中进行了更深入的分析。IBV 应用数据驱动的聚类分析，将 3000 名受访者划分成三个自然群体：客户专注型、产品专注型和运营专注型。

通过深入剖析，我们揭示出每个群体专门而独特的主要实践——有些实践是各个群体所独有的，而另一些实践则体现出特定群体中业绩出众者与业绩欠佳者之间的差异。

专注客户：提升体验

三个群体中最大的一个占受访者总数的 48%，这组受访者最重要的业务优先任务主要围绕客户、顾客和大众展开。尽管所有受访企业在这个方面都积极开展工作，但这个群体的 CEO 更加重视客户关系。2020 年，在强调与最终用户开展虚拟互动的受访者中，这个群体的比例要比其他群体高出 50%。例如，他们更有可能邀请客户参与开发和测试工作以及隐私和安全策略的验证工作。

"我们前 40 年比较向内，"位于中国湖北的骆驼集团（中国最大的汽车启动电池生产商）总裁夏诗忠说，"未来，我们需要更加向外。"

在比较群体内业绩出众的企业与业绩欠佳的企业时，我们发现与客户相关的启示最能说明问题。比方说，在这一领域，根据客户反馈采取行动无疑是合理的优先任务。有些受访 CEO 将此视为营造差异化客户体验的最重要方法——只不过这些受访者大多来自业绩欠佳的企业。

当然，业绩出众的企业也非常重视客户反馈，但他们认为改善客户体验的前两大优先任务是客户服务行为规范和智能、实时且由 AI 等技术助力的动态反馈。这意味着"客户想要什么我们就给什么"是远远不够的。企业的目标应该是在每次互动中让客户满意——必须超越客户的期望，让客户感到每次新体验都更上一层楼。实时动态反馈帮助业绩出众企业实现目标。

通过分析客户专注型企业，我们发现，业绩欠佳的企业基本上都是被动响应，而业绩出众的企业则为员工提供强大支持，能够更为灵活地采取行动。"标准一直在提高，"星展银行的 CEO Piyush Gupta 表示，"最大的变化是超数字化。"

当被问及未来两到三年技术将在哪些领域发挥最大影响时，客户专注型群体中业绩欠佳的企业普遍选择消费者洞察——收集有关消费者行为和个人喜好的数据。而业绩出众的企业大多选择消费者体验——运用消费者洞察切实推动决策，制定技术战略，从而改进互动（图 2-14）。

业绩出众的企业不会片面地利用数据以获取洞察，而是使用数据增进消费者关系。

客户专注型的业绩出众者
客户专注型的业绩欠佳者

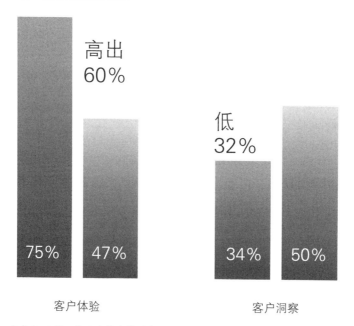

问题：未来 2—3 年，您认为技术将对贵组织的哪些方面产生最大影响？
注：受访者为客户专注型的业绩出众者和业绩欠佳者。

图 1-14　营造富有吸引力的客户体验

落后企业利用数据寻找有关建立竞争优势的线索：他们收集数据，从中发现并满足消费者的需求。业绩出众的企业则更进一步：他们在应用数据方面更加主动，重视交互。不同于对数据作出简单响应，业绩出众的企业利用数据构建与塑造客户关系。他们的目标是设计并营造差异化体验。

业绩出众的企业不懈追求卓越，他们表示，平台与合作关系是帮助他们取得成功的最重要因素。这表明，业绩出众的企业广泛接受其他关系模式，更愿意利用外部专业知识、生态系统和开放创新成果。只有半数的业绩欠佳企业认识到这些工具的价值。

在选择将"道德和诚信"作为关键人才素质的客户专注型群体的受访者中，业绩出众企业的比例要比业绩欠佳的企业高出56%，这和专注于积极营造客户体验与建立合作关系的比例差异一致——因为领先者深知，剥削或压榨客户或合作伙伴不符合长远目标，最终必将一败涂地。IBV调研"弥合技能缺口之企业指南"中指出，"道德和诚信"素质以及其他行为技能的重要性与日俱增，而本次调研的结果表明，这种趋势正在不断加速。[①] 另外值得注意的是，客户专注型群体中的业绩出众企业普遍将"道德和价值观"视为激励自己员工的关键要素，比例要比业绩欠佳的企业高出88%。

必须注意，在客户专注型群体中，领导层应用技术的方式进一步扩大了领先者的优势：三分之二业绩出众企业的CEO特别指出技术在

① LaPrade, Annette, Janet Mertens, Tanya Moore, and Amy Wright. "The enterprise guide to closing the skills gap: Strategies for building and maintaining a skilled workforce." IBM Institute for Business Value. September 2019. https://ibm.co/closing-skills-gap.

推动决策流程方面发挥的重要作用；相比之下，只有约半数的业绩欠佳企业做到这一点。"数据越多，决策越难。"中国上海华谊集团（一家大型全球性化工产品企业）的董事长刘训峰指出，"但数据多了以后，决策会更精确。"

这吹响了在面向客户的工作中应用 AI 技术的号角，数据规模可能十分庞大，甚至是压倒性的。我们可以作一个有说服力的比较：在认为增强现实和虚拟现实技术将成为未来几年业务成果的主要推动力量的群体受访者中，业绩欠佳企业的比例要比业绩出众的企业高出四倍以上；显然，前者将这两项技术看作万能良方，而后者并不这样认为。相反，业绩欠佳的企业在 AI 方面的行动并不积极，他们中只有四分之一将 AI 视为优先任务。然而，却有 82% 的业绩出众企业的 CEO 是 AI 的坚定拥护者。

加拿大航空公司的 CEO Calin Rovinescu 通过 2020 年的一个具体实例，说明 AI 技术在推动决策方面发挥的作用。"疫情期间，我们运用 AI 技术了解哪些领域的需求正在逐步恢复，"他说道，"过去开发的许多工具完全派不上用场，因为这些工具全部根据历史数据开展分析。所有这些历史数据都与现实情况脱节，只能弃用。因此，我们采用 AI 技术，分析酒店、租车公司和爱彼迎的最新数据，据此确定未来趋势。"

业绩出众者与业绩欠佳者之间的数字化成熟度差异，突显出采用和融入不断发展的各种新技术的重要意义，强调数年之后这方面的竞争优势差距将越来越大。这对 CEO 而言是有力的提醒，必须时刻保持警惕，积极规划新技术采用路线图，包括 AI、混合云、高精密计算和量子计算。

当然，为完善客户服务，不能忘了最后一块重要"拼图"：在客户专注型群体中，有72%的业绩出众企业将防范网络安全风险列为三大优先任务之一——另两项是提高敏捷性和支持远程工作。

这表明，业绩出众的企业依赖并致力于发展数字工具和数字体验。这也表明，他们优先考虑消费者信任，将其作为差异化竞争优势——这印证了2019年IBM最高管理层调研"建立信任优势"的核心主题。[①] 在技术落后的业绩欠佳企业中，仅有24%的受访者将网络安全实施工作列入重要优先任务（图1-15）。

业绩出众的企业明白，保障数字工具的安全是非常迫切的任务

网络安全的重要性

客户专注型的业绩欠佳者　　客户专注型的业绩出众者

24%　　72%

问题：自2020年初以来，防范新型网络安全风险对于推行企业战略有多重要？

图1-15　加强网络安全性

---

① "Build Your Trust Advantage：Leadership in The Era of Data and AI Everywhere." Global C‑suite Study 20th Edition. IBM Institute for Business Value. November 2019. https：//www.ibm.com/thought‑leadership/institute‑business‑value/c‑suite‑study.

本节有关客户专注型组织的三个重要问题

我们是否营造与众不同的客户体验？

——客户认为我们应采取哪些措施？

——是否充分运用所收集的客户数据，帮助营造与众不同的客户体验？

——我们通过哪些方式预测客户需求来保持差异化优势？

如何运用技术助力作出决策？

——如何实现对大数据已作投资的收益？

——我们可在哪些环节利用 AI 以及其他决策改进工具？

——如何确保团队更加专注于必须人工完成的决策和活动？

我们是否将客户信任作为优先任务？

——如何将客户信任变成差异化优势？

——我们采取了哪些措施，在隐私和安全与富有吸引力的客户互动之间实现平衡？

——如何将安全性融入所有合作关系和工作流程之中？

长期存在的多元化差距

世界各地的最高层主管就种族和性别平等问题开展了广泛的全球对话。

目前，IBV 正在开展一系列调研，深度探索多元化和包容性（D&I）问题（首份调研报告"尚未开发的潜力：西班牙裔人才的优势"已于 2020 年 12 月发布①)。研究发现,尽管目标远大,但实施工作仍在进行之中。

当被问及是否将 D&I 行为作为领导力的核心标准时,参与本次最高管理层调研的 CEO 纷纷给出肯定的回答。在认同这一观点的受访者中,业绩出众者的比例要比业绩欠佳者高出 29%,这表明 D&I 实践有助于提高财务业绩。印度 Edelweiss Asset Management 是印度发展最快的资产管理公司,它的 CEO Radhika Gupta 说道:"我认为,多元化领导能力为企业提供了强大的发展动力。不同时代、不同背景的人相互交流,碰撞出很多令人惊奇的思想火花。"

然而,将这些信念付诸实施后,结果却不甚理想。只有四分之一的受访者认为 D&I 可通过财务绩效衡量,业绩出众者与业绩欠佳者在这方面差别不大。如果认为可衡量的因素才是重要的因素,那么对于大多数企业而言,D&I 不够重要。

同样令人担忧的是,当被问及对于激发员工敬业度最重要的组织属性时,D&I 在 13 个选项中排名几近垫底。哪怕是业绩出众的企业(有人可能会辩称,财力最雄厚的企业才有能力投资实现这项抱负),也仅有 17% 的受访 CEO 选择 D&I,最终排名第 12 位。

---

① Mantas,Jesus and Cindy Anderson. "Untapped potential:The Hispanic talent advantage." IBM Institute for Business Value in collaboration with We Are All Human. December 2020. https://ibm.co/hispanic-talent-advantage.

专注产品：创新优先

IBV 聚类分析所揭示的第二大群体（共三个）占 3000 名受访 CEO 的 30%，这组企业最重要的业务优先任务主要面向产品和服务。当然，这些企业同样十分重视客户互动，但他们的 CEO 更关注产品和服务创新。（请参阅下文"CEO 聚焦——你的'香草冰淇淋'是什么？"）。

CEO 聚焦——你的"香草冰淇淋"是什么？

IBV 在采访一些主要的 CEO 时，反复听到一个主题——需要专注于重点。AT&T Communications 的 CEO Jeff McElfresh 的比喻十分贴切："我们可以选择做许多事情，但可能永远都不擅长某些领域。"McElfresh 说道："我们可以制造很棒的烤箱，可以确定最佳的面粉成本结构，可以烘焙蛋糕。但没必要设计糖霜。我们可以和其他伙伴合作。我们只需专注做好最擅长的工作，依靠其他伙伴获得另一些配料。"

McElfresh 进一步解释道："或许，我们出售的不是蛋糕。有时，人们希望品尝美味的香草冰淇淋。"他表示，AT&T Communications 的"香草冰淇淋"就是无处不在的电信网络接入服务。"根据分析，我们十分肯定，在市场低迷时期，这款'香草冰淇淋'取得了更大的成功，扩大了市场份额。随着市场复苏，会有更大的惊喜。"

那么，你的"香草冰淇淋"是什么呢？"为保证效率，我们不可能关注 50 种口味的冰淇淋，而是必须集中整个企业的精力，专注于少数几种产品。"McElfresh 评论道："这有助于提高业务执行的质量。"

"用户可能转瞬间就更换产品，"一家亚洲可穿戴消费品制造商的 CEO 表示，"用户的受教育程度越来越高，辨别力也越来越强。劣质产品根本没有容身之处。我们可以外包渠道和供应商，但买不来产品创造力。如果必须选择一种能力，那么我会选择产品敏感度。"

有趣的是，根据调研反馈，这是在 2020 年受到新冠肺炎疫情影响最小的一个群体。事实上，在产品专注型群体中，三分之二业绩出众的企业表示，不只是在这一年业绩优于同行，而且仍将继续保持增长势头。同时，他们也表现出十足的信心，认为自己能够应对各种风险；97% 的业绩出众者表示，在这方面至少有一定的信心（图 1-16）。

业绩出众者更加担忧监管因素。产品专注型组织中的业绩出众者将监管因素视为未来三年重大关注点的数量，比业绩欠佳者的数量高出 23%。

另外，业绩出众的企业更强调客户关系和体验——表明他们更注重并且认可产品与客户之间的密切关系。Edelweiss Asset Management 的 CEO Radhika Gupta 强调："有目的性的创新对于我们而言至关重要。每当思考下一步行动时，我们都会问自己：'我们的目的是解决消费者的问题，还是单纯为了满足企业自己的目标？'"

在产品专注型群体中，97% 业绩出众的企业对自身的风险防御能力充满信心。

产品专注型的业绩出众者

产品专注型的业绩欠佳者

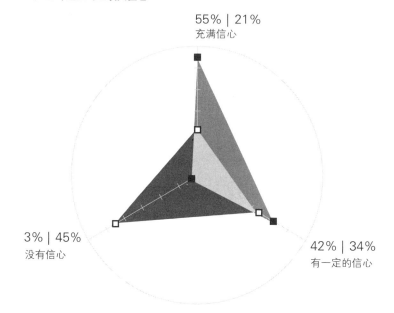

55% | 21%
充满信心

3% | 45%
没有信心

42% | 34%
有一定的信心

问题：您对贵组织在未来 2—3 年应对重大冲击的准备情况有多大信心？

图 1-16   不惧风险——但务必做好准备

尽管产品专注型群体中的领先企业和落后企业都将产品和服务创新视为将来最优先的任务，但落后企业还会分散精力去从事一些其他工作。在认为品牌和社交媒体是最重要的差异化因素的受访者中，业绩欠佳企业的数量约为业绩出众企业的两倍。业绩欠佳企业将提高营销和销售的有效性列为将来的第二大优先任务。这可能显示出他们对包装与促销的依赖，而非关注产品质量本身。

而在该群体业绩出众的企业所提供的结果中，"销售和营销有效性"最终排名第八位，提及率低了将近 40%。换言之，业绩欠佳的企业更注重宣传沟通（或许是为了抵消对于他们所提供产品和服务的质量的担忧）。而业绩出众的企业则可能相信，自身产品和服务的内在价值在一定程度上会带来市场优势。这样，他们的产品和服务最终能够积累口碑。该群体中业绩出众的企业认识到"以人为本"设计的重要性，而卓越的产品和服务才是实现长期成功的最佳路线。

在供应链方面，领先企业与落后企业之间同样存在有趣的差异。对于从事实体商品业务的企业，2020年为他们敲响了警钟。但是，并非所有企业都作出了同等强度的响应。该群体的业绩出众企业当中，表示优先考虑备用产能的企业数量比优先考虑即时库存的企业数量高出7倍（图1-17）。

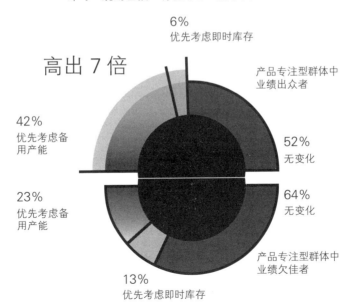

"即时"规划已被"有备无患"所取代

图1-17　产能为要

这是一次非同寻常的转变，反映出全球供应链产能和规划的持续重组。在产品专注型组织中，业绩出众者积极作出响应，优先考虑备用产能，而相比之下，业绩欠佳者这样做的比例只有前者的一半。近三分之二的企业并未调整优先任务。事实上，业绩欠佳的企业更倾向于整体缩减创新工作。当被问及在 2020 年充满不确定性的局面下所作的艰难决定时，该群体中业绩欠佳的企业放弃投资的比例要高出150%（图 1-18）。

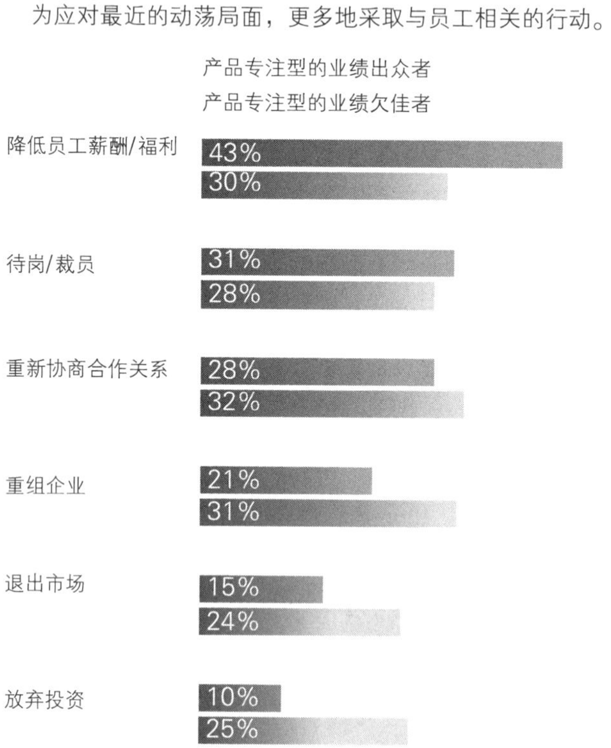

为应对最近的动荡局面，更多地采取与员工相关的行动。

产品专注型的业绩出众者
产品专注型的业绩欠佳者

降低员工薪酬/福利	43%
	30%
待岗/裁员	31%
	28%
重新协商合作关系	28%
	32%
重组企业	21%
	31%
退出市场	15%
	24%
放弃投资	10%
	25%

问题：过去 6 个月（2020 年第二季度到第三季度）中，贵组织被迫作出了哪些最艰难的决定？

图 1-18 艰难决定

从技术层面来看，在产品专注型群体当中：认为分布式账本（如区块链）是实现成果的潜在推动力量的业绩出众企业的比例要比业绩欠佳企业多近两倍；希望通过 3D 打印这种新兴的设计和制造工具创造新产品和降低成本点，以推动价值增长的业绩出众企业的比例要比业绩欠佳企业高出 83%。此外，在产品专注型群体中希望运用增强现实和虚拟现实技术推动实现业务成果的业绩出众企业要比另外两类群体中的业绩出众企业高出 175%。这表明，产品专注型群体的业绩出众企业确信自己的基础技术已达到一定的成熟度，因此更倾向也更愿意依靠新兴技术建立新的差异化优势。

在产品专注型群体中，业绩出众企业与业绩欠佳企业对于无处不在的远程工作场所的看法存在显著的差异：业绩欠佳企业的 CEO 普遍将其视为中等挑战——高于现金流挑战，但低于筹集资金等重大课题。而业绩出众的企业却将管理远程员工队伍列入最主要的挑战，表达此观点的业绩出众企业 CEO 数量是业绩欠佳企业 CEO 的将近两倍。

以前，企业主要通过面对面人际交流产生创造力，从而推动创新；上述调研结果反映出，企业对于远程工作或混合工作模式如何冲击传统工作模式存在认识上的分歧，或许，有些企业期盼甚至欢迎这种冲击。强生公司的 CEO Alex Gorsky 表示："今年，或许可以依托多年投资打造的企业文化和创新来推动成功。我们的问题是：半衰期有多长？影响多久会消散？" CEO 普遍认为挑战十分严峻。正如 Gorsky 所说，"如果医生和工程师不能肩并肩合作，还有可能在新一代数字机器人平台上实现同样出色的创新成果吗？"

不过，挑战中必然蕴藏着机遇。Titan Company 的执行总监 C. K.

Venkataraman 评论道："新冠肺炎疫情突如其来，我们被迫居家办公。数字化工作方式被广泛采用，包括召开在线客户会议和加盟商会议，通过数字方式进行各种评审。这种新型工作方式更强调创新、试点和闭环，逐渐演变成一种主流生活方式，包括增强企业活力、提高员工敬业度乃至提倡人才民主化。"

本节有关产品专注型组织的三个重要问题

我们是否优先考虑供应链的备用产能？

——我们采取哪些措施，帮助确保供应链能够在未来的中断事件中持续高效地运转？

——我们需要在哪些环节克服瓶颈？

——如何与合作伙伴密切合作，建立产能和弹性？

我们的营销活动是否掩饰产品弱点？

——如何通过为客户提供富有吸引力的价值，使我们的产品和服务脱颖而出？

——哪些措施有助于提高产品和服务的"客户忠诚度"？

——哪些未来中断事件可能危及产品和服务创造的价值？如何做好准备，应对这些情况？

我们是否跟踪远程工作对创造力产生的影响？

——如何促进远程工作员工队伍的跨职能交流和创新？

——如何重新确定对创新和创造力的衡量方式？

——我们将保留 2020 年开创的哪些新的领导行为模式？

专注运营：试验思维

IBV 聚类分析的最后一个群体约占 3000 名 CEO 的 20%，这类组织最重要的优先任务乃是围绕企业运营。2020 年新冠肺炎疫情期间，运营专注型企业遭受的冲击最为严重。在该群体中，60%业绩出众的企业预计 2020 年的收入有所下降，这个比例是另外两个群体中业绩出众企业的两倍。

不过，尽管面临种种困难，但运营专注型群体中业绩出众的企业仍展现出一些不同于业绩欠佳企业的关键特征——可供所有企业借鉴。

总体而言，企业运营者强调效率、分销、定价结构和透明度——这些都是预料之中的适当原则。在对该群体中业绩出众企业与业绩欠佳企业进行比较后，结果同样令人惊讶。该群体中的落后者比较短视，例如，他们将预算视为影响企业未来发展的最重要外部力量之一。而领先者则更为主动，目光更长远，强调新兴技术等因素在实现未来繁荣发展方面的关键作用。这就是求生存与谋发展之间的区别。

受访企业普遍将流程自动化视为业务成果的预期推动因素，其他因素还包括云计算和 AI，这个结果并不让人感到惊讶（图 1-19）。

"可信任的数据会给企业带来巨大的价值，"中粮贸易大数据农业公司（中国最大的粮食贸易和物流公司的下属公司）副 CEO 郭建说，"随着中国信息化技术的发展，我们正在为农业和农民提供新的服务。"

运营专注型群体中的受访 CEO 普遍表示，技术有助于推动业务敏捷性。为此，必须克服一项核心挑战，业绩出众企业的 CEO 普遍认为这一点极为重要。

在运营专注型群体中，将近三分之二的业绩出众企业表示，为实现预期业绩，必须实施机器人流程自动化，这个比例排在 IoT、云和 AI "铁三角"之后，稳居第四位

未来 2—3 年的最主要技术

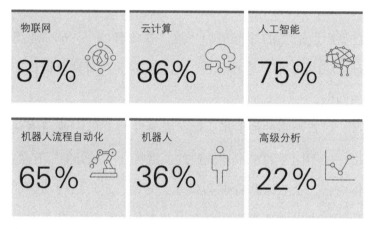

物联网	云计算	人工智能
87%	86%	75%
机器人流程自动化	机器人	高级分析
65%	36%	22%

问题：未来 2—3 年，以上哪些技术对于实现成果的帮助最大？

图 1-19　寄予厚望

"必须调整思维模式，从工程设计的'一条路走到底'模式，转变为快速试验和快速失败，这与过去企业文化倡导的模式刚好相反。"Suncor 的 CEO Mark Little 表示，"这是一种截然不同的方法。"Little 指出，大多数解决方案围绕技术以及适当的技术实施方法打造："我们正在加快对数字世界的投资。如何才能创造价值？"

该群体中业绩出众企业的另一关键差异化优势在于合作关系。将合作伙伴和生态系统视为满足客户期望的主要手段的业绩出众企业的比例是业绩欠佳企业的两倍。事实上，在被问及如何增进客户信任以及满足期望时，业绩出众的企业普遍将合作关系列为八个选项中的第一位，而业绩欠佳的企业则将其排在最后（图 1-20）。

在运营专注型群体中，业绩出众的企业普遍将"建立新的生态系统与合作关系"列为满足客户期望的最重要措施，而业绩欠佳的企业却将其排在最后

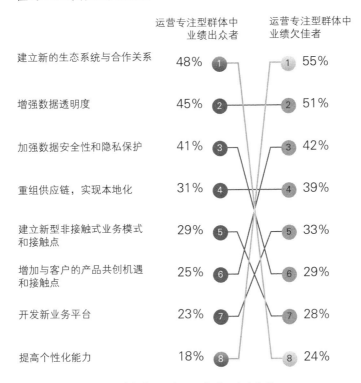

	运营专注型群体中业绩出众者	运营专注型群体中业绩欠佳者
建立新的生态系统与合作关系	48% ①	① 55%
增强数据透明度	45% ②	② 51%
加强数据安全性和隐私保护	41% ③	③ 42%
重组供应链，实现本地化	31% ④	④ 39%
建立新型非接触式业务模式和接触点	29% ⑤	⑤ 33%
增加与客户的产品共创机遇和接触点	25% ⑥	⑥ 29%
开发新业务平台	23% ⑦	⑦ 28%
提高个性化能力	18% ⑧	⑧ 24%

问题：未来2—3年，您将如何构建客户体验与信任来满足客户期望？

图 1-20　互信的合作关系

即使是在疫情肆虐的至暗时刻，运营专注型群体中业绩出众的企业仍与合作伙伴同舟共济，他们通过重新协商合作关系以共同应对艰难经济局面的比例较业绩欠佳的企业高出 44%。"与合作伙伴并肩作战，能够更快取得成功。"Daimler Mobility 的 CEO Franz Reiner 言简意赅地说明了该公司对开放创新的承诺和重视程度，"我们没必要精通每一项能力。"

可持续发展能力是体现运营专注型组织业绩差异的另一个关键领域。该群体中，业绩出众的企业普遍将可持续发展排入未来两到三年的最优先任务之列，其比例较业绩欠佳的企业高出 32%。因为运营专注型群体中业绩出众的企业不满足于求生存，更强调谋发展，他们普遍认为，可持续发展既可发掘商机，又能缓解风险。鉴于可持续发展在全球经济中日益凸显的重要性，IBV 将于 2021 年稍后发布这一领域的最新研究报告。

该群体的最后两个差异化领域是员工敬业度和客户互动。在强调通过使命感激发员工敬业度的受访者中，业绩出众企业的比例要比业绩欠佳的企业高出 83%。2020 年，面对最严峻的困难，业绩出众的企业更倾向于削减员工福利，而业绩欠佳的企业则更有可能选择裁员和待岗（图 1-21）。只要保持较高的敬业度和员工能力，随着经济逐渐复苏，该群体中业绩出众的企业必定能够加快发展步伐。

在客户互动方面，运营专注型群体中业绩出众的企业与客户专注型群体中的领先企业观点如出一辙：重点强调改善客户体验，而业绩欠佳的企业则倾向于利用客户洞察。换言之，最出色的运营者与客户专注型群体中业绩出众的企业一样，与具有同等成熟度的客户合作。

本节有关运营专注型组织的三个重要问题

我们是否积极探索新兴技术？

——我们采取哪些具体措施，探索新兴技术的优势？

——哪些能力可以为企业创造最大价值？

——如何自我定位，抓住先发优势？

可持续发展是我们的战略核心吗？

——通过增强可持续能力，企业可以获得哪些最大机遇？

——如何在业务战略中阐述可持续发展的价值？

——如何将可持续发展能力作为吸引合作伙伴和客户的差异化因素？

我们是否与员工建立了长期信任？

——如何为组织和工作定位，努力赢得员工的长期信任？

——我们采取哪些措施，为员工灌输使命感？

——如何衡量员工敬业度在推动客户互动中的价值？

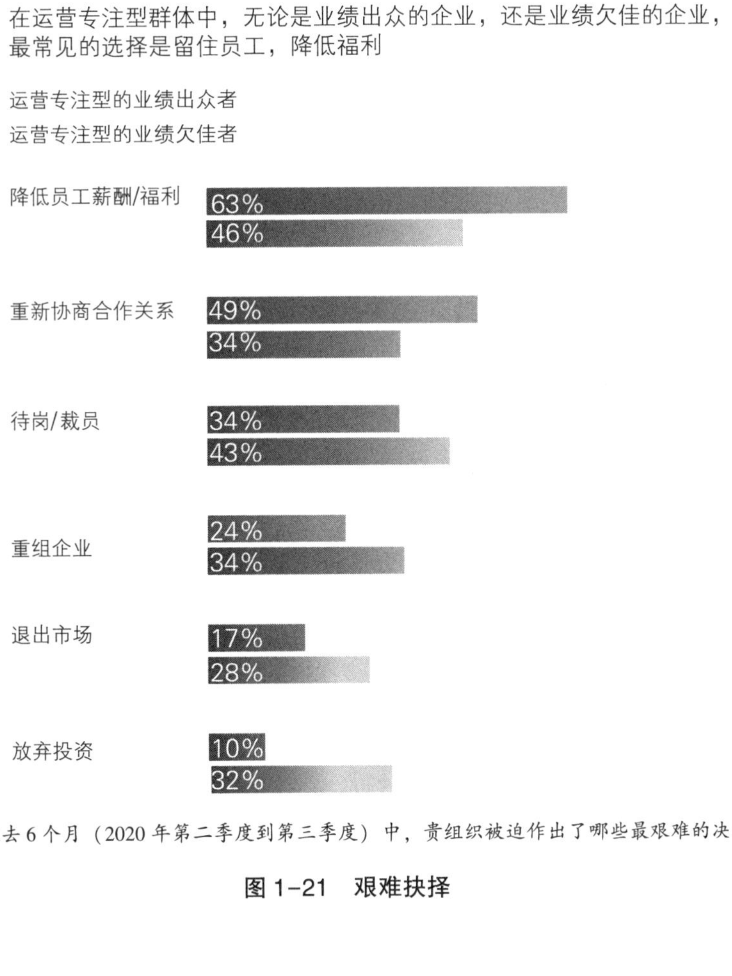

在运营专注型群体中，无论是业绩出众的企业，还是业绩欠佳的企业，最常见的选择是留住员工，降低福利

运营专注型的业绩出众者
运营专注型的业绩欠佳者

降低员工薪酬/福利	63%	
	46%	
重新协商合作关系	49%	
	34%	
待岗/裁员	34%	
	43%	
重组企业	24%	
	34%	
退出市场	17%	
	28%	
放弃投资	10%	
	32%	

问题：过去 6 个月（2020 年第二季度到第三季度）中，贵组织被迫作出了哪些最艰难的决定？

图 1-21　艰难抉择

给完美世界中初创企业的建议

创业者总能在困境中发现机遇。一个多世纪以前，IBM 的事业刚刚起步，当时也曾经历过长达两年的经济萧条时期。如今，CEO 应选择在哪里建立新企业？从事哪个行业？采用哪些技术？IBV 向 3000 名受访者提出这个问题，结果非常有趣。[①]

印度是最热门的创业地点，其次是中国。这表明，上述两个经济体的发展潜力巨大，其庞大的国内市场规模仍在不断扩张。令人惊讶的是，意大利排在第三位，美国排在第四位，新加坡排在第五位，德国、巴西和日本紧随其后。

热门行业：金融服务（历来以高利润著称）、零售、制造、消费品和医疗保健。在所有这些领域，用科技武装起来的市场新入者或许比传统企业更具优势。

CEO 认为哪五项技术对于新企业最重要？近75%的 CEO 至少选择了 AI、机器人、IoT、增强现实/虚拟现实和云计算中的一个。

这是否意味着在印度采用 AI 技术建立新的金融服务企业是最佳选择？在现阶段，这是最成功的初创企业范例吗？恐怕只有时间和高水平的执行力才会给出答案。

---

① "Think like a CEO." Infographic. IBM Institute for Business Value. December 2020. https://www.ibm.com/downloads/cas/3EWYO1JQ.

行动指南

"必需"的主航道

在新时代背景下，我们面临的紧迫问题是：对于客户、员工、社区和投资者而言，什么才是不可或缺的？为帮助您找到自己最重要的任务，我们的行动指南深入探究了五大问题。

高管从来不会坐以待毙，上一年发生的事情进一步印证了这一点。无论是主动选择还是迫不得已，各行各业的 CEO 均迅速看清了残酷现实。疫情加剧了紧迫感，然而，哪些组织企业的运营能一直保持这样的速度呢？Daimler Mobility 的 CEO Franz Reiner 表示："最大的挑战在于保持这种势头。必须明确关注相关度最高的项目，坚持清晰的思维，更迅速地实施项目。切忌重拾旧习。"

当危机来临时，光想着"求生存"是不够的。企业绝不能墨守成规，一味忍耐；而是要自我重塑，积极迎接未来。"弹性"成为高频词，它描述在狂风中弯曲，而后恢复原来状态，岿然不动。弹性或许是最安全的路线，却未必最利于企业的长远发展。或许弹性并不足以让企业安然渡过未来的冲击。"我们需要放手一搏。"迪拜经济发展部企业战略事务处的 CEO Mohammed Shael 表示，"要敢于冒更大的风险。我们必须明白，20 年前建立的原则和标准已经不适合目前的形势了。"

未来需要完全不同的方法。这包括重点关注客户体验，积极为混合员工队伍赋能，以及建立新型领导能力，即善解人意、观察敏锐而且富有战略眼光的"设计领导"方法。它将以人为本的设计与卓越服务和产品集于一身，成为打造企业差异化优势的主要因素。这有助于发展成为"虚拟企业"，在整个组织范围使用互联技术，即使面临严重冲击，企业也能正常运营，赋能高度敬业的员工，吸引忠诚的客户群体。

Ketchum 的前 CEO Barri Rafferty（现任 Wells Fargo 执行副总裁）坚信，只有企业领导层综合发挥数字能力和个人能力，才能真正形成差异化优势。她发现，在经历新冠肺炎疫情的危机之后，CEO 和其他高管更善于设身处地，想员工之所想，工作作风也更加亲和。"今年，太多的业务转到线上，但仍需要改善体验。"Rafferty 表示，"展望未来，我想知道如何推进技术转型和提高敏捷性——我们发现，许多企业行动迅速，大规模推行我们以前认为根本不可能做到的改革，并且提供员工所渴望的人文关怀。"

为了在今后几年蓬勃发展，CEO 必须持续关注以下五个问题，帮助企业识别"必需"。

我们最核心的战略是什么？

"如果不能面面俱到（尽管我们经常会这样做），那么必须专注于'真正擅长'的领域。"AT&T Communications 的 CEO Jeff McElfresh 指出。我们的企业可以在哪些方面发挥特殊优势，创造巨大价值？我们需要在哪些领域具备强大能力，但不必过度消耗资源去尝试超越竞争对手？如何最有效地放大合作关系与生态系统的作用？开放创新和协作指引前进之路，让我们能够接触到更广阔的思想、人才和商机，远非"象牙塔"式的方法所能及。

我们最关键的技术是什么？

从 IoT、云计算和 AI 的运用情况可以看到，数字化成熟度本身就是一项重要的绩效差异化优势。2020 年的艰难经历告诉我们，提前准备好相应的能力是多么重要。然而，业绩欠佳的企业仍对 AI 不够重视。以开放的态度接纳呈指数级发展的新技术，有助于建立竞争优势，因为将来的问题和机遇可能都是我们未曾见到过的。技术的采用非常困难，需要时间。必须评估企业能否高效迅速地采用新技术。最后，如何积极预测即将到来的下一次计算革命：量子计算的崛起？

我们最重要的员工是谁？

全球都在普及远程工作模式，这对期望、选择和企业文化按下了重置键。"原本可能需要 10 年完成的任务，在 6 个月内就全部做到了。"澳大利亚国家银行的 CEO Ross McEwan 评论道。企业如何平衡集中办公与虚拟工作对成本结构、产品开发、领导要求和企业文化产生的影响？对此，星展银行的 CEO Piyush Gupta 指出："在采用远程工作模式时，千万别忘了企业之魂。"

我们最理想的领导是谁？

企业领导的角色变得越来越复杂，无论是最高管理层还是各级下属领导。领导既要有财务敏锐度，也要善于处理人际关系。企业一直在调整和提升对沟通技能的要求。使命感、社交行为和集体意识缺一不可。必须让领导结构广泛化、扁平化，推动更灵活的决策机制——更加依赖技术支持企业的各项领导工作，全面改善培训、晋升和人才管理。

我们面临的最重大风险是什么？

2020 年明白无误地表明，麻烦会不期而至。准备是一项长期投入；然而，企业常常疲于应对眼前的困难，从而忽视准备工作。供应链漏洞已昭然若揭。随着企业的技术成熟度越来越高，网络风险和数据安全问题也如影随形，而且往往未能妥善解决。特别是，业绩欠佳的企业常常低估掌握网络安全技术的必要性。网络安全不仅要融入整体战略，还要与合作伙伴统一行动。确认风险、规划行动并解决风险后，企业就可以更积极地抓住长期发展机会，实现价值。通过在合作伙伴和客户生态系统中推行零信任安全机制，实现安全互动，建立安全工作流程，促进安全创新。[①] 这些都可能成为未来最重要的价值源泉。

"我们不能无限期处于防御态势。"加拿大航空公司的 CEO Calin Rovinescu 表示。新冠肺炎疫情期间，航空行业遭受的影响比绝大多数行业严重得多。"我们必须发起进攻。这是我们的选择，我们全力投入，达成目标。"加拿大航空公司采取的措施包括：启动新的忠诚度计划；收购濒临倒闭的航空公司；实施资源转移，拓展货运业务。另一些企业在应对 2020 年危机时，给出了另外的答案——获取不同的技能："我们在企业中培养某些能力，确保更好地开展合作。"澳大利亚国家银行的 CEO Ross McEwan 表示："因为我们不可能事必躬亲，我们也不想单打独斗。"

确定企业最重要的能力，不断磨砺，精益求精——这才是优先任务。转型永无止境。对于目标远大的企业而言，必须戒骄戒躁、头脑清楚，明白市场地位不会自动送上门来，要靠不断努力去争取。"你永远都不可能做到尽善，"CEMEX 的 Fernando González 表示，"有些投资可能没有回报，但这没关系。确定哪些方法不奏效，叫停错误做法，集中精力做真正有回报的事情。"

---

① "A zero trust strategy needs context-based security." IBM Security. Accessed January 12, 2021. https://www.ibm.com/security/zero-trust.

成功的业务模式……

在对本次调研中的三个群体进行评估的过程中，自然而然会想到这样一个问题：某个特定行业中业绩出众的企业更有可能是客户专注型、产品专注型还是运营专注型？

在对来自所有行业的全部 3000 名受访者进行分析后，我们发现，近 50% 的受访者属于客户专注型、30% 属于产品专注型，剩余约 20% 的企业则属于运营专注型。接着，我们分析每个行业中业绩出众的企业的独特模式，发现在 17 个行业（占调研所覆盖的总共 26 个行业的 65%）中，绝大多数业绩出众的企业选择集中发展一种模式。在另外 9 个行业中，业绩出众的企业并未展现出明显的重点——结果较为混杂。

随后，我们将业绩出众的企业所关注的模式与同行业其他企业的关注重点进行了比较（如图）。我们发现，10 个行业中绝大多数企业选择的模式相同，包括业绩出众的企业及所有其他企业。10 个行业的业绩出众企业与所有其他企业存在差异：要么重点关注不同的领域；要么一方有明确的关注点，而另一方的结果未展现出明显的重点。最后，在剩余的 6 个行业中，双方的结果均未展现出明显的重点。

经过进一步分析，我们洞察了一些特定行业中业绩出众企业的关注点，这有助于加速树立差异化优势和实现价值（即使反其道行之）。我们将在随后陆续发布的 IBV CEO 调研行业报告中提供调研结果详情和示例。

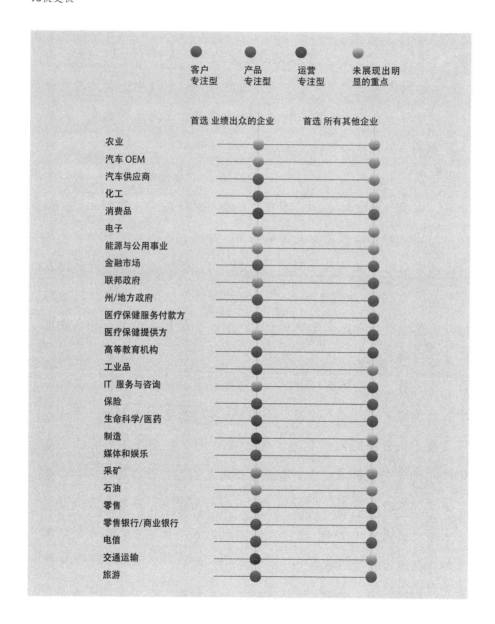

研究和分析方法

IBM 商业价值研究院（IBV）联合牛津经济研究院对 3000 名最高

层主管开展了调研，广泛覆盖近 50 个国家或地区和 26 个行业。这些访谈通过线上方式完成。此外，IBV 还通过视频会议、电话采访以及保证安全下的面对面会议，与 11 个国家或地区中 11 个行业的二十几名 CEO 开展了深入交流。这些定性和定量访谈集中探讨以下问题：战略优先任务，成功的推动力量，新冠肺炎疫情之前、期间以及之后的经济挑战。

本次调研的受访者在各自的企业中担任最高层主管职位：CEO、公共机构领导、总经理和董事总经理。IBV 设计了按国家/地区和行业的数据收集方法，以及与同行相比，在 2020 年之前和期间（包括新冠肺炎期间）的收入上升或下降情况。通过这些定义机制，IBV 区分出业绩出众的企业与业绩欠佳的企业。

另外，IBV 还实施细分逻辑，将受访者归入三个群体。我们将这些群体定义为客户专注型、产品专注型和运营专注型的 CEO。这些群体是根据 2021 年 IBM CEO 调研中受访者对特定问题的回答而进行分类的。

——客户专注型群体定义如下：企业表示愿意邀请客户以"共创"形式参与产品设计和开发工作；他们的创新工作聚焦于客户体验；他们的绩效指标主要围绕客户互动；强调积极使用客户洞察来定义和塑造组织能力。

——产品专注型群体定义如下：企业渴望在产品和服务中提供更多创新成果；决心开发更可靠、更安全、更具个性化的产品；创新的重点主要围绕产品和服务改进。

——运营专注型群体定义如下：企业高度重视降低运营成本；强

调增强运营敏捷性和灵活性；创新重点主要围绕开发业务模式；积极参与完成变革性的数字化之旅。

我们按照三条业绩轴线，对 2021 年 IBM CEO 数据集中的每一家受访企业评定综合得分。我们根据特点最鲜明的轴线为每家企业指定所属群体。我们确定业绩之间的关系，将其视为特殊考虑因素，但不纳入轴线特征。

第二章

数字加速

在危机时期推动增长的主要技术

作者介绍

Jean-Stéphane Payraudeau，管理合伙人，负责 IBM 的思想领导力研究和出版物，以及全球企业咨询服务部的服务和资产。Jean-Stéphane 的团队与 IBM Services 同事以及行业领军企业合作，推动、协调和构建关键要素，帮助客户加速成为由混合云支持的认知型企业。Jean-Stéphane 也是 GBS 业务咨询全球领导团队的成员。他拥有丰富的业务管理经验，以及财务、人力资源和采购领域复杂企业转型的专业知识。联系方式：电子邮箱 Jean-Stephane.Payraudeau@ ibm.com。

Jacob Dencik，经济研究负责人，负责领导有关技术及其对全球经济影响的 IBV 主题研究。他在为全球企业的全球运营和区位战略提供建议方面，拥有丰富的经验。作为竞争力、FDI、行业/聚类分析和创新领域的专家和经济学家，Jacob 还为全球许多政府机构提供建议。他拥有英国巴斯大学公共政策和经济学博士学位。
联系方式：LinkedIn 账号 https://www.linkedin.com/in/jacob-dencik-126861/，电子邮箱 jacob.dencik@ be.ibm.com。

Anthony Marshall，IBM 商业价值研究院（IBV）高级研究主任，负责领导实施 IBM 最重要的思想领导力和分析计划。他领导一支由 50 位技术和行业专家、统计学家、经济学家和分析师组成的全球团队。
此外，他还身体力行地在创新、数字化转型、人工智能和云战略等领域发表原创的思想领导力。
联系方式：LinkedIn 账号 https://www.linkedin.com/in/anthonyejmarshall/@ aejmarshall，电子邮箱 anthony2@ us.ibm.com。

第一节 押注未来

企业在疫情面前的应对表现各不相同，这告诉我们，要想在意料之外的危机来临时仍能有效运营，企业必须保持敏捷、强大和安全。他们必须能够在现实世界和数字领域无缝地与客户和员工开展互动。由于许多企业（如果不是大多数的话）都达不到这种理想状态，因此，在行业和企业应对和适应当前疫情的过程中，他们会感到举步维艰，甚至非常痛苦。

但挑战也带来机遇。在 IBM 商业价值研究院（IBV）开展的一项调研中，60% 的受访高管认识到了转型的必要性和机遇，他们表示正在利用这个时机，显著加速企业的数字化转型步伐。三分之二的受访高管表示，疫情使他们得以推进以前阻力重重的转型计划。

数字化转型实际上就是利用技术来重塑和改进企业。我们知道，目前技术是大多数企业的核心战略基础，可以成为企业求生存、谋发展的关键决定因素。因此，我们问自己，疫情期间多大程度证明了这一点？在这个充满变化和挑战的时期，哪些技术可以发挥作用，决定企业是脱颖而出还是陷入困境？

我们将广泛的研究数据与最新的财务业绩（2020 年上半年）结合，开发出一种突破性的新方法，并回答以下问题：

——是否有些行业对技术采用的敏感性比其他行业更高？

——是否有一些关键技术对业绩有更大的影响？不同技术在不同

行业中是否发挥不同作用?

——在此次危机中,每个行业中能够带来差异化优势的技术组合发生了怎样的变化?

——这种技术组合的影响是否随关键业务能力而变化?有哪些组合有助于优化绩效回报?

以下是我们通过对 18 个行业进行分析所得出的一些要点:

——在新冠肺炎疫情冲击期间,技术的采用已成为最重要的绩效差异化因素。在技术充当业绩差异化因素的 12 个行业中,技术达人型企业的收入增长比同行平均高出 6%。

——成功的"技术组合"秘诀正发生改变。云计算和 AI 逐渐成为业绩差异化因素。

——每个行业都有独特的"指纹"。使一个行业受益的技术在另一个行业中并不一定是差异化因素。

在我们所调研的三分之二的行业中,采用关键技术的企业在疫情期间获得了可观的收入增长。

IBM 商业价值研究院(IBV)针对 CEO 开展的一项新调研也反映了这一点。该研究表明,CEO 非常坚定地决定改造企业的技术架构,以实现成功应对疫情所需的敏捷性和响应能力。

正如我们在疫情期间看到的那样,许多复杂的外部因素影响着行业的表现,包括居家令、出行限制、全球供应链中断、监管限制以及商品价格变化。同样,我们非常清楚,技术以外的许多其他因素也会对特定企业的绩效产生影响。然而,这项研究揭示出:由于最近疫情的冲击，各项技术在影响企业绩效方面存在明显的差异，它们的相对重要性也发生了重大变化。

这些研究结果和其他分析结论为企业制定战略提供了依据，可指导企业妥善安排技术投资的优先顺序。通过阅读本报告，您可以了解如何以及在何处针对企业的关键能力应用变革性技术。

在加速数字化转型时，必须着眼于全局：

——投资于开创性业务平台，绘制全新业务蓝图，并将资金用于存在性决策，而非试验性决策。

——应用呈指数级发展的技术重塑工作方式，实现智能化业务流程。使用实时数据指导决策、改进成果以及优化流程绩效。

——将按业务部门和/或企业应用划分的用户体验和传统流程"孤岛"统一起来。在混合多云架构上进行设计和部署，实现"一次构建，随处部署"。

——从根本上改变资源部署重点，打造卓越体验，建立人性化联系，提升人类/技术合作关系，有目的地培养全新的敏捷文化。

洞察：零售业

零售业通过采用技术，实现显著的收入增长。在疫情期间，技术采用率排名前10%的企业的收入增长比同行要高出16%。例如，对于收入为100亿美元的典型企业，这相当于采用高科技后每年收入增加16亿美元。

环境和方法

新冠肺炎疫情给全球经济带来了前所未有的挑战，G7 国家 2020 年第二季度的 GDP 下降了 10.8%。[①] 销售突然发生波动，供应链中断，迫使世界各地的企业和政府努力适应现状并开展创新（表 2-1）。

表 2-1　新冠肺炎疫情引起前所未有的销售波动

行业	5G 的潜在应用示例
制造业	智慧工厂、AR 和远程专家、精密监测和控制、协作机器人、高级预测性维护
汽车业 / 交通运输业	自动驾驶、车载信息娱乐系统、空中出租车、车队管理和跟踪
娱乐业	协作式游戏、消费性 AR/VR 、3D 通话 / 全息图、智能可穿戴设备
医疗保健业	远程患者监控、虚拟咨询、远程诊断、机器人护理、机器人手术、跌倒检测
能源和公用事业	智能计量、智能电网自动化、海上钻井作业、无人机监控
零售业	AR/VR　购物、店内体验、商店运营、仓库自动化
公共机构	智能路灯、传感器网络、警用无人机、智能停车管理
智能家居行业	访问控制、视频监控、入侵检测、家电控制、辅助机器人
农业	智能农业设备、基于 AI 的农业无人机、作物产量监测、土壤 / 养分监测

来源：https://www.tracktherecovery.org.

---

① "Unprecedented fall in OECD GDP by 9.8％in Q2 2020." Organisation for Economic Co-operation and Development. August 26, 2020. https://www.oecd.org/sdd/na/GDP-Growth-Q220.pdf.

然而，并非所有企业都从相同的起跑线或在相同环境中开始转型。显然，各个行业的情况也各不相同。某些行业中的企业推进数字化转型的意愿更强烈。疫情以不同方式影响着不同行业。

例如，包括旅游业在内的一些行业在 2017 年至 2019 年期间经历了强劲增长。然而由于疫情暴发，这些行业遭遇业务严重下滑。相比之下，在新冠肺炎疫情暴发之前的几年中，保险业只是略有增长，但自疫情开始以来展现出强大的弹性（图 2-1）。

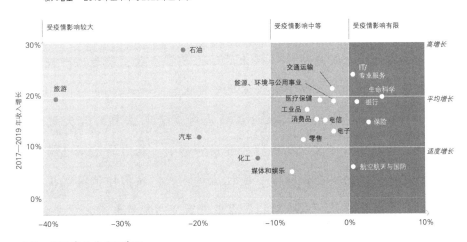

来源：IBM 商业价值研究院。

图 2-1　不同行业在疫情冲击之前的增长轨迹不同，受到疫情的影响也各不相同

同样，疫情冲击对关键活动的影响也因行业而异。例如，在零售业中，53% 的企业的供应链发生中断；而在公用事业行业中，供应链发生中断的企业占比为 7%。[①] 不同行业间的直接影响和预期影响差异

———————

① "Small Business Pulse Survey Data." US Census. June 14 - June 20, 2020. https://portal.census.gov/pulse/data/#data.

也体现在股市上。迄今为止，标普 500 指数中的信息技术产业股价上涨了 25% 以上，而能源行业下降了 50%。[①]

在本报告中，我们细分了行业和企业的客观事实与情况，研究了不同的行业和能力，以及技术决策会产生怎样的影响，并特别探讨了以下问题：

——针对每个主要行业以及所有行业整体，我们研究了主要技术在促进企业取得成功和保持弹性方面所发挥的战略作用。我们根据财务绩效衡量这些技术的作用，研究它们对业务成果的相对影响，包括特定技术对某些行业的影响是否大于其他行业。最后，我们确定在疫情之前和期间，每种分析方法得出的结论是否一致，或者，当前情况是否反映技术的相关性和重要性发生了变化。

——接下来，我们深入探讨成功应对疫情所需要的六大关键能力，研究特定技术目前以及最近的作用和影响。能力的范围包括业务连续性以及员工的安全保障等。通过这种方式，我们评估特定技术对于每种能力的重要性，以帮助指导企业开展战略投资和确定优先任务。

——最后，我们根据分析，为业务领导总结疫情期间内表现优于同行的领先企业的行为。

---

① "Sectors & Industries—Performance." Fidelity. September 20, 2020. https://eresearch.fidelity.com/eresearch/markets_ sectors/sectors/si_ performance.jhtml? tab = siperformance.

第二节　结论摘要

在本部分，我们快速概述研究中所提出问题的答案。

是否有些行业对于技术采用比其他行业更敏感？

我们的某些结论在意料之中，而有一些则令人吃惊。例如，某些行业对于技术的财务敏感性确实要高于其他行业，这是意料之中的事情。但敏感性的范围让我们感到惊讶。在疫情冲击期间，在技术成为绩效差异化因素的 12 个行业中，技术采用方面的领先者企业的收入增长要比其他企业平均高出 6% 以上。

在零售、保险、能源、环境和公用事业等行业中，在技术采用方面最突出的企业的收入增长要比其他企业高出 10% 以上。

是否一些关键技术对绩效有着更大的影响？对不同行业的影响有何不同？

我们发现，每个行业都有可以帮助企业获得成功的独特技术组合，这称为"技术指纹"。我们的研究表明，移动技术、人工智能（AI）和云计算是能够给行业带来最大绩效影响的技术。AI 尽管在各个行业中的采用率相对较低，但由于它能够对生命科学、银行和金融市场等行业的绩效产生显著影响，因此可以提供巨大的机遇。

机器人流程自动化（RPA）和机器人等辅助自动化技术也对某些行业的绩效产生了重要影响，主要是电子、工业品和电信等行业。

在此次危机中，每个行业的最优技术组合发生了怎样的变化？

我们对最新财务绩效的分析表明，作为各个行业的"成功秘诀"

的技术正在发生变化。尤其是，云计算和 AI 逐渐成为绩效差异化因素。图 2-2 从总体上描绘了疫情之前和之后关键技术的变化动态。稍后，我们将按特定行业展示结论。

根据收入影响对技术进行排名

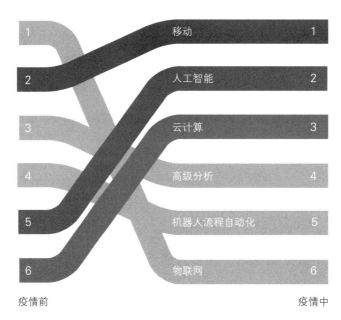

来源：IBM 商业价值研究院。

图 2-2　对绩效做出关键贡献的技术发生了显著变化

云计算是各个行业必不可少的技术。在危机期间，云计算对各行各业绩效的影响变化最大。目前，云计算在很大程度上支持着银行和金融市场、航空航天和国防、消费品、医疗保健、生命科学、媒体和娱乐以及石油等行业的绩效。

自疫情暴发以来，在我们分析的 18 个行业中，云计算已成为 11个行业的较为重要的绩效差异化因素。AI 在多个行业中的作用也得到了增强。

同时，在消费品和电子等行业中，IoT 和机器人流程自动化等技术的采用也与绩效增长息息相关。同样，高级分析技术也是某些行业绩效增长的重要贡献力量。此外，移动技术对 9 个行业的绩效影响力显著增强。

这个技术组合的影响是否因关键业务能力而异？有哪些潜在的技术组合可优化绩效回报？

经过进一步深入研究，我们发现，不同技术对业务绩效的影响在供应链和运营能力方面表现得最为深刻。云计算、数据管理、智能自动化和 IoT 是主要的差异化技术。42% 的受访高管表示，智能自动化降低了运营成本；表现出众的企业当中使用混合云管理平台以简化核心业务流程的比例要比其他企业高出 60%。AI 也逐渐成为该领域中重要的绩效差异化技术，有助于显著提高供应链的响应速度和敏捷性。

尽管许多企业将数据作为建立竞争优势的关键要素，但我们的分析表明，混合云在各种业务能力中体现出越来越重要的作用，并且能够比数据本身带来更大的绩效差异化优势。[①] 例如，为提高敏捷和效率水平，利用混合云的表现出众企业的比例几乎是其他企业的两倍。

在有效招聘和培养员工队伍，提高员工敬业度方面，技术也发挥着越来越重要的作用。尽管云计算和数据都非常重要，但 AI 在员工队伍管理方面的作用仍然独树一帜；表现出众的企业使用 AI 与员工沟通的频率是其他企业的两倍，使用 AI 培养和培训员工的频率则比其他企

---

① "Build your trust advantage." IBM Institute for Business Value. 2019. https://www.ibm.com/downloads/cas/K1OGEMA9.

业高出近 90%。

为了提高客户互动水平，表现出众的企业使用智能自动化来深化客户关系，比其他企业的使用频率高出 141%，使用 AI 与客户交流和互动的频率比其他企业高出 70%。在这方面，云计算和数据仍然是关键技术。

IT 职能部门也部署了许多技术，以支持弹性和网络安全。除了云计算之外，关键 IT 流程自动化也成为重要的绩效差异化因素，使用智能自动化来管控风险的表现出众企业的比例是其他企业的两倍以上。AI 逐渐成为这些领域的重要技术，60% 的企业在信息安全职能领域采用了 AI。

所有结论和其他研究结果可用于指导您为自己的企业开展技术投资，划分投资的优先顺序。

TSB：智慧银行的智能客服

TSB 是总部位于英国的银行，在新冠肺炎疫情期间，咨询有关如何申请抵押贷款、个人贷款和商业贷款还款延期的客户数量激增。该银行只用了短短 5 天时间，就在内部网站上部署了"智能客服"功能，客户可以向聊天机器人或人工客服询问银行在疫情期间采取的措施。此外，该银行还为 250 多名员工提供支持，其中绝大部分员工在家办公。

仅在一周多的时间里，TSB 就通过智能客服处理了超过 11000 项请求，在这项功能的帮助下，分行及呼叫中心的员工可以腾出手来集中精力服务那些最敏感的客户，或为客户提供更关键的服务。自启动以来，智能客服不断改进和增强，纳入了客户身份验证功能，这项服务目前已添加至 TSB 移动应用之中。

第三节 数字技术促进增长和弹性

各行各业的企业都利用技术来提高竞争优势。但是，不同行业所使用的技术组合及其部署方式差异很大，这表明每个行业的成功因素各不相同。尽管在疫情之前各种关键技术的作用就存在差异，但疫情期间的业务中断甚至业务混乱使得差异变得更加明显。

我们的分析表明，在 12 个行业（总共 18 个受访行业）中，部署了适当的数字能力组合的企业绩效更出色，表现出更高的弹性。在某些案例中，这些企业还实现了蓬勃发展。但是，支持弹性的特定技术在各个行业中并不一致。

首先，我们研究了企业在收入增长方面的财务绩效是否比其他绩效对于采用特定数字技术更为敏感。为此，我们创建了数字技术采用指数，并将技术采用率位列前 10% 的企业的财务绩效与业内其他企业进行了比较。我们研究了疫情之前（2020 年之前）和期间（2020 年上半年）的数据。

结果发现，不仅技术采用在各个行业之间差异很大，而且技术采用与财务绩效之间的关系在不同行业之间也存在显著差异。更重要的是，在新冠肺炎疫情冲击期间，技术采用已成为比以前重要得多的绩效差异化因素。

借助技术适应动荡局面

事实上，虽然在新冠肺炎疫情之前只有少数行业通过采用云计算和 AI 等呈指数级发展的技术实现了卓越的财务绩效，但最近的疫情使得技术采用成为大多数行业推动绩效的最重要方法。这表明，疫情冲击期间技术在实现出众绩效和运营方面所发挥的作用，与疫情前大不相同。

确实，最近的动荡局势意味着全球经济正进入高风险的新时代，不仅是因为疫情肆虐，而且还存在更大的环境、政治和社会风险——谁能在未来成功地充分利用数字技术的潜力，谁就能提高弹性和敏捷性，从而享受到绩效红利。

此外，尽管在疫情冲击期间，大多数行业的技术采用对于财务绩效起到积极推动作用，但在不同行业，采用高科技的企业与其他企业之间的差异化程度并不一致。

例如，在零售业中，差异化程度非常大。在疫情期间，技术采用率排名前 10% 的企业的收入增长比同行要高出 16%。例如，对于收入为 100 亿美元的典型企业，这相当于采用高科技后每年收入增加 16 亿美元。

在保险业以及能源与公用事业行业，疫情期间采用高科技的企业的收入比其他企业分别高出 10% 和 12%；而在受疫情严重打击的旅游业中，采用高科技的企业的收入比其他企业高出 9%。

总体而言，在新冠肺炎疫情冲击期间技术成为显著差异化因素的 12 个行业中，采用高科技的企业的平均收入增长超过 6%。这些结论表明，数字技术已成为疫情期间竞争优势的重要来源。

但是，并非所有技术的作用都相同，因此必须了解推动各个行业实现最佳绩效的独特技术组合，这非常重要。

哪种组合最为重要？

为了确定最佳技术组合，以及在最近的疫情期间组合发生了怎样的变化，我们研究了一些特定技术，以确定某些技术对收入增长的影响是否大于其他技术，以及这种影响在疫情期间发生了何种变化。我们还研究了不同行业中技术影响的差异。

出于这项评估的目的，我们研究了 18 个行业中 7 种关键技术对财务的影响。研究揭示出：由于最近疫情的冲击，各项技术在影响企业财务绩效方面存在明显的差异，它们的相对重要性也发生了重大变化。

在我们分析的 12 个行业中，有 11 个行业疫情期间的收入绩效很大程度上依赖于云技术的采用，尤其是在生命科学、医疗保健、航空航天和国防、石油以及旅行和交通运输行业。在这些行业中，疫情之前就对云能力进行了更多投资的企业在疫情期间的收入表现更好。

AI 在 9 个行业中增强了其作为绩效差异化因素的地位，包括银行和金融市场、化学、工业品以及生命科学等行业；与未采用 AI 的企业相比，大规模投资于 AI 的企业在疫情期间实现了收入增长。

由于 AI 在许多行业的采用率相对较低，但对绩效有着显著影响，因此这种技术为早期采用者带来了先发优势。

在所分析的半数行业中，移动技术的绩效贡献度发生了积极变化，在零售、保险和汽车等行业为收入增长起到了显著推动作用。

在电子、能源和公用事业以及消费品等特定行业，IoT 成为重要的绩效差异化因素。IoT 技术正逐渐为许多行业所采用，并且变得越来越不可或缺，特别是在那些开展大量制造活动的行业，例如航空航天和国防、汽车、化学以及工业品等行业。

某化工企业：使用云和 AI 技术增加运营资本

鉴于疫情对商业格局的影响，一家大型跨国化工企业制定了雄心勃勃的目标，希望在 2020 年底之前增加运营资本。对该公司而言，成本节省的一个重要来源是备用零部件库存管理，这依赖于有关关键库存状态和未来需求的准确数据。

该公司部署了云/AI 平台，使用统计性分析、规范性分析、优化算法和流程自动化，提高利润率和服务水平，减少计划外停机。借助这个全新平台，该公司预计可通过数据集成、分析和流程自动化，将库存水平降低 13.6%，同时改善库存决策。这家公司还希望，到 2020 年底实现增加 5000 万美元运营资本的目标。

图 2-3 所示的象限图中，一个轴表示绩效影响，另一个轴表示投资水平。分析后得到四个部分，说明在疫情之前和期间技术的作用。它还显示了银行和金融市场中技术采用的变化动态，以及投资水平和绩效影响之间的关系。

例如，在银行和金融市场中，云计算和高级分析处于"差异化因素"象限，可帮助企业在市场中脱颖而出，获得更高的收入并优化运营。AI 处于"机遇"象限，由于在整个行业中的采用率有限，因此可以带来先发优势，对绩效产生较大影响。移动设备处于"不可或缺"象限，说明其非常重要，逐渐被行业中的大多数企业所采用或部署，

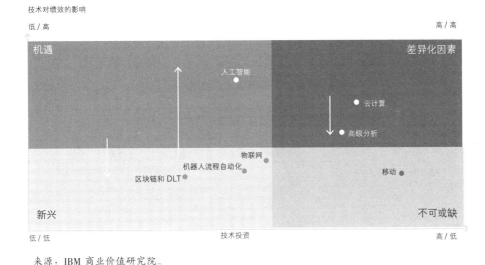

来源：IBM 商业价值研究院。

图 2-3　银行与金融市场

因此有助于提高绩效，但不能充当市场中的差异化技术。

区块链、RPA 和 IoT 处于"新兴"象限，表明这些技术尚未成熟到足以显著影响行业绩效的程度。

该评估因行业而异。在工业品行业中，上述许多技术处于其他象限；例如 IoT 和云计算处于"不可或缺"象限，移动设备处于"差异化因素"象限，AI 和 3D 打印处于"机遇"象限，可带来先发优势。

从以上分析可以明显看出，新冠肺炎疫情带来的冲击导致各行各业中每种数字技术在影响绩效方面的作用发生了显著改变。这不仅仅是漫长数字化转型之旅中的暂时变化，还意味着，无论是在接下来的疫情时期还是疫情后的新常态时期，未来成功所需的能力和技术都将发生更为根本性的变化。

表 2-2 展示了我们研究的每个行业与关键技术的对应情况，其中

一个轴是不同行业，另一个轴是"差异化因素"、"机遇"、"不可或缺"和"新兴"四个象限。

表 2-2　不同技术所处象限

	差异化因素	机遇	不可或缺	新兴
航空航天与国防	云计算	AI、3D 打印、机器人	分析、IoT	移动
汽车		移动、AI、自动交通	云计算、IoT、分析	机器人
银行与金融市场	云计算、分析	AI	移动	IoT、RPA、区块链
化工		移动、AI、分析	云计算、IoT	RPA、机器人
消费品	IoT	分析、RPA	云计算	AI、机器人、移动
电子	IoT	RPA、移动	云计算	AI、分析、机器人
能源、环境和公用事业	IoT、云计算	移动、分析、自动交通		AI、RPA
医疗保健	云计算	AI、RPA、分析	IoT	移动、可穿戴设备
工业品	移动	AI、3D 打印	IoT、云计算	分析、机器人
保险	移动	RPA	云计算	AI、分析、IoT、区块链
生命科学	云计算	AI、IoT、可穿戴设备		分析、移动、3D 打印
媒体和娱乐	云计算、分析	虚拟现实、RPA	移动、IoT	AI
IT 和专业服务		分析	云、IoT、移动	AI、RPA、区块链
石油	云计算、IoT	AI、移动		分析、RPA、机器人
零售	云、IoT、移动	分析、RPA		AI、3D 打印
电信	分析、移动	5G、RPA、AI	云计算、IoT	机器人
交通运输	云计算、IoT	RPA、AI		移动、分析、自动交通
旅游	云、移动	RPA、虚拟现实	IoT	AI、分析

洞察：制作并解读"技术——能力"热图

本报告中展示的热图基于多项针对不同技术、能力和行业的调研的数据分析。来自不同调研的数据使我们能够将各项技术的指标与不同能力对应起来，确定它们是否与绩效改进有关。我们为总体行业和各个单独行业都制作了热图。

对于"总体"热图，这些数据用于评估对于相关能力，特定技术的采用率、使用率和优先级分数（1—10分）。1分表示低采用率、使用率和优先级，10分则代表非常高的采用率、使用率和优先级。

对于"绩效"热图，这些数据用于评估对于相关能力，绩效（收入和利润）出色的企业与其他企业在特定技术的采用率、使用率和优先级方面的差异，按1—10分评估。1分表示没有差异，10分表示差异非常大；在针对相关能力运用特定技术方面，绩效出色的企业在采用率、使用率和优先级方面都明显高于其他企业。

第四节　培养取得成功所需的能力

在上一节中，我们的研究发现，取得成功所需的技术组合因行业而异；在本节中，我们将更深入地探讨这些技术在哪些特定领域产生最大的影响。

我们确定了六大关键运营重点领域，各行各业在应对与新冠肺炎疫情相关的风险与机遇的过程中，这些领域始终处于核心地位。[1] 要培养这些能力，必须在充满不确定性的环境中建立合适的运营模式，为成功保驾护航。

---

[1] "Emerge Smarter." IBM. 2020. https：//www. ibm. com/impact/covid－19/business-solutions；"Beyond the Great Lockdown：Emerging stronger to a different normal." IBM Institute for Business Value. April 2020. https：//www.ibm.com/thought-leadership/institute-business-value/covid-19-action-guide.

六大能力包括：

——敏捷与效率

——客户互动

——供应链与运营

——IT 弹性与业务连续性

——员工队伍

——网络安全

这些技术支持所需能力的方式不仅因行业而异，也因能力而异。我们首次采用突破性的分析方法，将呈指数级发展的关键技术的优先级与六大业务能力对应起来（表2-3）。

表2-3　针对每种能力，所采用技术的优先级以及
不同技术对绩效的影响都大不相同

总体	敏捷与效率	客户体验	供应链与运营	IT 弹性与业务连续性	员工队伍	网络安全
云计算	5	6	5	5	5	6
AI	3	4	3	3	2	4
边缘计算	2	2	3	1	不适用	1
区块链	2	2	4	1	不适用	3
智能自动化	3	4	4	2	3	3
IoT	不适用	4	5	不适用	不适用	不适用
数据	8	6	10	不适用	3	5

绩效	敏捷与效率	客户体验	供应链与运营	IT 弹性与业务连续性	员工队伍	网络安全
云计算	10	10	8	9	9	10
AI	2	4	4	4	6	5
边缘计算	2	2	2	3	不适用	3
区块链	1	2	2	2	不适用	1
智能自动化	5	7	6	6	5	6
IoT	不适用	3	6	不适用	不适用	不适用
数据	9	6	10	不适用	9	3

来源：IBM 商业价值研究院。

表 2-3 说明：

——云计算是所有六大能力的基础技术。各行各业中绩效出众的企业都大规模使用云计算来改进绩效。

——AI、IoT 和智能自动化开始引起企业的注意，成为关键能力的催化剂（例如在供应链和运营中使用 IoT）。

——边缘计算和区块链仍属于新兴技术，企业仅仅针对特定能力进行适度的探索性使用。

——对某些能力而言，数据管理是关键的成功要素，而对其他能力而言，其作用可能较小。

现在，我们分别研究一下这六大主要运营能力。我们将每种能力总结为一张简单的表：①对于每种运营能力，关键技术的相对采用水平；②这些技术的使用和采用情况与财务绩效之间的相关程度。

通过这种分析，我们将每种技术归入以下类别之一："差异化因素"、"机遇"、"不可或缺"或者"新兴"，同时突出显示关键的相关商机。

——差异化因素：属于绩效差异化因素并在行业中广泛采用的技术。

——机遇：属于绩效差异化因素但尚未在行业中广泛采用的技术，能够带来先发优势机遇。

——不可或缺：已在行业中广泛采用但不再是差异化因素的技术。

——新兴：有潜力但尚未被广泛采用或尚未在行业中充当重要绩效差异化因素的技术。

借助"敏捷与效率"能力，适应新常态

世界发生了根本性的变化。企业及其客户需要始终可用、高度稳定而且可预测的运营。谁都无法轻松承受意外事件带来的冲击。必须动态、智能、有效地满足这些需求。

我们的分析表明，表现出众的企业将云能力用于更高级的敏捷开发和交付，使用频率比其他企业高出 93%；75% 的表现出众企业使用高级云计算和数据技术，响应不断变化的客户期望。

表 2-4　敏捷与效率

技术	使用与采用	绩效差异化	角色	主要机遇
云计算	中	高	差异化因素	支持敏捷开发业务流程，加快开发速度，提高发布速度，实现运营的高可用性
AI	中 –低	低	新兴	探索机遇，支持实现更快更好的运营
边缘计算	低	低	新兴	探索如何提高实时可视性以及如何加快本地化决策
区块链	低	低	新兴	自动执行多个组织的业务流程，同时提高数据完整性
智能自动化	中 –低	中	机遇	转变业务流程和决策模式，改善业务成果
数据管理	高	高	不可或缺	提高可视性、响应能力和产品上市速度

美国网球公开赛：提供虚拟球迷体验

2020 年在纽约举行的美国网球公开赛由于疫情原因，球迷无法亲临现场。但这并没有阻止美国网球协会（USTA）使用云计算和 AI 技术，为数百万球迷提供增强的虚拟体验。

新解决方案及其背后的技术包括：

——Open Questions，支持球迷在 USOpen.org 上与其他球迷进行辩论。Open Questions 使用 AI 分析数百万条新闻和体育资讯来源，以获得深入洞察。该解决方案对非结构化数据进行分析和总结，最终提供赞成和反对的论点。球迷们可以在辩论中分享自己的观点。

——Match Insights，通过使用 AI，让球迷立即成为有关球员和比赛的"专家"。Match Insights 搜索并理解数百万篇与比赛相关的文章、博客以及思想领袖的看法，以收集相关性最高的信息，并将其转换为叙述形式，为球迷提供有关球员的基于事实的洞察。

——AI Sounds，根据2019年锦标赛数百小时的视频片段，利用 AI 重新创建观众的声音。现场和 ESPN 的制作团队都使用 AI Sounds 工具。

混合云为这些新工具提供支持，处理各种工作负载。这种混合云架构为 USTA 数字化运营的灵活性和超大规模保驾护航，支持 USTA 快速转变为远程工作，同时保持生产力，确保最高水平的商业数据安全性。

深入研究，增强客户互动

企业需要从数据中获取更多洞察，以增强客户和员工的能力，改善他们的体验，以此响应不断增长的个性化需求，同时还要显著提高效率和敏捷性。

在使用云技术提供始终如一的客户服务方面，表现出众企业的比例要比所有其他企业高出 60%。他们在云端打造自助服务用户体验的比例也要高出 76%。

表 2-5 客户互动

技术	使用与采用	绩效差异化	角色	主要机遇
云计算	中 – 高	高	差异化因素	改善客户和用户体验，使用共享数据提供集成服务，为客户带来更多价值
AI	中	中	机遇	使用 AI 改善客户互动和满意度
边缘计算	低	低	新兴	在销售点探索预测性销售
区块链	低	低	新兴	采购和生产消费品时提供透明度
智能自动化	中	高	机遇	利用自动化技术获得客户洞察以及进行实时响应
IoT	中	中 – 低	新兴	更深入地洞察客户行为和使用情况
数据管理	中 – 高	中 – 高	不可或缺	利用数据提升客户信任

某连锁杂货店：基于 AI 的虚拟客服解决问题

一家总部位于美国的连锁杂货店共有一千多家分店，由于受到新冠肺炎疫情影响，客户来电大增，因此需要回答大量问题。现有的人员配备无法有效处理这些问题，导致客户转化率低于疫情前水平。于是该公司在语音、数字和移动平台上部署了基于 AI 的虚拟客服。

在不到两周的时间里，这家杂货商将智能助手集成到完整的客户互动体验之中，处理与疫情相关的常见问题。在运营的前 10 天，虚拟客服处理了 5.3 万次对话，回答了 1.6 万个问题，使客户放弃率降低了 80%。

英国国家建筑协会：使用 AI 帮助会员

英国国家建筑协会希望能够更好地回答受新冠肺炎疫情影响的会员提出的抵押贷款支持问题。

该组织使用虚拟客服，通过学习如何回答一些最常见的抵押贷款查询，为协会团队提供支持。自 3 月下旬以来，虚拟客服除了快速回答数以万计的查询之外，还为人工客服节省了数百小时，使他们有精力去处理困难时期出现的更复杂的查询。

值得注意的是，该协会仅用了短短四天就构建、测试并推出了这一服务。除了响应对话之外，该系统还学会了理解意图以及类似问题的多种变体。当它无法回答会员提出的查询时，会将其转接给经过充分培训的抵押贷款顾问，在同一次线上聊天体验中提供帮助。

超快速响应的供应链和运营

疫情暴发后，供应链压力加大、极度紧张，或在某些情况下，完全分崩离析。AI 和自动化可以帮助企业感知并响应不断变化的需求，同时将效率和灵活性提升至全新水平。这种智能还可以应用于企业的所有核心业务流程。

四分之三的表现出众企业认为 IoT 对运营起到重要作用。这个比例比持相同观点的所有其他企业高出 33%。60% 的表现出众企业使用云来简化运营，比其他企业高出 63%。

表现出众的企业使用 AI 进行供应链规划的频率要比其他企业高出 54%。

表 2-6　供应链与运营

技术	使用与采用	绩效差异化	角色	主要机遇
云计算	中	高	差异化因素	实现核心业务流程现代化，在各个 SaaS 应用之间共享数据，创建和 / 或参与行业生态系统和平台
AI	中 – 低	中	机遇	改善供应链规划、资源使用和预测
边缘计算	中 – 低	低	新兴	探索如何改善资产管理和实时优化生产过程
区块链	中	低	新兴	使整个供应链中的纸质文件流程实现数字化，以加快处理速度，改善商品的采购和生产
智能自动化	中	中 – 高	差异化因素	降低运营成本，改善资产管理，提升生产效率和维护水平
IoT	中	中 – 高	差异化因素	实时洞察和分析供应链和运营
数据管理	高	高	差异化因素	提高运营效率和可视性

某石油公司：疫情期间的交付

印度最大的商业石油公司之一明白，疫情期间的恐慌性购买会损害其向客户提供基本烹饪用气的能力。该公司实施了集成的 CRM 和 DMS 平台以及移动应用，以减轻疫情冲击的影响，此外还提供可信的交付信息和服务快速预订功能。自动化的紧急检查功能可监控重复的灌注，并预测需求，以帮助国家机构平衡预订量。

该应用支持边缘化的社区，由政府直接发放救济金，并告知客户提供免费食物的零售地点。它还有助于减少消费者面临的交付中断，维持每天约 300 万次的烹饪用气灌注。

亿滋国际：使用 AI 感知供应链需求

糖果、食品、饮料和休闲食品跨国公司亿滋国际发现，在疫情期间，客户对跟踪订单和交付的兴趣比以往任何时候都更高。作为应对，公司需要提高在规划和预测需求、商品及其庞大供应链方面的能力。

为此，亿滋创建了新冠肺炎疫情指挥中心，采用基于 AI 的机器学习技术，增进对实时消费者需求模式的理解。该公司还在高级分析中使用机器学习，按需获得消费者情报，同时消除大量烦琐的日常任务。[①] 预计在疫情期间，指挥中心可以将缺货情况减少 20%，避免销售损失。这为公司带来了超过 2000 万美元的收益，此外，供应链效率的改进也带来了额外收益。

增强 IT 弹性和业务连续性

在疫情期间，企业都经受了大规模的考验，无论是由于交易量（例如金融交易、数字商务或呼叫中心来电数量）的激增，还是居家令要求员工远程完成和之前相同的工作。

表现出众的企业以更成熟的方式采用云技术，以此作为差异化竞争优势。他们使用云技术提高关键业务流程安全性和弹性的比例要比其他企业高出 71%。此外，他们使用智能自动化进行风险管理的比例

---

① "Mondelez's Front-Line View Shows Value of Demand Sensing during COVID-19." Consumer Goods Technology. August 5, 2020. https://consumergoods.com/mondelezs-front-line-view-shows-value-demand-sensing-during-covid-19?from=gate.

要比其他企业高出 148%。他们使用 AI 来开发和管理 IT 弹性和风险的比例要比其他企业高出 30% 以上。

表 2-7　IT 弹性与业务连续性

技术	使用与采用	绩效差异化	角色	主要机遇
云计算	中	高	差异化因素	提高核心业务系统的弹性，在多个云中运行应用，以减少中断以及对业务连续性的威胁，实现自动扩展以应对需求激增
AI	中-低	中	机遇	管理 IT 弹性和风险，改善支持服务
边缘计算	低	低	新兴	探索如何在操作时保护数据安全
区块链	低	低	新兴	使买家能够迅速与新供应商合作
智能自动化	低	中-高	机遇	改善风险管理和可靠性

某零售企业：挑战与机遇并存

疫情暴发之后，英国最大的健康零售商之一看到，由于客户倾向送货上门服务，在线订单增加了 50%。仓库运营中的瓶颈威胁着该零售商交付生活必需品和保健产品的能力。

于是该公司调整了电子商务模式，将基本药物和其他保健产品和支持列为优先事项。他们还实施了虚拟队列，用于管理网站流量，并使提供关键新功能的软件发布的频率加快了一倍，从而增强了自身管理新工作负载的能力。

JBM Group：通过灾难恢复避免灾难打击

市值达 22 亿美元的印度跨国集团 JBM Group 面临巨大挑战。它需要为供应链创建单一、简化的访问点，确保 B2B 客户（例如 OEM 以及由 20 多家全球知名企业组成的联盟）不会经历宕机尴尬。

　　于是，该公司决定在云端建立灾难恢复能力。JBM 的目标之一是为业务交易提供可持续的工具。整个云模型在五周内实现，目前存储 6 TB 的数据。

　　JBM 表示，在基于云的灾难恢复能力和 IT 优化即服务的交付模式的推动下，这一新解决方案已帮助公司实现"永续运行"。JBM 改进了技术合规性，也提振了利益相关方的信心。

重塑员工队伍能力

　　长期以来，许多企业最重要的资产就是每天进出公司的员工。但疫情开始后，许多人无法回来上班。无论是否已准备好，居家办公已成为数百万员工的常态。现在，企业希望为员工返岗复工做好准备，优先考虑员工的健康和工作场所的安全。92% 的受访高管表示，员工队伍安全保障将成为未来两年的高优先级任务，这个比例与两年前相比增加了两倍多。他们可以从调整和优化员工队伍部署开始，重新思考每个层级的工作和工作环境。

　　表现出众的企业使用云技术来改善员工体验，比例几乎是其他企业的两倍。他们将 AI 用于员工沟通、培养和培训，比例要比其他企业高出 85% 以上。他们还将内部 HR 数据与防火墙外的数据相结合，帮助改进员工队伍管理，比例是其他企业的五倍。

表 2-8　员工队伍

技术	使用与采用	绩效差异化	角色	主要机遇
云计算	中	高	差异化因素	改善开发人员和操作人员的用户体验，改进面向员工的服务，简化业务流程，加强协作，支持远程工作
AI	低	中–高	机遇	确定和管理技能需求，改善员工的沟通、培养和敬业度
智能自动化	中–低	中	机遇	提高员工队伍绩效，将员工从繁重重复的工作中解放出来，去完成更高价值的任务，并且保障员工的健康与安全
数据管理	中–低	高	机遇	深化 HR 洞察，了解技能供求情况

某矿产公司：利用 AI 保障员工安全

一家采矿企业希望在疫情期间保护员工的健康与安全，于是决定尝试一种由 AI 驱动的交互式聊天机器人。这个聊天机器人使用来自疾病控制与预防中心的数据，预先进行训练，旨在帮助员工了解新冠肺炎及感染症状。

该 AI 解决方案可识别与新冠肺炎相关的症状，并提供建议，旨在排除或确认病毒感染。员工可以全天 24 小时通过语音或文本进行访问，自我监控新冠肺炎的症状。

Glintt：床位是否可用？

葡萄牙的医院使用工具确定患者的具体床位，但是无法预测这些床位何时可供将来的患者使用。

总部位于葡萄牙的 Glintt 是一家具有深度医疗保健专业知识的 IT 解决方案集成商，他们开发了 WiseWard 解决方案，可提前五到七天预测住院患者的出院时间，从而帮助优化床位分配决策。

WiseWard 能够提前五到七天自动预测患者的出院时间。这项预测任务之所以困难，是因为存在诸多可变因素，包括手术时间表、患者的年龄和身体状况以及医护人员的安排等。

Glintt 将床位管理人员的生产力提高了 30%—50%。更好的安排还实现了更好的资源使用率和更高的收入。同时，改进的业务流程也改善了患者体验。[①]

企业范围的网络安全

新常态创造了新的工作方式。但这也为网络犯罪创造了新的机会。例如，据报道，为治疗新冠肺炎患者而疲于奔命的医院成为网络罪犯的目标，他们试图在医院资源捉襟见肘之际寻找可乘之机。[②] 自世界卫生组织于 2020 年 3 月 11 日宣布新冠肺炎为全球大流行病以来，与新冠肺炎相关的垃圾邮件、网络钓鱼和其他网络安全问题增加了 60 倍。[③] 尽管许多人面临失业困境，但网络攻击者却比以往更加忙碌。企业需要制定自己的安全战略，保护数字用户、资产和数据，抵御威胁，所有这些都需要采用现代化的多云方法。在企业架构中建立安全

① Forneas, Nuno. "Improving hospital bed management with AI." IBM. August 16, 2018. https://www.ibm.com/blogs/client-voices/improving-hospital-bed-management-ai/.

② Winder, Davey. "Cyber Attacks Against Hospitals Have 'Significantly Increased' As Hackers Seek To Maximize Profits." Forbes. April 8, 2020. https://www.forbes.com/sites/daveywinder/2020/04/08/cyber-attacks-against-hospitals-fighting-covid-19-confirmed-interpol-issues-purple-alert/#4dffc3d858bc.

③ Vila, Ashkan and Stephanie Carruthers. "New Study Shows Consumers Could Be Vulnerable to COVID-19 Spam." Security Intelligence. April 23, 2020. https://securityintelligence.com/posts/new-study-shows-consumers-could-be-vulnerable-to-covid-19-spam/.

性的需求不只是一句空话。

使用 AI 来收集和关联业务威胁情报的表现出众企业的比例要比其他企业高出 71%。借助云提高关键业务流程安全性和弹性的表现出众企业的比例要比其他企业高出 71%。此外,他们使用 AI 响应安全事件的比例要比其他企业高出 37%。

表 2-9　网络安全

技术	使用与采用	绩效差异化	角色	主要机遇
云计算	中 — 高	高	差异化因素	提高应用和数据的安全性,确保遵守数据隐私法规和企业安全策略
AI	中	中	机遇	监控和检测安全威胁并响应事件
边缘计算	低	中 — 低	新兴	探索如何在行动时保护数据安全
区块链	中 — 低	低	新兴	探索如何实现更高的安全性以防止欺诈,以及如何更好地管理数字身份
智能自动化	中 — 低	中 — 高	机遇	提高信息安全性
数据管理	中	中 — 低	不可或缺	提高可视性,降低风险

美国某教育局:使用云实现远程访问

在疫情期间,美国某大型城市的教育局使用云技术,快速安全地扩展远程学习环境。效果相当显著:通过该教育局针对疫情的调整措施,200 万学生、教职员工和学生家长获得了远程访问设备的权限,从而能够继续日常教学活动。

某大型医院:使用远程安全支持开展运营

一家西班牙的大型医院在疫情期间遭到了勒索软件攻击。幸运的是,该医院与一家领先的安全供应商进行合作,由后者提供远程安全支持。双方开展虚拟合作,成功阻止攻击,并在没有支付赎金的情况下恢复了系统。

没有放诸四海而皆准的技术组合，每个行业都有自己最合适的"技术指纹"

最后，在仔细研究各个行业以及不同技术在其中发挥的作用时，必须认识到，特定行业面临的特殊挑战和机遇会导致不同的技术优先顺序。例如，对汽车以及银行和金融市场这两个行业进行类似的"热图"分析时，会发现明显的差异。

尽管云技术在这两个行业中都非常重要，但它在银行和金融行业中的差异化竞争优势更强。而相反，用于客户互动的 AI 技术在汽车行业展现出尤其明显的差异化优势。在汽车行业中，表现出众的企业使用 AI 评估客户满意度的可能性要比其他企业高出 257%，在客户服务职能中采用 AI 的可能性要比其他企业高出 32%。

在银行和金融市场行业，越来越多的企业使用智能自动化来支持各种能力和流程。尤其是表现出众的企业，智能自动化已成为客户互动的差异化优势来源。例如，在银行和金融市场行业中，表现出众的企业利用自动化流程和具备自我学习能力的软件来加深客户关系的比例要比其他企业多出四倍。

在汽车行业，智能自动化在供应链和运营方面更体现出差异化优势。汽车企业还使用 IoT 来提高绩效，其中 71% 的企业认为 IoT 对运营非常重要。

这些结论表明，需要将技术与适当的能力融合，但正确的技术组合因行业而异。因此，需要针对所在行业选择适当的技术组合，以此作为短期成功的催化剂，并为将来的企业转型奠定基础。

行动指南

最近的事件表明,许多支撑企业业务战略的运营假设已变得多余,有时是有害的,甚至是致命的。

尽管发生了新冠肺炎疫情这样的人类悲剧,但高管们告诉我们,危中有机,疫情也使转型变得更加容易、更加快捷。疫情给富有远见卓识的企业领导提供了从根本上重新考虑业务的机会。如果旧常态被打破,那么挑战就会成为常态。

但是变革要求企业领导走出传统模式。必须重新评估企业的宗旨、文化、市场、核心业务和运营模式。必须建立全新的工作方式、全新的流程和全新的企业。最重要的是,必须设定全新愿景,确保能够在疫情后的世界中蓬勃发展。

我们的分析表明,在最近几年,领先的企业不仅能够对影响他们的挑战做出更快的反应,而且如我们所见,在发展核心差异化能力和加快转型议程方面也更加有效。[①] 如前所述,我们对全球 3000 名 CEO 进行的持续调研进一步证实了这些结论。

企业领导重新思考数字技术对于塑造未来业务和运营模式的重要性。在过去一年左右的时间里,本报告涉及的呈指数级发展的技术强势崛起,开创了业务架构变革新时代。我们将这种革命性转变称为

---

① "COVID-19 and the future of business: Executive epiphanies reveal post-pandemic opportunities." IBM Institute for Business Value. September 2020. https://www.ibm.com/ thought-leadership/institute-business-value/report/covid-19-future-business.

"认知型企业"。[①]

在疫情期间，不确定性骤增，我们前行发展的能力也变得扑朔迷离。企业领导开始重新思考和重新设计认知型企业转型，以适应如今占主导地位的虚拟世界。

在这种新的认知型企业中，智能化业务流程提供新的"重心"，推动企业和生态系统中形成无缝流程。高价值的体验不仅提供给客户，而且还要提供给员工以及合作伙伴，因此需要深度重新设计全新企业和工作方式。我们在分析中不断看到，由 AI 和云支持的智能自动化彻底改变了工作方式，不受物理位置和地点的限制，并且减少了单调重复的工作，在整个生态系统中更广泛地为客户、员工及合作伙伴赋能。

智能传感器和实时洞察增强了人员能力，支持他们更好更快地作出响应。实时适应能力和敏捷性变得司空见惯，增强了差异化竞争力。

但是，要实现愿景，必须立即采取行动。

我们确定了九个对于推进认知之旅以及建立成功前提至关重要的行动领域：

开创性的平台战略：

——选定重投领域：选择核心开创性业务平台是一种存在性决策，而非试验性决策。新平台及其价值应体现在企业的对外价值主张中。

---

① "Building the Cognitive Enterprise：A blueprint for AI-powered transformation." IBM Institute for Business Value. May 2020. https://www.ibm.com/thought-leadership/institute-business-value/report/build-cognitive-enterprise.

——绘制业务蓝图:新的业务蓝图不仅要确定目标运营模式、决策框架、文化和技能、职位和责任,还要说明人与 AI 技术如何在业务平台环境中协同配合。该蓝图能够帮助确定并执行战略优先任务,预测变革会对企业产生的影响以及重新分配资源的地方。

——统筹重大变革:传统方法无法适应认知型企业的要求。通过控制"塔台"实时监控环境状况,发出警报,跟踪变革项目中不断变化的各个方面,掌握潜在的业务绩效与成果。

智能化的业务流程:

——嵌入最强科技:可以大规模结合使用 AI、IoT、自动化、区块链和 5G 技术,真正改变业务流程的性质。我们必须弄清楚这些技术如何以及在何处产生最大影响,带来最大回报,这是一项关键要求。

——挖掘数据价值:数据准备度是企业从数据中提取价值的先决条件,这包括数据的准确性、清洁度、标准化、开放性和许可权限等特性的准备度。据估计,80%的 AI 工作都用于数据准备阶段。[①]

——实施混合多云:混合云架构可以释放所捕获到的数据和功能的价值,同时处理新旧应用间的转换。混合云还可以通过"一次构建,随处部署"的方法,消除架构选择的风险。

人性化的企业体验:

——强化人机偕行:自动化技术负责处理重复性任务,平台和业务流程形成新的洞察空间,使人类能够在新领域创造新的价值。随着

---

① Bowne-Anderson, Hugo. "What Data Scientists Really Do, According to 35 Data Scientists." Harvard Business Review. August 15, 2018. https://hbr.org/2018/08/what-data-scientists-reallydo-according-to-35-data-scientists.

人员使用的工具越来越出色，他们将能够"更出色地完成工作"；随着技术变得越来越直观，应用率也会水涨船高。

——培养智慧能力：随着业务平台打破行业边界，企业领导必须到传统行业网络之外去寻找洞察。清晰说明企业意图的能力比以往任何时候都更为关键。

——践行敏捷模式：敏捷的工作方式可能具有巨大价值，但必须更有目的性地践行这些方法，才能提高效率和有效性。此外，有的放矢的敏捷性还有助于定义业务架构和其他架构选择。

当企业尝试转变时，应考虑三项重要的准则：

——企业必须努力保护人机要素以及智能化业务流程、数据源、附带应用和底层基础架构的安全。

——业务平台的安全性对于增进信任和确保企业的长久发展至关重要，但企业必须在安全与无摩擦的客户和员工体验之间实现平衡。

——业务平台生态系统需要采用开放的网络方法，保障所有参与方的安全，快速促进协作和获得深入洞察。

后疫情时期的业务环境将与2020年年初大不相同。数字化转型的需求和机遇无比清晰。本报告可以帮助您了解如何以及在何处将数字化转型应用于所在行业的关键能力。确定新一代领跑企业的竞赛已拉开帷幕，贵组织是否已准备好一马当先？

研究方法

本次调研使用了来自多项不同调研的数据，这些调研涉及技术使用的不同方面及其与业务优先级和绩效之间的关系。

技术采用和绩效水平（按行业）

我们为每个行业创建了技术采用指数，以了解技术与绩效之间的关系。对于每个行业，我们根据业内企业对于不同技术的投资份额，确定了五种最重要的技术。技术采用指数按技术的平均投资水平计算得出（1—5 分）。

然后，我们根据计算得出的技术指数，确定每个行业中排名前 10% 的技术采用者。我们将技术采用指数与这些企业以及其他企业的财务绩效（2017—2019 年平均收入增长率）联系起来，以此确定这两种企业在财务绩效方面的差异。对于企业在疫情冲击期间的表现，我们也进行了同样的评估，通过比较 2020 年上半年和 2019 年上半年的收入百分比变化来估算收入弹性。我们对每个行业都进行了这种估算。[①]

技术分类和优先级划分（按行业）

为了更细致地了解各种技术对于绩效的贡献度，我们进行了多元回归分析。

在第一次分析中，我们将 2017—2019 年期间的年均收入增长作为因变量，以确定疫情之前技术投资与收入之间的关系。

为了了解疫情冲击期间技术投资与绩效之间的关系，我们对 2020 年上半年和 2019 年上半年的收入差异进行回归分析，其中 2019 年上半年的收入百分比为因变量。

我们将回归分析的结果与技术投资数据相结合，按两个主要维度分行业创建技术分类：x 轴是特定技术的投资，y 轴是对该技术的投资

---

① Note: for some industries, the n-count for high-technology adopters is less than 10.

与收入绩效之间的关系（通过回归分析中的系数来衡量）。这使我们能够按行业对技术进行如下分类："差异化"技术是正在进行投资并产生重大绩效影响的技术；"不可或缺"的技术是已进行广泛投资但与绩效的显著提高无关的技术；"机遇"类别的技术是尚未进行广泛投资但与绩效显著提高有关的技术；"新兴"技术是尚未进行广泛投资，并且对绩效也无显著影响的技术。

面向不同能力的技术

为了了解不同技术在塑造未来相关运营能力方面的作用，我们详细研究了技术采用情况以及特定职能和运营目标的优先级。为此，我们利用多项调研的数据，它们涉及不同技术及其在各个能力领域的使用情况。每种技术的相关数据与六个核心能力对应起来后形成热图，展示不同技术在不同能力领域的作用。

我们创建了两个热图：一个按能力领域说明技术的总体采用情况、优先级和使用情况，另一个根据业绩（即收入和利润）出众的企业和其他企业的能力，说明二者在技术采用、优先级和使用情况之间的差异。通过这两个角度来考察技术采用、优先级和使用情况，一方面可以洞悉技术的使用方式，另一方面还可以确定这些技术是否与绩效差异化有关。

在有数据支持的情况下，我们还对一些特定行业进行了分析，以确定在不同行业中，各个能力领域的技术使用情况以及产生的差异化影响。

第三章

新一代的混合云管理能力

疫情新常态下，引领企业走出数字化转型困境

作者介绍

麦俊彦，IBM 大中华区全球企业咨询服务部总裁。
联系方式：电子邮箱 cymak@hk1.ibm.com。

Sean Coffey，IBM 大中华区全球企业咨询服务部云应用创新服务总经理。
联系方式：电子邮箱 secoffey@hk1.ibm.com。

王骏上，IBM 大中华区全球信息科技服务部混合云管理服务解决方案总监。
联系方式：电子邮箱 jackie.wang @cn.ibm.com。

石延霞，IBM 中国商业价值研究院高级咨询经理。
联系方式：电子邮箱 shiyx@cn.ibm.com。

郑军，IBM 大中华区全球信息科技服务部总经理。
联系方式：电子邮箱 zhengjun@cn.ibm.com。

谢敏，IBM 大中华区全球企业咨询服务部云应用管理服务总经理。
联系方式：电子邮箱 xiemin@cn.ibm.com。

丁伟，IBM 中国商业价值研究院院长。
联系方式：电子邮箱 dingw@cn.ibm.com。

本章要点

企业在混合云管理中的挑战

疫情新常态下，企业面临着数字化转型加速和成本及人才压力激增的两难困境，同时面临着五大挑战。

新一代混合云管理能力框架

企业需从开放的平台建设、统一的平台治理、全栈的一致管理、智能的运维技术、强大的危机管理、灵动的交付模式、创新的人才供应七个维度，打造新型的混合云管理能力。

混合云管理转型的行动建议

企业要实现混合云管理模式及能力的大规模转型，必须配套实施组织、文化、流程、思维模式的转型，采取快速、敏捷、创新的转型方法。

第一节　疫情新常态下，企业数字化转型面临两难困境

疫情加速了企业数字化转型的步伐，越来越多的企业将工作负载迁移至云端，开放式混合云已经成为企业新一代的 IT 基础架构的必然选择。目前，很多企业开始思考的问题是：如何管理好混合云，将混合云架构的最大价值发挥出来？这将是决定企业的数字化转型能否成功，以及能否实现可持续发展的关键因素。

IBM 在帮助全球及中国企业推动数字化转型的过程中，发现很多企业 CIO 在 2020 年面临着一个非常突出的两难困境，即"数字化转型加速"和"现金及人才压力激增"之间的悖论：他们既期待享受混合云平台带来的业务活力，可以弹性、敏捷、安全地应对业务的不确定性和快速创新，加速业务增长，深化数字化转型；同时也希望整合新

系统和历史系统的复杂性，在 IT 预算和人才都非常紧缺的压力下，低成本、高回报地管理纷繁复杂的混合云环境。而要完美解决这个困境，企业 IT 能力需要进行完整、持续、大规模的转型，才能真正实现新一代的混合云基础架构的价值，推动企业数字化成功转型。

而企业在 IT 能力转型的过程中，主要面临着五个严峻的挑战：

挑战 1. 如何与应用 devSecOps 的云原生企业一样，将业务的速度和敏捷度提升 3—5 倍？

疫情中，很多企业 CEO 比以往任何时候都更迫切地需要创新与速度，他们想要快速推出新的产品、新的服务，以满足客户不断提升的需求，快速适应新常态。这就要求企业拥有一个安全、开放的平台，该平台能够在跨多云和现有 IT 架构的环境中都保持一致性，既能保证企业的业务敏捷度，又不锁定企业的创新力。

同时，这样的开放平台会简化面对不同环境（虚拟化/容器化/云化）以及不同工具和方法的开发复杂度，提高开发人员效率。最重要的是，这样的平台可以让 IT 部门聚焦到如何建立企业新的文化和工作模式，用云原生的速度适应业务用户的需求。根据 IDC 研究，基于领先的企业级开源技术 Openshift 建设的容器平台可以将应用程序的开发生命周期加快 66%，发布的应用程序和功能增加 36%，用户采用率提高 136%。[①]

---

① IDC 研究。

挑战 2. 如何通过自动化技术、管理简化，降低 25%—40%IT 成本，释放稀缺技术资源，加速 IT 现代化？

受疫情冲击，很多企业财务压力激增，IT 预算紧张，他们希望降低成本，改善现金流。大多数企业平均至少拥有五个云平台以满足特定应用，每个云平台都有不同的管理流程和接口；同时，企业成百上千的应用分布在内部服务器、私有云、公有云上。这些都大大提高了日常运营的复杂度，并增加了人员招聘和培训、IT 维护等间接成本。因此企业需要加速基于平台的容器化和现代化建设，将应用平台层与底层架构解耦；并应用自动化技术，将架构管理简单化。同时，平台的自服务、自动化工作流、改进的代码质量以及 CI/CD 技术，都可以帮助企业进一步提升应用的开发实施效率。根据 IDC 研究，基于 Openshift 的容器平台可以将开发每款应用程序所需的 IT 员工时间减少 35%，需要员工投入的日常管理时间平均减少 19%。[①]

挑战 3. 如何通过"站点可靠性工程（Site Reliability Engineering）"等举措以及智能运维技术（AIOps），减少 60%以上的计划外宕机，实现零计划宕机时间？

疫情带来了工作方式的变化。尽管某些工作项目仍需在工作场所就近完成才能发挥最高效率，但大多数工作要采用新型的远程执行模式，并成为新常态，以确保业务的连续性。因此企业需要具备快速应对的弹性能力，采用新型 IT 交付模式，实现面对面交付和虚拟交付的

①　IDC 研究。

最佳组合。并且，当系统出现问题时，采用新型的 IT 运维技术，能够加快对问题类别的识别和修复速度，并提前预见未来的问题，减少计划外宕机的风险，提升客户满意度。

挑战 4. 如何在实现上述目标的同时，确保企业的 IT 系统安全以及数据安全？

当世界各国全力应对疫情之际，犯罪分子发现了可乘之机。2020 年 2 月份以来，IBM X-Force 监测到的以新冠肺炎疫情为主题的垃圾邮件增幅高达 4300%。[①] 70% 的受访者表示所在组织过去基本未尝试过远程工作。40% 的受访者表示开展远程工作后，网络攻击有所增加。[②] 企业如果平时准备不足，那么疫情期间势必会措手不及。根据 IBM 商业价值研究院 2019 年度报告显示，76% 的企业并未在整个组织范围实施统一的事件响应计划。[③] 在疫情后的新常态下，企业的业务连续性计划成为一项重要的战略资产。企业需要制订未来的危机应对计划。

挑战 5. 如何保证稀缺的 IT 人才价值最大化，并且 IT 人才供应不断链，确保业务的可持续和创新性？

首先，在很多公司内部，大量的 IT 人才仍然陷于日常的 IT 运营工作中，不能解放出来去关注能够带来更高价值和扩大业务优势的活

---

① "新冠肺炎疫情加剧网络战争：如何保护企业"，IBM 商业价值研究院。2020 年 4 月。https://www.ibm.com/downloads/cas/6RYX3PXE.

② 同上。

③ 同上。

动。其次，很多公司随着新业务的快速发展，以及越来越多的业务在混合云的新环境下采用新技术，发现缺乏足够数量的具备数字化技能的人才供应，大大限制了业务的可持续性和创新性。这些都要求公司转变现有 IT 工作模式，采用自动化技术以及外包服务，释放宝贵的 IT 人才投入到高价值活动中；同时在企业内外部采用新型的数字化培养手段，加速人才供给和技能重塑。

为应对以上挑战，企业首先需要建设开放的混合云平台，作为数字化转型的坚实基础。在此之上，企业需要对不同类型的云环境以及整个 IT 基础架构进行端到端的管理，达成对混合云环境下多厂商、多平台的无缝整合。然后，需要应用混合云管理平台对多云环境进行全栈式的一致性的管理，帮助企业管理、监控、自动运行和统筹各种云供应商的环境。而要更好地平衡新系统和全栈式一致性管理模式，智能的 IT 系统运维技术（AIOps）可为企业实现从"人治"到"智治"的转型，确保业务的高敏捷和可预见性。这些平台和技术都需要建立在强大的危机体系上，确保业务的安全性和永续性。最后，疫情改变了员工的工作方式，灵动的交付模式可以确保在虚拟环境中安全可靠地交付，确保业务的高弹性。所有这些，企业需要创新的人才供应方式有力地支撑。

只有将这些能力全面整合之后，才能充分发挥混合云架构的价值，推动业务不断加速数字化转型，助力实现智慧企业的战略目标（图 3-1）。

来源：IBM 商业价值研究院分析。

图 3-1　新一代的混合云管理能力框架

第二节　新一代的混合云管理能力

新一代的混合云管理能力包括开放的平台建设、统一的平台治理、全栈的一致管理、智能的运维技术、强大的危机管理、灵动的交付模式、创新的人才供应。接下来，我们将对每一种能力进行详细描述。

开放的平台建设，确保业务的速度和敏捷度

企业在数字化转型过程中，需要搭建各种数字化平台和智能工作流，会将很多的业务活动迁移至云环境中。然而，多个单一的云环境

会增加数据孤岛，严重影响业务响应速度和敏捷性。而开放式的混合多云平台可以解决这个难题。

开放式的混合多云平台不仅支持工作负载在内部环境、私有云和多云环境之间迁移，还支持在不同供应商的云环境之间按需迁移。这可以让企业能够访问任何平台的物联网数据和设备，实现数据的无缝衔接，支持核心工作流变得更为智能。并且能够随时随地扩展 AI，借助边缘计算，将云功能部署到数据所在的任何位置，实现 AI 规模化应用。具体来说，企业需要在混合云平台的五个层面建设开放性（图 3-2）：

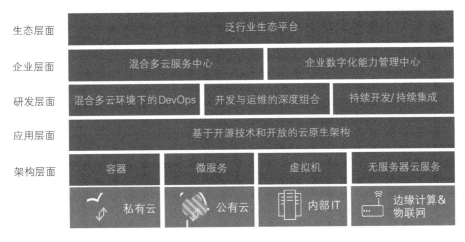

来源：IBM 商业价值研究院分析。

图 3-2　开放的混合云平台

首先，在架构层面上，Docker 容器可以实现云环境与内部环境之间最高水平的可移植性。通过使用微服务模型来开发云应用，开发人员能够基于和用户的实时互动，以迭代方式快速重新设计、替换和丰富客户体验。虚拟机采用模拟物理服务器的软件实现的运行时环境，具有更强的灵活性。虚拟服务器能够按需配置和扩展，以满足不断变化的工作负载需求。无服务器平台使开发人员能够快速方便地构建功能丰富的应用，用于响应各种事件。(请参阅下文"一汽集团：开放的混合云平台，快速实现业务创新")。

一汽集团：开放的混合云平台，快速实现业务创新[①]

一汽集团在传统 B2B 业务模式的基础上，展开了对 B2C 营销和新零售方向的开拓和探索。厂、商、用户之间的关系重构，对 IT 提出了全新的需求。

IBM 帮助一汽集团总体规划了平台化的系统建设思路，旨在实现前端业务在线共享及快速迭代，支撑数据全面贯通，同时保证触点的体验一致性。

IBM 还帮助一汽集团建立了双中台的驱动模型，实现了业务中台的持续优化和数据中台的持续迭代。混合云的架构为双中台提供了有效支撑。底层采用行业混合云，满足业务发展对资源弹性、敏捷的需求，实现基础设施从传统架构向全云化架构转型，助力中台业务快速共享。微服务架构由 IBM 总体设计并指导实施，支撑多租户及应用快速扩展。

该项目采用大规模敏捷管理框架，保证跨项目组"同时区"协作，同节奏交付产品，以管控项目时间进度。同时，应用敏捷开发流程进行代码交付，实现产品快速上线，业务价值得到迅速实现。并通过不断迭代，实现了产品用户体验和质量的稳步提升。

---

① IBM 案例研究。

其次，在应用层面上，混合云环境下的应用和研发能力应该运行在一个基于开源技术和开放的云原生架构上，比如红帽（Red Hat）的Openshift 是容器云平台，有自适应、自愈和自动伸缩的能力，能适应企业内外部的各种动态变化，并且能够足够开放、敏捷，能够灵活地扩展，结合企业实际情况进行各种复杂性管理。

接着，在研发层面上，企业应该建立面向混合多云环境下的 De-vOps，而非单一环境的 DevOps。同时，关注开发和运维的深度融合，将场景化的 AI 融入管理流程中，建立全局组织流程体系，实现持续性的开发，作为项目制研发的常态补充。

然后，在企业层面上，伴随着企业建立数字化平台和流程能力，企业内 IT 组织的定位也应转变。过去的定位更多是内部运维或服务支撑，现在需要转变为混合多云的服务中心，未来还需要有一个更远大的理想，即成为企业数字化能力的管理中心。

最后，在生态层面上，为了确保开创性业务平台可组合，智能工作流实现动态化，企业希望开放所有选项，包括向生态系统开放，建设泛行业生态平台（如开放银行、工业网络规模、出行服务平台、采销平台等）。开放平台和开放软件支植性、互操作性并能形成规模，可防止任何单一供应商一家独大。来自红帽等供应商的容器技术可以成为混合云环境下的通用语言和开放架构的生态纽带，把企业、客户、供应商、合作伙伴连接为一个可以无限扩展的、创新的生态系统，塑造企业的数字化能力。

统一的平台治理,确保业务的低成本和可视性

随着企业业务数字化转型的持续深入,及新一轮"新基建"智能升级,IT 基础架构对多数企业的可持续运营起着至关重要的作用。企业 IT 负责人通常依赖相互独立的系统跨中间件、服务器、存储以及网络设备进行监控及管理,混合云环境的纷繁复杂让传统系统难以应对。

为了攻克这些挑战,实现现有投资回报最大化,企业认识到自己必须对混合云业务环境进行统一治理。如图 3-3 所示,统一的平台治理意味着能够对不同类型的云环境以及整个 IT 基础架构提供端到端的一致性管理,并通过云亲和度分析,实现最佳配置、最佳部署,达成对混合云环境下多厂商、多平台的无缝整合(图 3-3)。(请参阅下文"上海新享智云科技:IT 整合及优化,助力疫情下轻盈转身")

具体举措包括:

• 通过 Linux、Kubernetes、开放容器三种标准技术接口无缝地进行互操作,在不同的环境和不同的公有云供应商之间,实现互操作性和可以移植性,避免被一个供应商套牢;

• 能够支持云原生应用、敏捷开发、开放生态集成;

• 支持业务快速部署与运维服务自动化;

• 深入分析并挖掘 IT 运维数据的运营价值,实现 AIOps;

• 在混合云架构下,实现统一标准的安全准则与合规审计;

• 利用软件定义灾备恢复自动化技术,从应用到基础架构,端到端实现应用与数据的业务永续保障。

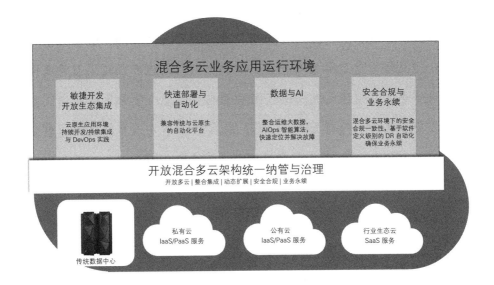

来源：IBM 商业价值研究院分析。

图 3-3　统一的平台治理

而要实现以上举措，混合云管理需要持续加强对开源技术与开放平台的集成，增强在云原生应用、容器与微服务编排调度及 DevOps 等方面的运维能力，并充分运用 AIOps 提升 IT 运维的智能化与自动化程度，从而有效降低企业在混合云环境下的 IT 运营总体拥有成本。在 IBM 的一个客户中，通过运用 AIOps 降低了总体 IT 拥有成本30%，并大大提升了 IT 运维效率，支撑未来多年的发展需求。并在新平台的支持下，帮助 IT 组织向敏捷化、智能化转型。[①]

通过统一的治理平台，混合云平台可发挥一站式"控制塔台"的作用，有助于克服因不同基础架构中数不清的活动错配而导致的种种

---

①　IBM 案例研究。

约束和限制。通过这个"控制塔台"，企业可以实时监控状态，查看现有连接，实现跨混合云环境的全面透彻的可视性功能；还可以前瞻性地决定云环境中的哪些环节需要优化、扩展或更加开放，提升统筹化管理水平；同时还可提供切实可行的洞察，把应用和负载所占用的资源做更佳匹配，提高资产利用率；最后将 IT 固定成本转变为可变成本，将 IT 资本预算转变为运营预算，优化资本与资产投入，持续将混合云资产的价值最大化。

上海新享智云科技：IT 整合及优化，助力疫情下轻盈转身①

上海新享智云科技公司是一家隶属于顶新国际集团的智能科技公司，其所在的餐饮便利事业部遍及各种餐饮品牌，涵盖十余家企业，IT 运维及管理极其复杂。如何实现多业态、多企业的 IT 整合，从而减负、赋能、提效、降废，是一直以来困扰顶新集团和新享智云的难题。2020 年，面对新冠肺炎疫情暴发带来的"少移动、少出门、少到店、少接触"的新情况，新享智云需要一个"低门槛、快复制"的应对策略，从而扩大线上布局、调整商品布局、降低加盟门槛、加快展店速度，在特殊时期快速转身。

IBM 凭借业内一流的专业知识和能力，提供了全新的 IT 运营模式，帮助顶新集团和新享智云管理复杂的混合 IT 环境，实现管理化繁为简、运营降本增效。在 IBM 的帮助下，新享智云完成了十多家公司的 IT 整合及优化，并成功构建了一个开放、灵活且安

① IBM 案例研究。

全的多云架构，短时间内完成云迁移，实现核心应用平稳上云，有效保障了业务数据的安全。

与此同时，IBM 为其提供即需即供、按量付费的弹性资源服务，彻底帮助其摆脱了大量购置 IT 基础设施而造成的 IT 利用率不平衡问题，有效缓解现金流压力，实现轻资产运营。最后，针对新享智云在多云环境下的积分系统、清算系统、支付系统等关键核心应用和负载，IBM 还提供了无缝、安全、一致的管理以及高 SLA 服务保障，确保了 7×24 不宕机。此外，按照顶新集团的发展需求，IBM 还为其定制化打造和管理 IT 架构，提供具备前瞻性的 IT 架构转型路线图和能力，以应对复杂多变的市场环境，深刻践行业务永续。

全栈的一致管理，确保架构的高可用性和业务的连续性

尽管绝大多数的企业已在多云环境中开展业务运营，但是实际上，传统架构和云架构却仍将在很长一段时间内并存，企业 IT 部门面临着如何对混合架构下的稳态和敏态双模 IT 进行全栈的一致性管理的挑战。而技术架构的升级带来了负载和交付方式的变化，进而带来了 IT 管理方式的变化。但是无论 IT 架构和管理方式如何变化，企业所需的永远是运行在 IT 架构上的高可用性和业务的连续性。

IBM 商业价值研究院（IBV）的调研表明，预计到 2021 年，将有 98% 的企业采用多云架构。但目前只有 41% 的企业制定了多云管理战

略，仅有38%的企业部署了用于运行多云环境的流程和工具。例如，只有30%的企业拥有用于统筹安排工作负载的多云统筹器或其他多云管理平台。其他工具也欠缺。不足40%的组织拥有可提供资源配置和资源间关系信息的云配置管理工具。[①]

因此，企业需要针对混合多云环境，建立全栈的一致性管理平台，营造可靠、直观、响应迅速的云环境，这是企业 IT 管理的变革，也是趋势。通过全栈的一致性管理，既可减少宕机、应用停运和数据丢失，提高整个 IT 基础架构的可视性、监管和控制力度，又能降低 IT 基础架构成本和运营成本，最后还能改善客户体验，增加新收入来源，以及扩张到新市场，提升企业竞争优势（请参阅下文"某大型商业银行：通过混合多云管理，助力金融业务创新与转型"）。

某大型商业银行：通过混合多云管理，助力金融业务创新与转型[②]

国内某大型商业银行，积极应对业务挑战，引进混合多云架构及管理平台，将 AI 与运营管理相结合，为业务创新提供了坚实的保障。

IBM 帮助该银行搭建了现代化的混合多云架构，利用多个 Kubernetes 集群中的3000多个容器，在不同地点实现双活模式，关键应用可在数秒内实现扩展，"双十一"期间付款交易支持系统实现每秒1.5万笔交易。

---

① "组建云端'管弦乐队'：多云管理实战指南"，IBM 商业价值研究院。2018 年 10 月。https://www.ibm.com/downloads/cas/PWLAXJYB.

② IBM 案例研究。

另外，通过和 IBM 合作，该银行还建设了强大的软件定义的架构，通过软件定义，实现跨地点的负载均衡。并利用动态缩放，实现跨地点的分布式数据存储。通过智能自动化，进行根本原因分析，促使自我恢复。

最后，该银行的 IT 运营利用针对历史数据的机器学习功能，自动累积运营经验，实时处理海量运营数据，促进动态调整资源以及基于人工智能的性能监控和自动弹性扩展，实现了 IT 运营从"劳动密集型"运营向"认知型"运营的转型。

那么，企业如何建设全栈的一致性多云管理平台呢？ IBM 通过自身以及为客户服务的经验，不断演进和总结出适合企业未来发展需要的全栈的一致性多云管理模式，主要包括三个成功要素：组织、流程、工具。这三个方面需要统一整合，不能割裂开来：

组织。传统架构逐步演进到云上，对 IT 管理人员的职责和角色都提出了新的要求，且需兼顾两种架构长期并存的场景。IT 管理人员需要进行三方面的转型：从独立技能向跨领域技能转型；分解竖井式团队模式，并围绕 IT 服务与 DevOps 交付模式进行组织变革；向共享服务与团队的模式转移。除此以外，企业还需要考虑与第三方多云管理服务团队建立合作关系，请他们提供专业的云管理服务，帮助构建和管理协调的多云环境。根据 IBV 调研，目前，56% 的企业借助供应商来管理多个云。到 2021 年，预计这样做的受访企业的比例将上升至 72%。[①]

流程。 多云管理需要改变以手动和少量自动化为特征的传统 IT 管理流程，逐步转型为云使能 IT 管理流程及云原生 IT 管理流程，最终实现基于服务化的持续集成与持续交付。这些流程具体包括三类：第一类为核心流程，是大多数公司从向云过渡的一开始就必须遵循的云服务管理和运营的核心实践，可确保服务的可用性和可见性。比如，"事件管理流程"可以快速恢复服务，"问题管理流程"可以识别问题根因并防止再次发生。第二类为可扩展流程，随着云采用率的增长，需要遵循这些实践以随着需求的增长而扩展。它们使其他实体执行的并行活动与服务管理的需求保持一致。例如，开发人员构建可管理的微服务。第三类为服务流程，这些实践添加了面向服务的视图和业务重点，与 SLA（服务级别协议）和业务 KPI 保持高度一致。例如，业务绩效信息在仪表板中可视化，并用于确定操作活动的优先级。

工具。 高效的云管理平台需要集成及广泛使用多种强化工具和技术，包括跨服务器、存储、网络的开放式管理和开放网络标准，即时协作工具，全面自动化与智能化技术，帮助企业管理、监控、自动运行和统筹各种云供应商的环境，从而降低管理不同供应商的云服务的复杂性。而使用这样的工具给企业带来的更多的是文化转型，例如：人机对话运营 ChatOps 不仅仅是一个聊天工具，而是人与人之间、工具与机器之间、人与机器和工具之间的全新协作。

---

① "组建云端'管弦乐队'：多云管理实战指南"，IBM 商业价值研究院。2018 年 10 月。https://www.ibm.com/downloads/cas/PWLAXJYB.

从以上可以看出，全栈的一致性多云管理模式，本质上是企业 IT 管理模式的转型。通过转型，企业可以解放 IT 部门的现有资源压力，创造空间进行面向未来的转型。并专注核心，以业务需求为导向，关注新服务的开发，迅速回应市场需求。最后，还可以利用生态圈，借助外部资源，加速创新技术的引进和落地（图 3-4）。

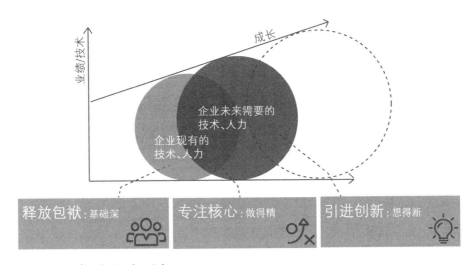

来源：IBM 商业价值研究院分析。

图 3-4 全栈的一致性多云管理平台的转型收益

智能的运维技术，确保业务的高敏捷和预见性

随着企业纷纷将各自工作负载迁移至云端，为优化这些负载，他们通常依赖多个平台，但如果企业疏于整合每个单独系统所提供的数据洞察，拥有多个系统只会加剧原有的复杂程度。既要采用新系统，又要设法实现一体化管理，为了实现二者平衡，技术团队常常陷入两难境地。

智能的 IT 系统运维技术（AIOps）可为企业解决这个难题。它将传统的以流程管理为导向的被动式运维，逐渐演进成为以数据分析和 AI 结合为导向的主动式、前瞻性的运维（AIOps），实现从"人治"到"智治"的转型。

AIOps 是基于人工智能认知与自动化技术，结合数据积累、知识沉淀和最佳实践，形成的一个能够持续智能演进的智慧运维平台。在这样的智能运维平台中，通过基于机器学习的分析决策平台、行业积累的自动化平台，并配合整体的服务管理平台、事件一体化平台，实现全方位的 IT 运营监控管理（图 3-5）。

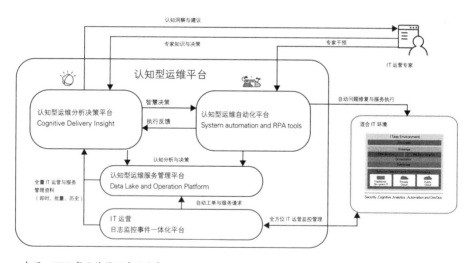

来源：IBM 商业价值研究院分析。

图 3-5　智能的运维技术（AIOps）

具体来说，智能运维可以用于企业中的以下主要场景中，并为企业带来差异化的竞争优势：

动态视图，提升可视性。根据 IBM 市场研究发展部的调研，78%

的受访企业将跨多云提供商的 IT 运营可视性视为一项重要的混合多云管理能力。[①] 在机器学习（ML）与 AI 技术的加持下，AIOps 可为 IT 领导者提供跨系统、跨多个云提供商的纵览功能，带来高效的新流程。并且支持日常 IT 运营专员通过一份易于获取的报告，掌握大型机、应用、中间件、服务器、存储与网络的当前状况。

性能预测，提升高弹性。借助 AI 与实时数据洞察，AIOps 可以持续主动提升性能，减少反复出现的问题，为公司的品牌认知、性能与间接成本带来有益影响。AIOps 也可以打造先发制人的问题解决之道，将问题扼杀于摇篮之中，从而掌握战略性差异化优势。

告警压缩，提升有效性。企业采用 AIOps 策略可以对系统异常行为触发的告警，进行识别及过滤，自动记录事件工单，大大缓解一线运维团队的工作负荷。并提前预见停运风险；或者在磁盘空间即将受到限制时，及时通知团队，并提升系统性能。35% 的受访领导者预计可通过使用云管理平台，利用主动监控，规避高成本 IT 停运事故，并从中获益。[②]

自动修复，提升响应性。AIOps 通过持续的自动化建设，可以对重复发生的事件，制定自动修复脚本，实现服务恢复作业的自动执行与状态跟踪。22% 的受访企业预计能够通过快速识别故障设备提升可用性并缩短问题解决时间，29% 的受访企业则预计能够提升服务管理水平和改善客户体验。[③]

---

① "AIOps：智能监控和前瞻性管理混合多云"，IBM 市场研究发展部（MD&I）。2020 年。

② 同上。

③ 同上。

Slack 公司 CEO 兼联合创始人 Stewart Butterfield 表示："组织面临的最大挑战是协调性问题。我们的软件只有与用户每天使用的工具紧密整合，将关键业务信息引入团队协作的渠道，才能发挥最大价值。我们的 Slack 软件与 IBM WatsonAIOps 结合后，IT 运营人员可有效协作，针对异常事件提出解决方案，从而把宝贵的时间花在解决问题而非寻找问题上。"[①]

故障预测，提升前瞻性。利用机器学习，AIOps 可以持续训练并优化算法模型，实现基于异常特征的故障预测，提前作出预警。并借助相关情报与数据洞察，能够更快、更高效地预先制定决策，提升整个 IT 环境的统筹化管理水平，提高成本和使用的管控能力。

根因分析，提升洞察力。在 AIOps 加持下，云管理平台可借助机器学习和 AI 技术，前瞻性分析企业 IT 基础架构的数据模式，找出问题根源，然后向团队传达解决方案，并学习识别未来实例的模式。因此团队能够快速识别问题根源，不必耗时耗力遍查整个数据集，寻找并解释异常状况，从而加速业务恢复，降低业务影响。

从以上场景中可以看出，通过智能的运维技术，实现了自我识别、自我预测、自我纠错，让事件响应、问题处理等运维操作逐步做到非接触、"无人化"，从而降低宕机风险和宕机时间，在降低管理成本的同时，大幅提升业务的敏捷度、准确度和预见性（请参阅下文"案例1：某人寿公司，优化运维流程，降低成本""案例 2：某领先汽车制造商，自动化运营，提升效率"）。

---

① IBM 案例研究。

案例 1：某人寿公司，优化运维流程，降低成本[①]

采用 IBM 云原生软件打造微服务架构，搭建保险核心系统，同时也引入 DevOps 和敏捷式开发，让内部 IT 人员在保险开发应用更加快速，优化运维流程，进而降低开发与运维人力的成本。

案例 2：某领先汽车制造商，自动化运营，提升效率[②]

由于多个云平台和数据中心之间分散的监控工具管理不统一，公司的交付和管理流程非常缓慢。但在实施了 IBM 自动化运营后，公司在全球可以采用统一的端到端管理战略，实现更高效的远程运维及交付。

强大的危机管理，确保业务的安全性和永续性

网络安全永续能力是指组织预防和应对网络攻击、重新恢复运营以及维持内部和外部运营完整性的能力。威胁、漏洞和风险是三大核心安全问题：

——威胁：任何有意或无意利用漏洞以及强占、损害或破坏信息或运营资产的行为。

——漏洞：安全计划的弱点或不足，很可能被威胁所利用，从而

[①] IBM 案例研究。
[②] IBM 案例研究。

能够未经授权地访问资产。

——风险:因漏洞被利用所引发的威胁造成损失、损害或破坏的可能性。

如果企业只是在危机期间临时作出决策,只会加剧数据泄露风险,甚至危及业务运营,由此引发的潜在影响也更加危险。因此企业的负责人需要根据网络安全危机的生命周期,建立完整的管理体系,以应对不确定性环境中可能发生的各种不可预见的、影响力巨大的事件。具体来讲,网络安全危机的生命周期由三个阶段组成(图3-6):

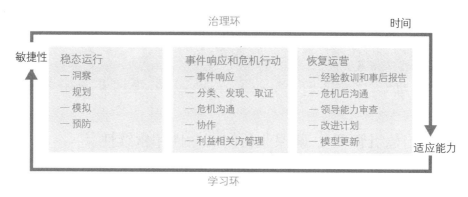

来源:IBM 商业价值研究院分析。

图3-6 网络安全危机的生命周期

第1阶段:稳态运行,周密规划

"凡事预则立,不预则废"。如果组织尚未制定"网络安全事件响应计划",务必立即采取行动。如果领导者已完成规划阶段,应立即抓住机会,评估该计划,确定是否存在任何不足。

比如:国内某股份制商业银行,复工后大量银行员工采用远程打卡和远程会议的方式办公，这可能导致信息安全风险。IBM 安全咨询团队为银行客户评估了远程办公模式下的数据泄露风险和业务连续性风险，及时提供了数据安全和业务应急预案的改进建议。[①]

此外，还可通过模拟，优化组织在灾难期间的执行力。尽管无法替代真实情况，但演练和重复模拟有助于发现风险管理和风险缓解模型的不足。团队实践经验越丰富，认识越深入，越有利于在实际发生安全事件时作出预测和响应。

组织面临的如新冠肺炎疫情之类的挑战具有动态、突发及不可预测等特点，而且往往相互依存，因此危机响应是网络安全、技术和运营团队跨职能，甚至跨组织的协作活动。风险一旦变为现实，各团队就必须调整业务重心，从规划和建模转到事件响应、灾难恢复和业务连续等工作上来。最重要的是，务必确保规划、模拟流程与行动、响应流程保持一致（请参阅下文"某国内商业银行：企业级安全运营中心规划，助力云上安全的全面保护"）。

第 2 阶段：事件响应，危机行动

尽管我们总觉得计划周密、准备充分，但显而易见，危机总是让我们措手不及。当危机（如新冠肺炎疫情）势不可当地席卷各行各业的组织时，很可能引发系统性崩盘。一旦形成系统性风险，企业的日常运营能力很可能与关键基础设施发挥同等重要的作用，因此需要大幅调整到稳态运营模式。

[①]　IBM 案例研究。

某国内商业银行：企业级安全运营中心规划，
助力云上安全的全面保护①

2018 年，为应对安全与合规的双重挑战，某商业银行与 IBM 展开合作，通过部署 IBM QRadar SIEM 解决方案，打下良好的安全运营中心（SOC）基础。但安全是一场不能停歇的旅程，今天抵达的终点即是明天的新起点。无论是出于内部对数字生态战略的安全保障要求、日益严峻的安全大环境、愈发严格的外部监管要求，还是来自同业安全建设的压力，银行都需要继续升级现有的安全运营能力。

SOC 一直在不断进化以满足当前和未来的安全运营需求，具备认知功能的网络安全以及混合银行各类风险的融合 SOC 是未来趋势。作为云上全面安全的下一站，该银行决意把握住发展趋势，构建一个具有前瞻性、可持续演进、自适应网络威胁态势感知的数字 SOC。

在就建设路线和目标达成共识的基础上，IBM 评估、规划、设计 SOC 以及支撑该中心的整体安全体系，帮助其快速实现 SOC 的基本功能，并在不远的将来使该银行成为银行业内重要的安全托管服务（MSS）提供者。遵循成熟的 SOC 建设方法论，本规划经历了研讨、成熟度评估，战略规划后即稳步进入设计与实施阶段，依据运行情况将进行相应的后续优化与改进。

---

① IBM 案例研究。

　　规划后的企业级安全运营中心将成为该银行的风险融合中心，运用演绎推理和自我学习能力，全面应对科技安全风险、重要业务风险，对整个银行环境进行安全防御。同时，它将在未来5年内为客户的集团及子公司与金融云租户提供安全服务，也为数字生态相关合作伙伴提供专业的安全托管服务，安全护卫其银行业务的长远发展。

　　当真正爆发危机时，经过模拟演练的团队在更新响应计划及优化实施措施方面通常表现更佳。因为团队知道该做什么，领导也有能力密切关注形势发展。同时，还可以根据需要作出决策和调整，从而保障员工、客户及其他利益相关方的安全；保护数据完整性；应对事件，帮助缓解特定危机。

　　如果危机肆虐各行业并引发严重的社会动荡，企业必须采用全新方法，充分利用运营资源，提供援助，帮助社会恢复信心。一旦发生安全违规或网络攻击，高管必须迅速向客户及其他利益相关方建立信心，表明正在尽全力解决问题。除了要了解如何从技术层面控制安全违规事件，还需要做好处理人际关系的准备。

第3阶段：恢复运营，积极改进

　　新冠肺炎疫情只是全球不确定环境中的一次动荡事件，企业需要从这次事件中吸取经验教训，改善未来的应对之策。这就需要企业投资培养以下新型技能，增强企业的永续和适应能力：

1. 企业需要具备自动化数据收集的能力，借助现代遥测和日志文件，捕获解决方案。即使危机结束后也能对攻击模式进行建模，确定攻击特征以及复盘违规事件。

2. 企业要培养安全措施自动化能力。这样专家团队就可以解放出来，将精力集中在需要深入分析的威胁上面。

3. 企业需要贡献并利用威胁情报。企业贡献威胁情报数据，有助于增强所有组织的网络安全永续能力，而企业利用威胁情报中的洞察，可以加快威胁检测和响应速度。

4. 开展协作和持续学习。网络安全永续能力较强的组织采用"发现、学习、适应和迭代"的持续循环，开展运营工作。

5. 提高安全意识。网络安全永续能力较强的组织将安全视为自己的优先战略能力。IBM 调研显示，仅有25%的受访者认为所在企业的网络安全永续能力较强。[①]

灵动的交付模式，打造全新的数字化工作体验

随着疫情危机持续蔓延并逐渐成为常态，传统工作模式和工作流程受到严重冲击，越来越多的企业员工分散在各地，以远程、非接触式的方式开展工作。在这种新的工作方式下，企业如何为员工提供必要的技术基础和工具？如何以不同以往的方式与员工互动？如何调整工作方法和实践，适应新常态，支持推进工作？所有这些都需要企业

---

① "新冠肺炎疫情加剧网络战争：如何保护企业"，IBM 商业价值研究院。2020年4月。https://www.ibm.com/downloads/cas/6RYX3PXE.

采用新一代的弹性工作模式，打造全新的数字化工作体验，保证业务不中断，加速数字化转型的速度。

灵动交付代表了新一代的创新工作模式，通过"现场"与"远程"相结合的混合模式，开启虚拟互动、交付服务新时代的大门，让员工队伍可以大规模地开展远程工作，企业也能无惧不断变化的业务环境，充满信心、快速灵活地推进数字化转型（请参阅下文"知名电信运营商：灵动交付，助力打造供应链云平台，加速数字化转型"）。

知名电信运营商：灵动交付，助力打造供应链云平台，加速数字化转型[①]

IBM 借助高效的远程实施能力，助力国内知名电信运营商建设一套集约高效、精益敏捷的供应链集中管理平台。

平台系统覆盖总部、省、地市三级，对原有单体架构进行整体优化与迁移，通过前后端分离技术，实现供应链全业务流程覆盖，实现了总部及全国 5 个大区，包括 8 个统建省和 23 个接口省的供应链全业务流程的覆盖，有效支撑企业供应链管理的高效数字化转型。

IBM 强有力的交付能力，以更低的成本实现了高可用、高扩展、高响应，降低了客户 20% 在人力成本上的投入。这种"可视化"的远程交付管理模式，获得了客户的高度信赖和评价。

---

① IBM 案例研究。

　　具体来讲，灵动的交付模式由三大要素构成：虚拟协作的无接触式交付、主动负责的人才队伍、转向云端的交付基础。这些要素将有助于加快交付速度，扩大交付规模，提升按时交付的信心，改善专业知识的获取方式，构建业务弹性与安全性（图3-7）。

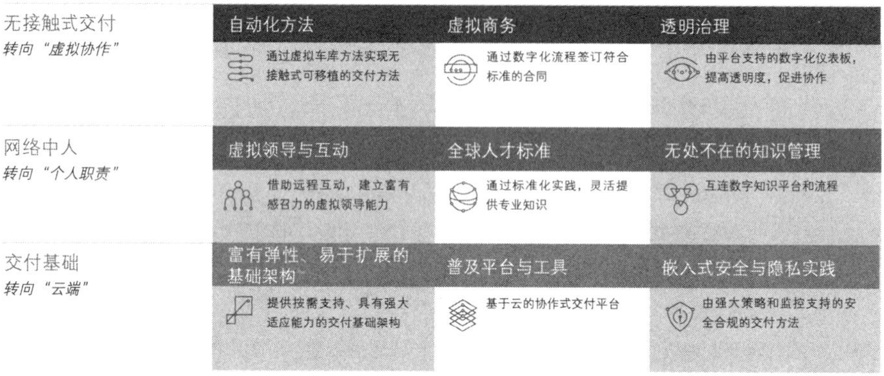

无接触式交付 *转向"虚拟协作"*	自动化方法 通过虚拟车库方法实现无接触式可移植的交付方法	虚拟商务 通过数字化流程签订符合标准的合同	透明治理 由平台支持的数字化仪表板，提高透明度，促进协作
网络中人 *转向"个人职责"*	虚拟领导与互动 借助远程互动，建立富有感召力的虚拟领导能力	全球人才标准 通过标准化实践，灵活提供专业知识	无处不在的知识管理 互连数字知识平台和流程
交付基础 *转向"云端"*	富有弹性、易于扩展的基础架构 提供按需支持、具有强大适应能力的交付基础架构	普及平台与工具 基于云的协作式交付平台	嵌入式安全与隐私实践 由强大策略和监控支持的安全合规的交付方法

来源：IBM 商业价值研究院分析。

图 3-7　灵动的交付模式

　　首先，虚拟协作的无接触式交付。无论交付场景的虚拟化程度是20%、40%还是100%，针对非接触式交付量身定制的自动化流程始终是该模式的核心。这包括自动化和虚拟化的服务交付方式、商业机制及透明管理机制。团队可将 AI 和自动化应用于工作流程，帮助提高员工效率，快速扩大交付规模。还可采用"虚拟车库"方法，综合运用设计思维、敏捷原则以及 DevOps 工具和方法，推动创新，创造全新方法应对不断变化的需求（请参阅下文：知名电子制造公司：虚拟车库，远程交付，助力全球采购业务数字化转型）。

　　其次，主动负责的人才队伍。该模式不仅仅在于流程本身，还需要引导、动员和支持新型人才，借助虚拟技能和社群实践随时随地开展工作。这意味着需要提升能力和个人责任感，通过虚拟小组快速调动专业知识，保证可以快速创新地解决问题。同时，还应出台统一的全球人才标准，源源不断地选拔那些掌握虚拟化工作环境工作技能的员工和供应商。最后，无接触式交付的挑战在于必须实现无缝切换，因此，精心设计、无处不在的知识管理及响应工具是保持生产力、鼓励共享和推动文化变革的先决条件。

最后，转向云端的交付基础。这种模式离不开一个新型交付平台，它首先是一个富有弹性、易于扩展的基础架构，能够根据不断变化的商业环境，实现任何时间、任何地点的远程办公。此外，它还包括广泛的、虚拟化 AI 平台和常用工具，支持员工高效协作与创新；嵌入式系统的安全和隐私政策，帮助保护专有数据，降低风险。

知名电子制造公司：虚拟车库，远程交付，

助力全球采购业务数字化转型①

IBM 与某全球领先的知名电子制造公司，进行了长达十余年的合作，通过 100% 远程交付服务模式，与客户共创。远程团队利用人工智能技术助力该企业的全球采购业务数字化转型。打造云平台，实现承载百万用户 CRM 系统的云之旅。通过车库和敏捷的运用，大幅提升对客户业务的响应速度；RPA 自动化工具和 GTAM 自动测试工具，更是显著提高应用的运维效率。

---

① IBM 案例研究。

安全是选择远程交付最主要的考虑因素。IBM 为该客户定制了安全的端到端远程交付方案，连续十余年无安全事故，获得客户全球最高等级安全认证。IBM 用了仅仅三年就帮助客户完成了十年规划目标，并提高了 30% 运维效率，节省了约 1 亿多 IT 成本。灵动交付能力离不开强大的云平台。这种平台必须提供适当的工具和技术，促进无缝的虚拟协作、数字项目管理、极致自动化和知识管理方法，在整个企业范围根据许可共享数据和知识。

创新的人才供应，确保业务的可持续和创新性

企业在面对数字化转型时所面临的数字化人才断链的挑战，在业务出现突然变化时，尤显突出。可以通过"内外两手抓"的方法克服这个挑战：

在企业内部，首先，充分运用 AIOps 技术提升 IT 运维的智能化与自动化程度，实现跨系统的最佳可视性，前瞻性地解决问题以及更快捷地洞察 IT 运行状况与问题，将 IT 员工从日常运营工作中解放出来，使宝贵的人才更专注于高价值的战略活动（请参阅下文"保险公司：应用数字技术，协助员工提升运维效率"）。

保险公司：应用数字技术，协助员工提升运维效率[1]

面对全球危机，某全球著名保险公司业务不降反升，背后的秘密是数字化能力的全盘支撑。IBM 帮助该保险公司统一整合20多家 IT 供应商，结束过去分散、复杂的管理局面。其中80%的大规模运维工作是交由远程500人团队进行运维管理，涵盖220+系统，大幅降低成本，保障系统零中断。

数字员工"小美"是一款人工智能聊天机器人，它可以运用多国语言聊天，利用人工智能与自动化技术对海量运维知识进行深度学习与分析，协助员工解决运维过程中出现的问题，协同创新，提升运维效率。

另外，在企业内部，为应对数字化业务对 IT 人才的迫切需求以及严重匮乏，企业需要改善员工的学习体验，更加重视在员工生命周期内设计难以抗拒的学习体验。企业学习和发展部门的领导可以效仿数字营销战略，更有效地培养面向未来技能的复合型 IT 人才，预测员工的学习需求，帮助他们重塑技能，在正确的时间为业务输送合适的人才。

具体行动建议包括：

1. 建立用户思维。花些时间了解员工队伍的需求，将学习者视为消费者，为他们量身定制内容。应用个性化、透明、简洁、真实和响

---

① IBM 案例研究。

应迅速等实践原则。

2. 学习内容小型化。小型化学习内容的时间长度适合学习者注意力集中的时段，能够显著增强学习参与度和学习效果。

3. 内容形式和渠道社交化和移动化。当今员工兼具社交性和移动性，70% 员工表示希望学习形式包括在线和移动方式。[①]

4. 学习流程智能化。在 AI 的支持下，为每一名员工营造动态个性化的学习氛围。深入洞察数据，预测未来企业所需的关键技能并推动创建新内容。

在企业外部，首先，可以通过寻求第三方 IT 服务外包的方式。IT 服务外包在欧美已经有三十年以上的历史，而在我国还处于初始阶段。IBM 早在 1989 年就开启了 IT 管理外包业务，帮助伊士曼柯达公司设计、建设和实施了该公司的数据中心，被认为是 IT 外包模式的最早范例。IT 外包可以帮助企业降低成本、提高效率，专注核心业务、获取急需技能、降低投资，并增强敏捷性、快速响应业务需求。

其次，还可以探索新的合作关系，与各种不同的组织和教育机构建立和发展伙伴关系，以及考虑在行业内部建立学习联盟，加强未来技能预测能力。

举例而言，IBM 制订了多项外部合作计划，用于帮助在短期和长期内打造更广泛的网络安全人才网络。其中之一是创造和大规模复制 P-TECH 9—14 教育模式。该模式为美国公立学校 9—14 年级的没有

---

① "数字学习生态系统崛起，平台模式如何重塑人才培养模式"，IBM 商业价值研究院。2018 年 1 月。https://www.ibm.com/downloads/cas/M8L29OQQ.

通过传统学校入学考试的学生，获得高中毕业证以及行业认可的两年制大学副学位，并且不会向他们或他们的家庭收取任何费用。通过 P-TECH 教育模式，毕业生也最先能获得其行业合作伙伴提供的工作机会。目前该模式已经扩展到美国 50 多所学校和 300 多个行业合作伙伴。P-TECH 教育模式将高中、大学和工作连接起来，为学生在未来获得数字化工作做好准备。[①]

行动建议

从以上的新一代混合云管理能力中，我们可以发现：混合云不只是技术，在企业中要实现混合云管理模式及能力的大规模转型，必须配套实施组织、人才、文化、流程、思维模式的转型。只有这样，才能充分发挥混合云平台的价值，实现预期的业务成果。

因此，我们建议企业采取以下行动，加速混合云管理能力的大规模转型。

1. 选择面向未来的技术架构，携手值得信赖的技术伙伴，加快上云之旅，进一步提升企业生产力，加速企业创新，打造面向未来的智慧企业。

2. 在转型过程中，思考如何推动文化变革，例如：应用经过验证的 IBM 混合云管理转型的车库方法，既能实现短期快速、敏捷的速赢，同时展现新常态下的"云"速度。具体来讲，首先，企业需

---

① "借助 P-TECH 教育模式应对技能挑战"，IBM 商业价值研究院。2018 年 2 月。https://www.ibm.com/downloads/cas/98AM4X0K.

要找到一个业务机会，并确定预期目标。然后，选择混合云转型之旅的四个阶段（建议、构建、迁移、管理）中和目标最契合的某个阶段，作为实现目标的切入点。最后，完成企业混合云转型之旅的七项实践（文化、发现、设想、开发、推理、运营、学习），这些实践会指导企业转变工作方式，提高转型的效率和质量（图 3-8）（请参阅下文"国际领先车企：车库方法构建车联网云平台，提升用户出行新体验"）。

来源：IBM 商业价值研究院分析。

图 3-8　IBM 混合云管理转型的车库方法

3. 评估企业在混合云管理领域中的人才数量及技能差距，运用创新的数字技术，提高人才价值，并利用技能重塑手段加速人才转型。

国际领先车企：车库方法构建车联网云平台，

提升用户出行新体验[①]

在整车制造环节产生的利润逐渐向售后和移动出行业务倾斜的环境下，某国际领先车企借助移动网络规模的发展，搭建移动出行服务生态圈，满足人们对智能出行的需求。

IBM 车库方法，提供具有战略前瞻性、业务与技术创新性的方案。整个项目通过现场和远程的混合交付模式，应用大规模敏捷方法，结合 DevOps 平台快速开发、部署、上线，实现超过 200 人的开发团队的多地高效协作。应用 IBM API Connect 对外统一开放 API，打造更加灵活的生态系统。

IBM 核心解决方案 Ignite 质量平台以生成最少的测试用例，达到最大的测试覆盖度。通过自动化的测试方法提升 40% 的正确率，减少 30% 的测试成本，为客户打造了一个高可用、高扩展，稳定、智能的车联网云平台，并以网络规模的速度进行迭代上线。

结　语

在疫情成为新常态的时代，挑战与机遇并存。为了能够敏捷应对变化，取得数字化转型的成功，企业需要满足以下两项条件：加快数字化转型步伐、提高混合云的采用率，加速智慧企业之旅；打造新一代的混合云管理能力，无论外部业务环境如何变化，企业永续经营的

---

① IBM 案例研究。

宗旨都不改变。

需要思考的重要问题

——疫情对您的企业的上云之旅有什么样的影响？

——您的企业在管理混合多云环境中的最大挑战是什么？

——您的企业计划如何打造混合多云管理的能力？

第四章

目前推动采用云技术的
七种持续模式

现场笔记

作者介绍

Ingo Averdunk，IBM Garage for Cloud，杰出工程师。在全球团队中，Ingo 负责云服务管理和现场可靠性工程（SRE）的架构和解决方案。他领导云技术采用和转型计划，并在全球范围内执行 RedTeam 审核。Ingo 是 IBM 技术学会以及 IBM 德国/奥地利/瑞士（D/A/CH）技术领导团队的成员，也是 IBM SRE 的全球专业联合负责人之一。他与他人合著了 *The Cloud Adoption Playbook*（Wiley 出版，2018 年），介绍了帮助企业进行云转型的行之有效的战略。

联系方式：LinkedIn 账号 linkedin.com/in/ingoaverdunk/，电子邮箱 averdunk@de.ibm.com；@ingoa。

Kyle Brown，IBM 院士，云架构、IBM Cloud 和认知软件 CTO。Kyle 领导的团队负责帮助客户采用 IBM 云技术，以及使用 IBM 云产品构建应用。他是世界上公认的云、Java 和软件架构方面的主题专家。Kyle 笔耕不辍，已出版十本书，并且经常举办网络研讨会。2018 年，他与人合著了 *The Cloud Adoption Playbook*（Wiley 出版）。

联系方式：LinkedIn 账号 kyle-brown.com，电子邮箱 brownkyl@us.ibm.com；@kgb1001001。

Ndu Emuchay，IBM 院士，IBM 技术学会云互动中心成员。Ndu 与 IBM 一些最大的客户开展合作，推动云转型，设计和建立全新的工作方式。从 2020 年开始，Ndu 负责领导 Call for Code Emb（race）Spot 挑战赛，来自 22 个国家/地区的 IBM 员工合作开发了 20 个创新解决方案，都有潜力对社会产生积极影响。他们将与联合国人权组织以及其他组织合作，使这些解决方案构建块实现开源。Ndu 还是 *The Cloud Adoption Playbook*（Wiley 出版，2018 年）的合著者。

联系方式：LinkedIn 账号 linkedin.com/in/ndu-emuchay，电子邮箱 nemuchay@us.ibm.com；@NduEmuchay。

本章要点

在本报告中，我们将介绍以下七种模式：

1. 将云的业务价值扩展到整个企业

2. 平衡新旧环境

3. 关闭数据中心，淘汰大型机

4. 遵守合规要求

5. 实施现场可靠性工程和类似实践

6. 改善云服务用户的体验

7. 在技能危局中求生存

我们是 2018 年出版的《云技术采用手册：使用云技术推动企业转型的公认战略》（*The Cloud Adoption Playbook*：*Proven Strategies for Transforming Your Organization with the Cloud*，以下简称"《手册》"）的三位作者。[①]

我们撰写这本书有两个目标：首先，我们想证明企业可以采用云计算，作为业务转型的途径；其次，我们希望总结并分享与 IBM 大型客户开展的咨询和实施项目中所使用的方法。

我们从来不曾认为转型可以简化为可重复的配方。但我们希望总结云技术采用过程中常见的"模式"，即我们最常遇到的挑战，以及

---

① Abdula, Moe, Ingo Averdunk, Roland Barcia, Kyle Brown, and Ndu Emuchay. The Cloud Adoption Playbook：Proven Strategies for Transforming Your Organization with the Cloud. John Wiley & Sons, Inc. 2018.

对成功产生最大影响的因素。[①]

我们在本报告中探讨的只是其中一部分模式。例如，我们不讨论平台，因为这个主题需要更深入的探索。Kubernetes 和容器、分布式云、边缘计算、5G、人工智能（AI）和机器学习也是如此。[②] 这些技术创新使得在云端运行新型企业成为可能。但请务必牢记，不断涌现的新技术都只是整体大局的组成部分，要实现卓越绩效，需要同样高水平的管理创新。[③]

在本报告中，我们回顾了自 2018 年以来已完成的客户项目，并提出问题："我们的客户采用云技术的模式发生了哪些变化？哪些模式持续存在？他们使用哪些新方法来应对这些模式？"

第一节　将云的业务价值扩展到整个企业

云如何成为整个企业的核心？

在与众多行业的客户开展合作的过程中，一个事实变得越来越清

---

① Alexander, Christopher, Sara Ishikawa, Murray Silverstein, et al. A Pattern Language：Towns, Buildings, Construction. Oxford University Press. New York. 1977.

② Arun Chandrasekaran, David Cearley, David Smith, Nick Jones, Brian Burke, and CK Lu. "Top 10 Strategic Technology Trends for 2020." Gartner Research. October 21, 2019. https://www. gartner. com/en/documents/3970506/top－10－strategic－technology－trends-for-2020.

③ Forsgren, Nicole, Ph. D., Jez Humble, and Gene Kim. Accelerate：The Science of Lean Software and DevOps：Building and Scaling High Performing Technology Organizations. IT Revolution Press. 2018.

晰。那就是采用云技术不仅仅是关于如何采用满足企业需求的技术，还涉及如何充分利用技术优势对业务做出改变。以这种方式解决问题时，必须注意一系列不同的目标、主要结果和 KPI。为取得成功，不仅要衡量和捕捉通过新技术给企业及其利益相关方带来的全新价值，还要关注新的工作和运营方式带来的价值。

为了说明这一点，我们回想一下 2016 年和 2017 年的情况。那时正值全球价值数十亿美元的独角兽初创企业兴起之时，云服务主要用于开发和推出新应用。大型企业的 CIO 开始思考将云作为创新工作负载（企业全新的组成部分）的容身之地——这通常属于在传统 IT 组织之外运行的单独"数字"计划。

现在，云仍是开展创新的合适平台。但是，云也逐渐成为企业开展其他业务的地方，它已成为以全新方式运行整个企业的基础。新冠肺炎疫情加快了企业改变与客户、供应商和利益相关方互动方式的步伐。在短短几个月内，基于云的互动已成为新常态，而不是例外情况。在 IBV 最近的一项调研中，64% 的受访全球高管表示，企业更大程度上依靠云开展业务活动。[①]

消除 IT 限制

如果要挑选一个云如何改变企业运营方式的例子，不妨考虑一下企业财务账本结算。在过去的几十年中，企业一直以特定的方式运营，

---

① "COVID-19 and the future of business：Executive epiphanies reveal post-pandemic opportunities." IBM Institute for Business Value. September 2020. https：//ibm.co/covid-19-future-business.

因为其 IT 始终以特定的方式运营。例如，"批处理时间窗口"的概念来自 IT 限制：账本之所以要到第二天早上才准备好，是因为批处理必须整夜运行，到早上才完成。

而现在，如果那些财务记录系统已经上云，并以现代化方式运行，因此不必等待日常报告，那会怎么样？如果可以随时提取财务报表，那又会怎么样？趋势和变化一旦发生，我们就能立即得到通知，并且在发生时就做出响应，而不是在发生之后。

因此，企业逐步告别传统的经营方式，不再被习以为常的技术限制所束缚。这种向全新业务方法的转变由更灵活的 IT 方法推动。因此，云技术的采用更多地关注应用的现代化改造，甚至是传统应用的更新换代。同样，围绕这些现代化应用的云服务管理和运营对于消除限制和创造全新的可能性也至关重要。

快速获得差异化竞争优势

对于企业差异化竞争优势的需求是我们在云技术采用中看到的另一个强劲趋势。在资本和技术壁垒较低的环境中，颠覆者和市场新入企业可在云端快速构建高价值的服务，然后向生态系统合作伙伴甚至整个世界提供这些服务。

作为应对之策，传统企业必须快速进行试验，学习如何提供独具特色的产品和服务，以获得客户的重视。尤其是订阅业务模式，已成为差异化的沃土，可在整个客户关系生命周期中为客户带来价值。①

---

① Tzuo, Tien and Gabe Weisert. Subscribed：Why the Subscription Model Will Be Your Company's Future-and What to Do About It. Portfolio/Penguin. 2018.

第二节　平衡新旧环境

为什么要在原有系统和云原生应用之间建立适当的"中间地带"？

有一个概念我们并没有在《手册》中充分强调，那就是在全新的云原生应用以及大多数大型企业仍在运行和维护的传统应用（在云技术出现之前开发）之间，建立一个"中间地带"，是对当前应用进行现代化改造，还是采用针对企业量身定制的全新服务？如何建立行之有效而且可持续的中间地带，以便有效地构建、运行、管理和操作应用，而不必完全重写？如何真正做到这一点，而不是仅仅将烦琐的操作过程转移到另一个数据中心？

在我们与客户开展的大多数合作中，传统应用和云原生应用之间的紧张关系持续存在。我们看到许多（如果不是大多数的话）较容易实现现代化的候选应用已经进行了改造，或计划很快进行改造。事实上，研究表明，尽管到 2019 年，全球 90% 的企业都已"上云"，但只有约 20% 的工作负载已迁移到云环境中。[①] 企业抓住了比较容易的机遇，剩下的都是一些难以把握的机会。[②] 这些难点通常集中在核心业务应用，因此虽然蕴含巨大价值，但要实现这些价值也并非易事。

---

① Comfort, Jim, Steve Robinson, Anthony Marshall, Blaine Dolph, and Lynn Kesterson-Townes. "The hybrid cloud platform advantage: A guiding star to enterprise transformation." IBM Institute for Business Value. https://ibm.co/hybrid-cloud-platform.

② Ibid.

对于这些更困难的应用，必须考虑采用多个途径上云。在《手册》中，我们谈到了在将现有工作负载迁移到云端时，需要考虑标准化问题。但是，我们没有讨论如何将这些迁移所实现的成本节省用于重构或取代更复杂的应用。云技术的采用不能是"一槌子买卖"，做完最简单的工作负载迁移之后就安于现状。我们需要规划整个过程，以实现更具弹性和敏捷性的企业。

第三节　关闭数据中心，淘汰大型机

收益是否大于风险？

不断有 CEO 或 CIO 告诉我们："我们将完全摆脱数据中心。我们打算淘汰大型机，将所有内容都迁移到超大规模的云平台中。"三四年前我们根本不会听到这种话。如今出现这种趋势的原因之一可能在于，云技术在全球疫情的压力下表现出色：云平台非常稳定，能够有效帮助企业在不确定的商业环境中降低固定成本。

但是，在将应用移出数据中心方面，既有成功经验，也有失败教训。不成功的方法是简单地将未经现代化改造的整合应用从本地数据中心迁移到云端。在这种情况下，应用仍处于无序状态，它们只是在另一个数据中心内运行。但我们可使用一种更具战略性和目的性的方法实现更理想的结果。

同样，关闭大型机要比人们想象的困难得多。这不像重写 COBOL程序那样简单，虽然重写本身也并不容易。这需要处理在大型机上运行的所有数据，并处理围绕数据构建的事务性、过程性和安全性结构。企业不但要对大型机上的 Java、工作负载或集成工作负载进行现代化改造，还要实现后端事务系统现代化。这意味着必须考虑数据的结构和安全性。关闭大型机会改变业务运作方式，因此最好谨慎行事。

好消息是，大型机可成为云技术的理想平台，这一趋势已越来越明显。现代大型机具有卓越的弹性和能效，提供增强的安全性，可运行最现代化的云原生环境。但这些只是平台的特质，并不一定是软件的特质，尤其是在大型机上运行的软件有可能是已有数十年历史的"老古董"。我们可使用"大型机即平台"作为载体，将这些旧程序带入新时代，但只有编写了能够充分利用云技术的软件时才能实现这一点。

第四节　遵守合规要求

能否像代码那样进行管理和实现自动化？

我们在撰写《手册》时，重点介绍将安全性作为云的基础层。这是绝对必要的。我们肯定不希望自己的应用突然消失，与两年前相比，我们如今面临的安全威胁更多。但是，如果我们现在更新《手册》，那么更有可能采用"合规性与安全性"的表述，而不是"安全性与合规性"。也就是说，重点已转移到合规性上。

合规性已上升为客户关注的焦点，尤其是遵守内部治理要求、法规以及合规政策。2018 年《手册》出版时，许多欧洲隐私法律尚未生效。从那时起，全球范围内此类法律变得越来越严格。例如，加利福尼亚州的数据隐私法是美国目前最严格的数据隐私法。[①]

云技术的采用过程需要深入满足合规要求，因为不合规可能会导致监管罚款、诉讼、网络安全事件和名誉受损。云服务提供商可以宣传自己的产品符合基本标准，但是使用云提供商服务的企业必须对自己的基于云的工作负载的合规性负责。在我们的许多项目中，让客户明白自己与云提供商在合规方面的作用一直是个难题。随着越来越多的客户采购多个云和多个云提供商的服务，这一点显得尤其重要。

作为代码进行治理的趋势

当然，合规性是以策略的形式建立并执行的。在 2018 年，谈及治理，我们指的是人们聚集在一起制定和实施策略的过程。我们当时介绍的是人工流程。而在过去的一年中，我们看到了"作为代码进行治理"的模式已逐渐成熟。

如果您要将人工流程实现自动化，其实就是"作为代码进行治理"。假设我们要遵守医疗保健隐私法规，这是一系列指定配置的特殊安全策略，在你的环境和应用程序上强制执行。

必须规定这些环境中发生的情况以及将使用的工具，并且帮助将配置定义为代码。然后，团队可以使用这组管道和模板来部署软件，

[①] Myrow, Rachael. "California Rings in the New Year With A New Data Privacy Law." All Things Considered. NPR. December 30, 2019. https://www.npr.org/2019/12/30/791190150/california-rings-in-the-new-year-with-a-new-dataprivacy-law.

以便在适当的接触点实施适当的架构控制。

例如，假设我们要指定一个 DevOps 管道，以便让开发团队级别具有一定程度的灵活性，但仍可以实施一系列严格的架构控制点。作为代码进行治理有助于促进使用经过测试的公认核心框架。这有助于开展特定类型的测试，例如性能测试。通过策略引擎由代码实施的治理就是架构控制点的一个例子。它的应用越来越普遍。

第五节 实施现场可靠性工程和类似实践

如何实施并整合全新的"云运营方式"？

《手册》出版之时，我们处于将"现场可靠性工程"（SRE）应用于企业的最前沿。而如今，当我们参加 SRE 会议时，看到越来越多的客户不仅仅是参加会议，而且还介绍 SRE 的实施成果。

从我们的角度而言，SRE 以及 ChatOps、混沌工程、自动化和可观察性之类的方法已在企业中扎根。[1] 例如，我们预计事件管理方法 ChatOps 的使用率将大幅提升。事实上，几乎所有企业客户都使用 Microsoft Office 365，而 Microsoft Teams 包含在 365 软件包中。虽然开发 Teams 的目的并非是作为特定的 ChatOps 工具，但它很容易被企业用作 ChatOps 标准。

---

[1] Kim, Gene, Jez Humble, Patrick Debois, and John Willis. The DevOps Handbook: How to Create World-Class Agility, Reliability, and Security in Technology Organizations. IT Revolution Press. 2016.

成功实施的案例因客户而异,但我们看到了这些实践的真正价值。在大型企业中实施是其中诀窍。我们发现采用新实践的三个常见原型:

——第一个原型旨在建立一个与现有 IT 组织并行运行的全新同级 IT 组织。这个全新组织拥有行动自由,具备以不同方式行事的预算,还有充足的时间来尝试寻找适合自己的工作。同级和现有组织最终将合并。同时,这两个组织将携手合作、开展培训计划并且促进交流等,从而产生渗透作用。

——第二个原型旨在为诸如 SRE 之类的新实践或需要自由度的其他实践创造空间,使其能够在现有组织中得到发展。要培养这些实践并鼓励企业接受并非易事,新的实践很容易被慢慢遗忘,并最终被放弃(95%的敏捷计划沦为"瀑布式"计划,最后只留下了名字)。

——第三个原型旨在吸引外部人才,例如 SRE、DevOps 和敏捷方法等方面的辅导人员。与任何原型一样,每个人都必须对根据需要定制实践保持警惕,但不要违反核心原则。在这种原型中,很容易低估实现可持续发展所需的辅导人员数量。通常,管理工作的人员最需要得到辅导。

我们注意到,企业选择采用全新实践的领导人比采用方法本身更重要。有些人员有内在动力,愿意改善现有工作方式,因此必须关注这些早期采用者。这些关键人物声誉卓著,值得信任,而这种信任可能并不关乎他们的职位高低。他们开拓前进时,许多人会跟随。

这样,就可以推动企业采用全新实践:关注早期采用者及其实施的"灯塔项目"和内部推广活动，并将其树立为榜样。经过不断努力，早期采用者最终将达到维持全新工作方式所需的"聚集效应"。

第六节　改善云服务用户的体验

如何使云技术更易于用户采用？

多云环境的不断增长也使复杂性日益加剧，而我们不能让云服务用户（例如 DevOps 团队）失望。我们必须将服务或使用的视角与交付的视角分开。

例如，观众并不关心 Netflix 如何在后端运行庞大的可扩展系统，他们只关心 Netflix 能否按自己的需求播放《王冠》（*The Crown*）。这就是将提供商的服务交付视角与消费者的服务交付视角分开的例子。

作为开发人员，如果要使用 Kubernetes 集群，并不需要了解整个环境的构建方式和工作原理的复杂细节。我们真正需要知道的是，哪些集群可供使用，以便能够快速开发代码，而不会产生不必要的复杂性。我们看到许多客户在云服务提供商和云服务之间建立了一个中间层。在这里，用户完成工作所需的服务和 API 都打包到一个简单易用的平台中。

我们的宗旨是设计令人愉悦的用户体验，始终以体验为焦点，无论用户是开发人员、同事还是外部客户，关键在于量化"愉悦"的程度。企业应制定新的绩效指标，衡量和验证这些体验，并如保证的那样采取纠正措施。

第七节　在技能危局中求生存

在哪里找到人才以维持技能水平并实现技能现代化？

我们想要探讨的最后一种模式是每个客户都面临的问题，而且可能继续对企业成功采用云技术产生最大的影响。这种模式就是大规模实现基于云的业务价值所需的技能严重不足。回顾一下我们在这份简短报告中探讨的模式：所有模式不仅需要全新技能，还要将它们整合起来。新型"云工作方式"需要新的专业化能力，例如 SRE 技能和经验，并且要求这些专家能够在团队中与具备不同经验和技能的人员有效合作。[①]

IT 行业处于技能危局——新冠肺炎疫情来袭可谓雪上加霜。我们有意使用"危局"一词：当美国一个大州（新泽西州）的州长因为该州无法处理民众的支票而在全国性电视台上公开招募 COBOL 程序员时，表明 IT 行业面临前所未有的"危局"。[②]

COBOL 编程技能的匮乏是应用现代化所面临的一个现实瓶颈。但即使齐心协力地通过工作培训来培养这些技能，也无法完全解决这个问题。我们必须认真考虑如何改变和进化在这些系统上运行的软

[①] Cowley, Steve, Lynn Kesterson-Townes, Arvind Krishna, and Sangita Singh. "Assembling your cloud orchestra: A field guide to multicloud management." October 2018. https://www.ibm.com/thought-leadership/institute-business-value/report/multicloud.

[②] Leswing, Kif. "New Jersey needs volunteers who know COBOL, a 60-year-old programming language." CNBC. com. April 6, 2020. https://www.cnbc.com/2020/04/06/new-jersey-seeks-cobolprogrammers-to-fix-unemployment-system.html.

件——仅仅让这些软件在云端运行并不是最终的答案。

如何编写软件是 IT 行业面临的最大问题之一。必须让核心业务应用采用可长期持续发展的语言和系统。

在内部有机培养技能的案例

在更广泛的数字化转型背景下，每名员工都需要培养与新型 IT 服务交付模式相适应的新技能，并且需要日常使用这些技能。为了赢得市场，不仅仅要与时俱进，有时甚至要引领潮头，目标至少是略微保持领先。企业是否制定了清晰的路线图以说明数字化转型对具体个人的意义？理想的学习之旅是怎样的？

关键的一点：用于解决技能短缺的战略必须是一种神奇的思维。具有高资历的顶尖人才更愿意在云原生企业工作。[①] 然而，即使能够聘请到超级巨星，能长期负担得起高额薪水吗？能否留住这种人才？

很难做到。企业认识到，唯一的出路是开始在内部有机地实现人才现代化。[②] 如果企业想要留住最佳人才并聘用最优秀的人才，那么必须使他们想为企业效力。这就需要创造一种文化，确保创新能够蓬勃发展，保证企业珍惜并奖励个人贡献，推动形成具有凝聚力的跨职能团队。

---

① Kegan, Robert, Lisa Laskow Lahey, Matthew L Miller, Andy Fleming, and Deborah Helsing. An everyone culture：Becoming a deliberately developmental organization. Harvard Business Review Press. 2016.

② Wright, Amy, Diane Gherson, Josh Bersin, and Janet Mertens. "Accelerating the journey to HR 3.0：Ten ways to transform in a time of upheaval." IBM Institute for Business Value. October 2020. 3.0http：//ibm.co/hr-3.

结　语

持续提出合适的问题

本报告中介绍的大多数模式都与执行过程中出现的问题有关，我们通常将云技术采用的执行视为云技术采用战略之后的事情。但在实践中，战略必须是持续的过程，就好像一直在回答以下三个问题：

1. 我们尝试实现怎样的业务价值？

即使在今天，我们仍将云技术采用计划视为某个问题的解决方案，也就是首先确定采用工作的机制，然后再开发富有吸引力的业务案例并将这些案例整合为整体业务技术投资组合的一部分。企业必须专注于建立更出色、更有价值的投资组合。

2. 技术可以实现哪些可能？

云技术和先进业务技术实践的不断创新可以帮助解决企业之前束手无策的问题。了解 Kubernetes 和容器等概念的目的在于，弄清楚它们能否解决阻碍实现业务价值的问题以及解决问题的方式。

3. 什么让我们止步不前？

云技术采用计划主要在大型企业复杂的自适应系统中实施。您可能没有充分关注采用过程中与人员行为有关的因素：政治、激励措施、工作安全、上下级关系、预算所有权、"地盘之争"和组织孤岛等。①必须集中精力做大蛋糕，让每个参与其中的人都能分得一杯羹。

---

① Gerald C. Kane, Anh Nguyen Phillips, Jonathan R. Copulsky, and Garth R. Andrus. The Technology Fallacy：How People Are the Real Key to Digital Transformation (Management on the Cutting Edge). The MIT Press. 2019.

第五章

智慧架构的速度

混合云创造数字业务价值，降低执行风险

作者介绍

Hans A. T. Dekkers，IBM EMEA 首席数字官兼数字销售副总裁。Hans 负责领导分布于广泛地域的数字化团队，与客户以及合作伙伴开展合作。他在世界上 30 多个国家/地区生活和工作过，对文化差异及其对人类生活与合作方式的影响有着浓厚的兴趣，长期致力于将深厚的技术洞察与全新的商业推论相结合。2019 年 1 月，Hans 与家人一起移居马德里。

联系方式：LinkedIn 账号 linkedin.com/in/hans-a-t-dekkers，电子邮箱 Hans.Dekkers@ nl.ibm.com。

本章要点

速度是数字驱动的企业取得成功的关键要素。在当今"手快有，手慢无"的商业环境中，智慧架构的运行速度对于发挥云计算的战略价值举足轻重。

开放式混合云技术是智慧架构的基础：这种架构旨在以更为可行、更低风险的方式实施企业最高价值的数字计划。智慧架构不仅是最高价值的数字计划的推动力量，也是先决条件。

智慧架构引入了新颖的运营方式。对于大型传统企业而言，需要在整个组织范围贯彻实施智慧架构原则。

第一节 四种速度对于数字化企业至关重要

目前，在我们与大型企业客户的对话中，速度这一主题经常以不同的方式出现。最常谈论的是软件交付速度，有时也称为开发人员速度。例如，敏捷或 DevOps 计划背后的动机通常是对软件交付速度的担忧。

第二种最常讨论的速度是从概念到收益的实现速度，也就是说，将一个好的想法变为可以运行并创收的数字产品需要多长时间。这种速度涵盖从软件开发开始之前的所有工作到软件的首个工作版本部署之后的所有工作。通过衡量从概念到收益的实现速度，我们通常可以发现，一个好的想法在交由开发人员开始执行任何工作之前，通常要花 12 个月或更长时间才能通过产品组合管理和资金分配官僚机构的审批。

第三种速度在新冠肺炎疫情暴发后引起了我们的注意：我们能够以多快的速度有效响应业务环境中的变化。我们称这种速度为业务敏捷性。业务敏捷性适用于整个企业（而不仅仅是 IT 部门），但高度依赖于企业中由数字化技术支持的"感知并响应"能力。数据分析、组织架构、决策管理和数据驱动的文化在业务敏捷性方面发挥着重要作用。

在当今"手快有，手慢无"的数字化时代，这些速度类型都至关重要。想一想所谓的 FAANG（Facebook、Amazon、Apple、Netflix

和 Google）。[1]他们之所以能够巩固行业统治地位，这三种速度功不可没。他们如今已是行业巨头，但曾几何时，有的甚至在不久之前都还是小型初创企业。他们有一个共同点：与被他们所取代的行业内传统企业相比，他们的行动速度都快得多。

速度不仅仅是 FAANG 的专利，对于数字原生环境之外的传统大型企业而言，提高速度更为关键。标准普尔 500 指数公司的平均寿命从 20 世纪 60 年代的 60 年缩短到目前的 20 年以下[2]。当前商业环境中，"城头变幻大王旗""你方唱罢我登场"的趋势不断加速，拥有或缺乏上述所有三种速度起到了决定性的作用。

第四种速度是智慧架构，需要混合云才能实现

本文的目的是补充说明这第四种速度，我们称之为"智慧架构的速度"。智慧架构是大型企业使用混合云计算技术和一些相关业务技术（数字技术）实践的一种方式，主要是为了达到两个目的：

1. 提高软件交付速度，缩短从概念到收益的时间，并改进业务敏捷性；

2. 使新型数字化战略（例如建立客户平台和提高客户生命周期价值）更快具备可行性，并降低执行风险。

---

[1] Fernando, Jason. "What are FAANG Stocks?" Investopedia. January 3, 2021. https://www.investopedia.com/terms/f/faang-stocks.asp.

[2] Garelli, Stephane. "Top Reasons Why You Will Probably Live Longer than Most Big Companies." IMD Business School, IMD Business School. 16 Aug. 2018. https://www.imd.org/research-knowledge/articles/why-you-will-probably-live-longer-than-most-bigcompanies.

智慧架构的速度是一个新概念，因为在其背后提供支持的都是新技术。通常，借助云技术，速度可以提升到全新水平，开发人员可以更轻松地进行试验和创新，而不会受到传统本地基础架构的限制。具体来说，由于新的云容器技术将应用从硬件中解放出来，因此得以在企业规模上实现全新速度。

的确，智慧架构的混合与横向性质对整个企业的技术堆栈提出了新的速度要求。智慧架构的混合基础在变化速度方面带来了新的机遇，而只有将平台架构与相关的运营模式分离，才能把握这些机遇。

这些机遇体现在当前与数据及合规有关的挑战中：如果由于紧密耦合的架构而需要大量人手来更改配置，那么就很难提高速度。但是，如果每个开发团队都可以进行变更，而不会触发大量依赖项的变更，那么就可以加快速度。

过去三年中，容器技术、开源云软件与混合云架构的结合，为大规模部署和管理应用提供了一种更好的新方法。这只是一种可能，但并不容易做到——已经投资于云技术的大型企业也许只能获得这些价值中的一个零头。为什么会这样呢？让我们一探究竟。

第二节　案例研究：一个具有高影响力的 典型数字机遇以及相关挑战

我们可通过"盲法"案例研究，说明智慧架构在大型企业中解决问题的速度。该案例研究基于一些最近的客户项目，主要关注云采用和数字化转型。

假设有一家名为 KindaSlowCo（KSC）的跨国企业，市值 200 亿美元，拥有 2 万名员工。企业的增长率和赢利能力都处于行业中等水平。

像大多数行业的传统企业一样，KSC 及其同行也面临着来自规模更小、更灵活的市场新入者的激烈竞争。尽管 KSC 所在行业的顶层参与者都取得了成功，但为了应对这些市场新入者的挑战，他们一直对数字重塑计划进行大量投资。

KSC 通过传统方法管理业务技术：

——企业 IT 组织与"业务"分离。

——IT 围绕孤岛式的专业职能（例如架构、开发和运营）进行组织。

——大多数业务技术投资都按具有不同起点和终点的项目进行定义和拨款，而不是采用持续的拨款和执行流程。

——将 IT 组织作为成本中心进行管理。

数字化转型失败导致企业 CIO 离职，新任的 CIO 任职不到一年。

建立和运行数字化客户平台有助于提高客户的生命周期价值

KSC 并不完全是数字化方面的落后企业。该公司面向客户的应用开发团队以及从事敏捷开发、DevOps 和数据分析的人才中心（CoE）都有着非常强的实力。

KSC 的业务部门和各地的运营单位一直积极投资云计算（所有的公有云超大规模提供商和一些大型 SaaS 提供商都与 KSC 签有合同），但 KSC 进行这些投资时，并没有制定统一的企业云采用战略。

如今，KSC 拥有"混合 IT"：各个不同提供商的公有云与传统的本地数据中心、应用和数据存储混杂在一起。与大多数混合 IT 模式一样，每个公有云都运行最容易迁移到该提供商平台的工作负载（例如，将 Microsoft 工作负载迁移到 Azure）。KSC 的大多数核心业务应用在数据中心内保持不动。

KSC 的领导层和投资者非常担心 KSC 的竞争态势，尤其是新冠肺炎疫情暴露出企业数字能力的成熟度和规模都很欠缺。

作为应对之策，CIO 和其他 KSC 高层领导发起了一项大型计划，旨在建立和部署名为 Marketplace 的 KSC 客户平台。Marketplace 将为 KSC 客户实现一些基本但非常有吸引力的数字价值主张，帮助他们：

——在线选择和订购产品，跟踪产品运输，并管理自己的 KSC 账户。

——访问范围广泛的 KSC 产品信息并获得在线支持。

——联系提供售后安装和定制的独立服务供应商。

——此外，独立服务供应商能够下载软件开发工具包，以便在 Marketplace 中提供服务。

KSC 对于 Marketplace 数字客户平台的愿景是促进客户生命周期价值（CLV）。CLV 并非新概念，但它逐渐成为大型企业数字战略的优先任务。这个关键要素可将多种数字价值主张串联起来。在这种情况下，通过构建和运行客户平台，有助于利用在 CRM 系统、客户服务工作流和人工智能等方面的相关投资。

CLV 的定义：在客户关系生命周期中，客户在贵企业或贵企业产品方面预计花费的总金额。如果企业的数字战略关注改善 CLV，那么就可能表明企业在沿着正轨前进。

例如，亚马逊（Amazon）之所以成为"数字超级巨头"，因为他们能够以零增量成本获得新客户。亚马逊的 Prime 服务其实就是一项大规模执行的 CLV 服务。

具备完善数字能力的企业可通过以下方式执行 CLV 战略：

——通过交叉销售和追加销售，向每位客户扩大数字产品的销售范围。

——重新设计客户交付价值流，提高工作流的智能水平。

——增加利润（数字产品和服务的利润更高）。

——降低客户获取成本。

——在较长时间内留住客户。

简而言之，通过将数字战略的重点放在改善 CLV 方面，可以实现持久的结构性优势，轻松战胜没有完全实现数字化的竞争对手。我们可以借助像 KSC 的 Marketplace 之类的数字产品提高 CLV 的实现速度，但这很难作为一种业务战略来探讨。

第三节　智慧架构通过改变技术部署的运营模式来提高速度

在我们的案例研究中，执行 KSC Marketplace 涉及大量的软件开发工作。这些工作面临一些颇具挑战性的要求，包括：

——实现多线程的快速开发以及安全、可靠、合规的运营。

——使用位于各种不同位置的客户数据，比如位于数据中心、应用、SaaS 应用、核心业务记录系统和大型机中的数据。

——使用已迁移到多个云的数据。

——将 Marketplace 应用部署到多个国家或地区的多个云中，每个位置都有不同的数据隐私和数据驻留规定。

——对某些现有的 KSC 业务应用进行现代化改造，包括记录系统，以便能在多个云上运行。

每项要求都不容易做到，尤其是应用的现代化改造，但这些工作不能久拖不决：Marketplace 数字客户平台的机遇之窗不会无限期开放。这就是智慧架构速度的用武之地。

第四节　数字客户平台的粗略业务案例

对于像 KSC Marketplace 这样的数字客户平台来说，业务案例非常有说服力。做一些简化粗略的计算，就能够说明问题：

——如果 KSC 将总收入的 5% 用于业务技术投资（IT 预算），那就是 10 亿美元。

——如果这项 IT 预算的 75% 用于 IT 日常运营支出，那么 10 亿美元还剩 25%，即 2.5 亿美元可用于基于 IT 的增长计划。

——假设在第一年，所有用于 IT 增长计划的支出（2.5 亿美元）完全整合到针对 Marketplace 的投资组合中，第二年和第三年的投资数额均为 2.5 亿美元的一半，那么三年的总投资额为 5 亿美元。

——要实现 5 倍的投资回报，Marketplace 必须在三年内获得 25 亿美元的收益。

对于一个年收入 200 亿美元并且利润率中等的企业而言，增加 2% 的收入的同时降低 2% 的成本（特别是减少客户争取和服务交付方面的成本），就意味着企业所投入的 IT 预算已经获得了 5 倍的回报。

正如大多数强有力的数字价值主张所说的那样，问题不在于"是否值得为了获得这种回报而投资"，而在于"我们能否执行"。

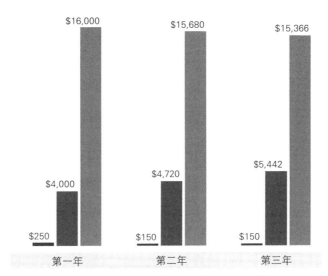

IT 预算轻易获得 5 倍的投资回报

Marketplace 数字客户平台组合成本 ｜ 利润 ｜ 运营成本

图 5-1　智慧架构 Marketplace 数字客户平台案例

从纵向运营模式转变为横向运营模式，有助于发挥速度优势

　　智慧架构首先解决许多大型企业目前存在的一个基本的运营模式问题（图 5-2）。在我们的案例中，KSC 目前的云格局如图 5-2 的左图所示：组织、数据和应用形成一系列纵向柱状结构，在每个部分中添加云进一步强化其纵向分布。这种纵向模式可能并非有意形成，但大多数企业因其组织方式而优化每个柱状结构的云采用情况。他们优化工作负载迁移流程、安全与合规流程以及应用现代化工作，甚至尝试优化每个柱状结构的业务价值。

　　纵向运营模式的一个影响是，当企业为了更彻底地实现数字化而

运营模式设计影响着数字计划大规模创造价值的方式

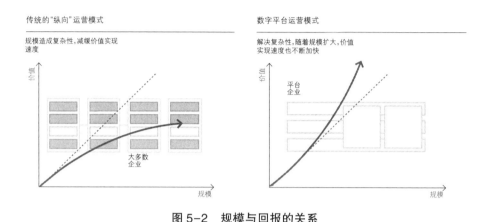

传统的"纵向"运营模式 　　　　　　　　　　　　数字平台运营模式

规模造成复杂性,减缓价值实现速度 　　　　　　　解决复杂性,随着规模扩大,价值实现速度也不断加快

图 5-2　规模与回报的关系

不断投资时，运营模式会阻碍数字化进程。当 KSC 这样的企业尝试扩展新的数字能力时，获得的回报会越来越少，因为在各个纵向柱状结构之间越来越难以开展工作。总的来说，孤岛结构不断扩大，越来越烦琐，管理涉及多个云和多个云服务提供商工作的复杂性让企业望而却步。

　　传统纵向组织形式的另一个主要特征是，他们优化各个柱状结构，因此难以充分优化成功开展业务所需的数字技能和人才。在纵向运营模式中，组织的复杂性使技能的价值大打折扣。在大多数大型企业所处的业务环境中，数字技能匮乏被视为成功数字化转型的主要障碍，而他们所采用的数字架构实际上在抵消这些技能的价值。

　　相反，图 5-2 的右图是横向模式，也就是所谓平台企业的典型特征，奈飞、优步和苹果等都属于此类别。随着企业规模不断扩大，他们的回报也随之增加；这种运营模式有助于加速实现增长和价值。这不是纸上谈兵，五家平台企业的收入就在最新《财富》500 强企业的总收入中占了 20%，而且平均只用了 6 年时间就达到目前的规模。[①]这就是速度的力量。

从各个单独的柱状结构转变为单一混合云平台

图 5-3 的左图显示了简化的包含四个柱状结构的纵向运营模式。如今，像 KSC 这样的大型企业很可能拥有十个或更多的柱状结构，因为他们没有明确的企业云架构或战略，从多个提供商那里购买云服务。

KSC 的纵向架构意味着，即使具有正确的愿景、有力的高管支持甚至多年的大量投资，也不大可能成功实施 Marketplace 数字客户平台。在每次转型过程中，企业都会面临纵向运营模式的影响，以及每个柱状结构中多年优化工作的影响。这些预先存在的条件不会阻止 Marketplace 等计划的启动，但会拖慢这些计划的实施速度，很可能导致它们在第二年（如果不是更早的话）被取消。

相反，图 5-3 的右图则是一种智慧架构，更有可能保障 KSC Marketplace 取得成功。运营模式的横向设计对于 Marketplace 产品团队的高效工作至关重要，团队可以端到端地开发产品，而无须在各个"孤岛"组织之间交接工作。每避免一次交接，都有助于提高速度和安全性。

每个产品开发团队都可以采用常见但"松散耦合"的敏捷、DevOps 和站点可靠性工程实践，其中一些实践可以自动运行，从而提

---

① Kolakowski，Mark. "Why It May Be Time to Trim the FAANGs." Investopedia. September 12，2020. https://www.investopedia.com/news/why-it-may-betime-trim-faangs/.

高软件开发速度。配置管理流程和服务也是如此，其中的某些工作可以实现自动化，并使用"治理即代码"原则，从而进一步提高速度、安全性和可靠性。

请注意，图 5-3 的右图仍显示多个云，包括一个私有云、可能来自不同提供商的多个公有云以及多个 SaaS 应用。多个异构的云环境会不会重新造成我们在左图看到的孤岛结构？或者，换句话说，横向运营模式不需要由单个云提供商"统一环境"吗？对，不需要。

横向运营模式消除了速度和价值实现的障碍

传统运营模式中的纵向孤岛　　　　　　　　　　　单一混合平台和运营模式

图 5-3　从孤岛式结构转变为流式结构

智慧架构部署单一的整合结构，可以横向扩展以涵盖所有柱状结构，提供一系列通用的服务、冲突解决、安全与合规流程，确保能够在来自不同提供商的所有"纵向"云实例中扩展。单一的抽象混合结构确保企业能够在多个云中以统一方式运营，而且复杂度更低。

一次构建，随处部署，统一管理

例如，如果产品团队应用安全策略，那么该策略可应用于整个企业云资产，不必将其单独应用于每个云。应用只需创建和部署一次，即可在整个企业的多个云中扩展。

随着产品团队逐步提高服务、产品和工作负载的成熟度，他们可以根据产品的运营成本、安全要求和/或监管要求，将其部署到最合适的基础架构上。

智慧架构提供完全自由的选择：企业能够端到端地创建、部署、运行和管理完整技术组合。应用创建一次，即可随处大规模部署，并在整个企业范围统一管理。对于大型企业而言，规模可能成为一种优势，开发人员可将更多时间用于开发、运行和改进数字产品，减少在非增值的云管理、合规以及配置工作方面消耗的时间。

智慧架构是开放的混合云平台，还赋予企业更大的"战略选择权"。这意味着，应用在技术堆栈顶层与客户、合作伙伴及生态系统互动，创新机遇不会受到技术堆栈中层或低层的限制。由于有了战略选择权，像"这是个好想法，但我们无法实现，因为……"这样的对话会越来越少。

第五节　成本建模证明了横向运营模式的成本优势

为了与客户合作，我们必须根据企业在云采用战略和实施方面的实际经验，开展广泛的成本建模。我们对一件事一直很感兴趣，那就是与选择混合云架构的客户相比，实施了单个云或来自同一提供商的

179

多个云的客户的成本与回报情况。

IBM 委托开展的一项调研表明，在其他要素相同的情况下，在混合云上投资 10 亿美元的客户所实现的业务价值，要比在单个公有云上投资 10 亿美元的客户的回报高出 2.5 倍。[①] 价值的来源与我们在本报告中探讨的其他价值来源有一些重叠，例如，我们的研究指出，"战略选择权"会带来一些业务价值，这与"业务敏捷性"有些重叠。但总的来说，2.5 倍的回报优势主要体现在：当混合云用于实现实际价值时所产生的运营成本优势。

实际价值是一项至关重要的区别。许多独立研究表明，对于大多数企业而言，"云采用"仍然非常有限，在云端运行的应用不超过20%。其他应用仍在数据中心内运行。

遗憾的是，从云计算获得的实际业务价值来自尚未迁移到云端的核心业务系统，以及来自跨越目前多个纵向支柱结构甚至跨越合作关系和生态系统中企业边界而运行的新应用。

因此，如果单个公有云运行一些相对独立的云原生式"绿地"应用，那么这些云服务的成本相对较低。但是，如果企业希望投资 10 亿美元，建立现代化的核心业务系统，整合企业的多个纵向支柱结构而横向运行，从而发挥云的颠覆性力量，那么单一云模式就不起作用，孤岛式的多云模式会变得非常复杂，而且成本会快速增加。

---

① Egan，Matt. "The Economy Is in Shambles but Big Tech Stocks Are on Fire." CNN. May 27，2020. https://www.cnn.com/2020/05/27/investing/faang－stocks－marketamazon－tech/index.html.

第六节　管理创新消除进入门槛

关于这一点，读者可能会问：既然通过速度和智慧架构实现的业务价值如此诱人，那么为什么我们发现大多数企业仍难以从数字化转型以及云采用的投资中获得价值？为什么我们发现尽管科技行业将云计算吹得天花乱坠，但实际数据表明许多企业只是将"简单"的工作负载迁移到云端，并没有迁移我们在 KSC 案例研究中所探讨的那种高价值工作？

根据我们的直接经验，当行业传统企业希望加入以速度和智慧架构作为竞争优势的"企业俱乐部"时，会遭遇进入门槛。当然，强有力的商业战略需要设立进入门槛：如果没有切实的门槛阻止竞争对手做相同的事情，那么为了加快速度而投入的时间、人才和精力都将付诸东流。

即使对于那些接受关于速度和智慧架构理论的企业来说，门槛也显而易见：是否能够设计和实施横向运营模式所需的架构和技术。要建立和运行 Marketplace 之类的平台，或重塑支持企业运营的核心业务系统，需要高度智慧的技术和人才，在这方面没有捷径可走。

但在转型为更彻底的数字化企业的过程中，最大的障碍是能否实现真正的管理创新。我们习惯于管理改变，但是要大规模实现速度和智慧架构的优势，就需要改变管理。

这意味着，我们要挑战企业的根本性思维模式和理念，也就是企业如何分配权力，以及如何确定孤岛式职能的"所有权"。我们在本报告中探讨的横向运营模式是向前迈出的一大步，但是要让数字业务绩效更上一层楼，就必须将决策权和影响力转移到客户和生态系统所处的企业边缘。

图 5-4 的左图是传统的管理层级架构，它是目前大多数传统企业的基本形态。右图则是企业在不久的将来应具备的形态：企业外围是面向客户的团队组成的以市场为导向的网络；中心则是为市场网络提供服务，而不是提供指导。面向客户的团队就像迷你企业一样，具有小型数字化初创企业那样的速度和敏捷性，正是这种特质导致全球大型企业的预期寿命不断缩短。

从金字塔型组织架构转变为以市场为导向的网络

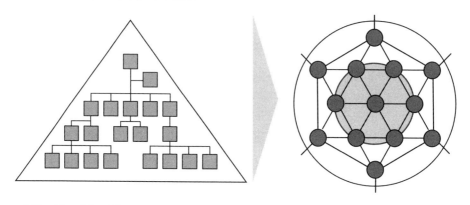

来源：Adapted from Pflaeging, Niels：Organize for Complexity

图 5-4　未来的企业形态

未来数字化企业的面貌已展现在我们眼前，尽管目前的分布还不均衡，但从早期的 FAANG、一些数字独角兽企业、金融科技企业以及 SuperCell、Valve、W. L. Gore 和 DaVita 中，我们已经能够一窥端倪。

要扩大分布范围，就需要大型企业的最高管理层以及下属的几个管理层级放手管理"金字塔"顶端所集中的权力、财富和特权，因此这种改变不会立刻发生。

这很可能以两种方式发生：首先缓慢进行，之后一蹴而就。企业"缓慢灭绝"的趋势在不断加速，对于那些可能的幸存者来说，最佳的"植树"时间是二十年前。而下一个最佳时间就是现在。

行动指南

充分利用智慧架构的速度

本报告用较短的篇幅讲述了两个长久存在的主题，也是我们与客户开展合作时一直遇到的两个问题：如何在数字化之旅中取得进步；如何通过采用云计算获得切实的战略价值。

我们以智慧架构速度的形式提供了一些答案，并且建议那些选择将智慧架构与管理创新相结合的大型企业，通过快速发展数字化来获得有利的竞争地位。

对于想要进一步探索这些想法的读者，我们建议采取以下行动：

仔细研究企业投资组合中的数字计划。有多少计划的目的在于创造5倍价值？每项投资如何相互支持，以形成完善的投资组合？哪些投资需要智慧架构才能取得成功？

了解贵组织目前的速度。贵组织从概念到收益流程的绩效基线是什么？如何了解软件开发速度是否有所提高？纵向支柱结构和纵向运营模式对交付速度有什么影响？

定义贵组织通过采用云所获得的业务价值。简单说明整个组织的云投资情况以及实施路线图。贵组织对云业务价值的期望是否足够高？贵组织计划如何实现这些期望？

尝试管理创新。想象一下，企业中有一部分开始以市场为导向、自我指导型的团队形式开展工作，而企业的核心职能以服务形式提供支持，但不对其进行管理，也不"拥有"此团队。让自愿这样做的早期采用者创造被验证的知识，并尝试在责任与安全之间取得平衡，允许出现一些错误，为成功创造有利条件。

第六章

扩展 AI 的公认概念

从试验变为工程原则

作者介绍

Beth Rudden，杰出工程师，IBM Services 认知与 AI 首席数据科学家。Beth 致力于通过合乎道德地使用数据，借助分析和赋能，推动人员和企业转型。她负责领导分散在不同地区的大型团队，共同开发认知分析解决方案，为 IBM 客户提供切实可行的洞察。Beth 获得过多项解决方案专利，开发的解决方案不仅可以深化洞察、加深客户理解，还能加快实施速度。另外，她在人类学、语言学和数据科学等领域的背景知识也对模型开发工作大有帮助，她借助这些模型，推动 IBM Services 员工队伍转型。
联系方式：LinkedIn 账号 linkedin.com/in/brudden/，电子邮箱 brudden @ us.ibm.com。

Wouter Oosterbosch，IBM Services 欧洲首席数据科学家，全球高级分析能力中心欧盟地区负责人。Wouter 是经过正规培训的神经科学家，这也激发了他对人类与数据互动的浓厚兴趣。他是经验丰富的跨行业数据科学领导者，为处于各个 AI 实施阶段的企业提供帮助，为全球各种团队赋能：在杂乱无章、未形成文档的数据"丛林"中，为客户发掘切实可行、易于扩展而且值得信任的结果。
联系方式：LinkedIn 账号 linkedin.com/in/wouteroosterbosch/，电子邮箱 w.oosterbosch@ nl.ibm.com。

Eva-Marie Muller-Stuler，博士，IBM Services 中东/非洲地区首席数据科学家，高级分析与 AI 实践负责人。
联系方式：LinkedIn 账号 linkedin.com/in/dr-eva-marie-muller-stuler-02ab5946/，电子邮箱 Eva-Marie.Muller-Stuler@ ibm.com。

本章要点

AI 采用率不断提升

过去四年，采用 AI 的企业数量增加了 65%；现在由于疫情冲击造成业务中断，因此相对于其他技术优先事项，AI 的采用呈持续加速之势。[①]

AI 离不开工程原则

企业必须全面采用 AI 以解决不断增加的问题：将 AI 植根于业务战略、创新活动和差异化竞争优势之中，将 AI 深度整合至不断发展的业务运营模式和工作流程之中。

AI 概念证明（POC）必须与时俱进

随着 AI 技术不断成熟，许多概念已经得到了证明，因而企业可以从早期试验推进到市场试点。

第一节　概念证明（POC）已完成历史使命。再见，POC！

人们对人工智能（AI）有着很深的误解。AI 要么被吹得天花乱坠，成为数字极乐世界；要么受到诋毁中伤，被视为末日威胁。然而，实事求是地说，这两种说法都站不住脚。

[①] Unpublished Data from IBM Institute for Value Survey on AI Value（n=6700 C-level business executives in major industries, functional areas, and geographies）.

从根本上来说，AI 是一种用于增强人类能力和表现的方法，旨在改善人类（包括客户、员工、合作伙伴及其他利益相关方）的成果，增加企业的财务收益。因此，应将 AI 视为人类帮手，而不是取代人类的类人机器。

对于一些企业而言，AI 就是通过智能工作流程实现切实的增量成果（更高效的业务运营、更富有吸引力的客户体验以及更明智的决策），因此人类的聪明才智和同理心还是占据核心位置。而另一些企业则更欣赏 AI 的变革性本质，他们使用 AI 建立新的业务模式、探寻应对业务中断（如新冠肺炎疫情）的新颖方法，以及显著提高业务流程绩效。

自 2016 年以来，IBM 商业价值研究院（IBV）每隔半年就开展一次调研，跟踪多项指标，结果表明 AI 的采用率不断提升。根据不同地区、不同行业和不同职能领域数以千计最高层业务主管的调研数据，我们认为受疫情影响，AI 的采用有适度加速的趋势：

——积极采用 AI 的企业从四年前的 26% 增至 2020 年的 44%（与某些估计结果相比，这还是较为保守的观点）。[①]

——疫情期间，84% 的企业表示对 AI 的关注度与以前差不多或高于以前的水平。[②]

---

① Ibid; Ammanath, Breena, David Jarvis, and Susan Hupfer. "Thriving in the era of pervasive AI." Deloitte. 2020. https://www2. deloitte.com/xe/en/insights/focus/cognitive-technologies/state-of-ai-and-intelligent-automation-in-business-survey2.html.

② Unpublished Data from IBM Institute for Value Survey on AI Value (n=2765 C-level business executives in major industries, functional areas, and geographies).

——受疫情影响，近 1/3 的企业计划增加对 AI 的投资。[1]

上述趋势与近期得出的其他估计结果一致。IDC 预测，2020 年全球 AI 支出将有所增长，四年内支出将翻一番[2]；而总体 IT 支出则会下降，二者形成鲜明对比。

AI 的成功扩展是指项目从沙箱过渡到试点和最小可行产品（MVP），最终实现工业级商品化的整个历程。但这个过程并非一路坦途，许多企业为此困扰不已。IBM 在 2018 年中期开展的一项调研发现：“企业深陷 AI 试点和概念证明阶段而无法自拔……零敲碎打地在一些看似让人兴奋但却孤立的用例”——其他许多市场观望家后来也确认了这一现实。[3]

即使是现在，90% 的企业仍难以在整个组织范围扩展 AI。因此，

---

[1] Unpublished Data from IBM Institute for Value Survey on AI Value（n = 2765 C-level business executives in major industries, functional areas, and geographies）.

[2] "Worldwide Spending on Artificial Intelligence Is Expected to Double in Four Years, Reaching $110 Billion in 2024, According to New IDC Spending Guide." IDC. September 25, 2020. https://www.idc.com/getdoc.jsp?containerId = prUS46794720.

[3] Christopher, Elena, Glenn Finch, Brian C. Goehring, Cathy Reese, Thomas Reuner, and Yashih Wu. "Artificial intelligence: The killer app for data." HFS Research and IBM Institute for Business Value. July 2018/ February 2019. https://www.ibm.com/thought-leadership/institute-business-value/report/killerappdata#; Brenna, Francesco, Giorgio Danesi, Glenn Finch, Brian C. Goehring, and Manish Goyal. "Shifting toward Enterprise-grade AI: Confronting skills and data challenges to realize value." IBM Institute for Business Value. September 2018. https://www.ibm.com/thought-leadership/institute-business-value/report/enterpriseai; Awalegaonkar, Ketan, Robert Berkey, Greg Douglass, and Athena Reilly. "AI: BUILT TO SCALE." Accenture. November 14, 2019. https://www.accenture.com/us-en/insights/artificial-intelligence/ai-investments; Justice, Cliff, Todd Lohr, Martin Sokalsi, Vinodh Swaminathan, Matt Fish, Brad Fisher, and Traci Gusher. "AI transforming the enterprise: 8 key AI adoption trends." KPMG. 2019. https://advisory.kpmg.us/content/dam/advisory/en/pdfs/2019/8-ai-trends-transforming-the-enterprise.pdf.

约有半数 AI 项目无疾而终也就不足为奇了。①

诚然，AI 是一项复杂的多领域业务和技术创新，包含多个互联而且不断变化的层面。任何一个方面都无法仅凭一己之力就确保将 AI 项目成功投入商业使用。没有灵丹妙药，没有万能秘诀。

普通的"变革管理"恐怕难以奏效。符合业务战略的"镇痛良方"也不行。哪怕久经考验的"流程改进"甚至更前卫的"敏捷方法"也不足以解决问题——无论整理多少西格码和意大利面条图或组织数次讨论和冲刺活动都无济于事。

真正需要的是实质性地改变 AI 的角色：过去，人们将 AI 视为最新技术魔法的化身敬而远之，可现在，必须将其作为战略能力融入整个企业之中，从概念证明转变为证据点。

企业亟须停止匆忙实施的数据科学试验，开始全面周密地采用 AI 技术——将 AI 植根于业务战略、创新活动和差异化竞争优势之中；深度整合至不断发展的业务运营模式和工作流程、组织架构和治理机制、数据架构和基础架构乃至文化价值观和道德规范之中。

为推进这项工作，企业首先必须将 AI 视为一项原则——具备强大而健全的工程和道德规范、严格的运营和治理机制，以及强调实践重于理论的适应性方法。现在，已有许多工具可以帮助实现这一目标。另外，企业还必须更加重视科学创新——借助研发能力持续探索科技

---

① Linthwaite, Rachel. "Overcome Obstacles To Get To AI At Scale." Forrester. January 2020. https://www.ibm.com/downloads/cas/VBMPEQLN; "IDC Survey Finds Artificial Intelligence to be a Priority for Organizations But Few Have Implemented an Enterprise-Wide Strategy." IDC. July 08,2019.https://www.idc.com/getdoc.jsp?containerId=prUS45344519.

前沿，从竞争中脱颖而出。

当然，前进之路不可能一帆风顺。有些项目在早期取得成功，但最后证明不适合人类采用。AI 试点和 MVP 还是可以带来价值：有时仍要避免太过奢求完美。但是，在明确设计和扩展商业化引擎的过程中，还是需要开发和启动 beta 测试。

否则，企业很可能陷入永无止境的试验循环，不断尝试却永远没有结果。

第二节　认真对待 AI 工程和运营

对处于 AI 采用早期阶段的企业而言，将 AI 作为原则的紧迫感或许并不明显。但是，要充分实现 AI 的价值，AI 必须具备和企业的其他成熟领域同等的沟通程度、组织架构和严格管理。

通常，模型开发工作在数据科学家的笔记本电脑上完成，统筹任务则使用自定义代码和脚本人工临时实施。这与敏捷 DevOps 最佳实践出现之前的传统应用开发模式别无二致。

最终结果是，数据团队（科学家、工程师及其他人员）被迫沿用低效的工作方式。他们承受繁重的人工任务，比如将机器学习（ML）模型移交给开发人员，以便最终在后者开发的应用中运行。这不仅无法保证同步使用 ML 模型与应用，还会妨碍两者使用相同的 DevOps 流程。这会减缓基于 ML 应用的交付速度，降低 AI 投资的业务回报。

AI 计划在投入生产环境之前夭折的另一个原因在于，项目往往形成孤岛，开发人员与利益相关方之间脱节。倘若不明确特定数据的拥有者和控制者，问题势必会进一步加剧。此外，某些 AI 团队相对较新，角色和职责仍不明确，上下级关系"纷繁复杂"，甚至在同一部门内也会采用各种不同的工具。

哪怕是成熟团队，也要与不同的群体和利益相关方进行互动。而要实现清晰精准的沟通无疑非常困难。

图 6-1 展示了非常典型的企业 AI 计划的轨迹，或许揭示出根据多年经验和观察所产生的一些怀疑。但我们认为，采用更为结构化的方法可在很大程度上避免低谷期。

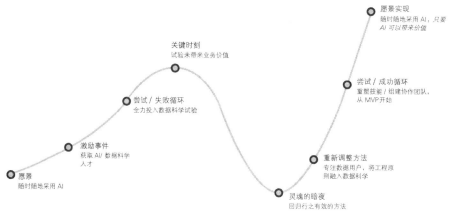

来源：IBM 分析。

图 6-1　AI：从希望到现实

我们将这种建立严谨体系的方法称为"AI 工程和运营"——共有四个高层级的重点领域，以及许多基本原则、流程和工具，用于指导 AI 计划大规模投入生产运营（图 6-2）。

即使企业具备先进的数据科学和分析能力，而且部署了成熟的软

设计
专为改善易用性而设计的人与 AI 互动体验，配备标准
工具集和方法，旨在提高 AI 项目实现价值的速度和质
量标准

部署
自动执行部署工作的框架，旨在提升效率和可审计性

监控
技术和质量关键绩效指标 (KPI) 和流程，定期进行衡量
和对标

嵌入
用于检查模型中偏见的方法、AI 模型用于直观呈现决
策的工具以及更广泛的企业道德准则

来源：IBM 分析

图 6-2　AI 工程和运营

件工程方法，但在融合不同类型的开发周期的过程中，AI 工程和运营
可能仍需要创建新的职位（如 ML 工程师和 AI 运营专员）。以动态反
馈循环为特色的解决方案设计方法更为细致，打破开发环境与生产环
境的边界，这可能会挑战传统架构师的"舒适区"，因为他们习惯为
了系统强健而不惜一切代价。

许多企业使用 DevOps 及其他软件工程方法缩短了开发周期，改
善了协作水平，提高了运营效率并且增强了部署有效性；与之相似，
AI 工程和运营可以进一步扩大这些经过验证的收益（请参阅下文
"Red Hat：借助开源概念在软件中应用 AI"）。这种方法有助于建立重
点明确的环境，以结构化方法引导项目从开发到生产的整个过程，最
终实现商业效益。

Red Hat：借助开源概念在软件中应用 AI

与所有典型的科技公司一样，Red Hat 很早就对 AI 和 ML 表现出极大的兴趣，积极探索如何将这些技术应用于自己的产品和服务，为客户带来切实收益。

但大约四年前，一切都变了。从那时起，Red Hat 开始重点研究如何将 AI 融入自己更广泛的产品组合，确保实现互操作性，满足客户在容器和 Kubernetes 中运行 AI 和 ML 工作负载的不断增长的需求。

Red Hat 加大了在自己的平台上运行 AI 的力度，为 Open Data Hub 打下坚实基础。Open Data Hub 是依托 AI 工程原则的元项目，将开源项目整合至实际解决方案之中，并由 AI 生态系统合作伙伴加以补充。开源社区可试验并开发智能应用，既可避免高昂的成本，又能解决现代 ML 和 AI 软件组合所带来的复杂性。

为搭建业务架构和推行战略，Red Hat 成立了 AI 人才中心（CoE）。该组织经过扩充后，新成立了"早期部署工程团队"，动员顶级数据科学家通过服务互动模型，为客户提供创新成果和可观价值。随着工作的深入，他们增加了工程原则，运用 DevOps 和敏捷方法强化并规范企业的 AI 开发方法。

目前，Red Hat 通过"开放创新实验室"与客户合作开展 AI/ML 项目，采用最先进的开源技术。[①]例如：

---

① "Red Hat Services Solution：Open AI/ML Platform." Red Hat Datasheet. 2020. https://www.redhat.com/cms/managed-files/co-services-open-ai-platform-datasheet-f21162pr-202002-en.pdf.

——AI CoE 帮助某汽车行业客户开发了一个平台，凭借可扩展的 ML 和大数据处理能力，更快速、更准确地进行驾驶模拟和数据分析。他们在短短三个月内就完成了平台配置和创建。[①]

——AI CoE 为某医疗保健行业客户打造了一个预测和治疗优化平台，实时收集和分析临床数据并提醒看护者启动早期护理。[②]

Red Hat 的经历表明，开源技术依托结构化的 AI 方法获得了新生。

第三节　利用 NLP 和语义实现创新

许多企业将 ML 和深度学习整合到业务运营之中，但通常情况下仍单纯依靠结构化数据生成模型和算法。这些企业指出，如何发掘深藏在非结构化数据中的知识，是信息利用领域所面临的最大挑战之一。

现在，他们有了更好的选择。使用高级自然语言处理（NLP）能力为 AI 模型扩充非结构化数据也许并非易事，但却可以帮助提供人类语境，展现人类查看和使用数据的方式。换言之，它可以发挥人类语言的威力。随着这些能力的整合程度越来越深入，目前 AI 包含两个

[①] "Global automotive group races to automated driving with data platform." Red Hat. Accessed August 30，2020. https://www.redhat.com/en/success-stories/bmwgroup.

[②] "HCA Healthcare uses innovative data platform to save lives." Red Hat. Accessed August 30，2020. https://www.redhat.com/en/success-stories/hca-healthcare.

（而不是一个）共生学习循环：一个是用于数据整合的基于语义的学习循环，另一个是用于 ML 的基于统计的学习循环。

在 2020 年美国网球公开赛中，NLP 和语义技术推出了一项大受欢迎的改进，有效改善了远程环境球迷的体验（请参阅下文"美国网球公开赛：Open questions 大放异彩"）。

语义技术和 NLP 还可提供必要的沿袭和溯源功能，支持开发人员验证 AI 系统是否理解人们的书面和口头表达。在任何情况下，若要打造更智能的工作流程，选用适当的工具和算法始终是最重要的一点。[①]

美国网球公开赛：Open questions 大放异彩

受新冠肺炎疫情的影响，2020 年的美国网球公开赛与众多其他体育赛事一样，难以再现座无虚席的盛况——6 月中旬美国网球协会（USTA）作出了禁止现场观赛的艰难决定。但在 AI 及其他一些领先技术的帮助下，球迷可以通过一些新的途径享受网球体验。[②]

例如，球迷可通过一款名为"Open Questions"的在线应用参与各种网球话题的辩论，发表个人看法和观点。对于一些热门主

---

① "Building the Cognitive Enterprise：Nine Action Areas." IBM Institute for Business Value. May 2020. https://www.ibm.com/thought-leadership/institute-business-value/report/build-cognitive-enterprise#.

② Baughman, Aaron, Gray Cannon, Micah Forster, and Nick Wilkin. "At the US Open：Machine writing and discovery with Watson." IBM. August 28, 2020. https://developer.ibm.com/components/watson-discovery/articles/at-the-us-open-machine-writing-and-discovery-with-watson/.

题，例如史上最佳球员和最精彩的对决，这款应用采用 NLP 分析数百万个数据源，提出有关赞成/反对的论点。球迷分享个人观点，参与辩论。[①]

2020 年夏末，美国网球公开赛在纽约市如约举行，球迷们每天都可以针对主题发表观点，这些意见都汇总到数据库中。计算机的 AI 功能每天根据更新的数据，围绕各个主题生成新的内容，持续进行更深刻、更有意义的辩论。

此外，他们还推出了另一个项目：球迷可以使用基于 AI 的"速查表"，深入了解每一场赛事。Match Insights 使用 NLP 技术分析数百万个非结构化数据源，例如文章、博客和专家意见。它从海量数据中提取关键洞察，将其转换为简短的叙述，帮助球迷在赛前掌握相关资讯。[②] 此类比较分析以自然语言的形式呈现，真正做到了统计人员和普通球迷都适宜。

球迷普遍希望明年可以前往赛场观赛，一睹心中偶像的风采，为他们加油打气。在球迷安全重返赛场前后，NLP 都在努力增强他们的观赛体验。

---

① "USTA to try to Bring Fans to US Open Virtually along with the US Open Experience into Fans Homes." Tennis Panorama. August 28, 2020. https://www.tennispanorama.com/archives/70866.

② Ibid.

第四节　切实构建 AI 能力

如果企业希望切实发挥 AI 在生产领域的巨大潜力，首先需要更周密、更全面的方法，将 AI 工程和运营原则放在核心位置。如果企业已准备好采用 AI 实施创新，培养强大的 NLP/语义能力，那么接下来可通过 AI 加强人类理解能力。

如果不采用这种方法，很可能导致数据科学家与运营团队之间的鸿沟进一步扩大。此外，如果不采用强有力的运营规程加以监管，ML 项目就很可能无法更进一步，终成镜花水月。

因此，绝对不能忽视打造 AI、使用 AI 和从中受益的所有人员。我们需要有胆识、有魄力的领导者，这样才能明确 AI 发展愿景并确保其合乎道德准则（请参阅下文"洞察：AI 道德规范"）。我们需要富有灵感的设计师，以确保人类与 AI 的关系及其运行环境持续健康发展。我们需要思维严谨的工程师，透过成果增进信心和信任。

务必牢记，与 AI 互动的人员可能是任何项目团队中最重要的成员。最后，他们的责任是营造实际（而不仅仅是理想）的个人体验，建立智能工作流程，通过合作作出决策，以及创造切实的业务价值。

洞察：AI 道德规范

人们总是依据适当的行为标准作出关键判断——特别是直接关乎他人生命和幸福的重大决策。不过，有关 AI 的道德参数仍不明确，模糊不清；在某些情况下，AI 因为道德因素而被搁置。

IBM 商业价值研究院（IBV）开展的一项调研表明，在受访的 1250 名最高层主管中，有超过半数认为 AI 可以切实改善企业的道德决策。此外，大多数受访高管表示可以利用 AI 推进社会公益事业，而不仅限于营造良好的商业环境。几乎所有目前采用 AI 的受访高管均表示，正在考虑将道德规范体现在 AI 计划中。[①] 但是，首先必须建立合适的道德框架。

尽管大多数科技企业已发布自己的准则，但一些企业明确支持欧盟委员会高级专家组颁布的指南。这些准则围绕七项要求定义了以人为本的"可信"AI 方法（图 6-3）。

- 人的能动性和监督
- 技术健全性和安全性
- 隐私和数据治理
- 透明度
- 多样性、非歧视性和公平性
- 社会和环境福祉
- 问责机制

来源：欧盟委员会 AI 高级专家组："可信人工智能的道德准则。"

图 6-3　可信 AI 的七个关键要求

调研结果还表明，亟须在企业层面加强 AI 道德问题教育，邀

---

① Goehring, Brian, Francesca Rossi, and David Zaharchuk. "Advancing AI ethics beyond compliance：From principles to practice." IBM Institute for Business Value, April 2020. https：//www.ibm.com/thought-leadership/institute-business-value/report/ai-ethics#

请企业员工参与解决 AI 道德问题。在众多公私领域合作伙伴（包括 IBM）的共同努力下，世界经济论坛开发了 AI Board Toolkit，这是一个很好的开端。

从 AI 角度来看，并非所有重任均需由相关人员承担。企业可以部署高效工具和基础架构，持续监控 AI 系统以确保其可信，避免潜在的道德问题。

然而，单纯推行企业教育、专业标准和有效工具还不够。在权衡个人隐私与商业价值、监管与创新、透明度与竞争优势的过程中，面临很多重大问题。为此，在作出权衡时，务必本着周全与协作的态度开展讨论。

分析利害关系的重要意义或许丝毫不亚于整体反思社会契约。

行动指南

AI 工程和运营

尽管让 AI 走出实验室并全面投入生产环境绝非易事，但我们确定了一些关键行动供企业参考，以期加快扩展 AI 的步伐。

首先，我们针对资历较浅的 AI 采用者（处在考虑/评估和试点 AI 阶段的企业）提出了以下一些主要实践：

开始行动

开发工作通常可分成"小块"并行完成。与此同时，了解自己拥有的数据、数据存储位置以及管理者，这有助于增强对 AI 结果的信心。在实施 AI 的过程中，一开始不一定需要部署大规模的数据治理项目以整理和清理数据。

从小规模入手，但在设计中考虑到扩展

采取 MVP 方法，为扩展奠定基础。根据业务影响、复杂性和风险划分初始项目的优先级。在此基础上，逐步扩展项目。根据影响和可行性制定路线图，并严格执行。如果试点未成功，不妨接受结果，将其作为学习过程，继续前进。不要指望每一个项目都能全面投入生产环境。混合多云环境利用多种来源的数据实现扩展。

采用工程原则

如果已采用 DevOps 或其他软件工程方法，则组建小型团队，将这些技能和流程传授给 AI 项目。调整这些策略和流程，以适应 AI 环境的细微差别。

制定成功衡量标准

只要值得做，就值得衡量。必须根据关键成功因素和重大风险确定指标。同时，还要保证开放透明，以使相关内部团队能够审查进度。反馈循环应当为新设计和新开发提供输入。在 AI 领域，失败是一个选项，只要企业可以从这些建设性的失败中汲取经验教训就可以了。

任命强有力的领导团队

确认所有 AI 项目均有助于实施战略议程，而且设计时应充分考量客户以及其他利益相关方。AI 应定期接受偏见和透明度测试，确保输出结果合乎道德并且公平公正。领导者还应负责培养或获取企业必要的 AI 技能，开展相关培训工作。

接下来，我们针对资历较深的 AI 采用者（处在实施、运行和优化 AI 阶段的企业）提出了以下一些主要实践：

制定 AI 行动手册

行动手册应是动态文档，根据成功和失败经验以及 KPI 列明工作清单和工程原则。创建在设计中心和数据中心交汇点运行所需的架构和团队结构。

持续记录和改进

必须深刻认识到，部署 AI 模型不是唯一的目标，也不意味着项目的终结。为扩展 AI，在模型投入生产环境后，仍需继续评估并不断改进。如果模型无法重复运行，则意味着不可靠——而文档记录是实现可重复性的重要保证。

监控模型

持续监控 AI 模型的可解释性、公平性和强健性。开发检测算法（道德"机器人"），作为搜索无意偏见及其他问题的虚拟"显微镜"。

大规模创新

采用并整合深入而强大的 NLP 能力，以及符合独特用例的其他前瞻性 AI 要素，从而明显提升业务价值。整合各种内部和外部数据源。采取 AI 初创企业的思维模式，考虑分配部分资源，探索前沿技术。

与生态系统合作伙伴合作

考虑与其他企业开展合作，共同制定和/或影响相关标准，提高透明度并增进信任。与学术机构、智库、初创企业以及其他值得信赖的第三方开展合作。

第七章

人工智能的业务价值

疫情期间的巅峰表现

IBM 商业价值研究院

IBM 商业价值研究院（IBV）站在技术与商业的交汇点，将行业智库、主要学者和主题专家的专业知识与全球研究和绩效数据相结合，提供可信的业务洞察。IBV 思想领导力组合包括深度研究、对标分析、绩效比较以及数据可视化，支持各地区、各行业以及采用各种技术的企业做出明智的业务决策。

访问 IBM 商业价值研究院中国网站：https://www.ibm.com/ibv/cn

本章要点

超过85%的先进采用者借助人工智能降低了运营成本

受访高管表示，人工智能帮助他们在许多领域节省了运营成本。47%的先进采用者降低了流程效率方面的成本，41%降低了供应链和生产方面的成本，39%提高了人员效率。

人工智能为先进采用者贡献了10%—12%的收入增长（或抵消收入下降）

这些企业表示，人工智能的收入增长直接贡献率平均达到6.3%，要么体现在抵消了由疫情导致的收入下降，要么是帮助发现更多需求的企业把握住新的增长机遇。

仅仅是虚拟客服技术就可以带来可观的财务和运营收益

99%的受访企业表示，通过使用虚拟客服技术降低了每次联系的成本，据估算每处理一次对话可节省 5.50 美元的成本。[①] 客户满意度因此提高了 12%，客服满意度提高了 9%，收入增长了 3%。[②]

随着企业领导在由疫情推动的转型之旅中摸索前进，人工智能（AI）继续支持企业快速、大规模地应对紧迫的业务优先事项。人工智能改善了企业的成本基础，增强了人员的能力，从而广泛地提高了效率。人工智能有助于改进或保护收益、体验和敬业度。由于它对收入和成本都具有积极的影响，因此在当前危机期间和之前，人工智能的重要性已经显而易见。

我们六年来收集的数据表明，新冠肺炎疫情加快了人工智能从试验向广泛采用的转变，成为全球各行各业的企业获得可持续的竞争优势和盈利能力的关键杠杆。

IBM 商业价值研究院（IBV）与牛津经济研究院在新冠肺炎疫情暴发之初的几个月内合作开展了一项新的全球调研，结果证实了上述结论以及其他与人工智能相关的洞察。来自 46 个国家或地区、28 个行业、13 个业务职能的 6700 名最高层主管参与了本次调研。这是 IBV 第三次两年一度的企业人工智能调研，结果表明，人工智能技术和相

---

① "The Total Economic Impact™ Of IBM Watson Assistant-A Forrester Total Economic Impact Study Commissioned by IBM." Forrester Consulting. March 2020. Note：This study estimates benefits for a composite organization based on four companies Forrester Consulting interviewed. The composite organization has attributes including ＄10 billion revenue, 40, 000 employees, 1 million customer conversations monthly, and implementation of three types of VAT over three years. https：//www.ibm.com/watson/assets/duo/pdf/watson_ assistant/The_ Total_ Economic_ Impact_ of_ IBM_ Watson_ Assistant-March_ 2020_ v3.pdf.

② Baird, Carolyn, Orrell, Gillian, and Petrone, Joseph. "The value of virtual agent technology：Improve customer service and boost financial results with AI-enabled systems." IBM Institute for Business Value. September 2020. https：//ibm.co/virtual-agent-technology.

关能力的成熟度和使用情况都有显著进步。

从新数据中揭示的主要洞察包括：

——人工智能是一种经济加速器。疫情持续肆虐，而人工智能的采用能够在实现理想的收入、成本和盈利成果方面产生积极的影响，这一结论适用于各行各业和各个地区。

——人工智能的财务影响显而易见。现在，企业领导认识到，对人工智能的投资与使用人工智能带来的经济收益有着直接的关系。

——对人工智能的全身心投入将获得丰厚回报。先进的人工智能采用者从人工智能技术获得了更高的财务回报。

——对人工智能基础"准备工作"投资有助于加速实现价值。投资人工智能的必要先决条件（包括数据、流程和人力资本），有助于推动更先进的采用过程，加快实现价值的速度。

——为人工智能做好准备可带来立竿见影的财务成果。在特定于人工智能的计划中，分阶段对基于 AI 的能力进行广泛的战略性投资本身就具有非凡的价值。企业甚至能够在引入人工智能之前就开始实现价值。

对于饱受疫情之苦的企业而言，第五点可能最具吸引力。显然，企业提高人工智能成熟度的过程不可能一蹴而就，但人工智能之旅可从切实的步骤开始。例如，部署基于人工智能的虚拟客服，或使用智能推荐引擎重新优化需求预测，都可以快速获得积极的回报。

这种"唾手可得的成果"不仅可以立即产生价值，还为将来从人工智能加速获得更多价值奠定基础。

与当前危机状态下的其他行动一样，围绕人工智能挖掘全新洞察也是当务之急。几乎所有受访高管都表示，他们预计商业环境还将持续动荡。许多人告诉我们，疫情期间运行效率实际上还有所提高。然而，他们也表达了对创新力度逐渐下降的担心，而且下降速度很快。

将破坏性的环境转化为人工智能创造力的催化剂，可以消除对创新能力下降的担忧，帮助领先的人工智能采用者定义未来的成功战略。

第一节　人工智能大有作为

从 20 世纪 50 年代首次在学术会议上命名为"nom du guerre"以来①，人工智能领域一直在经历兴衰交替周期。早期的投机者见证了人工智能寒冬让大量投资血本无归。因此，谨慎审视关于人工智能将大范围普及的说法或预测，也不失为明智之举。即使在 20 世纪 90 年代末，科技公司对人工智能的兴趣升温之后，AI 的进展仍断断续续。尽管深蓝计算机在 1997 年就战胜了国际象棋世界冠军卡斯帕罗夫②，此后 2011 年 Watson 在"危险边缘"益智节目中战胜人类而一举夺

---

① Smith, Chris, Brian McGuire, Ting Huang, and Gary Yang. "History of Computing." University of Washington. December 2006. https://courses.cs.washington.edu/courses/csep590/06au/projects/history-ai.pdf.

② Latson, Jennifer. "Did Deep Blue Beat Kasparov Because of a System Glitch?" Time. February 17, 2015. https://time.com/3705316/deep-blue-kasparov/.

冠①，但广泛的人工智能商用化仍然"千呼万唤始出来，犹抱琵琶半遮面"。

但这种情况在短短几年内发生了迅速变化。深度学习和其他机器学习技术的进步开启了人工智能的闸门。自 2015 年起，与人工智能有关的股票价格飙升。人工智能原生型初创企业如雨后春笋般冒头。对于人工智能新的重要性反应迟钝的行业传统企业也已感受到了紧迫感，尽管他们仍在为实现大数据、商业智能和高级分析的全部投资回报而努力。

在这种环境下，事实证明，疫情期间，一系列以人工智能为主的核心技术发挥了尤为重要的作用。IBV 最近开展的一项调研研究了企业数字化转型在疫情期间对财务绩效的影响，报告指出，与人工智能有关的一些主要趋势变得尤为重要：②

——数字化转型不断加速：60%的最高层主管表示，他们在疫情期间加快了数字化转型。三分之二的受访者表示，疫情使他们能够推进以前在企业中遇到重重阻力的特定转型计划。

——技术达人型企业一枝独秀：通过有意义的方式将技术深深融入业务运营和流程中的企业，在疫情期间的收入增长要比同行平均高

---

① Markoff, John. "Computer Wins on 'Jeopardy!': Trivial, It's Not." The New York Times. February 16, 2011. https://www.nytimes.com/2011/02/17/ science/17jeopardy-watson.html.

② Dencik, Jacob, Anthony Marshall, and Jean-Stephane Payraudeau. "Digital acceleration-Top technologies driving growth in times of crisis." IBM Institute for Business Value. November 2020. https://www. ibm. com/thought - leadership/institute - business - value/ report/digital-acceleration.

出 6%。

——人工智能尽管是转型的核心，但仍未得到充分利用：IBM 商业价值研究院的持续分析表明，在疫情期间，移动应用、人工智能和云计算对各个行业的绩效影响最大（图7-1）。但是，许多企业尽管在移动和云技术方面的能力相对成熟，但在人工智能方面则仍显稚嫩。因此，人工智能可以带来最大的边际机会，尤其是在生命科学、银行和金融市场等行业。

根据收入影响对技术进行排名

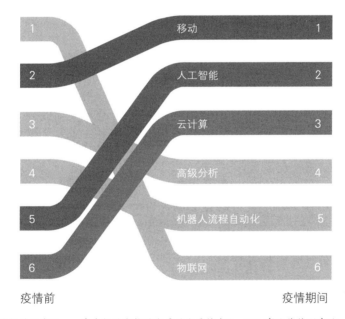

来源："加速推进数字化——在危机时期推动发展的主要技术"，IBM 商业价值研究院，2020 年 11 月，https://ibm.co/digital-acceleration。

图 7-1　在各个行业中，关键技术组合在疫情之前和期间对绩效的贡献度发生了巨大变化

我们的分析已经表明，依靠人工智能的企业能够轻松应对疫情期间暴露出的弱点，包括无法应对客户服务量激增、无法修复中断或不确定的供应链等。他们发现，人工智能有助于显著改进客户互动，帮助保持运营灵活性（请参阅下文"洞察：人工智能增强银行和消费品行业的能力"）。

洞察：人工智能增强银行和消费品行业的能力

＊疫情暴发之初，欧洲某银行面临客户咨询激增的局面。由于大量员工因患病和自我隔离而缺勤，该银行加速实施了一个长期的虚拟客服项目，帮助管理客服中心来电。该银行仅用了三个工作日，就快速完成了该项目的实施，从而帮助银行提升了服务能力，现在每天可处理约两千次客户互动。[1]

＊面对疫情暴发，全球最大的零食公司之一需要采用全新方法来评估需求。该公司实施了人工智能支持的需求预测，除了传统的供应链交易数据外，还包括可跟踪病毒暴发、经济压力和政府法规的仪表板。该解决方案整合了最新的相关内外部数据以生成产品、地区和渠道报告，生成产品出货量预测，以及提出有关生产和包装安排的建议。[2]

---

[1] Petrone, Joseph and Prad Paskaran. "Reinventing the contact center: How AI enhances experiences during turbulent times." IBM Institute for Business Value. May 2020. https://ibm.co/reinventing-call-center.

[2] Aggarwal, Takshay, Amar Sanghera, Jessica Scott, and Jonathan Wright. "Smarter supply chains for an unpredictable world: Continuous intelligent planning." IBM Institute for Business Value. August 2020. https://ibm.co/smarter-supply-chains.

因此，受疫情影响，近三分之一的企业计划增加对人工智能的投资，其中84%的高管预计企业将提高对人工智能的关注度。

第二节　人工智能如何推动财务绩效

我们发现，至少处于人工智能试点阶段的企业，其财务绩效要比未采用 AI 的同行高出 2 倍。人工智能采用者表示，他们的 AI 投资为收入直接贡献了 5—6 个百分点。企业的人工智能采用成熟度越高，收入优势就越明显（图 7-2）。

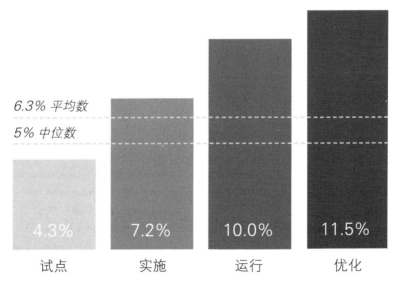

问题：过去三年，贵公司对人工智能的投资如何影响业务部门的年收入？百分比表示过去三年中由人工智能贡献的业务部门年收入增长的绝对平均值。

图 7-2　人工智能采用水平对收入的影响

我们 2016 年和 2018 年有关人工智能的系列调研表明，财务绩效与人工智能成熟度存在密切关系。[①] 2020 年的新调研不仅再次证实了这种模式，还发现这种关系在不断加强。在人工智能成熟度（也就是运用 AI 和优化 AI 的成熟度）最高的企业中，利润绩效最出色的企业的数量要比平均成熟度类别中利润绩效最出色的企业多两倍。

相关关系并非因果关系。利润超过同行水平的优秀企业或许有更多的自由现金流，可投资人工智能创新，因此这是一种结果而不是原因。但是，超过六年的调研结果表现出一致的相关关系，说明人工智能成熟度和财务绩效相互促进，致力于更广泛地采用人工智能可以产生积极的复合回报和网络效应优势，从而进一步加强这种关系。

收入

新调研的其他结果提供了更加强有力的证据，证明人工智能采用与业务绩效之间存在直接的正相关关系。例如，受访企业表示，人工

---

① "Shifting toward Enterprise‐grade AI：Confronting skills and data challenges to realize value." IBM Institute for Business Value. September 2018. https：//www. ibm. com/thought‐leadership/institutebusiness‐value/report/enterpriseai；Christopher，Elena，Glenn Finch，Brian C. Goehring，Cathy Reese，Thomas Reuner，and Yashih Wu. "Artificial intelligence：The killer app for data."HFS Research and IBM Institute for Business Value. July 2018 https：//www.ibm.com/thought‐leadership/institute‐business‐value/report/killerappdata#；Abercrombie，Cortnie，Rafi Ezry，Brian Goehring，Anthony Marshall，and Hiroyuki Nakayama. "Accelerating enterprise reinvention with cognitive capabilities：How to build a cognitive enterprise." IBM Institute for Business Value. June 2017. https：//www. ibm. com/thinstitute‐business‐value/report/accelentreinvent；Abercrombie，Cortnie，Rafi Ezry，Brian Goehring，Neil Isford，and Anthony Marshall. "Fast Start in cognitive innovation：Top performers share how they are moving quickly."IBM Institute for Business Value.January 2017. https：//www.ibm.com/blogs/inte fast‐start‐cognitive/.

智能计划直接贡献了平均6.3%的业务部门收入增长，中位数提升5%（请注意，这些收益抵消了遭受疫情严重打击的企业的收入下降；或从经济层面而言，更积极地帮助受影响的企业把握新的增长机遇）。只有不到10%的受访者表示收入减少（图7-3）。

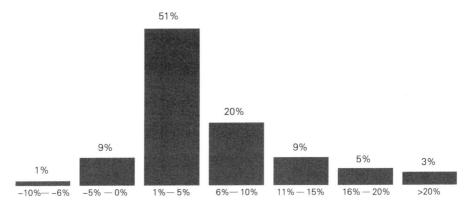

问题：过去三年，贵公司对人工智能的投资如何影响业务部门的年收入？百分比表示过去三年中由人工智能贡献的业务部门年收入增长的绝对平均值。

图7-3 人工智能投资对业务部门收入的影响

处于人工智能试点和实施阶段的企业通过特定的人工智能计划平均实现了4%—7%的收入增长，而处于运行和优化阶段的企业实现了10%—12%的惊人增长（图7-3）。最近另一项IBV调研证实，仅虚拟客服技术就能贡献平均3%的收入增长。[1]

---

① Baird, Carolyn, Orrell, Gillian, and Petrone, Joseph. "The value of virtual agent technology: Improve customer service and boost financial results with AI-enabled systems." IBM Institute for Business Value. October 2020. https://ibm.co/virtual-agent-technology.

IFFCO 东京通用保险公司：借助人工智能改善索赔体验

IFFCO 东京通用保险公司是印度农民肥料合作有限公司（IFFCO）和东京海上集团在印度组建的合资企业，他们希望改善索赔处理流程。

多达 30% 的客户对索赔评估不满意。增设一家外部机构与维修店合作有助于改善流程，但无法在印度大规模推广。

于是该保险公司与合作伙伴共同构建了基于人工智能的索赔损坏评估工具（CDAT）。CDAT 分析模型使用先进的计算机视觉技术和基于深度神经网络的技术进行认知图像分析，评估车辆损坏的类型和程度。

客户通过该应用上传车辆受损的图片，几乎能够立即得到评估结果。端到端索赔处理时间从三到四个小时减少到仅仅 15 分钟，从而改善了客户体验和满意度。此外，IFFCO 的索赔处理成本也降低了 30%。[①]

分析表明，人工智能成熟度与收入之间呈接近线性的关系。虽然没有什么事能够百分之百打包票，但这种关系的一致性还是可以令人信服的。扩展人工智能并不仅仅是一个花哨的口号，而是有明确财务依据的当务之急。

网络效应，即便只是企业内部的效应，也能进一步扩大人工智能

---

① "IFFCO Tokio General Insurance Company Limited：Improving customer experience with smarter solutions." IBM. July 2020. https://www.ibm.com/case-studies/iffco-tokio-ibm-services-ai.

投资的收益。初步分析表明，在一个业务运营领域投资人工智能往往会增强其他领域的组织适应能力和应变能力，从而带来相应的财务收益。例如，通过工作流程团队合作，在一个职能领域对数据治理和访问策略的改进会扩散到相邻职能。在整个组织中具有重大影响力的核心或骨干职能领域（如财务、IT 或 HR）进行的人工智能投资尤其能体现出这种扩散效应。

成本

我们的分析还明确了人工智能投资的成本优势（请参阅上页"IF-FCO 东京通用保险公司：借助人工智能改善索赔体验"）。受访高管表示，在降低运营成本方面，人工智能投资为企业带来了显著效益。具体而言，在过去三年中，47%的受访者降低了流程成本，41%降低了供应链和生产成本，39%提高了人员效率。只有很小比例的受访者表示，部署人工智能增加了净运营成本。

在先进的人工智能采用者中，成本节省更具变革性。37%处于人工智能运行或优化阶段的企业表示，他们通过战略业务模式创新节省了成本，而仅有 28%处于试点或实施阶段的企业实现了同样的成果。与此类似，在端到端供应链或生产价值链领域实现成本节省的企业中，两者的比例分别为 53%和 40%。

第三节　人工智能领先者企业的共同特征

自 2014 年以来，IBM 商业价值研究院一直在探索企业人工智能的发展路径。该研究院通过对两万多名企业最高层主管进行的纵向研究，为我们提供了有关成功因素和陷阱的深入历史数据和背景信息。这些知识帮助我们确定了重要的人工智能能力。[①]

在过去六年中，成功采用人工智能的企业都表现出以下几种独特的行为：

——从以收入为导向的战略性思维起步：人工智能领先者企业不仅重视由人工智能推动的盈利增长计划，而且明确划分直接支持业务战略的职能、工作流程和用例的优先级，在这两方面做到平衡。这些企业超越了一维的成本驱动式自动化模式，甚至在面临经济困境时也是如此。

——优先考虑有针对性的人工智能能力投资：人工智能领先者企

---

① Goehring, Brian, Francesca Rossi, and David Zaharchuk. "Advancing AI ethics beyond compliance：From principles to practice." IBM Institute for Business Value. April 2020. https：//www. ibm. com/thought - leadership/institute - business - value/report/ai - ethics；Brenna, Francesco, Giorgio Danesi, Glenn Finch, Brian C. Goehring, and Manish Goyal. "Shifting toward Enterprise-grade AI：Confronting skills and data challenges to realize value." IBM Institute for Business Value. September 2018. https：//www. ibm. com/thought - leadership/institute - business - value/report/enterpriseai；Christopher, Elena, Glenn Finch, Brian C. Goehring, Cathy Reese, Thomas Reuner, and Yashih Wu. "Artificial intelligence：The killer app for data." HFS Research and IBM Institute for Business Value. July 2018/February 2019. https：//www. ibm. com/thought - leadership/institute - business - value/report/killerappdata #；Abercrombie, Cortnie, Rafi Ezry, Brian Goehring, Anthony Marshall, and Hiroyuki Nakayama. "Accelerating enterprise reinvention with cognitive capabilities：How to build a cognitive enterprise." IBM Institute for Business Value. June 2017. https：//www. ibm. com/thought-leadership/institute-business-value/report/accelentreinvent；Abercrombie, Cortnie, Rafi Ezry, Brian Goehring, Neil Isford, and Anthony Marshall. "Fast Start in cognitive innovation：Top performers share how they are moving quickly." IBM Institute for Business Value. January 2017. https：//www.ibm.com/blogs/internet-of-things/fast-start-cognitive/ .

业进行广泛的分阶段投资，为采用人工智能打下坚实基础。他们优先考虑能够产生现金流的人工智能和数据项目，而不是不切实际、偏离方向的大面积铺开。他们寻求并实现切实、可量化的收益。

——采取以人为本的态度：人工智能领先者企业在实施设计、获取人才以及在企业范围培养技术达人技能方面，都采取审慎周到、合乎道德的方法。因为人工智能不仅仅关乎技术，所以他们统筹兼顾人工智能战略、运营模式设计、团队建设和企业文化。

我们也一直发现，由于人工智能战略目标模棱两可或相互矛盾，一些企业裹足不前。许多企业为传统技术系统和僵化的组织架构所羁绊，导致规划和实施人工智能时面临不必要的复杂状况。还有一些企业则完全忘记了技术的宗旨是为人类提供帮助，他们未能将人置于一切人工智能工作的核心。

第四节　人工智能的后续步骤：现在可以做什么？

2014 年的人工智能就好像是学术活动。但是在经历了 2016 年的一连串井喷和 2018 年的试验发展之后，人工智能在 2020 年走向成熟。

人工智能已经成为企业的战略性当务之急，成为必不可少的能力。疫情时期的财务结果表明，人工智能是企业最重要的技术创新之一，可以帮助企业在前所未有的压力下维持正常运营。能否成功采用人工智能，将继续成为企业成败的分水岭，也是成功企业有别于竞争对手的差异化优势。

企业可以采取以下务实的行动，加速人工智能的扩展和成功——这些行动步骤摘自 IBV 最近关于人工智能工程和运行的报告："扩展 AI 的公认概念：从试验变为工程原则"。①

对尚处于考虑、评估和试点等不太成熟的人工智能阶段的企业，我们建议：

1. 跳过概念验证（PoC），人工智能是已被证明的概念。采用最小可行产品（MVP）方法，为扩展奠定基础。根据业务影响、复杂性和风险划分初始项目的优先级。根据影响和可行性制定路线图，并严格执行。如果试点未成功，不妨接受结果，将其作为学习过程，继续前进。不要指望每个项目都能大功告成。采用混合多云环境，借助多种来源的数据实现扩展。

2. 利用已有成果，立即开始行动。人工智能开发和数据治理工作通常可分成"小块"并行完成。了解自己拥有的数据、数据存储位置以及管理者，以增强对结果的信心。在实施人工智能的过程中，一开始不一定需要部署大规模的数据治理项目以整理和清理数据。

3. 采用人工智能工程原则，否则会造成混乱。建立小型团队，将软件工程方法（例如 DevOps）融入人工智能项目。调整策略和流程，以适应人工智能环境的细微差别。

4. 持续衡量必须根据关键成功因素和重大风险确定指标。支持内

---

① Muller-Stuler, Dr. Eva-Marie, Wouter Oosterbosch, and Beth Rudden. "Proven concepts for scaling AI: From experimentation to engineering discipline." IBM Institute for Business Value. September 2020. https://ibm.co/scaling-ai.

部相关团队审查进度，并鼓励反馈，为新的设计和开发提供思路。在人工智能领域，失败是一个选项，只要企业可以从这些建设性的失败中汲取经验教训。

5. 不仅与业务保持一致，还要融入业务流程之中。要求企业领导培养人工智能技能并开展相关培训。关注人工智能项目以支持更大规模的战略计划。定期接受偏见和透明度测试，确保输出结果合乎道德并且公平公正。

对处于实施、运行和优化等较成熟的人工智能阶段的企业，我们建议：

1. 编写人工智能行动手册，支持员工将其作为实践。行动手册应是动态文档，根据成功和失败经验以及 KPI 列明工作清单和工程原则。创建在设计中心和数据中心交汇点运行所需的架构和团队结构，这是真正的变革推动因素。

2. 文档记录。让数据科学家参与工作。必须深刻认识到，部署人工智能模型不是唯一的目标，也不意味着项目的终结。为扩展人工智能，在模型投入生产环境后，仍需评估并不断改进。如果模型无法重复运行，则意味着不可靠——而文档记录是实现可重复性的重要保证。

3. 注重道德观念。持续监控人工智能模型的可解释性、公平性和强健性。开发检测算法（道德"机器人"），作为搜索无意偏见及其他问题的虚拟"显微镜"。

4. 不仅要实现规模化运行，还要进行大规模创新。采用并整合深入而强大的自然语言处理能力，以及符合独特用例的其他前瞻性人工智能要素，从而明显提升商业价值。整合各种内部和外部数据源，为"最新尖端"技术分配资源，采用人工智能初创企业的思维方式。

5. 通过与生态系统合作伙伴合作，寻求帮助。考虑与其他企业开展合作，共同制定和/或影响用于治理人工智能模型的相关标准，提高透明度并增进信任。与学术机构、智库、初创企业以及其他值得信赖的第三方开展合作。

调研方法

2020 年 2 月至 5 月，IBM 商业价值研究院（IBV）与牛津经济研究院合作开展了一次全球调研，对象是 6700 名最高层主管和各职能领域（如财务、HR 和供应链）的领导，他们来自 46 个国家或地区、28 个行业以及 13 个业务职能领域。所有受访者回答了一系列有关人工智能的采用情况、财务价值以及人工智能相关能力的问题，这些问题都专门针对受访者所在企业及其代表的职能领域。

第八章

新型互联资产模式

如何运用智能资产、机器学习和数字孪生，

提高运营效率，增强业务连续性

作者介绍

Joe Berti，IBM 应用产品管理副总裁，拥有超过 25 年的软件和服务领导经验，负责为产品功能和发布活动提供重要指导，包括客户满意度、辅助功能、收入和盈利能力等指标。Joe 富有创新精神，领导推出了大量产品，积极推动全行业转型。

联系方式：LinkedIn 账号 linkedin.com/in/joeberti/，电子邮箱 Joseph.Berti@ibm.com。

Kay Murphy 是 IBM 全球资产优化服务负责人，拥有超过 25 年的公共和私营领域服务经验。除了国防工业外，Kay 还为工业、教育、一般政府机构和能源等行业提供解决方案。Kay 在 IoT、认知技术、应用分析、商业智能、数据仓库以及资产和设施管理等众多领域拥有丰富的背景。

联系方式：LinkedIn 账号 linkedin.com/in/kaymurphyral/，电子邮箱 kaymur@us.ibm.com。

Terrence O'Hanlon，ReliabilityWeb.com、Uptime Magazine 和 Reliability Leadership Institute 的 CEO 兼发行人。Terrence 是资产管理负责人，专注于研究可靠性和卓越运营。他不仅是广受欢迎的主旨演讲人，还是 *10 Rights of Asset Management*：*Achieve Reliability*，*Asset Performance*，*and Operational Excellence* 一书的合著者。

联系方式：LinkedIn 账号 linkedin.com/in/reliabilityweb/，电子邮箱 terrence@reliabilityweb.com。

本章要点

运用智能和洞察，建立更富有弹性的业务运营

在 AI 和 IoT 数据的支持下，互联智能资产不仅有助于优化性能、适应不断变化的环境，还能帮助确保业务的连续性。

将"信号"与"噪声"分离

通过梳理海量的实时连续数据，作出明智决策，提高业务弹性，从互联资产中挖掘过去未曾利用的潜在价值。

推动企业发展，克服未来挑战，把握未来机遇

随着越来越多的物理资产得到软件的支持，亟须建立一种全新的资产运行模式，而数字孪生的出现使这一愿望成为可能。

第一节　互联资产需要全新的运行模式

越来越多的高价值物理资产，比如制造设备、燃气轮机和电力变压器，实现了数字化互联互通。这并不让人感到惊奇。智能互联的资产有助于行业提高资源利用效率并降低成本。这些资产持续产生有关当前运行状况的实时数据，这为颠覆传统运营和维护模式创造了有利条件。如果企业不能与时俱进，恐怕很难适应运营环境的实时变化和颠覆局面。

互联资产除了具有上述种种优点外，也带来了一定的复杂性：企业希望从所使用的各类数据中发掘宝贵洞察，以期实现持续弹性，避免业务中断，但这并非易事。而连接这些设备的软件也会形成自己的一系列故障点，必须妥善管理。例如，一旦某个传感器"失灵"，该怎么办？

第二节　现代资产的价值

首席运营官计划在未来几年大力投资作为智能工作流程构成要素的关键技术，包括云、高级分析和物联网（IoT）（图 8-1）。[①] 对于这些数字战略投资的最主要成果就是提高正常运行率。[②]

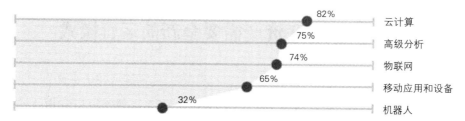

来源：IBM 商业价值研究院；https://www.ibm.com/downloads/cas/JPMKDBVZ.

图 8-1　未来 2—3 年计划开展的重大投资

数字化有助于降低资产维护和运营成本。例如，采矿企业可利用自动驾驶车辆完成某些任务。他们可以远程监控设备——有时甚至横跨半个地球——检查油压或温度是否合适，保证资产按预期正常运行（请参阅下文 "Sandvik Mining and Rock Technology：地下作业实时视图"）。机器人深入地下矿井工作，它们可以不间断运行，消除火灾、

---

① IBM 商业价值研究院，"智能运营，优势尽显：全球最高管理层调研之首席运营官洞察"，2020 年 2 月，https://www.ibm.com/downloads/cas/JPA0VDVD.

② Anand, Rajiv, Michael K. Andrews, Mary Bunzel, Sandra DiMatteo, Blair Fraser, Rendela Wenzel, and Terrence O'Hanlon. A New Digitalization Strategy Framework to Advance Reliability and Asset Management. 2018. Reliabilityweb. https://reliabilityweb.com/articles/entry/a-new-digitalization-strategy-framework-to-advance-reliability-and-asset-ma.

漏水、塌方或瓦斯泄漏等威胁情况所带来的安全风险。

> **Sandvik Mining and Rock Technology：地下作业实时视图**①
>
> 采矿和建筑设备领域的全球供应商 Sandvik Mining and Rock Technology 借助 AI、IoT 和预测性分析技术，确保设备和矿场持续正常运转。这项技术可以更有效地预测和防范设备故障，使生产力提升 25%—30%。② Sandvik 的自动化解决方案可将矿井的实际布局与模型进行比较，持续实施监控，从而更全面地了解地下环境。

第三节 融合虚拟世界与物理世界，改善运营状况

新型运营模式利用预测性分析和物资资产的"数字孪生"版本，预测资产目前的运行状况、未来可能发生故障的时间，以及在哪些情况下可能发生故障。数字孪生可视作虚拟克隆，旨在反映物理资产的生命周期、促进远程监控、支持预测性规划以及推动主动管理。据估

---

① Moore, Paul. "Sandvik OptiMine® selected by Outokumpu to drive digitalization forward at Kemi Mine." International Mining. February 2020. https://im-mining.com/2020/02/14/sandvik-optimine-selected-outokumpu-drive-digitalisation-forward-kemi-mine/.

② "Sandvik transforms mining asset management with IoT and analytics." IBM. Accessed May 2020. https://www.ibm.com/case-studies/sandvik-ibm-iot? mhsrc=ibmsearch_a&mhq=sandvik.

计，互联传感器和终端数量很快就将突破 210 亿大关，用于监控数以十亿计的资产。[①] 数字孪生模式通过对物理资产执行数据分析，帮助作出更明智、更可靠的设备决策，从而使资产可靠性迈上一个新台阶。单凭外观检查很难预测可能发生的设备故障，如果使用和运行环境存在差异，预测难度将进一步加大。而数字孪生则运用 AI 技术进行分析建模，确定资产是否按预期运行，或者在不同的条件下，资产性能可能会呈怎样的下降趋势。

通过对从设备本身（而非操作人员）获得的实时数据应用复杂的预测算法，所获得的资产性能数据结果还有助于确定哪些部件可能最先发生故障（请参阅下文"Schiphol：开启数字化转型之旅的 8 万个理由"）。

Schiphol：开启数字化转型之旅的 8 万个理由[②]

荷兰阿姆斯特丹的 Schiphol 机场是欧洲第三大机场，该机场建立了数字资产孪生，针对复杂环境中的潜在运营故障运行模拟，根据结果优化运营。数字孪生实时组织所收集的数据，帮助 Schiphol 监控和管理日常运营和工作人员。现在，工作人员只需几分钟（而非几小时）即可完成任务，资产故障预测水平显著提升。8 万多项资产散布于数千亩的机场范围内，因此他们希望通过数字化转型节省时间和成本。

[①] Fruhlinger, Josh and Keith Shaw, "What is a digital twin and why it's important to IoT." Network World. January 2019. https://www.networkworld.com/article/3280225/what-is-digital-twin-technology-and-why-it-matters.html.

[②] Sterke, Sebastiaan de. "Schiphol aims to be the world's leading digitally innovative airport." IBM. 2019. https://www.ibm.com/blogs/client-voices/schiphol-aims-worlds-leading-digitally-innovative-airport/.

基于时间的预防性维护周期是行业标准做法。但是，维护计划通常根据原始设备制造商（OEM）的建议制订，倾向于规避风险，往往会导致设备受到过度维护。研究表明，多达 30% 的维护活动过于频繁。[①] 如果在不必要的预防性维护中发生人为错误，则可能造成附带损害和额外宕机等问题。[②]

"维护概念一直被曲解，与可靠性混为一谈，这两个术语经常用作同义词。"Reliabilityweb 的 Terrence O'Hanlon 指出。他表示，"绝大多数 CEO 并不希望增加维护工作，而是需要提高无故障运行率，这样资产才能创造更大的价值。"

通过分析从一项资产的运行历史记录中收集的数据以及从全球同时运行的数百项其他资产收集的数据，可确认特定的资产和型号的代表性故障模式以及将发生故障的时间。在新型运营模式下，预防性维护是指在设备即将发生故障之前，将设备移出现场进行维修。其优点是提前知道需要订购交货期较长的零部件，确保需要时随时可用。

如果能够深入了解资产的生命周期和预测维护需求，就可以最有效地采取行动或修复故障，从而显著节省成本。这些全面的了解和提前规划能力还可以帮助企业的财务经理改善资本规划和设备采购战略，成为更可靠、更具前瞻能力的设备提供方。

[①]　Yusuf, Kareem. "How IBM is Applying AI to Improve Operational Asset Performance." IBM. February 2019. https://www.ibm.com/blogs/think/2019/02/watson-iot-apm/.

[②]　"Predictive Maintenance Versus Preventive Maintenance." Sensor-Works. November 2017. http：//sensor-works. com/predictive-maintenance-versus-preventive-maintenance/

第四节 告别被动式维护，实现创新

告别按照日程计划的被动式维护方法，转而采用精准维护（循证维护）方法，提高资产的可靠性和性能。O'Hanlon 表示："如果缺乏高可靠性文化，那么维护和检测系统的应对能力永远都跟不上员工对系统造成损害的速度。"实践、流程和技术可能从维护和运营延伸到采购、HR、工程、资本项目和财务等领域。

如果企业不想被动应对，可以广开思路，另辟蹊径，如图 8-2 所示。

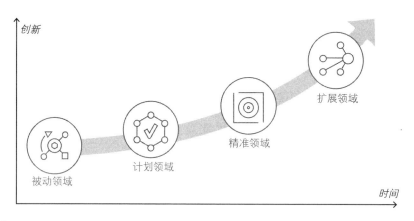

来源：ReliabilityWeb.com

图 8-2 从被动维护到精准维护

计划领域可在一定程度上提高工作效率，但无法完全消除缺陷。而精准领域则侧重于消除缺陷，避免生产浪费以及健康、安全或环保事故，从而减少工作量。

维护任务高度精准有效，重点关注细节和安全，直击问题根源，旨在改变行为。换言之，达到极致的精准度。O'Hanlon 指出："唯一允许出现的故障是磨损故障，或称'可通过人员避免的事件'，可通过人工干预防止进入磨损阶段。"

下一个阶段是扩展领域，属于完美状态。在这个阶段，人才无须浪费时间被动作出反应，而是可以开拓思路、寻找机遇。可持续性、安全性和生产力不断提高，能耗、成本和风险持续下降。由于规则和逻辑由 AI 创造和推动，持续创造效益成为可能。这样就可以高效地运行自动化工作流程，进一步改进资产生命周期。

第五节　"新一代"维护技术人员
成长为技术专家

包括发电、石油和采矿在内的 20 多个行业的维护项目经理表示，他们目前面临的首要问题是缺乏互联预测性维护方面的内部高技能人才。[1] 在众多行业，高技能的维护技术人员逐渐到了退休年龄，企业员工结构正在经历重大变化。新技术对新一代维护技术人员产生巨大吸引力，通过工具弥补经验上的差距。另外，技术还有助于在被动环境中保障员工的健康和安全，尤其是在危险行业。"新一代员工"可以

---

① Trout，Jonathan. "While Predictive/Preventive Maintenance Is Still King, Maintenance Personnel Are Reluctant to Use Internet-based Maintenance." Reliable Plant. 2019. https://www.reliableplant.com/Read/31707/predictive-maintenance-survey-2019.

与设备制造商的工程师或内部技术专家开展虚拟互动，加快学习进度，不断丰富自己的知识。

IBM 全球资产优化服务部门的 Kay Murphy 表示，必须为新员工提供培训和支持，因为"具有丰富经验和深厚知识的员工正在大量退休。企业必须制定战略，为新员工提供培训和支持，以满足关键设备所要求的可靠性水平"。至于实现途径，她指出，"我们在使用 IoT 数据和 AI 方面有独门秘籍，不仅可以借此深入洞察设备的运行状况，还能为技术人员提供指导，帮助他们了解需要采取哪些措施以及如何最有效地执行这些措施。"

"如果具备互联资产，了解资产数字的部署情况并且能够持续掌握它们的运行状况和性能，维护运营的数字化转型就算大功告成。" IBM AI 应用副总裁 Joe Berti 表示，"如果企业能够将数字数据整合到维护运营之中，就可以加速实现成果、降低成本、提高企业规模化运营水平。"

这就是技术人员未来的工作模式：由 AI 告诉他们采取哪些措施，何时采取措施（请参阅下文"设备制造商：通过 AI 和预测性维护支持现场维护"）。

设备制造商：通过 AI 和预测性维护支持现场维护[①]

某制造商拥有数百种独特的资产，它使用基于 AI 的分析平台，深入了解现场设备的实时运行状况，并能够及早获得提前预警信号。通过访问维修历史记录、工作说明、安全指南和插图，技术人员可以在第一时间妥善维护设备，提高"首次修复"率，为企业节省了数百万美元。

---

① Based on an IBM client engagement.

行动指南

新型互联资产模式

互联资产运营的真正潜在价值在于，企业核心员工可以作出更明智的决策，不但保证满足企业目标，还有利于打造适应能力更强的运营基础架构。为实现这一目标，需遵循以下原则：

1. 采用分析方法

单纯安装传感器并不能推动数据收集。必须从数据中挖掘宝贵洞察，然后将洞察整合到流程和系统之中，帮助提高运营效率，推动企业转型。

2. 建立全面连接

适当的预防性、预测性和说明性维护措施有助于延长资产使用寿命，增强可靠性，最终降低运营成本。

3. 了解现有设备

清晰掌握风险及其后果，包括资产故障的影响，以及如何充分发挥资产的价值，这样才能有的放矢地优化整个企业范围资产的性能，对原有系统精准实施新的分析工具，推动建立决策支持框架，帮助简化运营，打造更高效、更经济、更有弹性的企业。

第九章

区块链——造福人类的伟大技术

建立信任和创造价值的五大原则

作者介绍

Marie Wieck，IBM Industry Platform 区块链业务总经理，负责 IBM 的全球区块链业务，包括参与开源 Hyperledger Project，开发企业级 IBM Blockchain Platform，以及 IBM Food Trust、TradeLens 和全球支付等变革性行业解决方案。她还是 IBM 全球工作/生活倡议的高管支持者。2015 年 6 月，Marie 因其积极运用技术造福女性而入选 WITI 名人堂。2016 年，Marie 荣获 "最具远见女性的 STEM 领袖" 荣誉称号。

联系方式：LinkedIn 账号 linkedin. com/in/mariewieck/，电子邮箱 mwieck@ us.ibm.com。

Gennaro "Jerry" Cuomo，IBM 区块链技术副总裁，负责领导制定 IBM 区块链战略、产品和客户合作方法。Gennaro 拥有 IBM 院士头衔，一直是 IBM 在新兴业务和技术领域的代言人，同时还是 IBM WebSphere Software 的创始人之一。在 IBM，Cuomo 领导过 API 经济、移动计算、云计算、Web 应用服务器、Java、TCP/IP、实时协作软件和高性能事务系统等众多领域的项目。目前，Cuomo 已经为 IBM 申请了 50 多项美国专利。

联系方式：LinkedIn 账号 linkedin.com/in/ jerry-cuomo-0891902/，电子邮箱 gcuomo@ us.ibm.com。

本章要点

原则的重要意义

区块链是发展潜力巨大的创新技术。不过，技术开发人员和营销推广人员只有严格践行基本原则，才能真正让这项技术发扬光大，造福人类。

奠定基础，造福人类

采用支持开放性的方法（包括通用开放标准和共同监管），不仅有助于推动创新，还能有效降低滥用的可能性。

责任分明

区块链参与者的身份必须已知而且经过验证，他们还必须能够掌控自己的数据以及可以访问这些数据的人员，以便保障基本的隐私。

第一节　促进发挥积极影响力

技术并非存在于真空环境——特别是一些可能引发大规模全球变革的创新，有时甚至令人望而却步。区块链就是这样的创新技术，与人工智能（AI）和量子计算一样，区块链也是一柄双刃剑。

据我们观察，区块链对人类的影响毁誉参半。比如，尽管发展历史相对较短，区块链却帮助食品零售商跟踪并妥善应对了沙门氏菌疫情。但与此同时，加密货币诈骗犯利用区块链哄抬"首次代币发行"（ICO）的价格，然后抛售获利。

那么，该如何发挥区块链的技术优势，避免乃至遏制滥用行为呢？主要责任在于创新者，也就是开发及推广区块链技术的人员和组织。令人欣慰的是，经过多年的试验，凭借成熟的业务网络经验，我们对可信透明的企业区块链的特征有了清晰的认识。业务网络必须创造真正的业务价值，公平对待全体参与者并促进开放创新与协作。

第二节　区块链原则

如果区块链实现突破，成为主流技术，为这个世界带来更大的信任度和透明度，那么身为创新者，我们必须坚守一系列务实的发展理想，以此指导行动以及技术的应用。

以下是我们总结出的一系列行之有效的区块链原则：

开放更利于发展

区块链网络必须有助于打造由开源贡献者和组织构成的多元化社区。这不仅有助于推动开放创新，还能提高代码整体质量。在开放式监管模式的支持下，广大参与者可按照免费许可模式（如 Apache2 和 MIT）开展协作。

如有可能，开发人员应避免运用专有技术，而是使用开源框架以及既定的共同贡献方法。倘若实施得当，开放式开发将有助于推动创新，加快成熟周期并降低成本。

设置权限不代表私有

为保障隐私而采用匿名形式往往不利于企业区块链参与者担负起监管和信托责任。区块链必须围绕许可和可信访问的原则进行设计。许可制区块链具有访问控制层，确保只有经过身份识别的特定参与者才能完成特定操作。

匿名公有区块链虽然可能具备某些强大功能，但并不适合大多数企业，特别是受管制行业中的企业。大多数组织需要明确了解和谁开展业务往来，杜绝通过网络开展非法活动。

这并不意味着企业区块链不能采用公有形式。许可制企业区块链可面向任何自愿注册并接受密码身份验证的团体开放。通用身份标准采用一组相同的经过验证的凭证，简化了对多个区块链网络的访问。

例如，Linux 基金会运作的 Hyperledger Project 就是一个开源"温床"，采用自由许可制，借助强大的多元化代码贡献者发展企业级区块链软件。[①] 最近，Hyperledger 刚刚新增了 45 个成员，而且 12 个项目中有 3 个目前处于活跃状态。[②] 数字身份管理网络 Sovrin 和分散式全球支付平台 Stellar 均为许可制公有区块链网络。供应链管理平台 TradeLens 基于 Hyperledger Fabric，堪称许可制区块链的又一典范，支持参与者查看网络对等方身份。

监管需要团队合作

企业区块链必须采用分布式透明监管机制，以确保网络满足所有参与者的需求，并防止影响力过度集中。企业选择的平台应自动在业务网络中采用民主化的结构，并配备内置的隐私和"许可"功能。

应明确制定监管规则，确定哪些用户可以加入区块链网络以及如

---

① The Linux Foundation. https://www.linuxfoundation.org.

② The Hyperledger Project. https://www.hyperledger.org.

何加入。此外，还需建立指导方针，规定哪些参与者发挥关键作用（如网络运营者）。信任锚（运行网络节点并参与验证交易的成员）的职责应由多个参与者共同承担。

一般而言，受信任的监管模式至少需要指定三个信任锚，但如果能够增加持有分布式账本副本的成员数量，可使业务网络从中受益。监管框架还应充分考量融资模式，无论是通过会员费、账本运营方、中介监管机构或其他方式获得资金。

借助通用标准形成共识

企业区块链应围绕通用标准进行设计，充分考虑互操作性。这有助于打造"面向未来"的业务网络，防止被特定供应商套牢，以及建立强大的创新者生态系统。互操作性必须涵盖云平台，这一点至关重要：供应商应根据数据存储位置统筹协调参与者。

尽管目前大多数区块链网络都孤立运行，但人们普遍承认这项技术正朝着支持"网络之网络"的方向不断发展。为实现这种互操作性，首先必须通过注册中心（如 Hacera Unbounded）确保区块链彼此可见。[1] 此外，区块链网络还应定义并发布数据模型和变更策略。如有可能，应尽量基于行业标准，或者使用具有许可访问权限的 API。

---

① Cuomo，Jerry. "The yellow pages of blockchain has arrived：Networks are now visible to the world." IBM Blockchain blog. September 2018. https：//www.ibm.com/blogs/block-chain/2018/09/the-yellow-pages-of-blockchain-has-arrived-networks-are-now-visible-to-the-world/.

造福全人类

TradeLens 正在建立由生态系统参与者组成的行业顾问委员会，帮助管理不断发展的网络，塑造平台并推行开放标准。该网络正与联合国贸易便利化和电子商务中心（UN/CEFACT）、数字集装箱航运协会（DCSA）等机构以及 OpenShipping. org 等行业组织密切合作，帮助实现互操作性。[①]

分布式信任模式

加拿大 Verified：Me 身份网络（由 SecureKey Inc. 召集成立）邀请数家加拿大主要银行作为信任锚，运行节点并验证网络交易。SecureKey 创建了一种监管模式，开展持续检查，并有效平衡各个参与工作组。[②]

技术行动优秀案例：合乎道德地开采钴矿

钴矿开采可能造成严重的污染和健康风险，特别是在贫困国家或地区，一旦发现矿藏，可能引发投机性质的人力密集型开采作业，致使当地社区面临风险。但是，由于钴冶炼后通常与各种来源的金属混合在一起，因此目前企业还无法向客户证明这些钴来自安全的采矿作业地。而今，福特汽车公司、IBM、LG Chem 和 RCS Global 组建联盟，推出首创的区块链试点项目，旨在证明

---

① Major ocean carriers CMA, CGM, and MSC to join TradeLens blockchain-enabled Digital shipping platform." PR Newswire. May 2019. https://www.prnewswire.com/news-releases/major-ocean-carriers-cma-cgm-and-msc-to-join-tradelens-block-chain-enabled-digital-shipping-platform-300857278.html.

② Verified. Me. https://verified.me.

从矿山到最终制造商的整个钴供应链中，材料都是以负责任的方式开采、交易和加工的。[①]

隐私至上

企业区块链的参与者必须能够控制哪些用户可以访问自己的数据，以及在什么情况下有权访问。根据定义，在区块链平台上，必须将数据分散存储至多个节点。此外，虽然任何一个参与者均非区块链网络的"所有者"，但是其中所存储数据的权利始终归数据创建者所有。所有 API 均应采用编程方式扩展相同的许可访问权限。同时，区块链网络还必须遵守隐私法规，如《通用数据保护条例》（GDPR）。在大多数情况下，这意味着所有个人数据都保存在区块链外。

例如，全球去中心化身份联盟（Decentralized Identity Foundation）制定了一套规范，规定如何识别组织、人员和数字资产，以便能够跨区块链（和非区块链）网络识别实体。Hyperledger 与企业以太坊联盟（Enterprise Ethereum Alliance）、模块化区块链客户端 Burrow 和代币分类法倡议（Token Taxonomy Initiative）开展协作，致力于实现区块链代币标准化，推广相关标准化做法。[②]

---

① Teicher, Jordan. "Can blockchain pave the way for ethical cobalt?" IBM blog. March 2019. https：//www.ibm.com/blogs/ industries/blockchain-cobalt/.

② Enterprise Ethereum Alliance and Hyperledger to Advance the Global Blockchain Business Ecosystem." Enterprise Ethereum Alliance. October 2018. https：//entethalliance.org/enterprise-ethereum-alliance-and-hyperledger-to-ad-vance-the-global-blockchain-business-ecosystem/.

又如，为保证供应链的效率，同时保护各个成员的专有信息，以保障食品安全、新鲜和可持续发展为目标的区块链网络 IBM Food Trust 帮助沃尔玛、家乐福和 Driscoll 等品牌利用共享数据。①

第三节　践行区块链原则

如果技术部署者和开发者能够认真思考技术的用途，势必可以带来更高的社会效益。尤其是，区块链还能帮助我们确切了解庞大而又复杂的交易和交互的现状，例如全球供应链的运转状况。因此，区块链非常适合帮助企业保证原产地、证明遵守法规和行业道德，并快速查找潜在有害问题。

通过保持区块链开发和使用的开放性与公平性，同时确保全体参与者身份公开并承担各自的责任，组织就可以利用区块链推动业务积极向前发展。这不仅有助于保持企业声誉和诚信，还能赢得客户以及业务合作伙伴的充分信任。

准备好采用重要区块链原则了吗？

——贵企业的哪些流程还能进一步提升信任度和透明度？

——贵企业所在的区块链中需采取哪些协作活动，以进一步开放开发和监管工作？

——贵企业采取哪些措施来保证数据的完整性和隐私性？

---

① IBM Food Trust. https://www.ibm.com/blockchain/solutions/ food-trust.

行业报告

第一章

开放式混合多云上的银行业务

迁移到面向金融服务的全新业务架构

作者介绍

Anthony Lipp，IBM 银行与金融市场全球战略主管，IBM 行业学会成员。主要负责制定并执行 IBM 业务战略，为全球银行与金融市场客户提供服务。他拥有丰富的行业和咨询经验，就金融服务领域的重大战略、组织和企业转型计划为高层管理人员提供服务。

联系方式：LinkedIn 账号 linkedin. com/in/lippanthony，电子邮箱 anthony.lipp@ us.ibm.com。

本章要点

加速转型

随着银行加速适应数字化技术，以及一些宏观经济因素的影响，银行业正经历结构性变革。银行需要重新思考业务模式和运营方式，以期在经济、行业和消费者行为不断变化的大环境中保持竞争力。这包括将业务模式和运营方式迁移到全新的业务架构上来，更好地适应目前的数字化现实。

采用平衡方法

在构建这种全新的数字化敏捷架构时，银行面临的挑战是既要满足基础架构平台对灵活性的需求，以支持业务模式创新和数字化转型，同时又要符合安全与合规要求，必须在这两者之间实现平衡。开放式混合多云环境完美结合了公有云的灵活性与私有云的定制能力，是金融服务行业的理想之选。

定制迁移方法

尽管迁移到开放式混合多云的好处显而易见，但迁移之路纷繁复杂——要迁移哪些工作负载、何时迁移以及迁移到何处，这些问题都需要回答。我们提供针对行业量身定制的方法，旨在根据技术与业务标准确定工作流程的优先级，指导企业走向成功。

第一节 银行业务的上云之路

很长一段时间以来，银行都在金融体系和经济中发挥着重要的作用。一代又一代的银行通过核心银行业务服务以及持续丰厚的利润来创造价值，成为商业和财富创造的重要推手。但是，如今的银行业瞬息万变，金融服务的对象、内容、地点、时间、原因以及方式都在变化。

银行除了要面对具有挑战性的宏观经济环境外，还要适应日益数字化的世界中与时俱进的客户行为和期望。新型竞争对手通过创新的业务模式满足这些期望，减少行业价值链中的摩擦，发展创新的生态系统。同时，数据呈爆炸式持续增长，合规要求日益提高，安全威胁快速增加，劳动力结构持续变化，这些都不断对金融服务领域产生影响。

作为应对之策，金融组织一直在进行转型，建立新的数字能力，以期在平台时代参与竞争。与迁移到市场平台的其他组织的经历类似，银行在基础架构、应用、流程、数据和客户互动等领域面临着技术挑战。此外，银行业还必须遵守一些最严格的行业安全与合规标准，这进一步加剧了转型的复杂性。

洞察：定义开放式混合多云

开放式混合多云是实现有效数字化转型所需的基础环境，旨在将传统计算平台与私有云、公有云和管理云服务整合在一起。从本质上看，混合云是一种虚拟计算环境，可以使工作负载和接口与最合适的计算平台保持一致。所有这些服务都需要进行管理，就像单个统一环境那样工作。

多年来，银行业领导一直希望通过云来满足企业的基础架构需求，以实现业务灵活性，同时遵守安全性与合规性方面的严格要求。根据 2020 年有关银行业云使用情况的报告，目前有 91% 的金融机构正积极使用云服务，或计划在未来六至九个月内使用云服务，这一数字是四年前的两倍。[①] 然而，一份报告表明，只有很少（平均 9%）的受监管的任务关键型银行工作负载迁移到公有云环境中。[②]

通过基于云的基础架构实现金融业务的可扩展性和敏捷性，可使银行更有效、更快速地进行调整以响应各种市场变化，例如疫情带来的冲击。务实的领先者企业则更进一步，实施开放式混合多云方法，采用多个可互操作的平台，做到安全与灵活兼得。要成功迁移到开放式混合多云环境，需要从银行业独特需求的角度出发，确定每种应用

[①] "Loud Usage in the Financial Services Sector." Cloud Security Alliance. February 21, 2020. https://cloudsecurityalliance.org/artifacts/cloud-usage-in-the-financial-services-sector.

[②] Eagle, Liam. "Multi-Cloud Fundamental to Financial Services Transformation." 451 Research. January 2019. https://www.information-age.com/downloads/multi-cloud-fundamental-to-financial-servicestransformation.

或服务分别适合哪种平台。

第二节　架构变革的时刻已经到来

目前，银行面临双重挑战，既要通过新平台驱动的业务模式来重塑客户体验，又要降低运营成本。同时，他们必须保持敏捷，以便能够快速响应不断变化的市场和客户洞察。这种对灵活性的需求迫使他们进行业务转型，以支持持续迭代和业务模式调整。银行还必须持续专注于优化风险管理以及合规与安全战略，将这些要素融入整个运营之中。应对这些挑战需要全新的业务架构。数字化现实的主要特点是快速创新、以客户为中心以及移动优先，传统行业模式已跟不上发展步伐。[①]

传统的系统通常采用复杂的单体架构形式，缺乏灵活性，因此采用新技术和部署新功能的成本很高。此外，与那些更贴近用户、能带来更高股本回报率（ROE）的活动相比，传统模式将过多的精力与运营费用投入到中后台的活动中。

从本质上看，传统银行系统无法支持扩展的生态系统合作、基于人工智能的系统与流程以及智能工作流。银行需要将风险管理、安全性与合规性作为核心要素（图1-1），新建可互操作的模块化智能运营环境。

---

① Arnoud Boot, Arnoud, Peter Hoffmann, Luc Laeven, and Lev Ratnovski. "Financial Intermediation and Technology：What's old, what's new?" European Central Bank Working Paper Series. July 2020. https：//www. ecb. europa. eu/pub/pdf/scpwps/ecb. wp2438~d0d447b9b6. en. pdf.

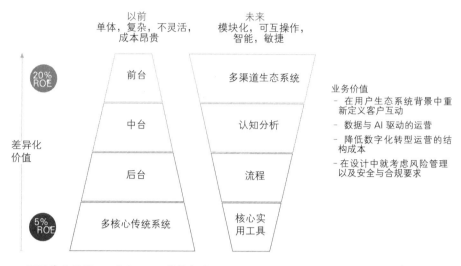

* ROE 基于 McKinsey & Company 的报告 "Remaking the bank for an ecosystem world" 中的数据，
2017 年 10 月 25 日。

图 1-1 迁移至全新业务架构

开放式混合多云环境结合了公有云的灵活性以及私有云与本地环境的安全能力，可以提供企业所需的竞争优势。它支持银行自由地扩展到数据中心之外，顺利进军云服务，而不会限制于单一技术平台或提供商。这可以帮助银行结构性地降低运营成本，并在遵守法规、保持所有权以及建立灵活性之间实现平衡。通过支持工作负载在多个可互操作环境中的多个平台上运行，开放式混合多云架构可以实现工作流的可移植性以及数据的可访问性。要想成功迁移到开放式混合多云环境，必须深入了解众多行业工作负载的功能需求以及各种不同的基础架构平台的能力。这包括本地与外部配置，例如传统计算中心、基础架构即服务（IaaS）、平台即服务（PaaS）以及软件即服务（SaaS）（图 1-2）。

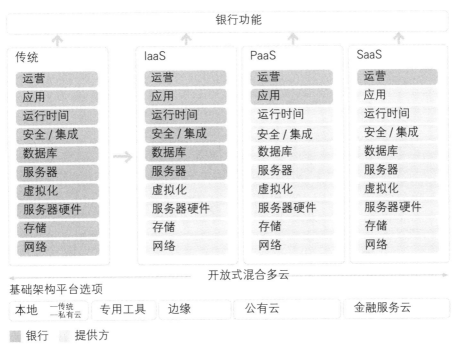

图1-2　将工作负载迁移到替代云环境

第三节　消除迁移障碍

要制定成功的数字化转型与工作负载迁移战略，需要评估三个主要方面：业务案例、数字化成熟度以及提供商能力（图1-3）。

业务案例

银行很难在IT能力与业务需求之间实现平衡。一方面，他们需要转变核心银行业务流程，以降低成本、风险和复杂性。另一方面，他

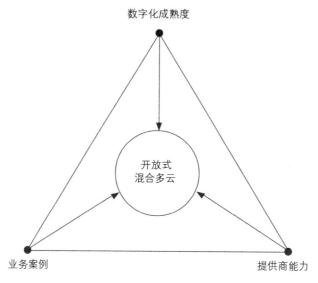

图 1-3　迁移考虑因素

们同样需要灵活性以支持业务模式创新、生态系统参与以及快速响应。在制定迁移战略时，必须权衡新平台的成本和收益以及原有投资的价值和迁移成本。

数字化成熟度

金融机构必须确定自己是否的确已经准备好迎接开放式混合多云环境。他们需要评估自己是否具备必要的应用架构，并确定哪些工作负载适合进行解耦。数字化成熟度越高，工作负载通常就越清晰越简单，因此也有利于将工作负载解耦为子组件和微服务，从而能够在不同但可互操作的环境中运行。

提供商能力

银行在考虑将工作负载迁移到公有云时，一个主要的障碍是难以找到能够同时满足弹性、响应能力、安全、隐私以及合规等运营要求的提供商。银行必须确定哪些提供商能够提供增强的公有云环境，通过定制来满足特定于银行业和特定于工作负载的需求。

第四节 面向银行的开放式混合多云：合理的解决方案

开放式混合多云方法背后的业务逻辑旨在提高业务绩效，同时帮助企业在业务需求与 IT 需求和成本限制之间保持平衡。迁移到开放式混合多云环境有助于降低未来的迁移成本（云原生应用和工作流天生具有较高的互操作性）、构建成本（在设计中充分考虑安全性和银行合规性）以及运行成本。

除了在短期经济效益、长期价值和运营成本以及业务和监管要求之间实现平衡之外，开放式混合多云方法还有助于减少对任何单一提供商或技术偏好的依赖。金融机构不会被限制在一个平台上运行所有工作负载，而是可以让多个平台上运行的工作负载相互协作，从而提高绩效。

开放式混合多云是金融机构的合理配置。这种呈指数级发展的技术为业务创新和改善客户体验提供了必要的灵活性，同时还能够解决安全与成本方面的问题（请参阅"洞察：开放式混合多云战略为银行带来的好处"）。开放式混合多云可作为现代银行业务架构的必要基础，实现内部和外部数据访问、灵活的工作负载可移植性以及有效的分析互操作性。①

有了开放式混合多云环境，其他用于支持银行关键业务职能的呈指数级发展的技术就如虎添翼：

——机器人流程自动化（RPA）——在标准化的后台运营中自动执行重复任务。

——面向客户的 AI——借助聊天助手、语音助手和自动顾问改善与客户的关系。

——面向员工队伍的 AI——借助销售助手、客户洞察和知识中心提高工作效率。

——用于控制的 AI——促进合规，提高对客户的了解（KYC），实现规范性安全措施，以及执行策略与法规差距评估。

——应用编程接口（API）平台——支持涉及第三方和非银行生态系统的金融产品分销与服务。

——量子计算——提升高频率的交易和风险分析中的密码标准，消除分析障碍。

——区块链——通过基于信任的数字互动，重建基础架构。

——物联网（IoT）——建立嵌入了分析接口的物理对象网络，以简化运输、交易和财务运营。

---

① IBM Institute for Business Value analysis.

——增强现实（AR）——支持客户和银行员工在当前环境中互动。

——全同态加密——银行无须解密，就能对加密数据执行加密计算，从而提高开放式混合多云上安全流程的效率和互操作性。

——面向员工队伍的5G——支持银行员工高效地在家工作，支持团队在多个地点执行自动化流程而不会影响性能。

——边缘计算——支持银行在更接近存储的位置处理数据，从而减少响应时间和延迟问题，同时从互联设备和系统中获得更直接的洞察。

要实现开放式混合多云环境，就需要突破障碍，将工作负载（无论是基础架构还是软件流程）从传统环境迁移到云平台上。问题不在于银行为什么要迁移到开放式混合多云环境，而是如何实现这个目标。如何突破障碍？如何选择要迁移的工作负载？如何确定工作负载应该在哪个云平台上运行？

洞察：开放式混合多云战略为银行带来的好处

——成本降低。银行能够更灵活地实时扩展数据需求，从而避免因维护大量未使用的数字容量而产生的相关费用。

——客户体验。银行可将数字资源迅速转移到最需要的地方，从而快速响应不断变化的客户需求。

——业务创新。开放式混合多云可以确保业务关键型分析、应用和流程的一致性和可移植性，可用于根据客户群和地理区域的需求，随时随地设计、组合、测试和部署新解决方案。

——安全为要。安全威胁不断变化，开放式混合多云基础架构支持访问专为金融服务设计的基于 AI 的防御工具。

美国银行：采用为金融服务量身定制的公有云①

美国银行部署了专有的私有云，目前可运行大部分技术工作负载。但是，该银行希望创建一个同样可靠的第三方云——一种面向金融服务的解决方案，具备与私有云旗鼓相当的安全性和经济性，同时具有更强的可扩展性。

美国银行与 IBM 合作创建了业界首创的第三方云，将数据弹性、隐私和客户信息安全需求放在决策的首要位置。一系列云安全与合规控制要求构成了策略框架的基础，确保金融机构可以放心地托管关键应用和工作负载。

这些控制措施可以确保美国银行以及包括法国巴黎银行在内的其他银行更安全地在公有云中处理敏感的银行数据。此次合作标志着美国银行云计算之旅迈出了重要的一步，为满足金融服务行业独特的监管与合规要求创造了机会。

---

① "IBM and Bank of America Advance IBM Cloud for Financial Services，BNP Paribas Joins as Anchor Client in Europe." IBM press release. July 22，2020. https://newsroom.ibm.com/2020-07-22-IBM-andBank-of-America-Advance-IBM-Cloud-for-FinancialServices-BNP-Paribas-Joins-as-Anchor-Client-in-Europe.

第五节　开放式混合多云路线图

对于许多银行而言，上云之旅是一个阶梯式的决策过程。首先，他们构建私有云环境，将本地工作流迁移到安全、合规而且完全拥有的技术框架中。后来，数字化革命逐渐表明，在公有云上开展运营有助于降低运营成本，并且能够更好地接触外部生态系统。但是，银行对于并非为本行业量身定制的环境存在安全、延迟以及合规方面的担忧。

随着经济的热度不断上升，要求银行能够与包括金融科技企业、ISV 以及数据和其他职能提供商在内的生态系统快速开展互动。挑战在于，如何从生态系统创新中受益，而不必密切建立跟踪和修复与客户的第三方互动。

解决方案就是专为金融服务量身定制的增强型公有云，它可以轻松与其他平台实现互相操作。该解决方案有助于快速开发全新的收入流，减少安全与合规问题。此外，互操作功能为业务关键流程的数字化和工作负载的分配提供了更多选择。这种灵活性有助于提高敏捷性，降低运营风险并增强弹性。

当组织考虑采用开放式混合多云方法时，主要问题变成："如何确定特定功能在哪个平台上运行?"显然，我们的目标是让每一种环境都能处理最擅长的工作，让每个工作负载都处于合适的位置，从而降低风险，提高敏捷性。

这不仅需要从技术角度看待难题，还需要考虑业务目标。组织必须决定哪些工作负载优先使用公有云、私有云以及留在传统的平台上。他们还要将可选择性完成的工作（出于便捷性和可行性考虑）与必须完成的工作（出于战略考虑）加以区分。

为了确保工作负载在最合适的平台上运行，需要一种专为银行业量身定制的方法和框架，以评估工作流并为其提供合适的运行环境。根据特定于银行业的对标分析评估工作负载，银行可以确保为每种工作负载优先选择最合适的平台，无论是传统平台、私有云、公有云，还是为支持工作负载的独特需求而设计的公有云。在工作负载评估中，应同时考虑运营和业务标准，包括：弹性，响应能力，数字化成熟度，风险、安全性与合规性，业务案例应用等。

评估工作负载的第一步是定义驱动应用工作负载的行业活动和流程。尽管每个金融机构都会对运营进行一定程度的定制和组织安排，但我们发现整个行业的运营具有明显的一致性。业内有许多开放和专有的框架，可充当行业工作负载的代理，作为金融机构特定工作负载的起点。

银行业架构网络（BIAN）就是其中的一个例子。它的服务领域框架将 300 多种服务分为以下类别：业务开发、分销、生产、运营、业务基础架构以及财务与风险管理。

确定工作负载后，可使用强大的多标准评估框架，帮助确定每个工作负载的最合适平台。这需要评估与五个关键要素相关的工作负载需求：

——弹性。评估所涉及的数据和事务的数量、稳定性和业务重要性。

——响应能力。考虑与工作负载相关的延迟、响应和服务要求。

——数字化成熟度。评估金融机构从单体式运营到模块化服务的数字化转型过程。在不影响互操作性的前提下，能够更方便地与其他工作负载解耦的工作负载便是合适的迁移对象。

——风险、安全与合规。衡量与工作负载相关的法规要求和安全特征。这些要素因不同的金融机构的安全状况、地理区域和市场监管制度而有显著的差异。

——业务案例。研究预期的投资要求、成本与收益以及对竞争优势和颠覆力量的潜在影响。

每个金融机构的组织方式不尽相同，因此工作负载的具体数量会有所不同，但大多数银行都需要对数百个工作负载做出决策。他们可使用适当的运营和业务标准，根据每个工作负载的需求确定最合适的平台（图1-4）。最终得到一个对应关系图，来定义哪种环境适合特定工作负载或解耦的工作负载组件。

每个银行都必须做出自己的决定，确定如何配置和管理运营的各

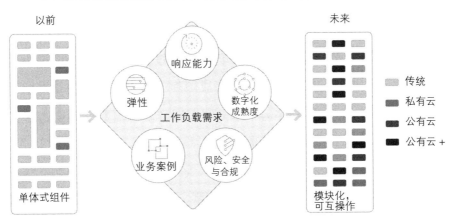

图1-4　评估要迁移到开放式混合多云的工作负载

个组成部分，以及在自己认为最有利的开放式混合多云中赋予多大的灵活性。评估标准可指导银行做出决策，发现并消除当前与未来的障碍。

显然，云计算不仅仅是技术基础架构。复杂的工作负载、现代化的应用以及经济有效的管理服务融合共生，共同造就了数字化转型和高度安全的平台，同时支持生态系统合作。

第六节　开拓进取

大多数银行组织都充分认识到了开放式混合多云方法的灵活性、敏捷性、集成能力以及可扩展性等优势。围绕面向银行业的开放式混合多云，其讨论重点正从"为什么迁移"转变为更复杂的"怎样迁移"。

随着上云之旅不断加速，银行必须在新平台的成本和收益与迁移成本及现有投资之间实现平衡。他们还必须从数字成熟度的角度确定自己是否准备充足，考虑哪些工作负载已经成熟到可以解耦。他们必须找到可以满足特定于银行业运营要求并支持可互操作平台的云提供商。

从认识到新业务架构的需求，到成功执行基础架构迁移，前进之路并不平坦。但是，如果有正确的路线图指引，银行就能够采取必要的措施，采用开放式混合多云，将传统银行转变为由数据驱动、以 AI 洞察为指导、为变革而生的敏捷组织。

行动指南

开放式混合多云方法之所以具有吸引力，部分原因在于它所带来的灵活性、敏捷性和扩展能力。由于不存在一体适用的方法，因此开放式混合多云支持银行采用云服务，而不会被限制于单一技术解决方案平台或提供商。以下关键步骤旨在指导您制定战略，从而在灵活性与安全合规要求之间实现平衡。

着眼全局，关注与大规模迁移到替代云环境有关的考虑因素。

——研究业务案例。首先权衡潜在收益（如提升敏捷性和灵活性）、原有投资与迁移成本，以确定战略范围。

——评估组织的数字化成熟度。根据评估结果，从技术角度确定可以执行的措施、可行的措施和需要谨慎考虑的措施。

——调查提供商的能力。确定可通过增强的行业定制云环境提供所需能力的提供商。

分析评估工作负载决定哪些工作负载优先使用公有云、私有云以及留在传统的平台上。

——定义行业活动和流程。确定驱动应用工作负载的数百种运营活动和流程。

——建立框架。将每种应用或服务适当归入以下不同领域：业务开发、分销、生产、运营、业务基础架构或财务与风险管理。

——评估工作负载。使用以下业务和运营评估标准，为每个工作负载确定最合适的平台或运营环境：弹性，响应能力，数字成熟度，风险、安全与合规以及业务案例。

——将每个工作负载与最合适的平台对应起来。根据评估标准，为每个工作负载确定合适的环境，以降低风险，提高敏捷性。

第二章

破茧化蝶涅槃重生

企业级架构驱动的未来金融企业转型

作者介绍

范斌，IBM GBS 中国区金融行业总经理，IBM 金融核心锐变团队总经理。
联系方式：电子邮箱 fanbin@cn.ibm.com。

章铭，IBM 金融核心锐变团队合伙人。
联系方式：电子邮箱 zming@cn.ibm.com。

钱之音，IBM GBS 金融战略与数字化转型规划副合伙人。
联系方式：电子邮箱 qzyinn@cn.ibm.com。

丁伟，IBM 中国商业价值研究院院长。
联系方式：电子邮箱 dingw@cn.ibm.com。

曲向阳，IBM 金融核心锐变团队、企业架构转型团队负责人。
联系方式：电子邮箱 bjxyqu@cn.ibm.com。

张玉明，IBM GBS CBDS 团队资深数据架构师。
联系方式：电子邮箱 zhangyum@cn.ibm.com。

王怡华，IBM GBS 业务战略与体验创新副合伙人。
联系方式：电子邮箱 wyhyihua@cn.ibm.com。

王莉，IBM 商业价值研究院高级咨询经理。
联系方式：电子邮箱 gbswangl@cn.ibm.com。

本章要点

企业架构转型将从根本上改变企业运作方式

金融企业应站在全局高度，打破竖井，对经营理念、业务模式、操作模式开展全面的转型。

兼顾内外部场景，以客户价值为目标

面向未来金融服务的企业级架构设计，需要从用户体验出发，兼顾企业内外部场景的赋能。

站在用户和生态的视角，发挥数据的潜力

需要构建面向用户和生态的服务化的架构模式，发挥数据的价值，构建差异化的优势。

第一节　未来的银行

他是一家零部件加工厂的老板，最近刚刚接到一个大单。他的智能工厂管理系统已经自动为他测算出了这个单子所需要的原材料、设备、人工，以及所需的资金情况。通过区块链技术，他将订单信息与供应链上下游合作伙伴以及银行做了共享。结合从智能工厂的物联网设备上传来的实时生产信息，他所需要的融资很快就得到了审批。在生产过程中，AI助理根据实时收集的经济数据、客户行为数据和市场上的供需数据，预测出该零部件的需求可能会出现井喷。他及时追加了投资，抓住了扩张的机遇。

他是一个企业的高管，平时工作很忙。孩子快要放寒假了，他打算带全家来一次极地探险，给家人一个圣诞惊喜。他打开高端游的App，AI助理根据对他的偏好分析，主动推荐了定制化的专机直飞南极+豪华探险邮轮行程，这让他很满意。在AI助理的协助下，他轻松预定了行程，支付了定金。AI助理贴心地告诉他，最近国际汇率波动较大，根据他的行程，已经用汇率模型计算出了换汇的最佳日期。此外，AI 助理还提醒他，他原来的信用卡快到期了，可以帮他申请新的全币种信用卡，并启动相关的签证代办、保险购买等服务，而且还帮他预约好了银行专属客服，以上业务可以帮他一次性办理好。他很开心，相信今年的圣诞之旅一定会成为全家最特别、最难忘的体验。

未来的银行，不再是一个地方，而是一种行为。以上对未来银行服务场景的设想，有一部分已经或正在成为现实。

人工智能、区块链、自动化、物联网、5G、边缘计算等新兴技术的日益普及，为我们打开了对未来金融服务的宽阔的想象空间。以银行为例，展望未来，领先的银行需要着力打造全新的金融服务（图 2-1）：

图 2-1　未来金融服务的五大趋势

——平台银行：通过构建以平台为中心的业务模式，重塑银行的业务和服务模式，为客户带来新的价值。

——开放银行：围绕用户的生活和工作，在生态场景中提供全方位、融入式的金融服务。

——智慧银行：以科技赋能高效服务，以数据驱动智慧银行。

——敏捷银行：快速适应市场变化，敏捷响应客户需求。

——普惠银行：服务实体经济，丰富小微企业金融产品和服务，将社会价值最大化。

崭新的业务重塑时代即将来临。

第二节　金融企业面临的挑战

各种颠覆性的力量以及多种新兴技术的交汇融合，对国内银行和金融市场的方方面面产生了深远的影响。中国的金融行业正面临着一系列的挑战：

——客户：场景多，差异大。客户正在快速走向数字化，围绕客户生活和生产经营的场景纷繁复杂，客户的个性化需求日益增加。如何能够让银行随时随地融入客户，获得客户的长期认同？

——市场：竞争剧，合作难。网络规模企业等市场颠覆者的进入，进一步加剧了金融行业的竞争。如何能够突破现有的业务边界，建立银行的"护城河"，同时寻找新的业务制胜点？

——监管：日趋严，合规艰。风险、合规和安全方面的监管日趋严格，Basel III 新资本协议中国版即将发布和实施。如何能够更快速、高效地满足监管合规的要求，做到合规和创新并举？

——风险：种类多，管控难。新技术、新业务模式下的风险种类更多，防不胜防。疫情后，短期经济下行压力，风险管理更是难上加难。如何确保安全，实现风险事件的实时侦测和应对，同时把防范风险和支持实体经济发展相结合？

——技术：更新快，变现缓。科技已经成为金融机构差异化竞争的核心能力，甚至是推动和引领企业高质量发展的引擎。如何对技术进行选择和应用，让新技术带来业务模式的创新和突破，并真正实现变现？

——运营：成本高，效率低。各项运营成本持续走高，收益和运营利润增长乏力。如何全面提升运营效率，提高资本收益率？

2020 年的疫情，为金融行业带来了新的挑战，同时也蕴含着新的发展机遇。疫情之下，客户倾向于非接触式的"云作业"模式，对数字化、线上化金融服务能力的要求凸显。生态系统、平台效应正在发挥优势。一些金融机构充分发挥自身的平台化优势，联合生态伙伴，实现快速创新，为未来的核心业务开拓了更多潜在客户。疫情期间，各金融机构收到了大量小微企业的信贷需求，企业征信大数据分析为特殊时期的金融服务提供了有效支持，充分体现了数据的价值。而随着市场的快速变化，金融企业的敏捷响应能力愈发重要。

那么，疫情之后，金融企业应当如何积极转型、抓住机遇？

第三节　企业级架构转型之路

面对瞬息万变的市场需求，银行常常要花费很大的代价才能做到快速响应。比如，为了响应某个需求，临时搭建了一些功能模块，然而当需求发生变化时，已有的资产没办法充分复用，不得不又去做新的模块。更关键的是，由于企业级、条线间、部门内、分支机构与总部之间、业务部门与 IT 之间存在一个个"竖井"，前线难以迅速整合后端的资源提供给市场，也难以与外部生态系统有效融合，极大地影响了响应的速度。

在新时代下，以往的点状响应的做法已经不再适用。金融企业面临的竞争，不是部门级的竞争，而是企业级、生态级的竞争，不是夺一城一池，而是要赢得整个战役。因此，金融企业必须站在全局的高度，对所有的挑战和问题进行审视，对经营理念、业务模式、操作模式开展全面的转型。一旦做到，将为企业构筑起极大的竞争优势，进入新的蓝海。

向未来金融服务的转型，是"破茧化蝶"的过程。它需要从根本上改变金融企业运作的方式，使得人、流程和技术更紧密地与业务战略和愿景保持一致。这种转型将是根本性的、不可逆的，涉及企业的每个部门、每个渠道。而企业级架构转型，是支撑金融企业转型的必备手段。企业级架构是精确描述企业的方法，它由业务架构和 IT 架构组成。业务架构是让飘在天上的战略"云"能够下"雨"落地的实现者。这意味着，业务架构需要能够将企业的愿景和长远战略目标转换成执行层面的业务模型。业务建模正是落地实现业务架构的过程。业务模型是以业务的视角来描述战术层和运营层的企业级业务架构，最终为 IT 架构提供输入（图 2-2）。

业务架构的设计，通过以下五大关键步骤，推动企业业务价值的快速释放（图 2-3）：

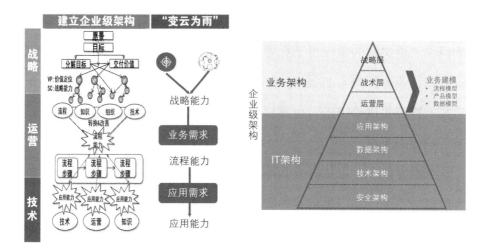

图 2-2　企业级架构助力金融企业实现业务、运营和技术的全面转型

1. 战略规划：梳理企业战略，设计商业模式和内外部场景，解析战略，并定义战略能力。

2. 顶层设计：深度分析现有问题，定义业务顶层设计方案和细化需求方案以提升能力。

3. 业务建模：深度分析现状业务执行情况，定义业务目标，并设计流程模型、产品模型和数据模型，落实流程能力。

4. 中台设计：设计业务中台和数据中台，构建面向用户及生态系统的服务化的架构模式。

5. IT 实施：分析 IT 实施需求，设计 IT 解决方案，并通过 IT 实施，落实 IT 应用能力，促进业务变革的落地。

最终，以业务架构驱动的敏捷化设计，实现场景、流程、生态、企业级、数据、技术 6 端融合（SPEEDT）创新。

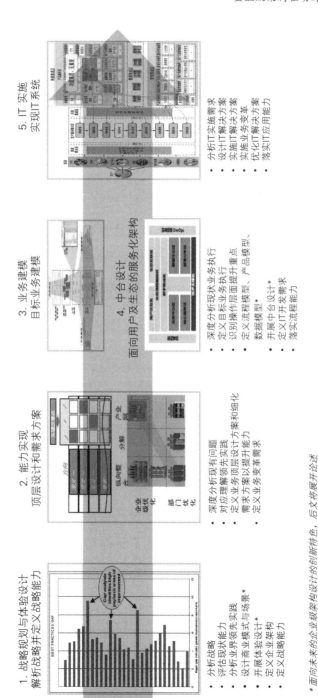

图 2-3 业务架构设计的五大关键步骤

1. 战略规划与体验设计
解析战略并定义战略能力

- 分析战略
- 评估现状能力
- 分析业界领先实践
- 设计商业模式与场景
- 开展体验设计*
- 定义企业架构
- 定义战略能力

2. 能力实现
顶层设计和需求方案

- 深度分析现有问题
- 对应理解领先实践
- 定义业务顶层设计和细化
- 需求方案以提升能力
- 定义业务变革需求

3. 业务建模
目标业务建模

4. 中台设计
面向用户及生态的服务化架构

- 深度分析现状业务执行
- 定义目标业务执行
- 识别操作层面提升重点
- 定义流程模型、产品模型、
- 数据模型*
- 开展中台设计*
- 定义IT开发需求
- 落实流程能力

5. IT实施
实现IT系统

- 分析IT实施需求
- 设计IT解决方案
- 实施IT解决方案
- 实施业务变革
- 优化IT解决方案
- 落实IT应用能力

* 面向未来的企业级架构设计的创新特色，后文将展开论述

271

面向未来金融服务的企业级架构设计，需要兼具内外部视角，不仅需要对业务现状进行改进，更需要以客户价值为目标，洞察服务对象，结合未来的趋势，综合开展设计，实现真正的转型创新。与传统的架构设计相比，未来的企业级架构设计有以下五大创新特色：

  ——战略规划：商业模式创新与场景赋能

  ——体验引擎：以体验为引擎驱动转型

  ——流程/产品模型：打破竖井，全面提升敏捷

  ——数据模型：随需应变的智慧数据服务

  ——中台设计：面向用户及生态的服务化架构

下面将对这五大创新特色分别展开介绍。

第四节　战略规划：商业模式创新与场景赋能

"场景+技术"正在重塑整个银行业的竞争格局。例如，随着人工智能技术的进一步发展，未来人工智能在投资组合策略、风险控制等领域的作用将越来越凸显；过去由于信息不对称和缺乏数据难以做到的精准定价、针对性营销和风险评估等，随着物联网/大数据的普及，都将从根本上得到改变。

面向未来金融服务的企业级架构设计，需要兼顾企业内部业务管理与支撑体系场景的数字化赋能，和外部业务盈利模式场景的赋能（图2-4）。

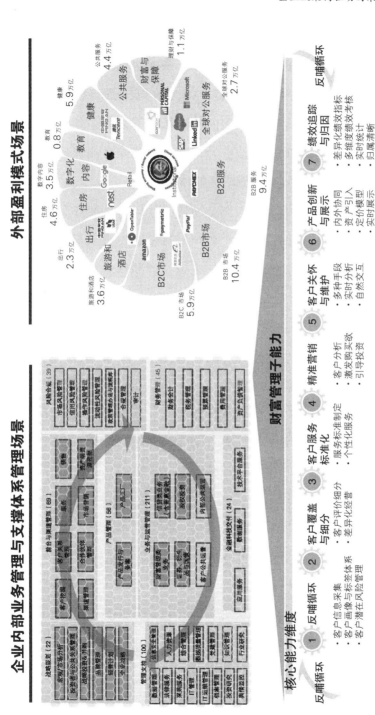

图 2-4　企业级架构设计要兼顾对内外部场景的赋能①

① "时不我待，只争朝夕：中国银行业布局生态圈正当时"。麦肯锡。201808. https://www.mckinsey.com.cn/ 时不我待、只争朝夕：中国银行业布局生态圈正当时。

场景无处不在。企业内部场景的梳理，需要全面覆盖业务的前中后台，形成前中后台的业务、管理、支撑体系的协同。企业外部场景的设计，需要设计以客户为中心的客户细分价值主张与纵深场景规划。许多金融机构，恰恰是因为缺乏内外部场景的设计，导致数据难以得到充分利用，无法有效赋能业务乃至整体战略。在商业模式与内外部场景的设计过程中，要考虑战略级的体验设计。

以财富管理应用场景的设计为例。场景的整体设计需要有效支撑银行的七大核心能力及整体价值链：客户挖掘、客户覆盖与细分、客户服务标准化、精准营销、客户关怀与维护、产品创新与展示，以及绩效追踪与归因。

首先，银行从多个渠道收集客户的数据和信息，形成丰盈的360度客户画像与标签体系，进行多角度的客户挖掘与洞察。客户数据的收集渠道既包括内部交易信息的采集（如历史购买记录、持有产品记录、客户服务反馈/投诉等），也包括外部消费信息采集（如外部公有云数据、战略合作伙伴保有数据、线上购物平台的消费记录等），还包括非交易信息的采集（如移动/网页端浏览行为记录、双屏互动记录等）。通过对以上数据进行建模，银行能够对客户进行深度的分析，比如：客户行为特征分析、关联关系分析、收益能力分析、收益贡献度分析、投资活跃度分析、客户需求分析、风险收益偏好等。

场景驱动的金融多业态创新

为实现全方位领先、具有可持续竞争能力的战略目标，某金融机构与IBM携手，开展了全面的数字化转型设计，用数字化手段赋能业务与支撑体系，敏捷链接内外部各类场景，旨在建立互联、共享、高效的信息科技体系。

该项目全面梳理和更新了该企业的战略，设计近600个应用微组件，以全面覆盖该金融机构对外业务拓展与业务模式场景，以及对内业务管理与支撑体系。同时对这些应用微组件进行高频共享、专业开发分区，为微服务开发高频共享奠定基础。该项目设计了90余个微服务，定义了15大应用平台，明确了微服务共享模式、开发模式，并对这些应用平台和微服务进行了数据架构和技术架构设计及新科技应用设计。对关键业务微服务开发进行了POC落地验证，以确保设计的实质落地性。

该项目帮助该企业构建了高效解耦、高频复用、高效共享的组件架构模式，实现了开发效率提升、业务快速迭代与运维成本控制的平衡。该金融机构的董事长表示："华为用了一家伟大的公司IBM，这次项目十分创新，我们后续三年将持续投入落地，我们要和IBM长期合作，IBM合伙人既是我们的业务知音，也是我们的数字化导师！"后续，该金融机构将与IBM继续合作，推进项目设计成果的落地。

其次，银行可以结合多产品的实时估值与收益预测查询，对客户实现精准营销。不同的客户在购买理财产品时，对产品的关注点是不一样的。通过链接二级股票、债券市场、明股实债、房地产融资等多个系统，银行可以进行每日线上和线下资产端产品基数的计算，并提供不同比例的组合资产包的产品信息（如产品定价、风险特征、收益特征等），结合客户交易记录，就可以为客户提供实时的投资组合估价看板，便于客户了解投资收益信息，也便于客户经理进一步开展精准营销，挖掘客户的潜在需求。

最后，银行还可以开展全流程的客户维护、绩效分析，并反哺产品设计。银行可以根据客户与产品的匹配度评估，反哺产品组合资产包的设计与管理，从而根据客户的投资偏好，为其提供个性化的产品，在提高营销效率的同时，提升客户的满意度。

在企业级架构的设计过程中，对客户应用场景的梳理和设计也是对新技术的业务场景的创新，这需要一线业务和 IT 开发力量的紧密结合，并建立有序的试错空间。

体验引擎：以体验为引擎驱动转型

数字化转型的本质是从以客户为中心的角度出发，重构银行业的经营模式及银行与其他利益相关方乃至整个经济与社会环境的互动方式，这就要求金融企业始终关注客户乃至整个生态的协同来开展变革。因此，以企业级体验驱动的企业变革，是数字化转型时代下对企业的必然要求。

广义的体验包括客户体验、员工体验和生态伙伴的体验。从体验内容来划分，体验包括产品体验、服务体验、品牌体验等。企业通过开展对"人"的深入研究，驱动产品研发、服务设计、业务模式、品牌策略等一系列的变革。体验角色与体验内容以矩阵的形式，共同构成企业级体验的全貌。

体验引擎是以体验驱动企业变革的利器，它引入外部视角，利用人物角色与旅程两大关键工具，从体验穿透至商业模式、企业能力、业务、系统、数据以及流程等一系列的支持要求，驱动"外视型"变革，"由外向内"地为企业变革及架构设计提供输入。引入外部视角并关注端到端的体验，可以解决传统企业的创新窘境，真正实现以客户为中心、面向未来、可支持极致体验的企业级架构设计。具体而言，体验引擎可以分为五个层次：物理层、逻辑层、价值层、监测评价层、监测展示层。

物理层——人物角色：体验以"人"为核心，因此，体验引擎的起点是深刻理解人物角色。客户、员工、合作伙伴是最为直接的体验感知者与价值创造者。勾勒清晰的人物角色，能够加深企业对体验受众的理解，建立同理心，明晰人物角色差异化的体验期待与需求，从而预测人物行为。它为逻辑层的旅程提供输入，实现以"人"为中心的差异化设计。

逻辑层——旅程+能力需求：旅程与能力需求共同组成体验引擎的逻辑层。旅程是提升体验与识别创新机会的切入点。传统的业务流程是以业务部门的视角阐述业务的实现逻辑，而旅程是以人物角色视角描绘了从产生诉求到诉求被满足的端到端的全过程。它是业务流程的外部感知层。因此，从旅程着手，可帮助企业"由外向内""以终为始"地找差距、找不足，勾勒未来发展蓝图，识别创新方向，从而创造更高的企业价值。旅程包括现状旅程与未来旅程。通过梳理现状旅程、挖掘体验痛点并规划前瞻的未来旅程，企业可总结匹配市场需要的、体系化的、立足于现状亦面向未来的能力需求。来源于现状旅程的能力短板分析与来源于未来旅程的蓝图能力要求共同构成企业的能力需求（图2-5）。现状能力短板是立足于当下，对企业能力的反思；

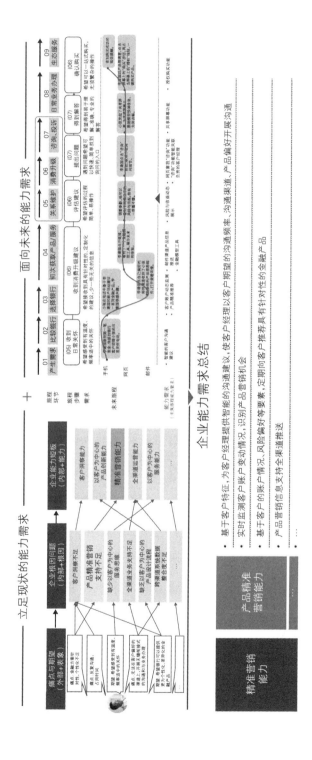

图 2-5 体验设计为企业架构设计提供输入

蓝图能力要求是面向未来的、满足关键价值创造者（客户、员工、合作伙伴）的需求与期待的系统性宏图。两者相辅相成，共同推动以体验驱动的企业变革。

价值层——价值链+业务领域+价值流+价值流活动：能力需求的实现离不开价值链、业务领域、价值流及价值流活动的支撑。该层将体验穿透至企业架构的设计需求，至此体验引擎完成了从外部的体验感知，转化为企业能力需求，并最终收敛为企业架构的"设计语言"的全过程。

监测评价层：为了使体验驱动的变革可持续的在企业内推行，企业需搭建体验管理闭环，而监测评价层便是闭环的逻辑起点，它从业务数据、运营数据与体验数据多维度动态监测、洞察体验变化。

监测展示层：集成展示监测评价层成果。以可视化、直观、交互友好的模式，差异化呈现不同用户的关注点。

体验引擎为金融企业开展以体验驱动的全面变革提供了有力的抓手，它搭建了体验管理的闭环体系，使企业可以实时洞察、监测体验的变化，以此为线索快速响应并优化问题环节，推动企业创新与变革。

企业级架构助力银行转型升级

案例1：

某大型国有商业银行，采用企业级业务建模的方法，面向3—5年后的目标运营模式，实现从战略目标到业务需求，再到IT

实施的一体化，将战略能力需求和管理需求转化为可执行的企业级、结构化、层次化的业务模型。

该项目设计了个人存款业务相关领域的业务方案和应用需求，为新一代核心业务系统的建设提供业务需求，基于预研的应用架构和技术架构规划成果，完成了新一代核心的应用原型开发和验证。

企业级业务建模，使得该银行的方案设计既可落地又有前瞻性，既能解决现状问题，又满足未来的创新要求。

案例2：

某大型国有银行从2017年启动企业级架构转型项目，重点围绕"企业级业务架构""IT架构转型""业务基础体系"等方面打造银行全新的智慧银行生态体系，以新方法、新架构、新生态，建立信息系统在新时期的差异化竞争优势。

该项目实践了更适合该银行的企业级+分领域实施的"T"型模式，以大零售为先行领域，建立企业级整合的业务架构，通过业务模型对业务进行前瞻性和标准化设计。基于业务模型，指导新一代IT蓝图设计，实现开放平台分布式银行系统的实施落地。

通过构建企业级业务架构的新机制，该银行打通了部门边界，实现了全行集约共享、互联互通，建立了基于业务架构的研发模式，促进了业务与IT的深度融合，推动了IT架构转型，为业务提升快速落地和战略目标的实现奠定了坚实的基础。

流程/产品模型：打破竖井，全面提升敏捷

企业级架构打破部门或条线的竖井式流程，通过业务模型建立企业级标准，确保战略意图在业务和 IT 中实现。通过业务模型，建立从战略到管理、到流程一整套企业级统一标准规范，确保战略意图和绩效指标逐层落实到每一个流程步骤、每一个程序模块、每一个员工的操作规范中。

企业级的流程标准化，不再以组织的边界来划分，而是将竖井式流程整合为关注客户目标和价值的一套流程。通过提取业务的变量（比如客户、产品、渠道和合作方），形成整合的企业级流程，保证渠道、产品线之间的业务流程的一致性以提供卓越的客户体验。

建立标准化是不是意味着要忽略差异化？当然不是。建立企业级标准，并不意味着忽略地区或客户的差异，而是通过设计原子级和标准化的服务，实现快速拼装部门级、业务条线级、企业级、生态级的业务服务，形成协同效应，快速响应市场需求，提高业务的敏捷性。

企业级的流程能够包容客户、产品、渠道及合作方的差异，支持线上线下全渠道整合，体现端到端的完整业务处理流程，为客户提供跨渠道的、一致的体验和一站式的产品服务。包容差异化的业务架构设计，支持客户、产品、渠道、合作方等的灵活变化，IT 架构设计也将具备对业务灵活变化的支持能力，但需要细化业务规则，以保证灵活化设计的落地实现。业务模型是 IT 设计开发的依据，为 IT 系统建设，打造理想的指引和输入。

企业级架构的业务建模，也为智能化工作流的设计提供了有效的输

入。体验设计提供了客户、企业、生态伙伴的视角，流程模型是智能化工作流设计的基石，而数据服务作为智能化工作流的关键支持因素，能对数据进行梳理，帮助挖掘最重要的价值，打造端到端的数据流。

数据模型：随需应变的智慧数据服务

越来越多的企业认识到，数据是企业的宝贵资产，然而该如何充分发挥数据的价值，体现银行的差异化优势？

企业级架构中的数据模型，将流程模型以及产品模型中产生的所有数据需求进行逻辑化和抽象化表示，反映企业的战略目标在能力举措实施过程中所用到的所有数据实体及实体与实体之间的关系。

智慧数据服务不只是达到报表统计等管理分析类的目的，而是要在银行的业务场景中，分析实时数据并提供洞察。比如，新客户在智能客服的协助下提出开户申请时，智能客服需要对客户输入的文字进行解析，识别客户的意图，完成开户申请。开户完成后，智能客服根据对客户信息的分析，进行个性化的产品推荐。这些定制化的服务都需要用到后端的数据服务。

数据服务既要能满足银行必备的基础服务，也要能支持银行灵活地参与外部生态系统。未来的银行，将围绕用户的生活和工作，在生态场景中提供全方位、融入式的金融服务。每个银行有自身的特色，根据自身客户的不同、掌握的数据不同，可以提供差异化的数据洞察服务。如果能够充分发挥数据洞察的价值，银行就能够在市场上形成差异化的定位，不仅实现数据变现，更能够与生态圈的合作伙伴形成牢不可破的黏性。

　　DataOps（数据操作）的快速发展，会对企业级架构的数据架构发生颠覆性的影响。DataOps 是人员、流程和技术的编排，以及一种协作式的数据管理实践。它能够改善组织中数据管理者与数据使用者之间数据流的通信、集成和自动化，将可靠的、业务就绪的数据快速交付给数据使用者操作、应用程序和人工智能（AI），并使用元数据来提高动态环境中数据的可用性和价值。

　　DataOps 不同于 DevOps，它允许所有数据用户通过自主服务访问可信的、高质量的数据，强调通过自动化数据治理，完成连续不间断的交付，通过监控和优化数据管道作业，形成学习反馈回路。它能够极大地减少数据分析的时间，使得银行的数据科学家能够专注于更高质量和高价值的数据分析工作中去。

中台设计：面向用户及生态的服务化架构

　　中台设计，可以帮助企业沉淀可复用的能力，满足支撑前台业务变化及创新的快速响应的要求。使用模型化方法搭建的企业级业务架构，能够帮助银行快速形成业务中台和数据中台的能力。

　　我们认为，中台是银行的共享能力中心的聚合。中台为共享服务提供编排、聚合、治理、开发运维，以及对外暴露的能力。在有效利用现有系统能力的情况下，在中台内充分使用新技术，能够赋能银行业务场景的创新。通过业务建模方法定义的业务组件，是企业内部视角的业务能力中心，是指引业务中台建设的最佳输入，也是保障以技术视角识别的共享能力中心稳定性的基石。

　　企业级架构的设计必须考虑到生态系统中各成员之间的界限越来

越模糊，因此面向未来的企业级架构，需要构建面向用户及生态系统的服务化的架构模式。这一模式的不同分区各自承载不同的能力，为客户、用户和合作方提供端到端的服务（图2-6）。

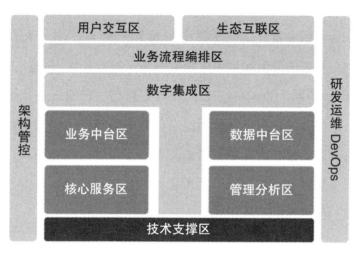

图 2-6　面向用户及生态的服务化的架构模式

用户交互区：围绕客户、用户提供生态金融服务的接入点，实现客户界面展现、用户交互控制、会话管理、渠道设备驱动、个性化展现等功能。强化以客户、用户为中心的服务交付，支持多渠道整合与联动，智能交互，提供更高级、更精致的用户体验。

生态互联区：提供数字化金融服务输出的能力。以客户为中心，以生态场景为触点，以 API/SDK 等技术为手段，通过与第三方数据、业务等的共享融合来满足客户的需求。

业务创新协作区：实现对企业和生态业务能力的编排、协作和发布。该区可通过直接或顺序（并行）地调用中台区和基础服务区的业务能力，或者基于流程或用户交互状态来确定该调用哪个业务能力，或者通过组合多个业务能力可以快速形成新的服务能力，达到高内聚和高复用。

数字化集成区：构建企业级应用、信息、生态集成支撑体系，实现用户交互区、业务中台区、数据中台区、生态系统的多维交互。实现内外部服务注册、集成、管理。有效实现服务使用者和提供者的松耦合，支持各区交互有效管理与连通。

业务中台区：由共享能力中心组成。共享能力中心从跨业务条线的业务服务中逐层抽象聚类获得，供前台系统调用，避免相同功能的重复开发。

数据中台区：由数据湖、数据服务等核心组件组成。通过充分汇聚金融机构内外部的数据，使用智能化、现代化的分析技术，将数据资产服务化，通过数字集成区为内外部各类场景提供数据服务。

核心服务区：面向客户的金融业务处理区，由现有的、满足近期业务诉求的、确定的 IT 系统组成，用于保护现有 IT 资产，同时对外提供稳定的业务能力输出。

管理分析区：面向金融机构内部的管理分析区，由现有的、满足近期业务诉求的、稳定的管理分析类系统组成，满足监管报送、风险合规、资产负债管理、财务分析、管理会计分析等传统的管理分析类需求，用于保护现有 IT 资产，同时对外提供稳定的业务能力输出。

技术支撑区：包括应用技术平台和数据技术平台。其中，应用技术平台是端到端的全方位支持现代化应用构建和部署的技术平台，支撑应用实现平滑的转型；数据技术平台提供大规模资源管理和运维保障的大数据底座能力，提效数据开发和计算，是数据中台基础能力支撑平台。

结　语

蝴蝶之所以美丽，不仅仅因为它破茧成蝶时的华丽展翅，更因为它在蜕变过程中所承受的痛苦和不断地努力，最终得以脱胎换骨。

在全新的业务重塑时代，金融企业如何应际而变？在保持业务稳定性的大前提之下，把握住瞬息万变的市场脉搏，这对任何企业而言，都是不小的挑战。企业级架构的设计与实施，为金融企业的蜕变转型提供了有力的抓手：通过建立企业级标准，打破竖井，实现"大而不散"；通过原子级服务的快速拼装，全面提升敏捷性，实现"快而不乱"；通过以客户为中心，以体验引擎驱动转型，实现"触而不离"；通过强化企业治理，实现"变而有序"。

要实现向未来金融企业的转型，还需要从根本上转变企业的文化、经营理念和人员的能力。除了自身不懈努力摸索前行，也可以考虑与有转型经验的生态伙伴携手共进，迅速实现企业从理念、文化到能力的全面升级。破茧的意义，不在于获得振翅飞翔的能力，而在于突破束缚，飞向更广阔的未来，这也是金融企业涅槃重生的灿烂与辉煌。

需要思考的重要问题

——在向未来金融服务转型的过程中，贵企业存在哪些挑战？

——您打算如何开展企业级架构转型？

——您是否打算联手经验丰富的合作伙伴，加速向前推进金融服务转型？

第三章

颠覆消费品企业发展定律

后疫情时期的竞争优势竞赛

作者介绍

Karl Haller，IBM 全球企业咨询服务部消费品行业能力中心的全球负责人。Karl 负责领导 IBM 全球消费品行业竞争力中心，这是一个由行业专家组成的团队，主要为全球领先的零售商和消费品企业制定转型解决方案和计划。Karl 拥有业务战略、客户体验与互动、分析和洞察、商品销售规划和全渠道等多个领域的专业知识。

联系方式：LinkedIn 账号 linkedin.com/in/karlhaller@ krhaller，电子邮箱 Karl.Haller@ ibm.com。

Jim Lee，IBM 全球企业咨询服务部分销领域的合伙人。Jim 负责领导 IBM 消费品行业的供应链战略服务。他与消费品制造和零售企业合作，开发新方法，以改善服务、扩大盈利和优化运营资本。Jim 帮助全球最大的品牌企业和零售商通过 AI、自动化、IoT 和云支持的数字化转型和创新，重塑运营模式。

联系方式：LinkedIn 账号 jim.s.lee@ us.ibm.com，电子邮箱 linkedin.com/in/jim-s-lee。

Jane Cheung，IBM 商业价值研究院消费品行业全球调研负责人。Jane 在零售行业与消费品行业拥有 20 余年的工作经验。Jane 曾在 Macy's、Disney、Nike 和 Hallmark Cards 供职，担任过 IBM 和 Accenture 咨询部门值得信赖的客户顾问。Jane 拥有加州大学长滩分校的工商管理硕士学位。

联系方式：LinkedIn 账号 linkedin.com/in/janescheung@ JaneSCheung，电子邮箱 jane.cheung@ us.ibm.com。

本章要点

满足"多重要求"

在新冠肺炎疫情期间，面对异乎寻常的巨大需求波动，品牌企业与零售商对供应链提出新要求，不仅要提高效率，还要改进敏捷性，以增强消费品企业在客户互动、产品创新和开发及运营等方面的竞争优势。

确定"必需"

为帮助消费品企业满足"多重要求"的增长，必须找到独特优势，确定最主要的差异化特色，专注于这些重心，依靠合作伙伴协助完成其余工作。

确定"必需"

新冠肺炎疫情期间，快速转变能力成为一项核心要求。现在，消费品企业必须实现这种能力——换言之，通过应用 AI、智能化工作流程和自动化、IoT 和云，扩展数字化转型，从而"扩展转变"。

第一节 接受新现实

新冠肺炎疫情突如其来，带来一连串巨变，品牌企业和零售商必须像过去 20 年努力提高效率那样，全力以赴地提升敏捷性。

与此同时，全球企业为了努力应对疫情冲击，加速实施众多创新——包括许多已在规划中的创新。这些创新为转变行业运营模式创造了机会。

根据目前的形势，我们即将迎来"多重要求"时代：效率与敏捷性并重；一流的数字客户体验搭配技能精湛的一线销售和服务专员；兼顾可持续性与低成本；等等。

为更深入地了解行业面临的变化、挑战和机遇，我们对近 2000 位消费品（CP）、零售、农业综合企业（Ag）和批发行业的高管开展了一次调研。他们在 24 个国家/地区担任供应链、运营、客户互动以及可持续发展方面的领导职务。在本报告中，我们重点研究企业如何应对疫情冲击、未来 6—12 个月的优先任务，以及保持长期成功的需求。

保持连续性，同时建立弹性

超过半数的受访高管表示，新冠肺炎疫情期间他们所面临的最大挑战在于无法保持业务的连续性，其次是经济损失和网络安全威胁。作为应对之策，组织纷纷探索新型工作模式，降低成本，转移到更安全、更富弹性的基础架构。

随着疫情在世界各地持续蔓延，全球陆续采取封锁措施。企业继续实施 2020 年为保障员工健康、客户安全互动以及工作场所持续运转而采取的一系列举措。超过 70%的消费品企业以及超过 80%的零售商采取了这些行动。

另外，他们还建立新的流程和程序，最大程度减少运营中断，并在发生中断时保证业务能够正常运转。消费品企业将重点放在增强整个企业的 IT 弹性，以满足分布式 IT 格局的需求。

从危机中寻找机遇

疫情暴发初期，政府采取应对措施，将消费品行业划分为"不可或缺"（包括食品、个人健康、生活用品等）和"非不可或缺"（包括时尚、娱乐、旅游等）两大类。企业必须在加速电子商务步伐的同时，进一步增强信任和提高透明度。这些变化催生了新的消费者期望和行为，即使在疫情之后，其中的许多变化也将成为持久的新常态。

随着各经济体相继重新开放，消费品企业必须反思并弄清楚究竟该如何成为不可或缺的组织。[①] 这包括确定企业的哪些方面既具有差异化优势，又能创造巨大价值，然后集整个企业之力重点发展这些方面，而同时依靠合作伙伴履行其他职责。

当询问未来6—12个月的三大总体业务目标时，回答增加收入的零售和消费品行业的受访高管人数最多。消费品行业排在第二和第三的目标是提高效率和改进产品；而零售行业的另两个主要目标则是提高敏捷性和改善客户体验。在这些目标的推动下，企业制定了有关供应链、运营、商店和客户体验的计划，并为将来6—12个月设定了优先任务（图3-1）。

第二节　满足"多重要求"

在这些目标中，最引人瞩目的趋势在于，企业需要同时兼顾多个优先任务，有时这些优先任务甚至相互竞争，比如提高效率与提高敏捷性，又如改善客户实体店内体验和改善客户数字体验。其他例子还

---

① IBM CEO Study, IBM Institute for Business Value C-suite Series：The 2021 CEO Study February 2021. https：//www.ibm.com/thought-leadership/institute-business-value/c-suite-study/ceo#

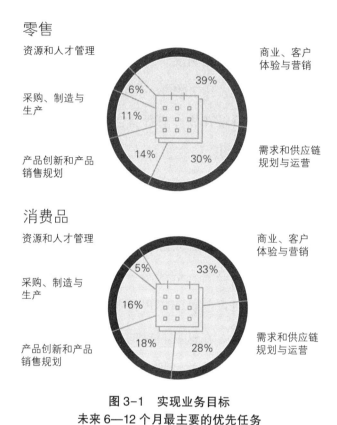

零售

资源和人才管理

商业、客户
体验与营销

采购、制造与
生产

产品创新和产品
销售规划

需求和供应链
规划与运营

6%
39%
11%
14%
30%

消费品

资源和人才管理

商业、客户
体验与营销

采购、制造与
生产

产品创新和产品
销售规划

需求和供应链
规划与运营

5%
33%
16%
18%
28%

图 3-1　实现业务目标
未来 6—12 个月最主要的优先任务

包括品牌企业和零售商紧缩需求和增加供应；扩大在线业务和支持一线业务；规划意外中断和预期的转变。企业必须认识到这种新现实，了解如何满足不同业务领域的"多重要求"。

提高运营效率和敏捷性

运营效率是消费品行业长期以来的支柱性目标，企业通过提高运营效率以增加赢利和生产资本，完成潜在的品牌收购以推动增长。供应链组织在提高运营效率方面的贡献最大，通过持续降低成本以及在企业战略规划活动中不断实施生产力计划来实现目标。

相比之下，敏捷性指的是应对市场变化的能力，一直被视为供应链临时目标。与效率目标不同，敏捷性往往与许多意想不到的事件关联，这些事件很可能促使细分行业将目标投向特定的业务领域。例如，设想一下影响零售杂货商的由食品传染的疾病，为防止疾病传播，必须提高供应环节的可视性。但迄今为止，敏捷性仍只是在有用时才偶尔成为优先任务。

疫情暴发后，93%的组织因需求波动而面临挑战，因此对供应链提出新的要求，不仅要提高成本效率，还要增强执行敏捷性。[①] 消费品行业经历了一年多的疫情冲击，预计将恢复到一种截然不同但基本稳定的新常态。然而，消费者的需求和期望仍将持续变化，因此运营供应和产能目标也必须不断调整。

由于消费品制造商和零售商必须为下一次变革做好准备，因此必须兼顾效率和敏捷性——二者同等重要，不存在谁更重要的问题。

物流运营是这种"双管齐下"方法的典型例子。传统上而言，运输和储存产品以满足需求主要是一种成本职能，包括计算库存浪费、卡车利用率、保管成本及其他价值杠杆。

但是，随着需求波动日渐剧烈，零售和批发物流通过灵活地应对变化来提高成本效率。为了缓解冲击的影响，近半数业内企业（51%的消费品企业和48%的零售企业）设置了替代性的运输和物流模式。

---

① Wright, Jonathan, Takshay Aggarwal, Amar Sanghera, and Jessica Scott. "Smarter Supply Chains for an Unpredictable World." IBM Institute for Business Value, Aug. 2020, www.ibm.com/thought-leadership/institute-business-value/report/smarter-supply-chains

这两个优先任务的重要性不相上下：52%的零售业受访高管选择降低运营成本，58%的高管选择培养敏捷性以更快适应需求变化。

制造领域已开始效仿这种做法。而在物流领域，工厂在材料、人工和日常开支方面设定成本节省目标。尽管生产灵活性一直被公认为优先任务，并且设定了生产能力和产量等一系列衡量指标，但由于设备检修和安装等工作会产生资本支出，因此过去的投资一直呈递增趋势。

但在后疫情时期，企业在效率和敏捷性方面的投资更加均衡。

61%的受访高管通过加快自动化进程以提高生产力，49%的高管则探索增产新途径。消费品制造商（如 Campbell's 和雀巢）正在引进新设备和新生产线，以提升未来产能。[①] 为增强风险管控，近 1/3（29%）的高管与供应商合作，进一步巩固生态系统。

改善客户实体店内体验和客户数字体验

在某些国家或地区，由于基础设施落后，以及大部分消费者无法获得银行服务，因此网上购物可望而不可即。但新冠肺炎疫情带来的冲击迫使他们快速推进变革（请参阅"观点：突如其来的变化让所有体验都变得异常重要"）。39%的受访零售高管表示，希望在接下来的6—12 个月内将商业和客户体验作为最主要的优先任务。

---

① Annual Report, Campbell's Soup Company. https://www. campbellsoupcompany. com/wp-content/uploads/2021/03/Campbell-Soup-Company-2020-Annual-Report. pdf; "Nestle Launching $50M Expansion Project at Wisconsin Plant." Powder & Bulk Solids. December 2, 2020. https://www.powderbulksolids.com/food-beverage/nestle-launching-50m-expansion-project-wisconsin-plant

随着限制措施的解除，安全将成为顾客和店员面临的最主要问题。零售高管对此深有体会：81%的受访者将重点放在开发新流程和新程序，旨在保障工作场所和商店的安全。

零售商必须持续关注安全措施，特别是有助于提高客户满意度的措施。70%的高管选择无接触式支付技术作为组织最关键的技术。沃尔玛推出自助结账，提供无接触式支付选项、取货和送货服务。[①] 因疫情影响，德国的无接触式支付比例从 35% 激增至 50% 以上。中国的无接触式支付采用率高居世界第一。[②]

除了实施无接触式支付等独立的技术外，零售商还加快投资步伐，培养能力以协调数字渠道和实体渠道，改善客户体验。

2020 年第一季度，疫情封锁期间一家大型电子零售商的在线需求激增。与此同时，该企业 40%的电子商务订单仍采用到店取货或路边取货形式。[③] 该零售商很快发现，许多客户希望尽快前往商店提取购买的商品。于是该零售商迅速建立了到店取货服务链，随时随地根据需要为客户供应所需的商品。随着实体店恢复营业，客户更倾向于选择到店采购各种商品。

---

① Smith，Matt，"New Checkout Experience Seeks to Eliminate the Wait and Add Options at the Register." Walmart website. June 30，2020. https://corporate.walmart.com/newsroom/2020/06/30/new-checkout-experience-seeks-to-eliminate-the-wait-and-add-options-at-the-register

② "How Contactless Payments are Driving Digital Payment Services in Times of COVID-19." Digipay. guru. 2021. https://www.digipay.guru/blog/contactless-payments-solutions-during-covid-19

③ Dowd，Jessie. "Best Buy CEO at CES 2021：'Agnostically Meet the Customer Wherever They Are.'" Retail Touchpoints. January 15，2021. https://retailtouchpoints.com/features/retail-success-stories/best-buy-ceo-at-ces-2021-agnostically-meet-the-customer-wherever-they-are

观点：突如其来的变化让所有体验都变得异常重要

疫情带来了一个显著影响，就是让世界上某些地区原来进程缓慢的在线购物突然提速。

例如，疫情暴发之前，墨西哥仅有不到半数成年人拥有银行账户，网购在零售业务中所占的份额不足5%。疫情很快扭转了局面。[1]

大批商店停业，数百万人选择在线购物。仅仅一个季度，Walmart de Mexico 在墨西哥的在线销售额就增长了217%。其他一些原来在线购物发展缓慢的国家/地区也发生了类似的转变，比如印度、巴西和俄罗斯。[2] 突然之间，提供最佳面对面购物体验变得无关紧要，而不灵活的数字购物体验却可能让企业走向灭亡。

为此，企业纷纷强化平台，增强付款的安全性，加快配送速度，改进客户服务——甚至利用社交媒体平台提供帮助。鉴于拉美地区在线销量激增，拉丁美洲最大的电子商务零售商 Mercado-Libre 调动自己的多架飞机，缩短运输时间。[3]

---

[1] Mahoney, Noi. "Pandemic Rapidly Accelerating E-commerce in Mexico." Freight Waves. August 11, 2020. https://www. freightwaves. com/news/pandemic - rapidly - accelerating-e-commerce-in-mexico; Navarro, Andrea and Matthew Townsend. "Online Sales Ignite in Corners of World Late to the Revolution." Bloomberg. January 26, 2021. https://www.bloomberg.com/news/articles/2021-01-26/online-shopping-websites-in-india-mexico-russia-boom-with-sales-in-covid-era

[2] Ibid.

[3] Ibid.

当然，这并不意味着实体店购物就此走向没落。事实上，随着疫情的逐步缓解，企业亟须针对面对面购物和在线购物提供差异化客户体验，因为即使人们开始陆续回归实体店，疫情期间养成的购物习惯无疑也会产生十分深远的影响。人们很可能希望两种体验无缝同步。

尽管客户希望掌控自己的订单，但也希望开展互动，这是他们前往实体店购物的主要原因。进入商店后，他们非常希望获得所需的互动和咨询。因此，店员必须能够为客户提供全方位帮助，营造卓越的购物体验。

近半数高管（47%）表示正在扩展工具，帮助卖场店员提高工作效率，为客户提供更出色的服务。零售商如果无法满足客户预期，就会失去客户信任。当今时代，赢得信任和信心比以往任何时候都更重要。

第三节　确定“必需”

满足“多重要求”或许听上去像是扩散作用计算公式，原本希望满足所有必要目标，但在此过程中却并未达到任何有意义的目的。企业究竟该如何找到平衡点，在当前环境中取得成功？

企业不能将所有目标都设为优先任务，因此必须确定自己最主要的差异化优势，这至关重要（见图3-2）。为此，企业必须评估自身的独到之处，而后利用该洞察形成差异化优势。此外，高管也要开诚布公：企业在哪些方面做得最好？在哪些领域可以快速扩展？然后确定哪些业务可依靠合作伙伴的帮助来完成。

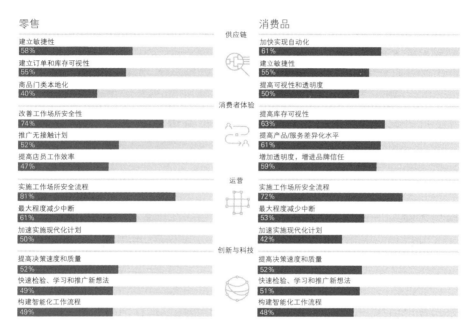

图 3-2　都很重要
当前环境中的短期关注点涉及多个领域

　　根据最新的 CEO 调研，成功企业在以下三个领域具有明显的竞争优势：客户、产品和运营。[①] 纵观消费品行业，表现出众的企业重视运营，强调效率、分销、定价和透明度等原则。近半数（44%）的消费品企业将制造和供应链业务视为未来 6—12 个月的优先任务，这进

---

　　① IBM CEO Study，IBM Institute for Business Value C-suite Series：The 2021 CEO Study February 2021. https://www.ibm.com/thought-leadership/institute-business-value/c-suite-study/ceo#

一步印证了他们的关注重点。此外，表现出众的消费品企业更有远见，重视新兴技术等因素，面向未来发展做好准备。

零售企业则关注客户，高度重视客户关系。表现出众的企业始终将客户体验视为最重要的优先任务，非常重视服务礼仪和动态反馈。

然而，尽管零售商可能很大程度上认为自身以客户为中心，但许多企业仍采用传统运营模式。他们的组织架构和损益表依旧基于渠道。他们关注于所销售的产品——而不是考虑如何销售解决方案。他们的客户数据库基于交易。他们的营销工作注重于指导消费者完成购物流程，而不是维系长期关系。

企业必须扩大 AI 的使用。他们需要根据数据洞察做出决策，然后在各运营环节快速检验和执行这些决策，深化以客户为中心的原则。52% 的消费品企业和零售企业投资于分析技术，帮助提高决策速度和质量。近半数的消费品企业（51%）和零售企业（49%）正快速检验、学习和扩展新想法，加速推行现代化计划，从而增强敏捷性，满足消费者需求。

消费品企业的工作性质同样需要转变，从孤岛式的运营转变为权责分明的综合赋能型敏捷团队。这就需要在组织的所有领域推行变革，还需要调整业务模式和关键指标，转变企业对员工和文化的态度，以及数据的组织和管理模式。抓住问题本质，直击核心，只有这样，企业才能在需求挑战日益严峻的环境下迈向成功。

大规模发挥转变能力

2021 年是转变之年。2020 年，组织为了应对新冠肺炎疫情带来的各种新要求，被迫转变工作方式，开发和推出新功能，有许多功能几乎在一夜之间就建立起来。但是，随着后疫情时期的格局逐渐显现，企业需要将这些新功能投入运营。换言之，企业需要扩展转变的规模。

为此，必须弥合业务运营模式中的差距：包括组织架构、绩效指标、业务流程和技术平台。很多高管已启动这项重要工作。

IBV 最近开展的一项调研表明，60%的受访高管显著加速了企业的数字化转型进程。2/3 的受访者表示，原本许多受到重重阻力的特定转型计划，却因为疫情迎来新的契机。[①] 综合研究具体技术之后，这些高管认为信息技术最有帮助（图 3-3）。

不可或缺的技术高居榜首，比如有助于保障工作场所和商店安全的无接触式支付技术和生物识别安全技术。启用无接触式互动的移动设备管理技术排在第三位。尽管可将这些技术视为"独立的技术"——单独采用也可以发挥巨大的价值，但如果将它们与其他许多技术搭配使用，就可打造成功的解决方案。

受访高管表示，其中很多关键技术（例如，AI、智能化工作流程和自动化、IoT、云和高级分析）是绩效差异化因素，也是企业未来取得成功的保证。根据我们的分析，高管选择采用技术组合以帮助成功实现未来目标的可能性超过 80%。

例如，当被问及需要采用哪些关键技术以确保顺利实现未来目标

---

① Payraudeau, Jean-Stéphane, Anthony Marshall and Jacob Dencik. "Digital Acceleration." IBM Institute for Business Value. November 2020. https://www.ibm.com/thought-leadership/institute-business-value/report/digital-acceleration

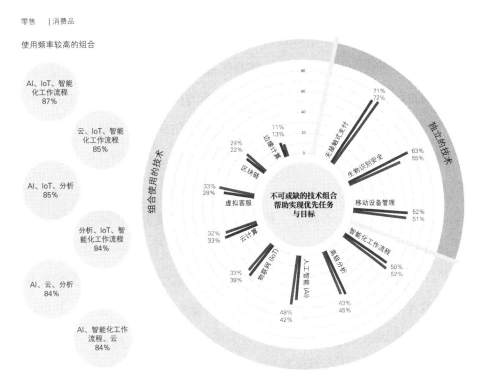

图 3-3　有效统筹，迈向成功
三种独立的技术以及一系列组合使用的技术

时，87%的高管选择 AI、智能化工作流程和 IoT。85%的高管选择智能化工作流程、云和 IoT 作为最佳技术组合。

上述结果与2020年的 CEO 调研相呼应。在 2020 年的调研中，受访者普遍将 AI、云和 IoT 视为绩效差异化因素。这些能力往往相互关联，而且能够自我增强。

IoT 能够从制造、物流和商店运营环境的装置和设备中收集数据。AI 可以利用这些数据开展学习和推理，识别语义参考，用作自主决策的标准，而且还能不断自我纠正。而后，可通过云在企业和业务生态系统中整理和传播 AI 分析得出的决策和结果。

IoT、云计算和 AI 相结合，构成面向未来的企业获得竞争优势的关键。它们颠覆传统工作模式，实现智能化工作流程和自动化。

通过结合使用这些技术，可实现全面的供应链可视性，促进持续协作和执行。反过来，这又有利于在动态变化的市场环境中快速应对和解决种种问题。另外，这些技术还可以帮助企业预测并快速满足不断变化的消费者期望。

例如，某国际美容和个人护理品牌企业投资于工业 4.0 计划，推动业务转型（请参阅下文"定义：工业 4.0"）。[①] 他们希望借此提高敏捷性和效率，同时缩短产品上市时间。IoT、增强现实、虚拟现实和 AI 等技术是打造智慧工厂的基础。[②] 该企业还优化位于 50 多个国家/地区的配送中心内的流程，使其实现自动化，从而简化订单准备过程。结果，该企业现在每两秒即可交付一份订单，覆盖全球超过 50 万个交付点。[③]

加拿大一家主要的零售商曾计划从实体店转型为全渠道销售，但突如其来的新冠肺炎疫情将他们的这种想法变成迫切需求。这家零售商重新搭建电子商务平台，将 CRM 系统分解成大量微服务，采用 IBM

---

① "Industry 4.0 at L'Oréal：The beauty industry is gaining momentum." L'Oréal website. https://www.loreal.com/en/news/group/industry-40-at-loreal-the-beauty-industry-is-gaining-momentum

② Kouwen, Peter. "L'Oréal and IBM：An Industry 4.0 makeover." IBM. January 24, 2019. https://www.ibm.com/blogs/think/be-en/2019/01/24/loreal-and-ibm-an-industry-4-0-makeover/

③ "How the beauty industry is being transformed by technological innovation." L'Oréal 2018 Annual Report. https://www.loreal-finance.com/en/annual-report-2018/operations-4-2/how-beauty-industry-transformed-technological-innovation-4-2-3

Cloud 提高速度以及增强敏捷性。在混合云架构的帮助下，该零售商得以在 6 个月内转变品牌战略并实现业务转型，而最初规划的完成时间是 12—14 个月。

最近的一项调研分析显示，表现出众的企业采用云功能实现高级敏捷开发和交付的比例要比其他企业高出 93%，利用高级云和数据满足不断变化的期望的比例则要高出 75%。[①] 而今，这家零售商已经能够激活个性化促销，以微秒级的响应速度吸引个人客户。此外，无论是由于店内购买、网上购买还是网点间转移而造成库存变化，他们都可以实时获得准确的库存更新信息。该零售商以 AI 作为推动力量，现已能够更迅速地满足复杂的分析需求，哪怕在极度严苛的环境下，也能保持业务的连续性。[②]

定义：工业 4.0

工业 4.0 通常指在前几次工业革命的基础上开展的一系列创新。这包括采用 IoT、AI 和 5G 等数字技术实现无处不在的互联互通、机器到机器通信以及分散式决策。工业 4.0 还强调为在生产环境中工作的人员提供更深层的 AI、分析和增强现实支持，从而拓展他们的能力。

[①] Payraudeau, Jean-Stéphane, Anthony Marshall and Jacob Dencik. "Digital Acceler-ation." IBM Institute for Business Value. November 2020. https://www.ibm.com/thought-lead-ership/institute-business-value/report/digital-acceleration

[②] "How IBM Enabled Harry Rosen's Digital Transformation." IBM Services Channel. December 11, 2020. https://www.youtube.com/watch?v=YBXbxgHvWCE&feature=youtu.be

行动指南

后疫情时期的竞争优势竞赛

消费品行业面临前所未有的严峻挑战，同时也是一次绝佳的技术（AI、自动化、IoT、区块链及其他一些技术）融合机遇，这有助于消费品企业克服挑战。这些技术呈指数级发展，只有大规模应用并有机整合到企业业务运营模式中，才能发挥最大效用。

消费品企业可采取以下一些重要行动：

1. 增强并扩展数字能力——即使消费品行业逐渐摆脱疫情影响，很多客户仍将继续通过数字方式进行互动。品牌企业和零售商必须依托强大的消费者数据平台，发挥企业级的数字营销、销售和服务能力。他们需要面向一线员工推广这些能力，使后者能够更好地为客户服务。

2. 打造智慧供应链，覆盖从寻源采购到订单履行的整个过程——消费者行为不断变化，因此亟须打造智能供应链，以便能够评估本地需求模式，接近实时地应对变化。通过更轻松地掌握所有业务合作伙伴的当前库存和原材料情况，做出更明智的决策，增强应变能力。

3. 实现工作性质现代化——为提高效率和敏捷性，亟须打造集人员与技术于一身的智能化工作流程。这有助于简化运营，降低运营成本，利用管理服务开展非核心业务，从而能够省出资金用于推进转型工作。鉴于工作地点的新期望以及分布式工作模式的优势，转变现有人才流程，采用虚拟和混合工作模式，同时增强工作环境安全性。

4. 倡导企业创新——投资于企业 AI，利用发掘的洞察发现创新机遇，应对宏观/微观消费趋势变化，包括更具针对性的商品分类及新产品机遇。开发快速检验、学习和推广新想法的敏捷方法，建立创新制度，鼓励打造创新支持文化。同时，采用以人为本的设计，营造超越客户和员工需求的企业体验。

5. 迁移到安全混合云，提高速度和敏捷性——对传统应用进行现代化改造，将其迁移到开放式混合云，将传统大型机数据与公有云和私有云平台整合，进一步实现价值。与此同时，将关注焦点从传统应用转移至新能力。

第四章

我们所熟知的通信服务
时代已经结束

5G 和边缘计算将如何帮助界定谁能在

蓬勃发展的数字经济中获胜

作者介绍

Chad Andrews，IBM 商业价值研究院（IBV）的 TM&E 全球行业负责人，在此他负责开发这些行业的研究和战略思想领导力。他之前曾在 IBM 担任过云视频、广告和媒体区块链领域的全球解决方案职位。入职 IBM 前，他在一家《财富》50 强企业中负责 TM&E 垂直领域的战略工作。

联系方式：LinkedIn 账号 linkedin.com/in/chad-andrews-5284293/。

Steve Canepa，IBM 通信行业的全球董事总经理，负责 IBM 针对 5G、网络云、边缘平台服务、数字视频、开放混合云和 AI 解决方案的战略和解决方案。Steve 及其团队获得过重要赞誉，包括四项艾美创新奖。2019 年 9 月，他被 Business Insider 评为 IBM 最杰出的领袖之一。

联系方式：LinkedIn 账号 linkedin.com/in/steve-canepa-a70840a/。

Bob Fox，IBM 全球企业咨询服务部美国电信行业的负责人。他负责管理 IBM 在美国的行业咨询实践，制定业务咨询战略，以及增进客户关系。他拥有三十多年为世界各地 CSP 提供业务战略方面建议的经验。过去的十年中，他撰写或参与撰写过 20 多份报告，分享了 IBM 对全球电信行业的看法。

联系方式：LinkedIn 账号 linkedin.com/in/bofox。

Marisa Viveros，负责 IBM 的 5G 和边缘计算战略与合作伙伴关系，通过采用开放式架构和 AI 来解决数字化、网络现代化和创建数字服务的问题。她是 IBM 行业学会和 Linux 基金会网络管理委员会的成员。

联系方式：LinkedIn 账号 linkedin.com/in/marisaviveros/，电子邮箱 viveros@ us.ibm.comv。

本章要点

放眼网络连接之外

尽管 5G 和边缘计算将为信息通信提供商（ICT）带来新的经济机遇，但通信服务提供商（CSP）预计将错失大部分的增长机会——除非他们学会适应，在云原生数字服务、应用和解决方案中添加差异化价值。

采用数字平台战略

史无前例的 5G 超高速增长应该会在未来五年左右开始，大多数企业可能将基于提供规模经济的现有数字平台进行扩展——包括那些用于支持网络连接的平台。CSP 当前制定的战略和运营决策对于他们能否与云原生竞争对手进行长期抗衡至关重要。

利用混合云做好准备

在对 500 名电信高管的调研中，我们发现了一小组"业绩出众者"（占受访者的 14%），他们预计将在 5G 和边缘计算领域超越其他企业。他们对云原生技术和敏捷部署方法的战略重要性的理解以及使用的部署方式，为寻求实现网络云可持续增长的其他 CSP 提供了洞察。

第一节　21 世纪 20 年代：
进入崭新数字世界的一次"大爆炸"

我们很可能即将迎来历史性的数字化扩张。一旦经济条件成熟，一些最受期待和改变世界的用例将成为主流，包括沉浸式娱乐、增强现实（AR）、联网汽车、工业 4.0 和空间网，等等。在本报告中，我们将深入探讨这些经济现象将以何种方式出现，以及 CSP 如何做好准备以进行必要的文化、运营和技术变革，从而在新的经济形势下蓬勃发展。

通常情况下，为满足用户期望，需要将连接性和计算集成到更接近数据存储和决策制定的地方。相关的物理基础架构、网络功能和软件预计将大量扩张，到五年后迎来一个崭新的技术时代，从而将成本降低到允许大规模采用和超级扩展的水平。"网络云"将成为继个人电脑和云计算之后的第三次数字化浪潮。这一浪潮将融合网络和云功能以及连接性和计算，在应用中注入数据驱动的智能和自动化决策，形成我们所谓的"智能连接"，扩展吞吐量网络层。

我们预计，已经大规模构建的平台（包括但不限于那些部署了网络连接功能的平台）将提供我们所定义的"平台经济优势"，成为今后大多数超高速增长事实上的分水岭。

平台经济优势的一个重要部分涉及"平台控制点"，这是指开发人员和生态系统基于由平台运营商定义（顾名思义）和控制的规则、工具及约定集合在一起的环境。例如，超大规模的公有云平台向最终用户提供基础架构配置目录以及第三方软件市场。这些平台的后端支持第三方之间的互动，往往通过代表集体做出选择来解决标准争论问题。这些平台通过充当协作节点来获得市场影响力，而协作节点由于封装了用于部署、计费、监控和支持等的工具，因此通常能够增添价值，同时提高客户黏性。

要想在短短的三到四年时间里实现持续增长，CSP 可能需要集合多个生态系统，让合作伙伴生态系统的价值成倍增加。开源混合云平台可用来替代不透明的价值捕获平台，鼓励能够增添价值的开放式创新和透明，使客户和合作伙伴社区受益。

要想实现蓬勃发展，大多数的 CSP 都将需要培养新的能力，并在价值链中扮演新的角色。CSP 应该寻找新的盈利方式，而不是仅仅依靠计量连接和数据访问，因为 CSP 业务模式的这些传统支柱很有可能实现商品化。

在 5G 驱动的新兴平台经济中，CSP 可以提供很多东西，包括体验、入网点、企业系统、独特数据和客户信任。我们近期对 5G 和基于 5G 的边缘计算开展了一项调研，并通过该调研发现了一小部分业绩出众的 CSP，他们为如何利用优势和开发所需的云原生能力以在这个即将来临的网络云时代取得成功提供了洞察。正如我们所料，与其他 CSP 相比，这些业绩出众的 CSP 似乎更重视数字平台、自动化、新兴合作伙伴生态系统以及混合云的战略重要性。

第二节　我们针对 5G 和基于 5G 的边缘计算的全球调研

为了更好地了解全球 CSP 面临的挑战，IBM 商业价值研究院（IBV）联合牛津经济研究院对 21 个国家或地区的 500 名全球电信高管进行了调研。

我们的调研发现了一组业绩出众者，占受访者总数的 14%。据这些高管自述，在过去三年中，他们组织在收入、盈利能力和创新能力方面的表现均优于同行。这些组织还指出，他们计划利用 5G 和基于 5G 的边缘计算来继续取得成功：91%的业绩出众者预计他们将在 5 年内通过这些技术获得出众的财务表现，而其他同行作出如此表述的比例仅为 54%（图 4-1）。

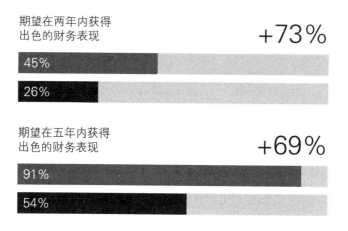

期望在两年内获得
出色的财务表现
+73%

45%

26%

期望在五年内获得
出色的财务表现
+69%

91%

54%

业绩出众者 | 其他 CSP

资料来源：2020 年 IBM 5G 和边缘计算调研；问题："您在多大程度上认同或不认同以下关于基于 5G 的边缘计算可能会如何影响贵企业的市场地位的陈述？"有点同意或非常同意。

图 4-1　财务优势
业绩出众者期望从基于 5G 的边缘计算中获得出色的财务表现

此外，与其他 CSP 相比，声称具备实施 5G 网络服务的能力和资源的业绩出众者比例高出了 232%，声称他们拥有大规模实施该技术所需技能的业绩出众者比例高出了 137%。

第三节　为数字经济服务的网络
进行 5G 超级扩张

在这十年的深度繁荣期内，数字经济的增长很可能超过传统"实体"经济的规模。2018 年年底，数字平台贡献了 7 万亿美元的企业市值。到 2025 年，全球数字平台经济预计将达到 60 万亿美元，是前者的将近 9 倍，占全球商业总值的三分之一。[①]

对消费者、企业和政府市场的 5G 增长预测始终显示出两个显著的增长周期，而大多数绝对价值产生于第二个周期。图 4-2 通过 5G 相关支出体现了这一趋势，而图 4-3 显示了将其应用于八个行业所能带来的经济收益。这两个增长周期具有相似的增长率，但以美元为计算的规模在 2025 年左右开始显著增长。

如果预测没有大的偏差，那么有可能发生两件事情：

到 2030 年，5G 驱动的增长可能会推动数字平台经济占世界经济总量的比重超过 50%（并且不断上升）。

到大约五年后，为了支持数十万亿美元经济活动的无数用例，企业必须建立基础来支持物理基础架构和移动数据流量的指数增长。

---

① "Unlocking the value of the platform economy：Mastering the good，the bad and the ugly." Dutch Transformation Forum. November 2018. https://dutchitchannel.nl/612528/dutch-transformation-platform-economy-paper-kpmg.pdf

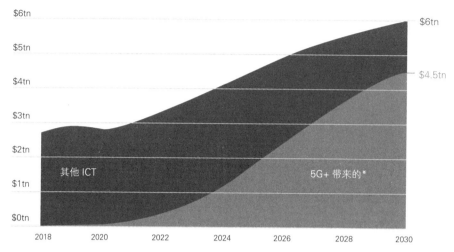

* 5G 及相关技术（云平台、边缘基础架构、专用网络、企业应用、AI 和 ML 服务、基本连接）

资料来源：诺基亚贝尔实验室咨询部的"The Big Inversion"白皮书："How 5G+ technologies will create new value for industries in a post-COVID world." https://www.bell-labs.com/institute/white-papers/big-inversion/

图 4-2　5G 及相关技术的兴起
5G 及相关技术的 ICT 支出：在这个十年，
大多数绝对价值预计将在 2025—2030 年间产生

5G 为八个行业*带来的收益（万亿美元）

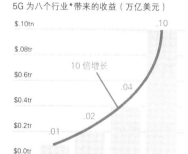

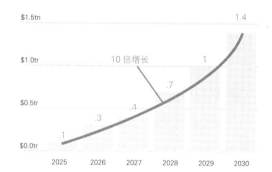

* 制造业；零售业；旅游和分销；医疗保健；能源和提取；建筑；农业；以及媒体、体育和娱乐

资料来源：https://stlpartners.com/wp-content/documents/5G_impact_on_industry_webinar_deck.pdf

图 4-3　两个 10 倍增长周期
大多数绝对价值将在这个十年的后五年实现

5G 旨在支持比 4G 高出 100 倍的传输能力，但这需要较高频段，其传输距离短于较低频段，因此需要许多小型基站，或距离相对较短的低功率蜂窝无线接入节点。[①] 这在全球 5G 基础设施市场中得到了体现，该市场在 2019 年大约为 20 亿美元，到 2027 年预计将增长到大约 5000 亿美元，其中包括价值超过 2000 亿美元的无线接入网络技术。[②]

作为小型基站要求的基准，瑞士电信已部署覆盖 96% 瑞士人口的全国性 5G 网络，相当于每 10000 个用户大约 10.5 个小型基站。[③] 这表明，要想达到基准覆盖要求，每个运营商需要为每 1 亿用户部署大约 10 万个小型基站（不考虑塔台共享协议）——尽管随着小型基站的激增，这一数字可能会飙升至数百万。

此外，为了不断增加利用 5G 优势（如超低延迟、高带宽和大规模机对机通信）的用例数量，5G 服务提供商需要边缘计算设施，将计算机资源放置在更靠近加强数据安全且需要做出决策的地方。三星公司预测，到 2030 年，将有 5000 亿台物联网（IoT）设备上线，比 2020 年的大约 200 亿台设备增加 24 倍，这表明了在相对较短的时间内网络

---

① "Everything you need to know about 5G." Qualcomm. https://www. qualcomm. com/5g/what-is-5g

② McCaskill, Steve. "5G towers: everything you need to know about 5G cell towers." 5Gradar. January 2021. https://www.5gradar.com/features/5g-towers-everything-you-need-to-know-about-5g-cell-towers

③ Morris, Iain. "How Swisscom overcame the 5G deployment odds." Light Reading. March 10, 2021. https://www. lightreading. com/5g/how - swisscom - overcame - 5g - deployment-odds/d/d-id/767967

的密集程度和分布广度必须提高到何种程度。①

如果用手里握着几个高尔夫球来表示当今的无线流量，那么 5G
流量更像是手掌里捧满了沙子。

第四节　网络连接的利润可能会下降

从表面上看，规模的指数增长对 CSP 来说似乎是件好事——但前
提是价格能够跟上扩张的速度。但历史和数据表明，这不可能。

爱立信预测，到 2030 年，在与 5G 相关的消费者收入中，ICT 的净
收入将达到惊人的 31 万亿美元。但是，CSP 能够分到的羹预计只占该
市场的 12%，② 并且 CSP 的消费者收入增长率预计每年还不到 1%。③

尽管运营商乐观地认为消费者可能愿意为某些 5G 服务（例如低
延迟游戏）支付额外费用，但其最初的收费尝试以失败告终。④ 即使

---

① "6G：The Next Hyper-Connected Experience for All." Samsung Research. July 2020.
https://cdn.codeground.org/nsr/downloads/researchareas/20201201_ 6G_ Vision_ web.pdf;
Hung, Mark. "Leading the IoT：Gartner Insights on How to Lead in a Connected World."
2017. https://www.gartner.com/imagesrv/books/iot/iotEbook_ digital.pdf

② "Harnessing the 5G consumer potential：The consumer revenue opportunity uncov-
ered." Ericsson. November 2020. https://www.ericsson.com/en/press-releases/2020/11/eric-
sson-estimates-usd-31-trillion-5g-consumer-market-by-2030

③ "5G for business：a 2030 market compass：Setting a direction for 5G-powered B2B
opportunities." Ericsson. October 2019. https://www. ericsson. com/en/5g/5g - for -
business/5g-for-business-a-2030-market-compass

④ Dano, Mike. "Verizon kills plan to charge $10/month for 5G." Light Reading. Au-
gust 17, 2020. https://www.lightreading.com/5g/verizon-kills-plan-to-charge-$10month-
for-5g/d/d-id/763238

早期 5G 部署使用更多数据，情况也是如此。[①]

事实很简单，尽管 CSP 承担了基础设施建设的大部分重担，但大多数收益来自使用而非建设这类基础设施。在企业领域也一样。根据诺基亚贝尔实验室咨询部的分析，到 2030 年，使用 ICT 的企业在其 4.5 万亿美元的支出中，只有 13% 用于基本连接。[②]

在考虑其 5G 未来时，CSP 应该意识到，除了传统的计量连接和数据访问方法外，还需要增添数字服务和应用中的价值。

有证据表明，网络连接可能比预期更突然、更显著地实现商品化。为了支持即将到来的大规模数字化扩张，经济环境必须彻底改变。例如，仅凭大规模推出自动驾驶汽车，就可以将全球无线数据流量增加至当前水平的 40 倍，[③] 这只是数百或数千用例之一（尽管这是非常强大的一个）。根据近期的发展历程得知，在超高速增长时期，指数技术的组合效应比技术扩张速度更能促进商品化——直到技术相对于它所支持的用例的价值接近于零。

以 Netflix 为例。在 2020 年新冠肺炎疫情隔离高峰期，美国订阅者

---

① Rizzato，Francesco. "5G users on average consumer up to 2. 7x more mobile data compared to 4G users." Opensignal. October 21，2020. https://www.opensignal.com/2020/10/21/5g-users-on-average-consume-up-to-27x-more-mobile-data-compared-to-4g-users

② "5G powers global business growth and productivity." February 2021. Nokia 5G readiness report. https://www.nokia.com/networks/5g/readiness-report/

③ "Cell towers and data centers：Secular growth in a slowing economy." Invesco. April 4，2020. https://www.hvst.com/posts/cell-towers-and-data-centers-secular-growth-in-a-slowing-economy-wBqTR9YK

平均每天观看 3.2 小时的内容，相当于每小时 3.2 GB 的数据。[①] 尽管标准订阅价格是 8.99 美元，但为了赢利，Netflix 不得不以每位用户每小时 9 美分的零头价格运营其整个服务（包括内容）。放在十年前，不仅传输视频的成本是现在的好几倍，而且也达不到如今的分辨率和规模。

多种集成技术的进步使得每小时的处理和存储成本接近于零。技术规格每两年提升一倍且价格削减一半，但这还不足以满足需求。通过将复杂的视频处理从专用设备转移到商品硬件上，在虚拟化、微服务和智能工作流方面取得了进展。优化视频传输流量需要借助机器学习（ML）、人工智能（AI）和自动化技术——所有这些技术可以从云端到网络边缘协同工作，推动按指数级提高效率和降低成本。

CSP 有望以类似方式将网络功能从硬件中提取出来，并与云网络功能一起编排，推动底层基础架构的价格逐年下降。

观点：网络连接会免费吗？

大约十年前，Facebook、WhatsApp 和 Skype 等应用从移动运营商手中夺走了原本可赢利的流量，使其损失了数十亿美元。仅在 2012 年，由于聊天应用的激增，短信服务（SMS）收入损失了超过 230 亿美元。[②] 随着网络连接与云相融合，更多通信服务可能

---

① Cohen, Jason. "US Netflix Subscribers Watch 3. 2 Hours and Use 9. 6 GB of Data Per Day." PC Magazine. May 1, 2020. https://www. pcmag. com/news/us－netflix－subscribers-watch-32-hours-and-use-96-gb-of-data-per-day

② "Chat app messaging overtakes SMS texts, Informa says." BBC. April 29, 2013. https://www.bbc.com/news/business-22334338

会遭到超大规模颠覆。这种颠覆可能会对消费者为网络连接付费这一基本概念构成挑战。

想想看，您从来没有向 Facebook 支付过每月技术费用，因为我们忽略了这一点，即价值来自使用和数据，而非为其提供服务的技术。当网络连接与云无缝融合时，这种连接可能成为采用商务服务的那些用户的一项权利，例如围绕 AI 驱动的语音助手将应用连接在一起或者以奖励计划为中心开展移动商务的用户。那么重点将在更大程度上转移到提供这些平台而非提供网络连接的企业身上。

前两波数字化浪潮即个人电脑和云计算，证明了硬件商品化、虚拟化和开放式软件创新是释放新业务模式的规模和可行性以及实现指数级增长的关键。[1]

尽管现阶段的云计算浪潮给我们带来了巨大收益，但迄今为止，CSP 网络仍然基于由少数网络设备提供商（NEP）主导的昂贵专有硬件。即便这些专有软件实现了"虚拟化"，捆绑包也只是转移到了更高效的硬件，仍然存在锁定问题。这些网络从未像计算机处理公司、存储服务提供商及其支持服务提供商那样获得相应的收益。

为了支持即将到来的超高速增长，这种情况必须且一定会发生改变。令人震惊的是，尽管云计算带来了巨大的增长（包括嵌入式社

---

① Edholm, Mike, and Martin Kienzle. "Network virtualization is the 3rd wave of digitization." Empathetic Machines. February, 2021. https://www. empatheticmachines. com/post/network-virtualization-is-the-3rd-wave-of-digitization

交/移动革命），但这种扩张所带来的波及效应可能比其本身大几个数量级，而且在短短几年的时间内就会产生！数字世界中的几乎所有事物都需要适应超高速增长的复杂性和规模，包括战略、技术架构、平台业务模式及合作伙伴生态系统的性质和范围、企业系统、开发方法、运营模式、文化，当然还有将一切联系在一起的基础，即网络连接。

与前两波数字化浪潮一样，第三波浪潮即网络云将通过使网络相关硬件实现标准化、虚拟化和商品化以及将价值转移到开放式软件创新上来，开辟新的经济领域。在之前的几波浪潮中，技术在性能上实现了阶梯式增长，而在价格上实现了阶梯式下降。通过将网络作为基础，这种模式可以复制。

如果将个人电脑时代视为物理设备上提供的功能实现指数级效率（金字塔的顶端），那么在此基础上构建的云计算时代，就是在处理、存储和数据（当其从物理设备中解放出来）的作用方面实现指数级效率（金字塔的中间），然后是第三个数字化时代，即网络云时代，将使指数级效率更上一层楼，将网络连接动态分配到需要它的地方（金字塔的底端）。

第五节　网络云的优势将通过数字平台来实现

由于数字经济很可能在这十年的剩余时间里翻两倍（或更多），我们必须明白，这种增长将根植于数字平台，而数字平台受制于我们所谓的平台经济优势。一旦实现这种优势，用户利益就会增加，而成本则会呈对数级下降。当这种情况发生时，这些指数轨迹与竞争对手更偏线性的轨迹之间形成的三角区域可能会成为无法跨越的鸿沟。

平台经济优势是三个环环相扣的条件，能够产生不同类别的优胜者：

1. 数据网络效应：领先平台收集独特的数据，将其提炼成能够带来用户利益的差异化情报，用于提高忠诚度和信任度，让用户愿意共享更多数据。

2. 云网络效应：随着平台规模的扩大，其提供商采用开源技术和开放式创新来降低技术成本，不仅调整了定价优势，而且改善了资产负债表的结构，使其成为武器。

3. 平台控制点：合作伙伴和开发人员被吸引到用户所在的地方，聚集在平台控制点周围——这些控制点是标准化环境，在这里开发人员可以增加广度和深度，而第三方可以通过集成来创造复合价值。

拥有最大规模网络的企业都建立了控制点。YouTube 和 Facebook 就是教科书般的例子。作为合作伙伴、开发人员或创作者，您可以通过多种方式参与到这些平台的盈利中来，但都要受到 Alphabet 和 Facebook 的控制。用户遵守他们的规则，使用他们的工具，并遵循他们的惯例。关于这种程度的控制如何影响包括数据隐私在内的一系列问题，存在广泛而激烈的争论；然而，可以说，这些巨头获得的庞大影响力本质上并非坏事。例如，随着第三方 cookie 使用临近结束，流入 Google 和 Facebook 口袋的营销预算不减反增，因为只有他们才有能力整合价值并产生可预测的结果。

平台经济优势在云原生超大规模公有云上最为常见。在价值 1290
亿美元的互联网即服务（IaaS）、平台即服务（PaaS）和托管私有云
服务市场中，排名前五的提供商占据了 72% 的市场份额，其中亚马逊
占了近三分之一。[①]

CSP 应以这些企业为榜样，评估如何通过构建旨在实现复合价值
的平台，对于为客户、自身以及周围的生态系统实现平台经济优势变
得不可或缺。

控制点极为重要，允许其运营商负责维护值得信赖的前端销售关
系。然而，除了严格控制之外，还有另一种选择，即开源混合云平台，
它能够将市场动力从"围墙花园"相关的严格控制中转移出来，从而
为社区成倍增加价值。

价值正在向更高环节的技术堆栈或数字产品来源转移。同时，标
准计划最终将使 5G 连接部署实现云原生，并可通过应用编程接口
（API）和微服务进行访问。最终，整个部署生命周期将实现自动化。
当用户购买服务、应用和解决方案时，他们可能期望捆绑了网络连接
功能。这将为 CSP 带来创收机会，但也会将他们置于从属地位，导致
可信赖的销售、开发人员和生态系统合作伙伴关系转移到其他竞争
者——当然，如果 CSP（而不是他们的竞争对手）能够制定具有竞争
优势的价值驱动计划，借此利用生态系统的集体能量，就能够在竞争

---

① Richter, Felix. "Amazon Leads $130-Billion Cloud Market." Statistica. February 4,
2021. https://www.statista.com/chart/18819/worldwide-market-share-of-leading-cloud-in-
frastructure-service-providers/

中立于不败之地。

不管谁与他们一同出现，有些运营商始终能够在增长最快的领域建立滩头阵地。无论是超大规模企业还是 CSP，只要具备实现平台经济优势的能力，他们便能以独特的方式提供最有利的经济条件，从而有可能实现最大的规模。事实上，从五年后开始出现的绝大多数增长很可能来自少数以生态系统为中心的精英平台，这些平台将在未来三到五年内站稳脚跟。

第六节　CSP 可能进展太过缓慢

我们调研中的大多数企业都在采用保守的业务案例驱动方法——证明了存在需求之后才进行投资。鉴于我们上面讲到的内容，当 5G 相关需求在 2024 或 2025 年左右出现爆炸式增长时，其中许多企业可能会紧随其后。

当被问及在未来 2 年和 5 年内，完全由 5G 功能支持的业务与增强的 4G 业务各占多少比例时，受访者表示绝大多数业务不会完全由 5G 支持。受访者表示，在未来 2 年内，完全由 5G 功能支持的业务仅占 7%，剩下 93% 都将是增强的现有 4G 业务。即使在未来 5 年内，受访者预计也只有 18% 的业务将完全由 5G 支持。

大多数 CSP 尚未针对 5G 用例开发 5G 业务案例。在我们确定为业绩出众者的受访者中，只有大约一半（49%）开发了部署 5G 用例的业务案例，但这一比例是其他 CSP 的两倍。

在我们的调研中，只有 35% 的 CSP 认为，他们已经确定了计划针对消费者进行试点的用例，只有 26% 的 CSP 认为，他们已经确定了针对企业的用例。即使在业绩出众者中，这一比例也很低，分别为 46% 和 27%。

如图 4-4 所示，我们要求受访者根据基于 5G 的边缘计算部署阶段时间表，将他们目前的情况与五年后的预计情况进行比较。我们发现，考虑和评估（目前处在这个阶段的业绩出众者大约为五分之三）以及试点阶段的进展不大。即使在未来五年内，也只有一小部分的 CSP 预计他们将实施、运营或优化 5G 边缘解决方案。[①]

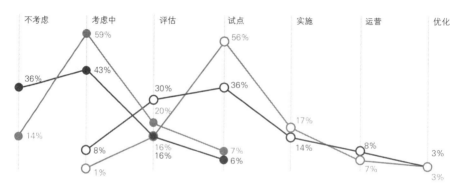

资料来源：IBM 商业价值研究院。

图 4-4　极少有 CSP 打算近期开发 5G 业务案例

大多数 CSP 尚未进入试点阶段——即使在 5 年后

尽管 CSP 大体上进展缓慢，但我们的研究表明，与其他 CSP 相比，业绩出众者对 5G 的思考似乎更具战略性。

当我们要求受访者将基于 5G 的边缘计算所带来的好处对其企业

---

①　该问题的有些回答样本数量很少（不到 20 个）

的重要性进行排名时，业绩出众者似乎注重通过 5G 来从生态系统、消费品、政府和企业市场中获取新的收入机会。相比之下，其他 CSP 则更关心"照常营业"考虑因素，例如降低运营复杂性和避免用户流失（图 4-5）。

资料来源：IBM 商业价值研究院。

图 4-5　基于 5G 的边缘计算能为企业带来的好处
业绩出众者对于 5G 将如何影响他们的企业与其他 CSP 持有不同的看法

第七节　数字平台及新兴合作伙伴
生态系统的重要性

在我们的调研中，业绩出众的 CSP 似乎更了解为开发和运营可扩展数字平台做好准备的必要性，而且他们对于采用这些平台表现得更为迫切。59% 的业绩出众者认为，要想增加未来从边缘计算中获得的收入和利润，他们必须采用注入 AI 和自动化的安全云，相比之下，其他 CSP 的这一比例为 42%。50% 的业绩出众者还认为，他们必须构建融合不同合作伙伴生态系统的战略云平台，相比之下，其他 CSP 的这一比例为 28%——相差 79%。

比其他 CSP 相比，更多业绩出众者还表示，他们看到了在向新兴合作伙伴生态系统（包括基础架构、软件和分析、AI 和 ML）提供 IT 相关服务方面发挥主导作用的战略价值（图 4-6）。

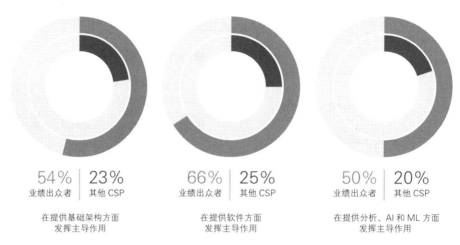

54%	23%	66%	25%	50%	20%
业绩出众者	其他 CSP	业绩出众者	其他 CSP	业绩出众者	其他 CSP
在提供基础架构方面发挥主导作用		在提供软件方面发挥主导作用		在提供分析、AI 和 ML 方面发挥主导作用	

资料来源：2020 年 IBM 5G 和边缘计算调研；问题 14："您在多大程度上认同或不认同以下有关贵企业在发展 5G 生态系统中所发挥的作用的陈述？"

图 4-6　向新兴合作伙伴生态系统提供基于 IT 的技术的价值
业绩出众者对于 5G 将如何影响他们的企业与其他 CSP 持有不同的看法

CSP 具有重要的竞争优势，这使他们对新兴生态系统很有价值，而且能够率先为生态系统和最终用户提供水平的云技术。他们投资数万亿美元在全球范围内建立了数量庞大的入网点，能够帮助任何实体在网络边缘部署技术。CSP 的计费支持系统（BSS）和运营支持系统（OSS）允许合作伙伴高效地部署、计量、计费和配置各种补充技术，包括分析、ML 和 AI。事实上，这些系统必须针对 5G 和边缘服务进行重新设计，这为 CSP 在设计时考虑合作伙伴整合和权益提供了机会。

CSP 在计费、打包以及围绕集成体验整合数字服务方面深受最终用户的信赖。他们还拥有独特的高价值数据，包括地理位置以及行为历史和倾向，这些可以作为即服务来提供，用于规划、物流、广告和营销等目的。这是 CSP 可以建立控制点的高增长领域的主要例子。

第八节　业绩出众者在边缘看到了更高的投资回报

网络边缘的正常需求似乎受到了抑制，有待运营商来挖掘。IBV 近期对直接了解其企业的边缘计算战略、投资和运营的 1500 名高管进行了一项调研。该调研显示，91% 的企业将在五年内实施边缘计算。[1]

据 Gartner 称，大约 10% 的企业生成数据是在传统的集中式数据中心或云端之外创建和处理。仅到 2025 年，这一比例将达到 75%。[2] 要想实现这一目标，边缘计算部署必须迅速扩展到整个企业，这对服务

---

[1] Snyder, Skip, Rob High, Karen Butner, and Anthony Marshall. "Why organizations are betting on edge computing: Insights from the edge." IBM Institute for Business Value. May 2020. https://www.ibm.com/downloads/cas/4EALMVGP

[2] van der Meulen, Rob. "What Edge Computing Means for Infrastructure and Operations Leaders." Gartner. October 3, 2018. https://www.gartner.com/smarterwithgartner/what-edge-computing-means-for-infrastructure-and-operations-leaders/

提供商来说既是机遇也是挑战。

如图 4-7 所示，我们的调研表明，业绩出众者与其他 CSP 关于他们预计在不同网络层中投资回报的来源的看法存在显著差异，业绩出众者通常认为在网络边缘存在更多价值，而其他 CSP 则认为在网络核心存在更多价值。

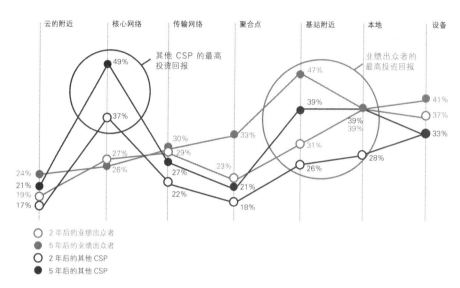

资料来源：2020 年 IBM 5G 和边缘计算调研；问题 25："您认为贵企业的基于 5G 的边缘计算投资将在哪些地方产生最高的投资回报？"

图 4-7　网络投资回报的来源
业绩出众者预计投资回报主要集中在基站附近，
而其他的 CSP 则认为投资回报主要集中在核心网络周围

具有前瞻思维的 CSP 正在积极计划构建可扩展的数字平台，以便能在网络边缘对价值链的关键部分进行控制，同时采用涵盖多个第三方云、生态系统合作伙伴以及交付合作伙伴的战略（请参阅下文 "Verizon：实现 5G 优势的多合作伙伴平台"）。

Verizon：实现 5G 优势的多合作伙伴平台[①]

作为全球首批提供 5G 移动边缘计算（MEC）的企业之一，Verizon 构建了一个平台，使开发人员能够部署需要超低延迟的 5G 应用。

Verizon 构建了自己的平台和生态系统，可以灵活地管理多个超大规模合作伙伴的不同需求，包括支持公有云 MEC 的 Amazon Web Services 以及支持私有云 MEC 的 Microsoft Azure。Verizon 还与 IBM 合作，将其 5G 和边缘网络与 IBM 在 AI、混合多云和边缘计算领域的专业知识结合起来。

Verizon 既拥有销售和交付市场所需产品的灵活性，同时又支持前端销售关系和平台控制点，开发人员、生态系统合作伙伴和最终用户通过这些控制点参与其中。

第九节　合作伙伴关系的风险和回报

许多 CSP 都在思考超大规模云企业是敌是友。CSP 有充分的理由与第三方云合作，因为这些合作伙伴关系能够提供便利条件，允许他

---

① "IBM and Verizon Business Collaborate on 5G and AI Solutions at the Enterprise Edge." IBM. July 16, 2020. https://newsroom.ibm.com/2020-07-16-IBM-and-Verizon-Business-to-Collaborate-on-5G-and-AI-Solutions-at-the-Enterprise-Edge

们通过成熟产品实现 5G 优势,同时降低投资需求。但这些决策也伴随着风险。CSP 的解决办法可能是建立一种模式,无须默许即可利用超大规模创新。

在我们的调研中,五分之三的业绩出众者认为,他们必须与垂直行业的第三方系统集成商(SI)合作,才能增加基于 5G 的边缘计算的收入和利润,相比之下,其他 CSP 的这一比例仅为 17%——相差 253%。

BearingPoint/Beyond 和 Omdia 的最新研究也证明了合作的必要性,该研究发现,只有五分之一的早期企业 5G 交易是由 CSP 主导。[①] 在 40% 的交易中,CSP 仅为二级供应商,而大企业自己主导了约三分之一的交易。[②]

企业可能并不认为 CSP 具备专业知识和技能来为行业特定解决方案增添足够的价值,这为某些企业寻求获得自己的频谱或寻找替代的网络连接解决方案(如卫星)打开了方便之门,从而使某些企业可以在无须 CSP 参与的情况下从提供商处购买私有云服务。

CSP 可能希望将主要系统集成商视为长期合作伙伴,帮助形成和发展战略、运营模式、IT 架构、复杂的合作伙伴整合、云原生开发方法以及整体文化。

超大规模云提供商可能成为具有吸引力的合作伙伴,通过将专业

---

① Bock, Alexander. "Telcos losing ground in early enterprise 5G projects, must act quickly to recover position of influence as world emerges from COVD-1p pandemic." May 5, 2020. https://www.bearingpoint.com/en-us/about-us/news-and-media/press-releases/ecosystem-strategy-essential-for-csp-success-in-b2b-5g-finds-report/

② Bushaus, Dawn. "DTWS: CSPs losing big on 5G enterprise deals." TM Forum. October 2020. https://inform.tmforum.org/insights/2020/10/dtws-csps-losing-big-on-5g-enterprise-deals

的网络连接服务与行业产品相结合，帮助 CSP 渗透到垂直行业；他们还可以帮助抵消在网络边缘构建功能所需的部分资本支出（CapEx）。不过，CSP 有理由谨慎行事，避免过度依赖超大规模云企业，因为这些企业正在大力投资，将网络功能收购到他们的云环境中。

大多数 CSP 认为，从第三方云服务提供商采购网络功能的收益正在稳步增加。业绩出众者更倾向于认为随时间推移从 OSS 和 BSS 迁移到云具有价值，而与业绩出众者相比，其他 CSP 认为迁移 5G 核心更具有价值（图 4-8）。

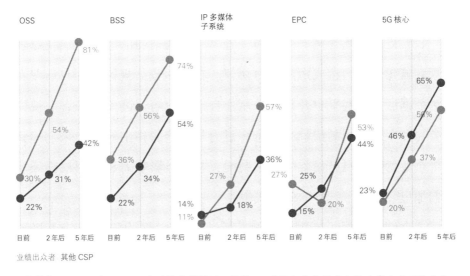

资料来源：2020 年 IBM 5G 和边缘计算调研；问题 17："您在多大程度上认为贵企业可能受益于从第三方手中购买目前作为云服务的以下网络功能？2 年后？5 年后？"

图 4-8 将网络功能外包出去
在未来 2 年和 5 年，所有 CSP 都将获得外包给第三方云提供商所带来的好处

虽然 CSP 不可能成为 5G 网络收入的主要获得者，但他们将承担部署这些网络的大部分成本。CSP 为收回 5G 网络投资而必须分配的服务收入百分比在 4G 时代大约为 12%—15%，这一数字可能急剧上升到 40% 左右。[①] 收回投资的需求可能诱使 CSP 做出不利于长期发展的短期决策。

为了抵消 5G 投资，一些 CSP 试图将网络功能从其资产负债表中的"资本支出"栏转移到"运营支出"栏。由于规模庞大，超大规模云企业可能会为电信网络功能外包合作伙伴提供诱人的财务激励条件。

如果超大规模云企业能够同时拥有最可扩展领域的平台控制点和最后一英里网络流量的控制平面，那么他们要么可以迫使 CSP 成为地区性公用事业公司，要么可以寻找内容交付网络、区域数据中心或塔台集成商等其他合作伙伴来构建 5G 网络。

我们以好莱坞为例。不久前，电视广播公司和电影公司还在寻求与视频流媒体平台达成短期许可协议。在达到较大规模并拥有消费者行为数据后，这些平台开始擅长制作自己的内容，减少对现有电视广播公司和电影公司的依赖，并将注意力从传统媒体上转移出来。等到传统企业意识到自己面临生存威胁时，收入、影响力和控制权已经从他们那里转移到了硅谷业务模式中。

这个例子证明了新型网络规模企业如何发展为能够塑造市场预期，并从数字市场份额中获取巨大的价值。网络规模企业是指在全球（或接近全球）的范围内运营互联网应用、服务或技术的任何企业。通常情况下，他们天生就是云原生企业，以快速创新、数据为中心和业务敏捷性而闻名。

---

① "Transformative Technology Stats You Need to know for 2021." ABI Research. November 2020. https://go.abiresearch.com/lp-36-transformative-technology-stats-to-know-for-2021

业绩出众者似乎了解过度依赖网络规模企业的风险。更多的业绩出众者认为他们必须与第三方公有云合作来实现基于 5G 的边缘计算（其比例为 51%，相比之下，其他 CSP 的这一比例仅为 22%），但 74% 的业绩出众者表示，与网络规模企业合作主要有利于网络规模企业的战略利益，相比之下，作出如此表述的其他 CSP 的比例仅为 31%。

有时候，不妨引用 Everclear 乐队的歌曲 *Everything to Everyone* 中的那句话："你握住的手也是拖你下滑的手。"

第十节　超大规模意味着云原生

要想实现几十年一遇的需求增长曲线，需要同步进行几十年一遇的技术变革。CSP 的参考架构正在经历转变，随着 5G 独立组网（SA）网络逐步成熟以及 5G 标准计划使其变得更像云，这种转变将会加速。

网络云预计将在通用的商品硬件上提供开放式软件创新，其发展如此迅速，这将要求 CSP 采用一种整合混合云和云原生概念的新模式。混合云环境融合了内部和外部的公有云及私有云，旨在实现业务敏捷性和降低成本，而云原生是指利用云计算开发现代软件的一种方法。

随着 SA 网络变得越来越普遍，IT 部门部署和管理网络及云功能的能力将成为运营商实现业务增长不可或缺的条件之一。SA 网络从设计上就具有云原生性质。与功能更为有限的非独立 5G 网络不同，SA 网络能够提供全方位的 5G 优势——尽管它们可能需要分布在网络边缘才能实现。我们的调研数据显示,SA 网络很快将成为主流:30%的业绩出众者和13%的其他 CSP 计划到 2021 年底部署 SA 网络。到 2024 年底,这些比例分别为 73%和 48%。

不出所料,我们的调研显示,业绩出众者表示他们比其他 CSP 更了解云原生网络的战略重要性(图 4-9)。

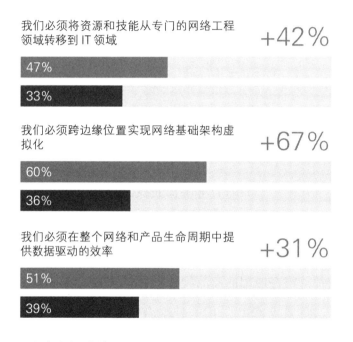

我们必须将资源和技能从专门的网络工程领域转移到 IT 领域　+42%
47%
33%

我们必须跨边缘位置实现网络基础架构虚拟化　+67%
60%
36%

我们必须在整个网络和产品生命周期中提供数据驱动的效率　+31%
51%
39%

业绩出众者　其他 CSP

资料来源:2020 年 IBM 5G 和边缘计算调研;问题:"您在多大程度上认同或不认同以下关于贵企业增加未来从边缘计算中获得的收入和利润的能力的陈述?"

图 4-9 为网络云做好准备
大多数业绩出众者都了解云原生网络的战略重要性

通用云是基于与 IT 相同的混合云架构的网络云。通用云有助于减少技术债务,加快价值实现速度,整合网络功能和云网络功能。这种方法还会阻止供应商开发专有技术,从而减少供应商锁定问题。随着时间推移，领先的 CSP 将整合网络技术、技能和运营，从基础架构服务转变为基于开放混合云方法的平台服务。

通用网络云允许 CSP 在 IT、网络和企业对企业工作负载中利用相同的技术资源，从而降低总体拥有成本（TCO），并使网络和产品生命周期可从统一控制台部署。（请参阅下文"Vodafone Idea：部署开放的通用混合云"）

除了认为云原生网络具有更高的价值外，业绩出众者还表示他们在部署这种网络方面也比其他 CSP 准备得更加充分。

41% 的业绩出众者认为，他们已为部署容器化网络功能做好准备。30% 的业绩出众者表示，他们已为部署网络功能虚拟化（NFV）做好准备，而作出相同表述的其他 CSP 的这一比例仅为 14%。与此同时，46% 的业绩出众者打算启动 DevOps，而他们同行的这一比例为 21%。

Vodafone Idea：部署开放的通用混合云①

Vodafone Idea（VI）部署了一个允许 IT 和网络应用在 IBM 和 Red Hat 支持的通用云架构上运行的平台。Open Universal Hybrid Cloud 是基于开放技术和开放标准的混合云平台，使 Vodafone Idea 能够加快部署网络和 IT 容量，同时提高自动化水平并降低成本，从而更好地为将近 3 亿用户提供服务。

---

① "Vodafone Idea Limited Achieves Major Production Milestone with IBM and Red Hat for its Open Universal Hybrid Cloud for Network and IT Workloads." IBM. May 11, 2020. https://newsroom.ibm.com/2020-05-11-Vodafone-Idea-Limited-Achieves-Major-Production-Milestone-with-IBM-and-Red-Hat-for-its-Open-Universal-Hybrid-Cloud-for-Network-and-IT-workloads

> 该平台支持新的分布式边缘计算功能，旨在通过优化网络和IT 应用领域的投资与技能来实现投资回报，同时支持跨多个云环境灵活地提供差异化的企业对企业服务。

我们看到有迹象表明，自动化对于 CSP 尤其是业绩出众者而言通常非常重要。79% 的业绩出众者认为，为了增加利润，他们必须使与基础架构、网络功能和运营相关的决策实现自动化。同样有 79% 的业绩出众者认为，他们必须更加精通如何使直接面向企业的功能实现自动化。61% 的业绩出众者认为，他们必须为与其合作的生态系统提供自动化功能。

尽管 79% 的业绩出众者受访者认为，他们必须实现基础架构、网络功能和运营的自动化，但当被问及他们是否准备好实际部署针对基础架构和网络功能的自动化时，情况却大有不同。只有 43% 的业绩出众者表示他们已经做好准备。认为基础架构和网络功能自动化非常重要与真正能够实现这种自动化的业绩出众者之间存在 36% 的差距。

我们的调研显示，自动化准备程度存在巨大差异，而业绩出众者表示，他们必须为前台、中台和后台部门部署自动化技术（图 4-10）。自动化与实现网络云时代即将出现的规模所需的成本效益密切相关。用例数不胜数，例如使用会话式 AI（请参阅最近的 IBV 调研"扩展会话式 AI：电信企业如何通过虚拟代理技术提高效率"），还有大量用例经证实能够降低成本，提供及时洞察，提高运营敏捷性（请参阅最近的 IBV 调研"CSP 与智能后台优势"），以及通过学习使产品与客户购买行为和偏好保持一致，提高每个用户平均收入（ARPU）。[①]

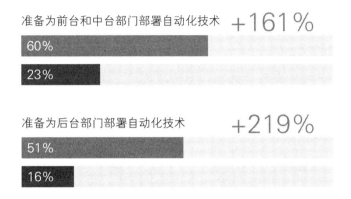

资料来源：2020 年 IBM 5G 和边缘计算调研；问题："贵企业在部署基于 5G 的边缘计算的以下每项云功能方面的准备程度如何？"

图 4-10　前台、中台和后台的自动化
在部署自动化技术方面，业绩出众者领先于其他 CSP

行动指南

通过专注于以下 4 项关键行动，业绩出众者正准备成为价值链中不可或缺的一部分：

---

①　Canepa，Steve，Utpal Mangla，Ross Judd，and Satishkumar Sadagopan. "Scaling Conversational AI：How telecom companies are boosting efficiency with Virtual Agent Technology." IBM Institute for Business Value. April 2021. " https：//www. ibm. com/thought-leadership/institute-business-value/report/conversational-ai"；Hill，Warwick，James Thornhill，Doug Gadaloff. "CSPs and the intelligent back office advantage：Gaining a competitive edge through AI and automation." IBM Institute for Business Value. October 2020. https：//www.ibm.com/thought-leadership/institute-business-value/report/csp-intelligent-automation

1. 放眼网络连接之外

服务和应用的价值增长速度可能要比网络连接更快：

专注于向合作伙伴生态系统或通过其提供的战略性水平技术。

专注于面向企业市场的战略性垂直技术，同时发展强大的销售、营销和服务能力。

与 SI 和 NEP 合作，弥补自身的不足。

2. 谨慎地与超大规模云企业合作

与超大规模云企业合作既有好处也有风险：

开发能够支持多个合作伙伴的平台，灵活地适应不同的产品目录或开发您自己的产品。

谨防放弃平台控制点。当超大规模在大约五年后到来时，这些控制点顺理成章会成为分水岭。

在将网络功能和工作负载放入超大规模公有云之前要仔细思考——这种做法可能会增加云供应商的影响力，从而迫使 CSP 成为地区性公用事业公司。

将主要系统集成商视为长期合作伙伴。

3. 为合作伙伴生态系统增加价值

汇集并整合生态系统以增加价值：

提供标准化工具和接口，以便服务和应用从中获得差异化价值，为您自己以及合作伙伴带来平台经济优势。

做好前端维护工作，建立可信赖的销售关系，从而帮助您保持相关性和市场份额。

4. 利用混合云为超大规模网络做好准备

到五年后，您应该已经构建了一个或多个平台，通过这些平台可以扩展到高增长领域：

使运营模式准备好支持跨市场、IT和网络功能的通用云资源部署。

部署采用AI和自动化技术的云原生网络，以支持快速大规模的安装、运营和维护。

通过持续集成和持续交付（CI/CD）以及必要的技能重新培养和文化变革，拥抱DevOps。

采用混合云原则，包括将技能从传统的工程领域转移到IT、虚拟化和容器领域。

考虑率先为生态系统和最终用户提供水平的云技术，包括BSS/OSS、基础架构、软件、网络安全、分析、ML、AI和自动化。

思考如何利用独特的数据洞察即服务。

第五章

CSP 与智能后台优势

通过人工智能和自动化获得竞争优势

作者介绍

Warwick Hill，IBM 电信、媒体与娱乐行业（TME）高级合伙人，负责全球电信和媒体客户的业务转型计划，提供相关建议，使客户的净推荐值、收入和利润均实现大幅增长。他还负责 TME 企业转型实践，包括发展 IBM 与 SAP 的战略关系。

联系方式：LinkedIn 账号 linkedin.com/in/warwickhillibm/，电子邮箱 Warwick.Hill@ uk.ibm.com。

James Thornhill，IBM 电信、媒体与娱乐行业（TME）副合伙人，IBM 全球 TME 能力中心的主题专家。他通过制定并实施由技术支持的大型战略转型计划，帮助客户确定战略和运营模式。这些计划旨在应对增长、数字化、客户体验和成本方面的挑战。他还特别关注 5G、BSS-OSS 以及 AI 和流程自动化在所有企业价值流中的应用。

联系方式：LinkedIn 账号 linkedin.com/in/james-thornhill-82b935/，电子邮箱 James.Thornhill@ uk.ibm.com。

Doug Gadaloff，IBM 全球 SAP 人才中心合伙人，欧洲、中东和非洲地区 IBM SAP 全球人才中心的负责人。他专门从事 SAP S/4HANA 与 SAP Customer Experience（CX）业务开发工作，是 SAP 电信与媒体行业的主题专家。最近，Doug 领导开发了全新的 SAP Model Company for Telecommunications。

联系方式：LinkedIn 账号 linkedin.com/in/doug-gadaloff，电子邮箱 Doug.Gadaloff@ uk.ibm.com。

本章要点

后台项目通常被视为降低成本的途径。

如果通信服务运营商（CSP）开展后台项目的主要原因在于成本，

那么就有可能错过在整个企业推动重大变革的机会。

CSP 后台可将业务与洞察和智能工作流程融合起来。

将后台职能用来存储可供行动参考的数据，这些数据可影响结果，改善几乎所有用户，包括客户、员工与合作伙伴的体验和效率。

CSP 可通过基于云的后台，即我们所说的智能运营平台（IOP），获得急需的业务敏捷性。

IOP 使用模块化的行业云解决方案和呈指数级发展的技术，分析数据并将其投入使用。降低成本可能是副产品，不是主要目标。真正的目标是创建适应能力强、可扩展和灵活的智能行业工作流程，在更广泛的市场中促进创新。

引　言

5G 时代就在眼前，但这并不能保证 CSP 实现增长。以往移动通信技术更新换代之时，消费者的电信服务价格基本上保持不变。因此，当全球 CSP 推出 5G 之际，他们仍被迫寻找其他增长途径。

提供高质量的网络必不可少。但是，仅凭出色的网络并不足以从中获得经济价值。在 5G 利润争夺战中，CSP 现在还要面对全球性的网络规模企业（例如亚马逊、谷歌、脸书、阿里巴巴和腾讯）以及其他擅长通过网络获利的云原生企业带来的颠覆性挑战。这些"颠覆者"通过改善用户生活，帮助他们解决问题，赚取了大多数的利润，而这在很大程度上依赖于 CSP 的投资。

通过比较最主要的网络规模企业与最主要的 CSP 就能够证明，前者通过商业模式获取了成倍的经济价值。这些模式包括电子商务、搜索、社交、流媒体、支付处理、零工经济以及 CRM 和数字营销等。

网络规模企业既能创造客户期望，也能超越这些期望。那 CSP 呢？在互联世界中，完美的连接非常重要，这毋庸置疑。在 5G 时代，只有在非常高端用户的期望未得到满足时，人们才会注意到网络性能的存在。

尽管如此，融入网络的智能几乎可以为每个行业带来全新机遇。预计到 2030 年，仅仅 10 个行业的网络规模通信技术（ICT）企业就将从基于 5G 的产品和服务销售中获得 1.5 万亿美元的新收入（图 5-1）。预计 CSP 将获得其中 7000 亿美元的收入。[①] 为什么还不到一半呢？其中一个原因在于，CSP 无法以云原生企业的速度创新和扩展新产品、新服务和新业务模式，与网络规模巨头相比，差距尤为明显。

即使有 5G 机遇，CSP 仍面临激烈的竞争。他们争取利润的能力与满足不断增长的客户期望的能力成正比。满足客户期望有助于建立信任关系，进一步推动增长，获得更多全新机遇，从而形成良性循环。

CSP 不仅要学习云原生企业的创新服务模式，还必须培养和发挥内部的业务敏捷性。从传统上看，这一直是 CSP 的短板，克服它可能是一项挑战。关于这一点，大多数 CSP 都明白需要调整前台和中台流程，以适应不断增长的客户期望和不断缩短的产品周期。但是，后台项目作为降本机制通常实属鲜见。我们设想，CSP 必须从高度定制化的单体式企业资源规划（ERP）部署模式，转变为我们所谓的智能运营平台（IOP）。这些 IOP 可将各种不同的后台领域流程与运营核心整

---

① "5G for Business：A 2030 Market Compass." Ericsson. October 2019. https://www.ericsson.com/en/5g/5g-for-business/5g-for-business-a-2030-market-compass.

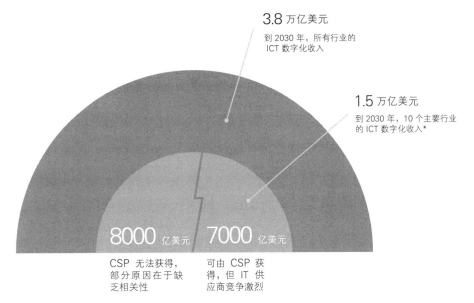

*预计 10 个主要行业的 ICT 数字化收入将达到 1.5 万亿美元：制造、能源与公共事业、公共安全、医疗保健、公共交通、媒体与娱乐、汽车、金融服务、零售以及农业。

来源："5G for Business：A 2030 Market Compass." Ericsson. October 2019. https：//www. ericsson. com/en/5g/5g-for-business/5g-for-business-a-2030-market-compass

图 5-1　到 2030 年，预计所有 ICT 参与者的企业数字化收入

合起来，包括业务支持系统（BSS）和运营支持系统（OSS）。结果如何呢？强大的多职能工作流程、卓越的敏捷性以及数据驱动的智能，通常可以为创新的业务战略和竞争性服务开发带来源源不断的资金。

第一节　全新的前进道路：提高 CSP 业务敏捷性

CSP 在全球经济中一直起到联结作用。随着 5G、边缘计算和人工智能（AI）在几乎每个行业中创造开创性的用例，这种作用更是表现出前所未有的重要性。因此，CSP 正逐渐发展为多服务组织，服务于快速前进的数字化市场。消费者和 B2B 客户的复杂期望将门槛越抬越高。但机遇也显而易见：CSP 既可以促进，同时也受益于由这些呈指数级发展的技术创造的令人印象深刻的经济价值。实际上，到 2035 年，5G 有望在全球带来 13.2 万亿美元的经济产出。[①] 工业 4.0、自动驾驶汽车、互联零售以及物联网的大规模发展等用例都是巨大的推动力，而且均由企业 5G 和边缘计算在背后提供强大支持。[②] 新冠肺炎疫情也是一个催化因素，它对全球经济基础架构形成挑战，加快了数字化转型步伐。员工居家工作，学生线上学习，导致对高度可靠的超高速连接的需求激增。

客户依靠这些技术改善沟通、使用内容和开展合作。因此，大多数客户的忠诚度只与最佳体验有关。例如，研究表明，为了提高增强现实/虚拟现实（AR/VR）体验、享受超高分辨率视频和游戏，客户会毫不犹豫地转投提供 5G 网速的运营商。[③] 另外一个复杂因素是网络规模企业利用新建立的关系争夺连接服务，例如，通过将私有网络直接接入大型企业。

企业面临巨大压力，必须提供最明晰最清晰的客户体验。在数字体验商业化方面，网络规模企业也力压 CSP 一头。他们的商业模式非常广泛，从广告和电子商务到订阅和零工经济不一而足，从而可以收获巨大的收入流（图 5-2）。

---

① "5G Economy to Generate ＄13.2 Trillion in Sales Enablement by 2035." Press Announcement. Qualcomm Technologies, Inc. Nov 7, 2019. https：//www. qualcomm. com/news/releases/2019/11/07/5g-economy-generate-132-trillion-sales-enablement-2035.

② Fox, Bob, Marisa Viveros, and Rob van den Dam. "Telecom's 5G Future：Creating New Revenue Streams and Services with 5G, Edge Computing, and AI." https：//www.ibm. com/thought-leadership/institute-business-value/report/5g-telecom.

③ Ibid.

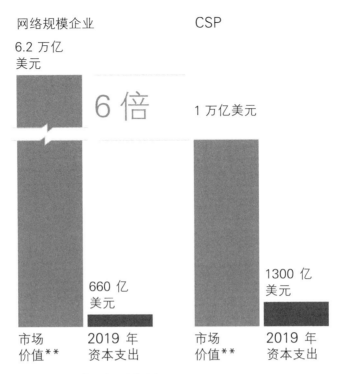

来源：IBV 对公开可用的财务信息的内部分析。

＊排名前十的网络规模企业包括亚马逊、Alphabet、脸书、阿里巴巴集团、腾讯控股、Salesforce. com、PayPal Holdings、Netflix、美团点评和 Adobe。排名前十的 CSP 包括 Verizon、AT&T、中国移动、软银集团、日本电报电话、德国电信、美洲电信、沃达丰集团、Orange 和中国电信。

＊＊截至 2020 年 8 月 28 日收盘时的市值

**图 5-2　2019 年，CSP 在网络方面的支出是网络规模企业的两倍，
但网络规模企业却赚取了大部分市场价值＊**

至于连接本身，即使 CSP 能够实现 5G 服务的期望，但由于 5G 的实施需要巨大投资，因此其经济回报也值得怀疑。[①] 遗憾的是，即使升级了网络，竞争也会限制价格上涨。

---

① "The 5G Guide：A Reference for Operators." April 2019. https://www.gsma.com/wp-content/uploads/2019/04/The-5G-Guide_ GSMA_ 2019_ 04_ 29_ compressed.pdf.

例如，在 2020 年 3 月，Verizon 首席财务官 Matt Ellis 表示："如果提供差异化服务，就可以获得差异化的价格。"然而，由于没有其他美国运营商跟风，Verizon 放弃了在高端 5G 定价套餐中额外收取 10 美元的计划。[①]

消费者市场不太可能为 CSP 带来可观的利润。我们预计，当前与消费者相关的服务收入范围将基本保持不变，到 2030 年的年增长率为 0.75%。[②]正如行业协会"TM 论坛"报道的那样，真正的 5G 增长机会集中在企业和 B2B2X 市场。[③] 然而，这个领域充斥着如同美洲豹一样敏捷的网络规模企业，因此，如大象般笨拙的 CSP 面临巨大风险。

如今的云原生企业可选择用于开发和扩展应用的云基础架构，而传统企业则必须建立自己的基础。网络规模企业还可以依靠软件开发工具包（SDK）、API 和微服务来实现或启动自己的全球产品，而所需的投资和产品面市时间只是传统产品的一个零头。如此低的进入门槛使得成为"颠覆者"简直轻而易举。从某些方面而言，提供基础架构的 CSP 就像正在喂养可能会吃掉自己的野兽。

为了竞争，CSP 必须向精益的竞争对手学习，提供创新服务，并且在许多情况下在合作伙伴和供应商生态系统中发挥不可或缺的作

---

① Dano，Mike. "Verizon Kills Plan to Charge ＄10/month for 5G." August 17，2020. LightReading. https://www.lightreading.com/5g/verizon－kills－plan－to－charge－$10month－for－5g/d/d－id/763238？itc＝lrnewsletter＿5gupdate&utm＿source＝lrnewsletter＿5gupdate&utm＿medium＝email&utm＿campaign＝08192020.

② "5G for Business：A 2030 Market Compass." Ericsson. October 2019. https://www.ericsson.com/en/5g/5g-for-business/5g-for-business－a-2030-market-compass.

③ "A future vision for the software market that the telecom industry needs to survive and thrive." TM Forum. May 2020. https://www.tmforum.org/resources/whitepapers/a-future-vision-for-the-software-market-that-the-telecom-industry-needs-to-survive-and-thrive/.

用。但另一点也很关键：CSP 还必须从网络规模企业精益的内部流程中汲取灵感。简而言之，CSP 需要在企业内部挖潜，进一步提升执行速度、敏捷性、效率与创新水平。

第二节　从 ERP 到 IOP

基于云的灵活后台，再加上创新文化，可以直接形成敏捷性，帮助 CSP 在更广泛的市场中取得成功。AI、机器学习和自动化等呈指数级发展的技术不仅仅为企业服务，还能够将企业与洞察和智能工作流程融合起来。重新设想一下，财务、人力资本与运营不再仅仅是不同的职能领域，还是商业智能的宝库，它们的融会贯通可以显著影响业务成果。后台流程本身也绝非孤岛，它的职能、适应能力和数据生成的洞察会影响前端体验，进而影响 CSP 的发展和竞争力。后台流程必须紧跟企业步伐，不断发展和改进。他们不能原地踏步，而是应该成为提供信息以支持决策与持续变革的积极力量。这一切都始于人才与企业文化。

CSP 人才必须构想、实施、管理和运行新能力。这需要他们具备云、数据和人工智能方面的新技能。系统和运营模式应支持分布式团队，促进向远程工作的转变。瀑布式开发和自定义部署应让步于持续集成和优化。企业文化转变应渗透到整个组织。CSP 必须抓住机遇，简化流程，并在工作流程中融入智能。具有广泛跨职能技能的专业人员必须适时提出问题。应当由准备颠覆现状的设计者指导开展体验主导的设计。应当鼓励人才不断尝试，接受快速失败，而不是遵循惯例。系统与应用必须为人才提供强大支持。而所有这些都需要运用变革管理方面的最佳实践。

在谈了人才和企业文化之后，我们再探讨一下技术话题。从传统上来看，后台业务流程依赖于 BSS、OSS 和 ERP 解决方案。但是，尽管这些成套的系统可以有效满足既定要求，但实施起来却过于烦琐。那些仔细记录的初始需求通常会不断改变，甚至导致系统在完成实施之前就过时了。这些过时的流程需要 IT 预算来偿还技术欠债，而不是推动业务发展。

为了以真正变革性、与时俱进的方式采用技术，就必须对业务流程进行相应的重塑（请参阅下文"某跨国 CSP"）。现在是放弃专有技术、僵化系统和大规模自定义的时候了。目前需要的是模块化的敏捷方法，可以逐步提供业务价值。这就需要：

——基于混合云的自适应数据与可扩展的平台架构

——有助于促进企业内部和企业之间协作的生态环境

——支持 CSP 参与竞争所需的精益运营和敏捷能力的 AI、自动化和智能工作流程。

某跨国 CSP：通过智能工作流程转变"从采购到支付"流程[①]

经历多次收购活动之后，某主要的跨国 CSP 发现自己缺乏标准的采购流程和记录系统。供应商加入、主数据管理、事务管理

---

① Internal IBM client information.

与绩效管理等系统都是繁琐而且难以审计的孤岛式流程。这导致生产力浪费、员工和第三方供应商的用户体验不佳以及支出决策不理想。

该 CSP 与 IBM Services 以及 SAP 合作，重新构思和设计采购流程、相应的人才和技能组合以及企业文化。十个主要的系统和流程被统一整合到单一工作流程中，由 AI 驱动的洞察和自动化提供支持。

在投入使用的几周内，该工作流程创建了数千个总价值达到 1600 万美元的请购单，并自动发送给采购订单流程以请求审批和处理。这个新系统还能够满足一些独特的需求，例如在采购之前搜索现有库存，以及适应客户对复杂采购的独特需求。

该 CSP 由此将供应商的加入时间和采购项目执行时间缩短了 50% 以上。

为了帮助后台流程与时俱进，并了解尖端的一线技术，CSP 应考虑采用我们称之为"智能运营平台"（IOP）的概念（图 5-3）。

IOP 首先着眼全局，实现以体验为主导的设计。CSP 可以构思理想的客户和员工体验，然后形成概念。哪种类型的工作流程可以实现这些体验？企业内部和整个生态系统中的哪些数据可以使这些体验变得更加智慧？这些数据揭示出哪些客户需求？CSP 如何创建服务以满足这些需求？这些增强的体验如何帮助提高最终利润和收入？

借助混合云平台，CSP 可以使用模块化的行业云解决方案来构建

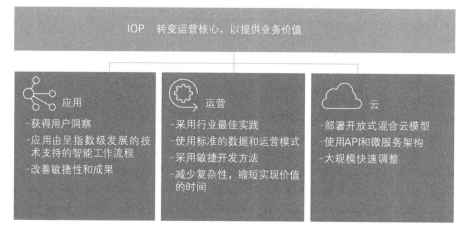

图 5-3 采用 IOP 与对应用进行现代化改造或将应用迁移到云是并行不悖的。

IOP。这些解决方案旨在利用特定于行业的机器学习模型，并预先绑定行业最佳实践并对其进行模块化。这就越发需要在同行之间以及企业与标准机构之间开展行业合作，以促进协作、减少冗余并加速实现价值。

模块化解决方案得到数据洞察、AI 与自动化等呈指数级发展的技术的支持。这些技术可创建智能化行业工作流程，通过分析数据并根据数据洞察采取行动，帮助创造全新体验（请参阅下文"洞察：基于流程改进，实现智能工作流程"）。模块化解决方案通过设计实现灵活性，能够适应不断变化的业务需求。最终，这些工作流程将呈指数级发展的技术融入端到端业务流程中，从而带来灵活性和智能。

智能工作流程的优点具有广泛而深远的影响，通常有助于显著提高生产力。例如，通过实现员工互动数字化，企业在提高净推荐值（NPS）的同时，还能够培养具备关键技能的人才。通过实现财务运营数字化，企业可以减少发票验证和付款处理方面的差错。通过实现供应链数字化，企业可以消除几乎所有的争议和查询，同时提高支出水平的可视性。通过实现网络与运营数字化，大多数流量可实现自动化，并通过主动提供自动化的洞察来解决问题。类似的优点可在每个后台职能领域之内和之间扩展。

从技术实施的角度来看，IOP 适应能力强、灵活敏捷而且可扩展，不再是在启动之前就已经过时的僵化系统。以 API 为中心的平台方法与微服务架构相结合，有助于促进低代码和无代码开发，简化并自动执行集成工作，并且能够借助容器在灵活的混合云上扩展。

采用 IOP 与对应用进行现代化改造或将应用迁移到云是并行不悖的。在理想情况下，通过敏捷开发实施的数字化项目通常遵循业务案例，并且能够保证交付时间。

尤其重要的是，该平台高度安全，并具有灵活的定价模式，通常按使用量收费。最终结果是产生切实可行的数据和洞察，并且可以扩展到各种业务应用中，涵盖广泛的客户、合作伙伴、员工和供应商生态系统。

洞察：基于流程改进，实现智能工作流程

IOP 不仅可以实施后台智能工作流程，以打造更无缝的客户体验，降低成本，同时提高客户忠诚度，还可将流程和呈指数级发展的技术"分层"，以进一步提高收益。IOP 可促进将个别技术支持的流程改进（例如寻找潜在客户）转变为多流程、单职能

的智能工作流程（例如客户获取），最终转变为多职能或业务平台智能工作流程（例如综合客户服务）。在新产品开发、人力资源、财务与供应链等各个后台领域都可以应用类似的战略。

与单独的流程相比，这样做可以为企业带来更大的影响和收益。例如，IBM 内部分析发现，单流程改进可使预期成果提升 15%—20%，多流程/单职能改进可提升 25%—50%，多职能工作流程可提升 50%—70%。

例如：为支持后台转型的业务用例，IBM 和 SAP 合作开发了 SAP® Model Company for Telecommunications。[1] 这是一系列预先配置的最佳实践、主数据设计模式和智能工作流程。该计划的目标是减少部署工作，降低风险与实施成本，加速实现 SAP 带来的业务效益；通过利用 AI、机器学习和自动化等呈指数级发展的技术，加速获得收益。它基于混合云以及开放的云原生技术，旨在为特定于 CSP 的常见职能领域提供行业参考架构和运营模式。因此，SAP 和 IBM 看到了它的潜力——可将部署工作减少 30%。

---

[1] "IBM and SAP Announce New Offerings to Help Companies' Journey to the Intelligent Enterprise." IBM News Room. June 23, 2020. https://newsroom.ibm.com/2020-06-23-IBM-and-SAP-Announce-New-Offerings-to-Help-Companies-Journey-to-the-Intelligent-Enterprise.

第三节　重新思考 CSP 后台流程：拓宽视野

现在是将后台提升到中心位置的时候了。

具有远见卓识的 CSP 不再将后台流程视为日常行政职能，而是将其重组为企业的"运营核心"，简称 IOP。IOP 后台更加灵活，联系更加紧密，流程加速赶上中台和前台的步伐。

随着 AI 和自动化在各个领域得到广泛应用，CSP 更重视传统行政职能与前端用户体验之间的关联，从数据中深入挖掘有关业务流程和潜在服务产品的洞察。他们部署更为整体性的认知 IT 基础架构，支持实现业务战略。例如，通过了解客户体验并监视网络中可能存在的干扰情况，运营商可以主动进行干预，从而消除孤岛，降低成本，减少客户流失。

CSP 曾经做到过这一点，但他们未能把握自己在宽带、3G 和 4G 投资中创造的机遇，而让其他企业攫取了大部分价值。5G 时代近在眼前，CSP 再次面临创造创新业务战略的机遇。

CSP 也面临以下难题：如果 CSP 不学习云原生企业的精益敏捷运营，会怎么样？如果他们无法开发新的消费者和企业收入流，会怎么样？他们如何收获自己的基础架构投资所创造的收入份额？① 几乎一

---

① "A Future Vision for the Software Market that the Telecom Industry Needs to Survive and Thrive." TM Forum. May 2020. https://www.tmforum.org/resources/whitepapers/a-future-vision-for-the-software-market-that-the-telecom-industry-needs-to-survive-and-thrive/.

半的 5G 数字化的价值可由服务提供商获得。① 这次的不同之处在于，5G 是呈指数级发展的技术中的一员。可通过智能工作流程来统筹 AI、数据、自动化、云计算以及 AR/VR。这种战略有助于改善传统上拖 CSP 后腿的核心企业职能。

有一点必须清楚：CSP 传统上可能希望削减成本，但这已不再是主要的推动因素。如果 CSP 开展后台项目的主要理由在于削减成本，那么可能会错失通过数据洞察、智能工作流程、敏捷性以及增强的客户服务和体验来推动重大改变的机遇。IOP 既能够满足运营成本目标，又有助于追求创新。这不是非此即彼的选择。

实际上，IOP 并不根据成本因素来评估后台决策，而是将后台活动视为推动降本的业务创新，因此，这种模式有助于提高企业的资产净值。仅仅通过有助于推动收入增长的洞察和业务应用支持企业的运营和行政职能已远远不足以满足需求。IOP 可避免被特定供应商锁定，并提供财务和技术上的灵活性，能够轻松满足将来的需求和用例——这是瞬息万变和残酷竞争的时代中必不可少的一个优势。

"颠覆者"迅速采取行动。他们将数据洞察转变为构思，开展创新活动，为进军市场做好准备——通过数据提高盈利能力，如此周而复始，形成良性循环。对 CSP 而言，这种敏捷性可能需要进行大规模的调整。运营模式与流程、决策速度、企业文化、工作模式和 IT 系统

---

① "5G for Business：A 2030market Compass." Ericsson. October 2019. https://www.ericsson.com/en/5g/5g-for-business/5g-for-business-a-2030-market-compass.

都需要进行仔细审查和调整。[①] IOP 后台是整体业务转型的关键一步。

行动指南

CSP 的市场逐步被云原生颠覆者所侵蚀，为了收复失地，他们最终必须完成在数字化转型早期阶段未能实现的整体变革。全新的后台转型愿景已经浮出水面，这对于 CSP 开发创新型数字产品和服务至关重要。我们在此推荐三种战略，供 CSP 用于评估后台转型、供应商以及战略合作关系。

转变技术

——从事务处理转变为创新与洞察。

——从数据仓库转变为新的数据平台架构。

——从静态的孤岛式流程转变为智能工作流程、自动化和机器学习模型。

——从编码工厂转变为资产中心。

——从自定义的瀑布式部署转变为体现持续集成和持续交付的文化。

——将 ERP 从记录保存系统转变为用于获取未来洞察的平台。

依靠数据

——使用通用数据平台和数据服务层，将安全、应用、开发和技

---

① "A Future Vision for the Software Market that the Telecom Industry Needs to Survive and Thrive." TM Forum. May 2020. https://www.tmforum.org/resources/whitepapers/a-future-vision-for-the-software-market-that-the-telecom-industry-needs-to-survive-and-thrive/.

术架构统一起来。

——将数据和洞察从核心扩展到客户，增加业务价值。

——开发或参与平台，以共享数据、洞察和行业最佳实践。

调整员工队伍

——寻找构思、实施、管理和运行全新后台能力所需的云、数据与自动化人才以及技能。

——支持关键文化变革，鼓励创新思维、试验和敏捷开发方法。

——为应对突然转变为分布式团队远程工作，在运营模式和支持性后台系统方面做好准备。

第六章

改善保险客户体验

借助数据和 AI 赢得客户的心

作者介绍

Christian Bieck，IBM 商业价值研究院全球保险行业负责人，拥有超过 27 年保险行业的经验，担任过项目经理、顾问和研究人员等多个职务。他经常在保险活动和研讨会上发表关于思想领导力和创新的主题演讲，还在 IBV 和国际保险行业出版物上发表过多篇关于保险行业发展趋势和影响的报告。

联系方式：LinkedIn 账号 linkedin.com/in/christianbieck，电子邮箱 christian.bieck@de.ibm.com。

Yoann Michaux，IBM Services 的高级合伙人，负责领导保险行业的企业战略和互动体验，并且负责利用战略咨询方法 Boost 以促进金融服务机构的发展。作为业务战略家以及数字化转型和客户体验思想领袖，他拥有超过 15 年的丰富经验，专注于加速客户的数字化和认知转型，通过新的业务模式推动增长，以及通过数字体验来提高客户、员工和代理商的参与度。

联系方式：LinkedIn 账号 linkedin.com/in/yoann-michaux-410a541，电子邮箱 Yoann.Michaux@ibm.com。

Matthew Stremel，IBM 全球保险行业团队的成员，负责为各个业务领域的保险客户提供支持。他以管理顾问、交付高管和思想领袖的身份，与世界各地的保险公司合作长达 18 年之久，经常应邀出席客户活动和保险行业活动。

联系方式：LinkedIn 账号 linkedin.com/in/d-matthew-stremel-989361，电子邮箱 matt.stremel@ibm.com。

本章要点

显著改善

过去十年，保险公司在实施客户体验（CX）方面取得了长足的进步。85% 的保险公司在与客户互动的整个过程中部署了客户体验计划，90% 的保险公司拥有首席客户体验官或首席客户官（CCO）。

任重道远

然而，保险公司还有很长的路要走。虽然客户惰性和缺乏替代产品在很大程度上防止了大量客户的流失，但 42% 的客户并不完全信任所投保的保险公司。随着客户期望值不断变化，以及保险业从销售产品模式转变为购买产品模式，保险公司将不得不为客户提供远胜从前的体验。

适当的数据、技术和工具可提供帮助

虽然说服客户共享数据比较困难，但是，使用 AI 工具加深对客户了解的保险公司表示，他们能够显著提高客户满意度和忠诚度，同时节省成本。

第一节 保险公司上演客户体验战

传统上，保险公司不必过分关注客户对他们的看法（请参阅下文"洞察：何为客户体验"）。无论是强制性保险，例如许多国家或地区的汽车保险或健康保险，还是发生个人灾难时提供财务保障的基本必需保险，保险业都将重点放在销售保险上，而不是事后提供优质的客户服务。保险公司之所以兴旺发达，是因为他们对风险及其原因和后果的了解程度远远超过了客户。作为业务模式的基础，这种做法几个世纪以来一直很有效。

但时代变了。在数字时代，信息不对称一去不复返。由于网络规

模和社交媒体的普及，客户可以轻松获得相关信息，包括他们选择的保险品牌、其产品以及售后服务的质量。市场主动权已经转移到消费者手上。从本质上讲，保险已从销售产品变成了购买产品，适当的客户体验可以推动购买决策。

新冠肺炎疫情的暴发令客户体验变得更加重要。出于对健康和财务前景的担忧，消费者愿意接受任何可能的帮助，这为各行各业的企业展示其坚守客户承诺的诚意提供了巨大的机会。

第二节　必须达到更高标准

客户对体验的看法并不区分行业。如今，客户会对所有服务提供商进行对比，更多地从精明消费者的角度来看待保险公司，将最近获得的出色客户体验（往往是从在线零售商那里获得的）作为标杆。因此，保险公司除了失去信息不对称的优势外，还被客户用来和其他行业（而不仅仅是其他保险公司）的最佳客户体验进行比较。

在如此严格的审视之下，目前的保险公司在消费者心目中的形象如何呢？保险公司如何看待自己，他们在客户体验方面取得了多大的进步呢？

为了更好地获得这些问题的答案，IBM 商业价值研究院（IBV）就保险行业的客户体验计划和相应的关键绩效指标（KPI）采访了 34 个国家或地区的 1100 名保险业高管。为了丰富这些数据，我们还对 9 个国家或地区的 1 万多名消费者进行了调研，了解他们站在客户角度的看法。这两项调研都是在新冠肺炎疫情期间进行的，反映了这个时期的特定客户体验。

在本报告中，IBV 讨论了保险公司所做的努力和取得的进展。然后，我们重点介绍了需要改进的地方，并为今后的发展提出了建议。

第三节　"保险性质"的巨大飞跃

在 IBV 于 2008 年启动第一次消费者驱动型保险调研时，对于保险公司的战略而言，以客户为中心和客户体验很大程度上仍是未知概念，更不用说以有意义的方式实施了。推送是保险产品的唯一分销模式，"我们的客户近期不会有所改变"几乎是被普遍认可的说法。[1]

自 2008 年以来，保险业取得了长足的进步。大多数保险公司都已将客户中心论写入战略计划中，并为实现这一目标采取了具体措施。例如，在 2008 年，鲜有保险公司设立首席客户官或首席客户体验官；而在今年的调研中，90%的受访保险公司已经或者即将设立此类职位；79%的受访者表示，他们甚至会在业务部门（LoB）设立此类职位。

业务部门不会严格遵守集中实施原则，他们拥有很大的自由度，可制定自己的客户体验战略以满足特定的客户需求（图 6-1）。而在实施方面，他们则可以充分利用整个企业带来的规模经济优势。

---

① Maas, Peter, Alber Graf, and Christian Bieck. "Trust, Transparency and Technology-European Customers' Perspectives on Insurance and Innovation." IBM Institute for Business Value. January 2008. https://www.ibm.com/downloads/cas/XV5KO5JO.

问题: 贵组织的客户体验战略在哪个层级制定?

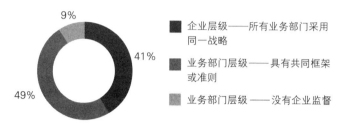

- ■ 企业层级——所有业务部门采用同一战略
- ■ 业务部门层级——具有共同框架或准则
- ■ 业务部门层级——没有企业监督

问题: 贵组织的客户体验战略在哪个层级实施?

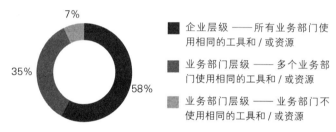

- ■ 企业层级——所有业务部门使用相同的工具和／或资源
- ■ 业务部门层级——多个业务部门使用相同的工具和／或资源
- ■ 业务部门层级——业务部门不使用相同的工具和／或资源

来源: IBM 商业价值研究院 2020 年客户体验高管调研

图 6-1 业务部门可以自由地制定客户体验战略

洞察: 何为客户体验?

客户体验是客户对与其存在业务往来关系的某个企业的业务或品牌的总体看法。它是客户与企业之间每次互动的结果。对于保险公司而言,互动包括浏览网站、与中介机构和客服代表交谈,以及获得从企业购买的产品或服务,等等。客户体验还包括品牌以商业广告、活动以及其他赞助内容的形式的任何曝光。保险公司所做的一切都会影响客户的看法,影响他们对是否做回头客的决定,以及他们对企业的业务和品牌的拥戴程度。

保险公司对客户体验工具的投资迅速增长，预计将从 2018 年占毛保费（GWP）的 1.1% 上升到 2022 年的 1.5%，增长 36%。保险公司希望在客户互动之旅的各个环节推动客户体验计划。85% 的受访者在所有领域都至少一定程度地部署了客户体验，而大约三分之二的受访者重点关注客户服务、理赔和客户参保阶段（图 6-2）。

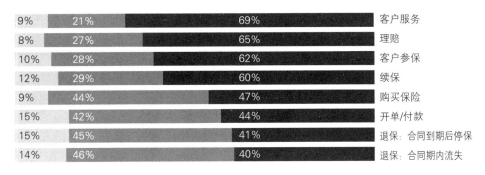

问题：贵组织的业务部门多大程度上在客户互动之旅的以下每个阶段中部署客户体验计划？
来源：IBM 商业价值研究院 2020 年客户体验高管调研

图 6-2　大多数客户体验计划都属于客户服务范畴

一直以来，客户都经常抱怨很难与保险公司打交道。[①] 为了减轻这种担忧，保险公司努力拓宽渠道、简化语言、打造混合体验（全自助、半自助、全人工），并更频繁地接触客户——而不是仅在续保时才进行互动。与此同时，为了吸引日益精通网络规模的客户，保险公司积极投资于各种形式的数字自助服务，主要是网站和应用，也包括聊天机器人及数字虚拟助手。

---

① Bieck, Christian, Peter Maas, and Tobias Schlager. "Insurers, Intermediaries and Interactions-From Channels to Networks." IBM Institute for Business Value. March 2013. https://www.ibm.com/downloads/ cas/ZLOV8QJR.

在帮助人们从生理、心理和经济上安然度过新冠肺炎疫情影响方面，积极的体验发挥着前所未有的重要作用。保险公司已经准备好应对这一挑战。例如，由于人们宅在家里的时间大幅增加，因此可能会带来投保范围之外的风险。为了帮助解决这个问题，法国保险巨头安盛保险的子公司德国安盛保险公司（AXA Germany）通过 #SpecialTimes（#BesondereZeiten）计划，为所有客户提供限时免费的额外保护。[①]

许多保险公司认识到，由于新冠肺炎疫情封锁令，汽车出行显著减少，因此与汽车相关的索赔相对减少。例如，加拿大保险公司Desjardins 已自动将30%—40%的保费退还给所有的汽车保单持有人。[②]在美国，此类减免总额估计超过 100 亿美元，几乎每家保险公司都在迅速跟进，以满足客户对保险公司所提供体验的期望。[③]

这些改进客户体验的努力给保险公司带来了一些积极成果。例如，在我们的调研中，大多数消费者似乎都选择了在客户体验方面比较中意的保险公司。调研中的一个问题是要求他们将保险公司与自己喜欢的任何行业中的组织就速度、准确性或便利性等一系列属性进行比较，结果超过一半的受访者认为保险公司更胜一筹。大约三分之一

① "Aktionsverlängerung – Das AXA Unterstützungsangebot # BesondereZeiten für Kunden." AXA Website. May 5, 2020. https：//www. axa. de/presse/aktionsverlaengerung – besonderezeiten.

② "COVID-19：Supporting You is Our Priority." Desjardins Website. July 7, 2020. https：//www.desjardinsgeneralinsurance.com/covid-19-en.

③ Simpson, Andrew. "Auto Insurers Offering ＄8–＄10B in Discounts in Coronavirus Relief Effort；Updated List." Insurance Journal. April 13, 2020. https：//www.insurance-journal.com/news/national/ 2020/04/13/564510.htm.

的受访者给出了相同的评价。

此外，在五年前发布的一份 IBV 调研报告中，只有 37% 的客户表示完全信任自己的保险提供商。而在 2021 年的调研中，这个比例已上升至 58%。因此，虽然保险公司与众口一词的完全客户信任还相距甚远，但大多数受访者都认为自己的保险公司要胜过其他保险公司。

第四节　过去的阴影

尽管我们很欣赏保险公司在客户体验方面取得的进步，但仔细观察后我们仍会发现一些差距和盲点。

如果近一半的客户并不完全信任贵组织，您不免会感到担忧。幸好，我们倾向于对照预期来衡量客户满意度和拥护度，而对于保险业而言，预期通常都很低。

此外，保险业客户的惰性往往比较高，客户可能会觉得自己别无其他选择。从前面提到的 2008 年调研开始，我们一直都在定期衡量保险业客户对保险公司的信任程度。这个数字十多年来几乎没有发生变化：大多数消费者仍不太信任该行业（图 6-3）。

因此，客户似乎并不是因为客户体验的巨大改进而继续选择原来的保险公司，而是因为他们更不信任其他保险公司。将信任作为防止客户流失的保护手段，或者作为支撑业务模式的基础，似乎是站不住脚的。

许多保险公司似乎都很乐意忽略这一事实，并因为表面上的成功

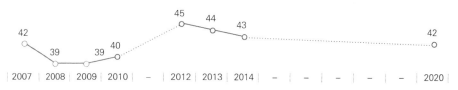

问题:您相信保险行业吗?

来源:IBM 商业价值研究院 2007 至 2020 年消费者调研

图6-3 消费者仍不太信任保险业

而变得过度自信。当我们要求保险公司高管将其整个客户互动过程中
的客户体验表现与竞争对手进行比较时,62%的高管认为他们在客户
服务方面的客户体验优于行业平均水平,61%的高管在客户参保方面
给出了相同的答案。在这两个方面,只有8%的受访高管表示自己企
业的表现不如同行。尽管在其他方面表现不太明显,但这种过度自信
体现在客户互动过程的所有阶段(图6-4)。

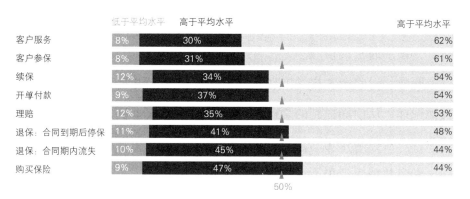

问题:与竞争对手相比,您如何评价贵组织业务部门的客户体验?

来源:IBM 商业价值研究院 2020 年客户体验高管调研。

图6-4 大多数保险公司高估了自己的客户体验能力

是什么导致了这种脱节?原因有二。首先,保险公司看到了自己
在客户体验方面取得的进步,但对行业的总体进展缺乏了解。其次,

他们没有意识到客户的惰性和认知偏差——客户之所以认为目前合作的供应商肯定更加优秀，不过因为这是他们自己做出的选择。

保险公司如果希望在客户体验方面有所改进，则必须对自己的能力进行真实评估，并在客户的首选联系点满足客户的期望。

在与保险公司互动时，消费者非常喜欢通过电话、面对面或 web 数字方式进行联系（图6-5）。这些渠道可提供快速互动、迅捷响应和无缝连接。

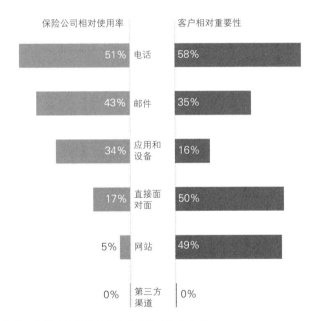

保险公司相对使用率　　客户相对重要性

	保险公司相对使用率	客户相对重要性
电话	51%	58%
邮件	43%	35%
应用和设备	34%	16%
直接面对面	17%	50%
网站	5%	49%
第三方渠道	0%	0%

注：第三方渠道同时被设定为使用率和重要性的评估基线
来源：IBM 商业价值研究院 2020 年客户体验高管调研和 2020 年客户体验消费者调研。

图6-5　保险公司的客户互动仍依赖于传统方法

但保险公司仍通过电话和传统邮件与客户进行互动。后者的成本相对较高，并且难以无缝整合，需要多步操作才能对通信内容进行数字化、分析与整合。投资开展数字前台系统转型，可帮助保险公司更好地满足客户互动需求，提高成本效率。

保险公司仍坚持使用传统业务方式的另一个迹象是，他们持续专注于新业务，而不是加大力度留住现有客户。客户争取成本一直在不断上升，而且仍将继续上升：2018 年占到毛保费的 15.8%，2020 年为 16.6%，2022 年预计为 17.9%。

此外，对新冠肺炎疫情影响的研究凸显出保险公司在履行客户服务承诺方面的脆弱性。当被问及数字化转型计划的预期收益时，"改善客户服务" 在疫情暴发前两年的调研中位居第二（仅次于 "提高生产力"），而现在，其排名却因为属于未来收益而有所降低，被 "提高竞争力" 和 "降低成本" 所取代。[①]

然而，如果以降低成本为目标，那么，留住客户所带来的成本效益至少是追求新业务所带来的成本效益的四倍。[②] 消费者会因为保险公司高度重视客户服务而给予回馈。当被问及他们希望保险公司在哪方面提供良好的客户体验时，受访者首选的是客户服务和理赔处理，而客户参保位于中下位置，购买保险垫底。

所有这些观点都表明，保险公司在客户体验的战略关注度方面存在一定的缺失——60% 的保险公司高管在一定程度上认同自己的企业缺乏客户体验战略。随着风险的增加和信息不对称情况的消失，保险公司不得不做出改变。保险公司必须为客户提供比以往更加丰富的服

---

① IBM Institute for Business Value 2020 COVID-19 U. S. Executive Pulse Survey, unpublished insurance data. Note：n=20, i. e. small sample size.

② Bieck, Christian and Lee-Han Tjioe. "Capturing Hearts, Minds and Market Share：How Connected Insurers are Improving Customer Retention." IBM Institute for Business Value. June 2015. https://www.ibm.com/ thought-leadership/institute-business-value/report/ insurance-retention.

务。希望增强客户体验并实现蓬勃发展的保险公司必须更认真地倾听客户心声。

第五节　倾听客户心声，改善客户体验

良好的客户体验需要客户心甘情愿地共享数据。过去的一项 IBV 调研表明，如果客户不信任保险公司，不了解明显的好处，并且没有简单的机制来共享或控制自己的数据，他们便不太愿意共享数据。① 最新的调研揭示出类似的结果：46%的受访消费者同意"保险公司保存自己的数据越少越好"的说法，38%的人表示无所谓。要想赢得这 46%的客户，保险公司必须提供足够多的价值，打消他们的疑虑。

不出所料，技术在改进客户体验方面将发挥重要作用。数字化转型是提供客户价值的关键。没有它，就不可能实现无缝渠道整合，也无法轻松共享数据。此外，如果数据没有易于数字化访问的格式，则保险公司就很难获得所需的洞察来创造价值，而获得好处正是客户愿意分享数据的第一前提。

事实上，保险公司正在加大 AI 和云计算等技术的使用力度，大量事实表明，这与净推荐值（NPS）和客户保留率呈正比。NPS 广泛用

---

① Bieck, Christian, Peter Maas, and Lee-Han Tjioe. "Data: Gold or kryptonite? An insurer's Guide to the Resource of the Future." IBM Institute for Business Value. October 2017. https://www.ibm.com/thought-leadership/institute-business-value/report/ insurancedata.

于衡量客户满意度以及客户对供应商所提供的客户体验的看法。[①] 我们的分析表明，在客户互动过程的各个阶段都增加 AI 使用力度的保险公司，无论是以 NPS 还是以客户保留率来衡量，客户满意度都有大幅提升（请参阅下文 "IFFCO 东京通用保险有限公司：使用 AI 改善理赔体验"）。

IFFCO 东京通用保险有限公司：使用 AI 改善理赔体验[②]

总部位于印度、由印度农民肥料合作社有限公司（IFFCO）和东京海事集团联合成立的合资企业 "IFFCO 东京通用保险有限公司"（IFFCO Tokio General Insurance Company Limited）希望改善理赔处理体验。

30% 的客户对该公司的理赔评估感到不满。虽然增加一个与修理厂对接的外部机构可以改善这一流程，但无法在全印度推广。

这家保险公司与合作伙伴携手建立了基于 AI 的 Claim Damage Assessment Tool（CDAT）。CDAT 分析模型借助认知图像分析，使用高级计算机视觉和基于深度神经网络的技术，评估车辆损坏的类型和程度。当客户通过该应用上传车辆受损照片后，评估几乎同步开始进行。评估时间从三到四个小时缩短到仅仅 15 分钟，显著改善了客户体验和满意度。此外，IFFCO 还使理赔成本降低了 30%。

---

① 注：NPS 的计算方法是：推荐品牌倾向较高的客户（通常以 0—10 为评分标准，得到 9 分以上的客户）与倾向较低的客户（0—6 分）之间的比率。0 分以上通常被视为良好，5 分以上被视为优秀。

② "IFFCO Tokio General Insurance Company Limited：Improving Customer Experience with Smarter Solutions." IBM. July 2020. https://www.ibm.com/ case-studies/iffco-tokio-ibm-services-ai .

　　还可在其他领域应用 AI，以帮助保险公司改善客户体验。例如，虽然全方位了解每个客户很重要，但客户还希望保险公司能投入情感，因此保险公司必须先抓住客户的心，然后才能争取客户，抢占市场份额。[①] 要有效实现这一目标，保险公司必须了解客户的感受，但在我们的调研样本中，只有大约三分之一的受访者在使用客户情绪分析（CSA）工具方面付出了巨大的技术努力（请参阅下文"某日本保险公司：拉近与客户的情感距离"）。

　　保险公司低估了了解客户情感的重要性（图 6-6）。我们的数据表

客户情绪分析有多重要？

消费者：64% 重要 / 很重要

保险公司：44% 重要 / 很重要

图 6-6　我们发现，消费者和保险公司的看法之间存在很大差距

　　① Bieck，Christian and Lee-Han Tjioe. "Capturing Hearts，Minds and Market Share：How Connected Insurers are Improving Customer Retention." IBM Institute for Business Value. June 2015. https://www.ibm.com/ thought-leadership/institute-business-value/report/ insurance-retention.

明，在这方面付出努力的保险公司已经开始对客户满意度产生显著的积极影响。刚刚开始使用 CSA 的保险公司表示，他们的平均 NPS 为 33.5。这个指标随着情绪分析工具的使用而增加，最高平均 NPS 可达 41.6。

某日本保险公司：拉近与客户的情感距离

一家大型日本保险公司每年所有渠道的客户互动累计超过 100 万次。这些接触对客户满意度和整体客户行为的影响在很大程度上是未知的，这也妨碍了整体客户体验的改善。

为了主动消除客户满意度方面的障碍，这家保险公司使用高级文本分析技术实施了一种 CSA 工具。CSA 通过捕获书面或口头交流中的客户情绪，并做出适当的反应，从而打造最优客户体验。它与客户账户数据整合，将情绪分析与特定的客户群关联，以获得对客户需求更深入的了解。

该保险公司通过从数据中获得洞察，帮助改进服务质量，每年减少了 20% 的客户投诉。此外，他们还通过发现存在高流失风险的客户群，有的放矢地开发服务增强功能，显著提高了客户保留率。

通过对样本中的 NPS 数值进行分析，我们针对努力提高客户体验的保险公司得出了一个有趣的结论：他们关注客户互动之旅的所有阶段，而不仅仅是前期销售和参保阶段。其实，通过专注于常规流程来提高客户保留率的做法更具成本效益，如开单/付款和续保等流程，尤其是在理赔等客户互动较为频繁的领域。对这些常规流程给予额外关注的保险公司，在 NPS 和客户保留率方面的表现都比其他公司更亮眼——对 NPS 的影响较大，对保留率的影响较小。

基于 AI 技术的另一种有用工具是数字虚拟助手。在我们的样本中，只有 16% 的保险公司在很大程度上使用这些数字助手，但有 38% 的消费者将其视为与保险公司互动的重要自助工具。数字虚拟助手可同时执行多项任务：AI 后端能够开展智能而富有感情的互动，同时以经济有效的方式替代或增强无法全天候提供的真人互动服务（请参阅下文 "OP Financial Group：通过智能聊天机器人扩展客户体验"）。它们还提高了跨渠道客户信息交付的一致性。

OP Financial Group：通过智能聊天机器人扩展客户体验[①]

为了满足客户对在线服务日益增长的需求，芬兰最大的金融服务公司之一 OP Financial 推出了专为客户提供保险建议的网站。该网站具有在线聊天功能，客户可与客服团队进行互动。这一举措取得了立竿见影的成效，用户数量在最初的几个月里增长了 1000%，但这也导致等待时间过长，客户无法接受，尤其是在冬季，暴风雪可能造成全国大部分地区交通瘫痪，导致许多客户同时需要帮助。

为了提高网站和聊天功能的可扩展性，OP 开发了基于 AI 的聊天机器人。这位虚拟助手经过训练，能够以自然的方式与客户使用芬兰当地语言进行交谈，就保险理赔提供建议，并帮助他们在发生意外事件后重回正轨。这个虚拟助手并没有取代常规服务

① "OP Financial Group：Enhancing Customer Experience at Scale with an AI-powered Chatbot." IBM. June 2019. https://www.ibm.com/case-studies/op-financial-group.

人员，而是扩大了服务的可用性，丰富了服务功能。

AI 聊天机器人的表现大大超过了 OP 的预期，自动化速度提高到原来计划的两倍。客户等待时间已减少为零。

综上所述，AI 可以作为一把钥匙，真正开启以客户为中心的大门，但仅靠技术是无法实现的。保险行业销售的是承诺，而不是产品，这就要求客户相信保险公司始终会兑现承诺。借助优良的客户体验提高客户满意度有助于建立信任，而使用 AI 正是不错的起点。

行动指南

鉴于目前全球疫情肆虐，领先的保险公司需要重新思考传统的客户体验方法，以推动在"新常态"下的复苏。以下建议旨在帮助保险业高管为企业指明前进方向。

奠定基础

1. 培养敏捷的企业组织和文化。优先考虑客户及其需求，而不是组织层面的"繁文缛节"。聘用和培训可以构想、设计、开发、启动、执行和持续优化体验的合适人才，而不仅仅是筹划和开展营销活动。

2. 围绕客户进行设计，而不仅仅是针对客户进行设计。客户体验所涉及的任何组成部分都必须被视为总体设计和持续反馈监控的一部分。这包括直接核保人和理算师等面向客户的员工、执行基础流程的员工，以及中介机构和外部合作伙伴等。

3. 实施智能工作流。利用物联网（IoT）、AI、自动化和直通式处理（STP）等呈指数级发展的技术，确保前端体验与后端系统保持一致。提供基于 AI 和云技术的体验管理，以更好地促进、协调、执行、交付、倾听和衡量客户体验。

倾听客户心声

1. 邀请客户共享数据。向客户表明，共享数据可以获得明确的回报（如增值产品），并确保以合乎道德规范、简单而透明的方式进行数据共享。使用这些数据，在每次互动时带来量身定制的体验，增进相互信任，建立积极的反馈循环，从而进一步促进数据共享。

2. 利用内部可用的数据。创建企业数据基础，从以运营为中心的传统孤岛式数据仓库，转变为开放的数据平台和治理，支持以客户为中心的分析。

3. 利用客户研究成果。不要猜测，而是直接询问客户的需求和期望。使用以客户为中心的 AI 工具，帮助内部员工了解客户及其需求。

将眼光放长远

1. 探索外面的世界。为了更好地了解不断增长的客户期望，不妨研究一下同行保险公司，与自身对标，并从中学习。毫不犹豫地复制零售、银行和旅游等相邻行业的有效方法。

2. 从传统的保险提供商转变为值得信任的顾问。无论是为承包商提供"按职务分类"的一般责任险、提供现场旅行险，还是创造健康幸福的日常体验，更深入地融入客户的日常生活之中，建立更频繁的互动。

3. 利用平台及合作关系。将特定需求与特定保险业务关联，创建新的随需应变型产品和服务。与保险科技公司合作，探索相关技术并将其整合到现有组织中，加速创新步伐。

第七章

依托平台拓展保险业务

对降本增收的积极影响

作者介绍

Christian Bieck，IBM 商业价值研究院全球保险行业负责人。联系方式：电子邮箱 bit.ly/CBieck@ chbieck；christian.bieck@ de.ibm.com。

Fuad Butt，IBM 全球保险行业实践业务转型高管。联系方式：LinkedIn 账号 linkedin.com/in/fuadbutt/，电子邮箱 fmbutt@ us.ibm.com。

Patrick Sheridan，IBM 全球保险行业能力中心高管。联系方式：电子邮箱 bit.ly/PatSheridan@ pwsheridan；psheridn@ us.ibm.com。

本章要点

思维受到束缚

尽管一些保险公司在以客户为中心、数字化和创新等方面取得了重大进展，但从整体行业而言，保险业的产品、流程和系统仍深陷传统思维模式无法自拔。

突破重重障碍

参与平台业务模式以及对应的生态系统，有助于保险公司超越常规业务运营，参与全新的成本与收益模式。

重大文化变革

为了更好地迎接未来，我们为保险公司推荐以下三种方法：尝试平台点解决方案；转向与平台兼容的服务模式；认真考虑非传统产品。

第一节　改革步伐滞后

保险行业比较墨守成规，不太愿意接受变革。直到最近十年，还有研究人员提议简化美国的保险法规，他的理由是："自1959年以来，保险行业始终没有为个人客户推出过任何全新的财产和意外伤害保险产品。"[1] 时至今日，保险行业的创新通常也仅限于对日常业务的修修补补。最近就有一家加拿大保险公司的首席运营官指出："哪怕并未真正触及核心产品承保范围，行业也能进行重大变革。"[2]

不过，值得欣慰的是，保险行业的思维模式已经在发生变化。在"互联保险"大会或"保险创新企业峰会"等大型行业活动中，保险公司正在积极探讨战略创新。[3] 许多保险公司不断加大对战略的投入，真正实现以客户为中心、数字化以及创新。

例如，瑞士苏黎世保险集团在年度报告中重点强调了以下三大领域，这也是总体战略的核心要点：专注客户、简化流程、倡导创新。为

[1]　Lehrer, Eli. "Optional Federal Charter for Insurers：FAQ." Competitive Enterprise Institute. October 2, 2007. http：//cei.org/pdf/6170.pdf.

[2]　Contant, Jason. "Does Product Innovation Require a Change in Coverage?" Canadian Underwriter. September 13, 2019. https://www.canadianunderwriter.ca/insurance/does-product-innovation-really-require-a-change-in-coverage-1004168353/.

[3]　Connected Insurance Europe website, accessed October 2, 2019. https://events.insurancenexus.com/connectedeurope/; Connected Insurance USA website, accessed October 2, 2019. https://events. insurancenexus. com/connectedusa/; Insurance Innovators Summit website, accessed October 2, 2019. https://marketforcelive. com/insurance - innovators/events/summit/; Insurance Innovators Summit USA website, accessed October 2, 2019. https://marketforcelive.com/insurance-innovators/events/usa/.

此,苏黎世保险集团实施了一系列计划,建立了全新的苏黎世客户主动管理部门,负责提供分析支持。[①] 该部门采用人工智能(AI)技术,从客户数据和互动中发掘洞察。然后运用这些洞察,为客户量身定制提案和解决方案,确定下一步最佳行动,从总体上改善客户关系。[②]

竞争环境发生明显转变,保险公司面临的压力日益加剧,他们最近的战略转变不过是对这一局面的迟到的回应(图7-1)。一方面,客户(特别是年轻一代)希望保险公司提供高度个性化的产品,作为数字生活方式的补充。许多客户只租不买,他们希望获得的是保护,而不是保险。

来源:IBM 商业价值研究院分析。

图7-1 保险公司陷入严重困境

① "Zurich Insurance Group Annual Report 2018: A customer-led transformation." Zurich Insurance Group. https://annualreports.zurich.com/2018/en/annual - report/servicepages/downloads/files/entire_ zurich_ ar2018.pdf.

② "New Approach to Link Data and A. I. with Insurance Systems." Zurich Magazine article. July 18, 2018. https://www.zurich.com/media/magazine/2018/new - approach - to - link-data-and-ai-with-insurance-systems?page_ attributes_ refMktURL = https%3a%2f%2fwww.zurich.com%2fknowledge%2farticles%2f2018%2f07%2fnew-approach-to-link-data-and-ai-with-insurance-systems.

另一方面，传统保险公司面临众多新的竞争对手，后者更善于迎合客户不断变化的需求。数字巨头可以利用丰富的数据宝藏和广泛的客户群体，提供个性化服务。例如，中国网络规模巨头腾讯通过微信聊天服务售卖保险。①一些相邻行业的企业则将保险业务融入配套服务模式，比如 Care by Volvo 是一项为期两年的订阅服务，其中包括汽车使用服务以及常规维护、援助和保险服务。② 保险科技公司甚至还会涉足新的保险市场，例如位于斯德哥尔摩的 BIMA Mobile 通过手机向遍布非洲、亚洲、亚太地区和拉丁美洲的 3100 万用户提供小额保险。③ 为深入了解保险公司如何适应不断变化的环境，IBM 商业价值研究院对全球 35 个国家/地区的 1000 位保险行业高管进行了采访（请参阅调研方法部分）。我们尤其关注保险公司对平台业务模式的看法，以及他们是否将平台业务模式视作变革的推动力量。

第二节　平台业务模式崛起

平台业务模式通过建立基础架构，促进两个或更多彼此依赖的团

① CIW Team. "Tencent to Offer Insurance on WeChat in H2 2017." China Internet Watch. August 21, 2017. https://www.chinainternetwatch.com/22192/tencent-wechat-insurance/.

② Butler, Zach. "Care by Volvo: What is Car Subscription, and Will It Become the Norm?" TFLcar. com. February 23, 2018. https://www.tflcar.com/2018/02/care-by-volvo-car-subscription/.

③ BIMA website homepage, accessed September 17, 2019. http://bimamobile.com/; "Where We Operate." BIMA website, accessed October 4, 2019. http://bima.live.gpmd.net/about-bima/where-we-operate/.

体之间的交易，从而创造价值。预计到 2025 年，平台经济（即通过平台业务模式开展的市场互动）的总市值约占全球贸易总额的 1/3（60 万亿美元）。①

在保险领域，平台模式包括 B2C 平台，旨在打造新产品或新服务；以及多租户 B2B 平台，旨在通过分摊成本来增加盈利。在平台上，保险公司可通过新产品吸引新客户；围绕平台形成的生态系统更是有利于建立新型合作关系、发掘新的灵感以及开创新颖工作方式。

我们的调研表明，保险公司对平台业务模式所掀起的颠覆浪潮的认识越来越深——而且已开始认真做准备。超过 3/4 的受访者表示，平台将对传统保险价值链产生颠覆性影响，表明已采取战略以应对这种情况的受访者比例也大致相仿——较上年的调研结果增加了 23%。②

绝大多数受访高管一致认为，保险行业亟须突破传统保险领域，实现经营多元化（图 7-2）。保险公司普遍认识到，新一代消费者希望获得保护，防患于未然——他们需要预防性保险，第一时间帮助避免负面事件和状况。而一旦真正发生事故，这些消费者希望保险公司能够尽可能迅速地提供广泛的帮助，而不是单纯进行理赔。

---

① "Unlocking the Value of the Platform Economy：Mastering the Good，the Bad and the Ugly." Dutch Transformation Forum. November 2018. https://dutchitchannel.nl/612528/%20dutch-transformation-platform-economy-paper-kpmg.pdf.

② Unpublished data from the 2018 IBM Institute for Business Value Platform Survey. For additional information on this survey，please read the published report："The platform-fueled future：New ways to differentiate in a changing insurance industry." IBM Institute for Business Value. September 2018. http://ibm.biz/insplatforms.

未来 10 年保险公司应提供的服务

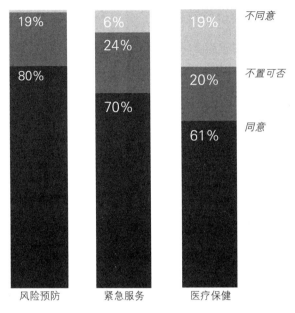

来源：2019 年 IBM 商业价值研究院平台调研。

图 7-2　保险公司开始着眼于非传统营收池

第三节　战略目光短浅

高管普遍认识到亟须推进多元化和战略创新，这一点十分令人鼓舞。尽管保险行业的变革步伐或许仍落后于其他行业，但保险企业日益认识到变革不仅可行，而且很有必要。

不过，保险公司仍普遍将创新焦点集中于传统保险产品。几乎所有受访者（96%）都表示，计划在未来三年增加产品创新方面的投入。对于大多数保险公司而言，这意味着对现有产品做出调整。85%

的保险行业高管仍将传统产品（而非风险预防或快速帮助）视为企业未来三到五年的主要价值源泉。

除继续关注传统产品以外，保险公司还将沿用传统工作模式。他们将原有 IT 系统视为业务模式的核心环节。76% 的调研受访者表示，后端系统是企业核心竞争力的重要组成部分。另外，75% 的受访者将后端系统视为差异化因素。

如果这项结论成立，即保险系统确实会带来差异化优势，那么势必会对业务成果产生积极而重大的影响。尽管传统系统可以带来竞争优势，但差异化因素并非系统本身，而是保险公司利用传统系统所开展的工作：打造创新产品，以使企业在新旧市场中脱颖而出；加快产品面市速度；或者更快地提供更好的服务。为实现这些成果，必须在系统中内置灵活性。因此，我们认为，在其他所有条件都相同的情况下，保险公司采用的系统越新，取得成功的可能性更大；同样，如果保险公司部署的系统越少，维护费用就越低，成功的可能性也越大。

根据我们的样本，大多数保险公司采用 2—8 个保单管理系统，一些最早的系统使用已有 3—20 年。总体而言，无论是整体签单保费收入（GPW）超过 10 亿美元的大型保险公司，还是小型保险公司，受访企业每年平均投入 6.7% 的 IT 预算用于维护当前运行的原有系统。

换算成实际货币，意味着每年原有系统的平均开支达到 950 万美元，在样本中排名前 10% 的企业开支更是高达 1600 万美元，甚至更高。平均而言，受访者预计未来三年的平均开支将增长 85%，达到 1770 万美元。参与调研的 1000 家受访企业的原有系统维护开支总计高达令人惊讶的 95 亿美元，相当于一个小型国家/地区（比如海地）一年的国内生产总值。[①]（图 7-3。）

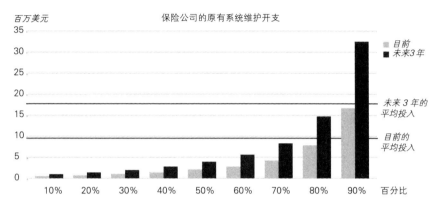

来源：2019 年 IBM 商业价值研究院平台调研。

图 7-3　保险公司投入近 7% 的 IT 预算用于维护原有系统

然而收入平均年增长率为 3.3%，与系统开支并不存在明显关系。同样，收入增长并不会随系统使用年限或数量的增加而发生变化。

除将收入增长视为成功因素以外，我们还研究了产品面市速度与原有系统开支之间是否存在关系。同样，答案是否定的：所有业务领域的新品平均面市时间为近 3 个月（81 天），其中最快为 2 周，最慢为 6 个月，与系统开支、系统年限或系统数量毫无关系。[②]

总之，我们的数据并不支持现有系统可以为保险公司带来期望的灵活性和差异化这一说法。这些企业投入的资金只能保证系统正常运

---

① "List of Countries by Projected GDP." Statistic Times. March 28, 2019. http://statisticstimes.com/economy/countries-by-projected-gdp.php.

② Note：This time does not include regulatory approvals, over which insurers have limited influence.

行，但对于企业成功似乎并没有什么实际帮助。那么，未来该何去何从呢？保险公司如何突破传统思维模式，通过非传统产品创造收入，推动更广泛的创新？这时，平台进入人们的视野。

第四节　敏锐发掘机遇

平台业务模式在平台中创建贡献者和用户的生态系统，突破了过去传统的价值链方法。由此衍生出大量新产品、新工作方式和新创新方法。

很多行业的领先企业已深入参与业务平台。根据我们最近开展的一项全球银行及其他金融服务机构调研，最成功的银行通过平台业务模式获得的收入比例最高。[①]

保险公司也非常清晰地认识到平台可以带来的优势（图 7-4）——他们只需参与平台模式即可。我们建议，保险行业高管不要再将后端系统视为差异化优势，而是应当重点关注参与平台可以带来的竞争优势。平台不仅可以帮助创造客户价值，还有助于开拓非传统产品，避免单纯依赖保险业务。大多数保险行业高管表示，平台业务模式可以带来其他方法无法企及的优势，创造其他方法无法实现的产品和服务。

---

① Diamond, Sarah, Nick Drury, Anthony Lipp, Anthony Marshall, Shanker Ramamurthy, and Likhit Wagle. "Banking on the platform economy." IBM Institute for Business Value. September 2019. https://ibm.co/platform-banking .

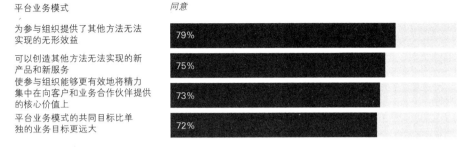

平台业务模式 / 同意

为参与组织提供其他方法无法
实现的无形效益 —— 79%

可以创造其他方法无法实现的新
产品和新服务 —— 75%

使参与组织能够更有效地将精力
集中在向客户和业务合作伙伴提供
的核心价值上 —— 73%

平台业务模式的共同目标比单
独的业务目标更远大 —— 72%

来源：2019年IBM商业价值研究院平台调研。

图7-4 保险公司认识到平台的种种优势

事实上，保险公司的平台参与度正在不断扩大。所有受访者都表示，自己的企业至少参与了一个平台。相较于2018年开展的上一次调研，参与度提升一倍以上。[①]

保险公司能够以提供者、贡献者或用户的身份参与创收型B2C平台或成本节约型多租户B2B平台。大多数受访者都在积极寻找平台，为原有业务提供支持，帮助获取新业务（图7-5）。

转变成本模式

从成本角度而言，平台最显著的用途是将原有系统的成本从固定成本转化为可变成本，同时提高灵活性。此类平台通常是多租户B2B平台（请参阅下文"成功案例：ERGO应对已结束的保险业务"）。81%的高管表示，平台有助于节省成本；84%的高管认同平台的可扩

---

① Bieck, Christian, Noel Garry, and Holger Münch. "The Platform-Fueled future: New Ways to Differentiate in a Changing Insurance Industry." IBM Institute for Business Value. September 2018. http://ibm.biz/insplatforms.

保险公司正在考虑采用平台

来源：2019 年 IBM 商业价值研究院平台调研。

图 7-5　平台有助于保险公司开展新业务或现有业务

展性优势，认为这是一项很重要的灵活特性。65% 的保险公司确信，
平台有助于降低产品复杂度；与此同时，仅有 3% 的保险公司担心使
用平台可能会导致自身失去系统主控权。

> ### 成功案例：ERGO 应对已结束的保险业务①
>
> 　　综合业务保险公司 ERGO Group 是德国最大的人寿保险公司。
> 与大多数传统保险公司一样，ERGO 希望能够节省已结束的保险
> 业务的成本。由于已结束的保险产品组合不再销售新保单，因此
> 无法创造新的收入；但是，人寿保险由于历时较长（往往持续 40
> 年甚至更久），因而仍需继续履行义务。

---

　　①　"IBM and Global Insurer ERGO Group Agree on New Platform service." IBM Insur-
ance Industry insights, perspective, expertise. IBM website. April 25, 2018. https://www.
ibm.com/blogs/industries/ergo-group-ibm-insurance-platform-partnership/.

因为平台业务模式可扩展，而且采用基于交易的成本结构（而不是固定成本），所以它成为管理已结束的保险业务的不二之选。在理解平台模式的优势之后，ERGO 选择为德语市场已结束的保险业务打造多租户管理平台。该平台既包括移动版数字前端，又提供基于 AI 的分析工具。此外，它还配备了多个接口，用于整合开放式第三方支付或区块链合作伙伴生态系统，以使 ERGO 能够管理自己以及其他德国人寿保险公司已结束的保险业务。

大多数 B2B 平台采用"即服务"方法，这也在一定程度上提高了成本灵活性。如上所述，保险公司将很可观的一部分（6.7%）IT 成本用于系统维护，目的在于减少更新期间的中断，例如对整个流程进行回归测试。"即服务"方法可以帮助保险公司避免出现业务中断。平台提供者承担所有维护职能，依托公用服务模式提供更新。

从原有系统转向平台业务模式还能带来额外的成本红利，有助于减少直接技术投资。受访者平均投入约 1/5 的技术预算发展各种新兴技术，如机器人流程自动化和 AI。在平台环境中，平台参与者可以（而且将会）共同分担 IT 投资，这不仅能够直接节省成本，还有利于充分利用技术。

创收

当采用收入方案时，保险公司有多种参与平台的选项。如果保险公司提供前文所述的 B2B 平台（例如，ERGO 案例研究），则平台成为非传统的直接收入流。

不过，平台业务模式更常见的创收方法是从最终客户那里获得收入。为此，可采取以下两种形式：一是 B2B2C 平台（请参阅下文"成功案例：Friendsurance Business"），通过第三方为保险公司用户提供平台，再由保险公司向客户出售产品；二是更直接的 B2C 平台（请参阅下文"成功案例：平安保险"）。

成功案例：Friendsurance Business[①]

自 2010 年起，位于柏林的保险科技公司 Friendsurance 就开始运营 P2P 保险模式。2017 年，该公司利用自己与德国大多数保险公司的稳固关系，发展成为银行保险公司，在过去，这种模式严重依赖于银行分支机构中的人际互动。

Friendsurance 从自己的保险业务中总结了经验，创立了数字银行保险平台"Friendsurance Business"。该平台面向希望在线提供保险产品的企业，包括银行和保险公司。它提供许多前端服务，如报价、注册和客户分析。而在后端，它既能整合到保险公司的现有系统，又能运用自身系统管理保单。

Friendsurance Business 已与德国许多大型银行和保险公司建立合作关系。另外，Friendsurance Business 还可以为最终客户带来额外的好处：分析客户的整体保险范围，同时充当数字保险文件夹。

---

① "Friendsurance：Friends with Benefits?" HBS Digital Initiative. March 26, 2018. https：//digital. hbs. edu/platform－digit/submission/friendsurance－friends－with－benefits/；"Hi Fintech, meet InsurTech；Bancassurance, the Friendsurance way." The Digital Insurer. May 14, 2019. https://www. the－digital－insurer. com/blog/when－fintech－and－insurtech－come－together－bancassurance－friendsurance－way/.

成功案例：平安保险①

深圳保险巨头平安保险是中国第二大保险公司，也是全球最主要的跨国保险品牌之一。中国市场瞬息万变，为立足市场加快发展，平安保险主要围绕平台塑造企业业务模式。

2013 年，平安保险与中国网络规模企业阿里巴巴和腾讯联合成立了中国最大的纯线上保险公司众安保险。自那以后，平安保险又推出了另外几项平台计划，将业务拓展到非传统领域。这包括平安好医生——将客户与医疗服务提供方（如医生、诊所和药店）联系起来；医保科技——管理型医疗平台；还有 Gamma O——专注于衔接金融机构与技术服务提供商的开放式平台。

受访者表示，平台通过打造更高效、更多元的创收来源，帮助保险公司实现增长。这包括加强与客户的联系，实现更多交叉销售和追加销售，或者推出其他产品和服务（图 7-6）。平台具有"即服务"

---

① "Ping An Ranks Third Among Global Financial Services Companies in the 2018 'BrandZ（TM）Top 100 Most Valuable Global Brands' List." PR Newswire Asia. May 30, 2108. https://www. asiaone. com/business/ping – ranks – third – among – global – financial – services–companies–2018–brandztm–top–100–most；Yi, Han, and Leng Cheng. "Insurer Ping An's Profit Jumps 42. 8%." Caixin. March 21, 2018. https://www.caixinglobal.com/2018–03–21/insurer–ping–ans–profit–jumps–428–101224363.html；Terry, Hugh. "Zhong An：China's First Complete Online Insurance Company." The Digital Insurer. https://www.the–digital–in–surer.com/dia/zhong–an–chinas–first–complete–online–insurance–company/；"Ping An One–Connect Fintech Subsidiary Raises $650 Million in Financing." Finextra. February 2, 2018. https://www.finextra.com/pressarticle/72459/ping–an–oneconnect–fintech–subsidiary–raises–650–million–in–financing；"Ping An to Make Banking Hulks with Gamma O." CDO Trends. June 3, 2019.https://www.cdotrends.com/story/14313/ping–make–banking–hulks–gamma–o.

特性,不仅可以快速测试新理念,同时有助于控制风险和成本。过去,若要开展此类测试,通常必须投资开发新应用,而且往往还要建立物理环境,而现在,所有这一切都可以通过参与平台加以解决。

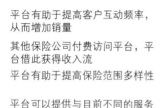

同意

平台有助于提高客户互动频率,从而增加销量 90%

其他保险公司付费访问平台,平台借此获得收入流 81%

平台有助于提高保险范围多样性 76%

平台可以提供与目前不同的服务 74%

来源:2019 年 IBM 商业价值研究院平台调研。

图 7-6　平台创造更多、更灵活的收入

基于数据的产品或服务是实现这些潜在新收入的绝佳例子,但此类产品或服务需要收集或使用客户数据。基于数据的产品已热议多年,人们通常称之为"现驾现付""随用随付"或类似的术语,但现代平台业务模式有助于简化实施和分销过程。美国保险公司 Oscar 是医疗保险领域的一个代表性示例。除了通过应用促进客户互动外,Oscar 还支持客户使用任何兼容的健身设备跟踪活动等级,并在达到设定的目标后予以奖励。[①]

根据我们的样本,90%的保险公司表示计划推出基于数据的产品,几乎所有(95%)保险公司均表示在平台的辅助下很可能采取这项举措。前文提及的各项技术是促使保险公司采取行动的主要原因,他们

---

① "It's All in the App." Oscar website, accessed October 9, 2019. https://www.hioscar.com/app.

认为，通过 AI 开展实时分析足以改变游戏规则。在此引用一位调研参与者的观点："采用平台的主要优点在于实时分析，这样我们就能利用原始数据得出结论。"

第五节　未来前景

对于保险公司而言，投资于平台是面向未来转变战略的一个核心环节。受访高管普遍认为，平台不仅可以推动创新、鼓励试验及推进技术发展，还能在行业文化变革方面发挥主导作用（图 7-7）。

保险公司如何利用平台带来的种种优势？我们确定了三大入门步骤。

克服战略目光短浅的缺点。运用所掌握的平台知识，并将其与目前的思维模式和工作方式结合起来。分析当前系统是否能够真正带来竞争优势，或者系统是否缺乏采用其他运营模式所需的灵活性。实施"证明要点计划"，进行投资，与保险科技公司及其他行业参与者携手开展试验，共同打造小型平台点解决方案，确定哪些工作奏效，哪些不奏效。平安保险的成功案例表明，覆盖多个业务领域的平台很可能成为品牌和战略不可或缺的重要组成部分。

确保企业平台准备就绪。增强内部流程和系统的灵活性至关重要。确定要为平台提供哪些组件以及平台要使用哪些组件。换句话说，从何处获得收入？在哪里投入成本？使用面向服务的架构，保证应用可在云端运行。调整内部应用开发方式，转向与平台兼容的服务范例，

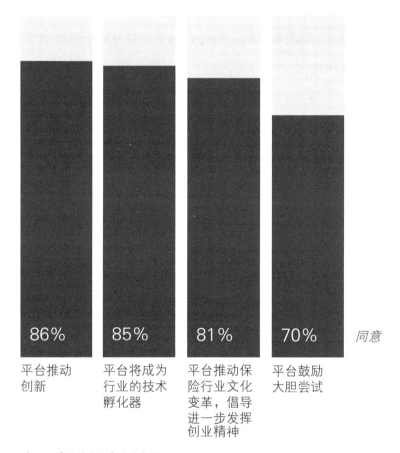

86％　85％　81％　70％　*同意*

平台推动
创新

平台将成为
行业的技术
孵化器

平台推动保
险行业文化
变革，倡导
进一步发挥
创业精神

平台鼓励
大胆尝试

来源：2019 年 IBM 商业价值研究院平台调研。

图 7-7　运用平台加速创新

充当软件即服务（SaaS）的提供者。不要害怕这些变化会不可避免地
带来内部颠覆——即使不采用平台模式，保险公司也必须像市场领导
者那样迅速应对变化，才能为将来做好准备。

　　认真考虑非传统产品。随着越来越多的客户考虑选择在某种程度
上涉及风险的综合服务，保险公司必须认真思考如何变革，以及在哪
些方面仍需保留传统保险业务。不要忘记基于数据的产品，它们是将

风险和风险管理专业知识转化为易于接受的产品的出色载体。此外，随着众多贡献者为平台添砖加瓦，生态系统日益壮大，因此能够实现"一加一大于二"的效果。通过扩展从多个领域收集和整理的数据，充分利用平台的这一特性，例如在纯粹的车载通信技术中添加地理和天气数据，以提升汽车或商业建筑风险服务的价值。

为更快取得成果，下面介绍一些入门方法：

——确定当前产品组合及购买者。

——设定真正的差异化优势。

——确立未来收入和利润目标。

——判断当前买家是否有助于推动实现这些目标；如果不会，则确定需要另外吸引哪些买家。

——寻找或搭建平台，利用 AI 吸引所需的产品买家。

需要思考的重要问题

——未来的客户不断变化，您认为贵企业的核心竞争力和差异化优势该如何与时俱进？

——计划如何摆脱现有 IT 系统的束缚，确保企业做好迎接未来的准备？

——计划如何以及从何处入手参与平台，增加收入并降低成本？

调研方法

2019 年 6 月到 7 月间，IBV 与牛津经济研究院携手合作，对全球

35 个国家或地区的 1000 名商业保险高管开展了一项调研。调研期间，我们围绕保险平台向全体参与者提出了一系列问题，包括保险产品优缺点、创新及保险行业本身的发展前景。

样本涵盖各种规模的保险公司，最低整体签单保费收入（GPW）为 1 亿美元（中东、非洲和拉丁美洲为 5000 万美元），平均规模为 20 亿美元，中位数为 4.85 亿美元。32% 的受访者为大型保险公司（整体签单保费收入达到或超过 10 亿美元）高管。

第八章

2030 年卡车行业展望

数字化重塑：路遥知马力，日久见真章

作者介绍

Daniel Knoedler，IBM 面向汽车、航空和国防企业的全球销售总监。他拥有广泛的行业和服务背景，在 IBM 工作已超过 20 年，一直与在全球运营的汽车和航空行业的客户合作，这些客户主要分布在欧洲、亚太地区以及北美和南美地区。
联系方式：LinkedIn 账号 linkedin.com/in/daniel-knoedlerb91860170，电子邮箱 knoedler@de.ibm.com。

Ben Stanley，IBM 商业价值研究院的汽车行业调研主管，负责为 IBM 汽车行业事务开发思想领导力和战略业务洞察。他拥有超过 40 年的汽车制造业工作经验，在业务战略和业务模式创新领域，与全球多家主要的汽车行业客户合作。
联系方式：LinkedIn 账号 linkedin.com/in/benjamintstanley，电子邮箱 ben.stanley@us.ibm.com。

本章要点

数据洞察

手握海量数据，卡车企业必须运用切实可行的有意义洞察，在战略决策、运营转型和目标客户体验方面有所作为。

发挥平台作用

平台推动开展有目的的协作，为卡车生态系统的参与者创造更高的价值。卡车企业参与各种平台，旨在更好地管理企业资产、业务流程、数据、车队和技术等。

新技术

智能自动化借助技术进步，优化业务流程，推动客户体验个性化，提高企业决策能力，从而改变企业的运营模式。智能自动化成为企业数字化重塑过程中最重要的推动力量之一，帮助企业从日常流程自动化转变为 AI 驱动的自动化，从而实现工作方式转型。

第一节　2030 年卡车企业展望

正如鲍勃·迪伦在歌中唱的那样："时代在不断变化。"对于卡车行业而言，这再真实不过了。

过去的收货和运货一度是单调的劳动密集型人工流程，如今，卡车企业不断探索，与时俱进——他们实施了"运力即服务"物流流程、众包交付、卡车车队、优化的预测性维护、特定于驾驶员/卡车/道路的路线安排、智能货运、自动驾驶员助手，等等。这还不包括通过车辆电动化带来的车辆动力和排放方面的转变。

得益于云计算、人工智能（AI）、物联网（IoT）、高级分析和机器学习等数字技术，包括上面提及的诸多卡车功能和出行服务不断涌现，或有望在 2030 年之前普及。

关于 2030 年的许多预测都支持以下愿景：

——每个人平均拥有 15 台互联设备[1]

---

[1] Heslop, Brent. "By 2030, Each Person Will Own 15 Connected Devices—Here's What That Means for Your Business and Content." MTA MarTech Advisor. March 4, 2019. https://www.martechadvisor.com/articles/iot/by-2030-each-person-will-own-15-connected-devices-hereswhat-that-means-for-your-business-and-content.

——"卡车即服务"市场价值预计将超过 992 亿美元[①]

——全自动驾驶汽车需要 10 亿行代码[②]

——传感器数量将达到 100 万亿[③]

——80% 的商用车将实现互联互通[④]

未来 10 年，技术进步和客户期望是卡车行业最重要的影响因素（图 8-1）。能否在适当的时间使用具备适当技能的全球员工，始终是卡车企业最关心的问题。

为了支持环境可持续发展，对绿色动力的需求日益高涨。此外，绿色货物运输的理念不断整合到日趋虚拟化的购物体验中，这也对卡车行业产生了直接的影响。来自行业外部的非传统企业的竞争，带来了货物流动的新概念，这很可能会影响卡车行业当前和未来的收入流。

无论未来趋势的实现速度有多快，有一点可以肯定：数字技术与数据相结合，创造出全新的工作方式，促进企业与客户实现无缝接触，为车队经理和驾驶员提供全新的出行服务，为卡车企业发掘难以想象

---

① "Truck‐as‐a‐Service Market, 2019‐2030." Transparency Market Research. https：//www.transparencymarketresearch.com/truck‐as‐a‐service‐market.html.

② Day, Robert. "7 Key Challenges Impacting the Mass Deployment of Autonomous Vehicles." Arm Community Blog. January 31, 2019. https：//community.arm.com/developer/ip‐products/system/b/embedded‐blog/posts/7‐key‐challenges‐impactingthe‐mass‐deployment‐of‐autonomous‐vehicles.

③ Goerlich, Kai. "The Future Of Sensors：Business In High Definition. Digitalist Magazine. January 27, 2016. https：//www. digitalistmag. com/digital‐economy/digital‐futures/2016/01/27/future‐of‐sensors‐business‐inhigh‐definition‐03968253.

④ "The Future of Commercial Vehicles." Man Truck & Bus. June15, 2020. https：//www.mantruckandbus.com/en/mobility/thefuture‐of‐commercial‐vehicles.html.

未来 10 年，技术进步、客户期望以及全球劳动力将成为卡
车行业的主要影响因素

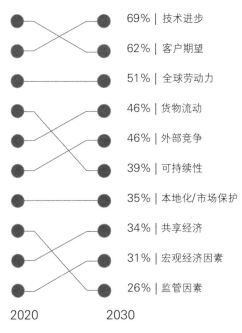

2020　　　2030

注：线条表示优先级的变化

问题：目前和 2030 年最重要的外部影响因素分别是什么？

图 8-1　外部影响因素

的商机。

　　未来的卡车企业将大不相同。但卡车企业高管需要认真回答一些
问题：卡车企业如何进行重塑，才能像高科技企业那样以数字和数据
作为业务的核心？卡车企业除了简单的传统货运作用外，在货物流动
方面还能发挥什么作用？卡车企业为了兑现未来的承诺，应如何吸引
和留住员工，并对他们持续进行技能重塑？

　　为了回答上述以及其他问题，IBM 商业价值研究院（IBV）对包

括商用车制造商和部件制造商（车身、拖车、发动机和工具等）在内的卡车行业高管开展了"2030 年卡车行业展望之高管调研"。受访对象包括来自 1188 家企业的 1320 位高管。

在这些受访高管中，我们确定了一小部分"远见者"（请参阅下文"观点：远见者"）。这些高管对自己的企业和数字战略有着深刻的理解，并且他们所在的企业过去三年（2017—2019 年）的收入增长和盈利能力均优于同行。与其他受访高管相比，这些远见者对自己企业的数字化重塑有着更深的理解和更高的要求。

观点：远见者

这部分企业占受访者总数的 12%。

——60% 为商用车制造商

——40% 为部件制造商

——远见者企业的总收入占受访企业总收入的 29%

——远见者企业的员工数量占受访企业员工总数的 27%

在所有受访者中，有 64% 表示数字化重塑对企业目前和未来的成功甚至生存而言必不可少（请参阅下文"观点：数字化重塑"）。远见者和其他企业一样，都处于数字化重塑之旅的早期阶段，这两类企业都表示约完成了 36% 的数字化重塑工作。

观点：数字化重塑

数字化重塑为商用车企业开辟了全新的道路，支持他们在内部或通过生态系统开展协作，打造卓越的体验，制定创新的战略和业务模式，形成全新的工作方式，以及建立新的专业知识体系。

——新的体验：在数字化和数据的支持下，消费者的需求带来了新的期望，推动货物运输业务模式的发展，建立车队管理的新能力，并在卡车运营方面实现新的个性化体验。

——新的战略重点：数字创新仍然是卡车企业实现差异化竞争优势的重中之重，有助于开辟新的增长途径，提高品牌忠诚度。

——新的工作方式：平台、智能自动化和数据，以及人工智能（AI）、云计算和物联网（IoT）之类的数字化技术促进建立新的工作战略，从而推动响应迅捷的运营。

——新的专业知识：要赢得数字化重塑竞赛，需要一种能够在内部满足技能重塑需求的战略。企业可以通过聘用新员工、外包甚至收购科技企业来填补技能缺口，同时充分利用扩展的生态系统。

但是，远见者的与众不同之处在于对数字化重塑工作的紧迫感和准备情况。对此具有高度紧迫感的远见者企业比其他企业多出 53%。认为已准备好进行数字化重塑的远见者企业要多出 112%。

对于远见者而言，数字化重塑正当其时，而对于其他企业而言，现在必须奋起直追。

第二节　新的体验

预计未来十年的全球货运量将增加 70%。[①]

卡车车队、驾驶员/载荷共享和运力即服务等全新的物流概念为车队所有者带来了新的机遇，有助于优化车队和改善运营绩效。智能货运具有自我识别和自我监控功能，这对于产品跟踪、环境感知以及问题检测和解决而言非常重要。

车内数字化与 AI 相结合，提供了诸多优化功能，例如服务预订和路线优化、远程诊断和预测性维护以及车辆和驾驶员监控。这些智能功能有助于提高资产利用率，改善驾驶员行为。

车内数字化和 AI 还为驾驶员提供了全新的个性化体验。驾驶员助手和紧急服务等出行服务、自然语言数字助理以及与驾驶员个人设备的集成都有助于改善驾驶体验。随着车辆承担更多的驾驶责任，驾驶员甚至可以履行其他物流运营职能，以确保成功完成货物的运输和交付。

最后，随着自动和自主驾驶汽车越来越成熟，也可以帮助解决诸多行业挑战，例如驾驶员短缺问题、总体拥有成本（TCO）问题、行车安全问题以及盗窃问题等。另外，自主系统、车辆间通信和智能基础架构集成等方面的技术不断进步，也有助于改善交通拥堵和交通流

---

① "Global Connectivity Outlook to 2030." GICA Secretariat, World Bank. 2019. http://documents1. worldbank. org/curated/en/8294915600927764816/pdf/Global－Connectivity-Outlook-to-2030.pdf.

量，减少交货延误现象，以及预测和响应不断变化的客户需求。

这意味着卡车企业必须密切关注客户的业务发展，他们也必须对生态系统和运输或物流平台的种类多加思考。例如，梅赛德斯—奔驰的数字销售助手 VanSeller 可在销售点根据客户的需求提供新的轻型商用车的直观配置。[①]

客户忠诚度

49% 的受访高管表示，借助数字化技术定制客户体验，将在 2030年成为一种重要的竞争优势。卡车企业高管面临的主要挑战是满足两大客户群的期望：车队所有者和卡车司机个人。

有助于满足车队所有者需求的体验包括车队服务、车辆效率和驾驶员表现，而有助于满足驾驶员需求的体验则包括自动驾驶功能、出行服务和车辆个性化配置。为两大客户群打造卓越的体验对于企业的成功至关重要。

远见者企业将品牌价值与多元化的产品和服务组合作为差异化竞争优势，帮助提高车队所有者的忠诚度。将品牌价值视为差异化竞争优势的远见者比其他企业多出 26%；通过专注于多元化产品和服务，从竞争中脱颖而出的远见者比其他企业多出 22%。

卡车行业的受访高管指出，车辆、驾驶员以及车队管理能力和服务都是差异化优势所在，有助于提高车队所有者的忠诚度。借助 AI、

[①] "VanSELLER/Mercedes-Benz: The Digital Sales Assistant." Goodmate GmbH. Accessed February 3, 2021. https://www.goodmates.de/cases/vanseller.

IoT 和云计算等数字化技术，能够切实推动实现许多功能和服务，从而满足行业需求。图 8-2 是高管确定的差异化属性的优先级。可以看出，在 2020 年和 2030 年，增强的驾驶功能都是最主要的优先任务。在 2020 年，监控和正常运行率等以车辆为中心的属性受到更多关注。

在 2020 年和 2030 年，为了提高车队所有者的忠诚度，增强的驾驶功能都是最主要的优先任务。

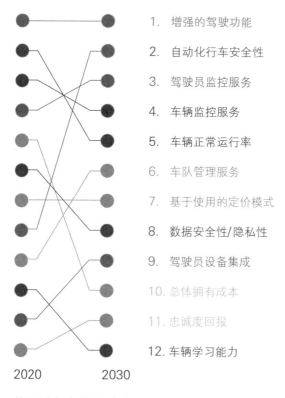

1. 增强的驾驶功能
2. 自动化行车安全性
3. 驾驶员监控服务
4. 车辆监控服务
5. 车辆正常运行率
6. 车队管理服务
7. 基于使用的定价模式
8. 数据安全性/隐私性
9. 驾驶员设备集成
10. 总体拥有成本
11. 忠诚度回报
12. 车辆学习能力

2020　　　2030

关注于车辆 ｜ 关注于驾驶员 ｜ 关注于管理

注：线条表示优先级的变化

问题：到 2030 年，对于建立车队所有者忠诚度而言，最重要的差异化属性是什么？

图 8-2　车队所有者忠诚度

未来 10 年，自动驾驶汽车的行车安全将随着技术进步而大大提高。随着车辆的可靠性和效率逐步提升，以及行业朝着基于使用的定价模式转变，总体拥有成本会不断降低。

　　驾驶员仍将是货物流动中重要的参与者。为了满足驾驶员的期望，卡车企业可能需要提供重点关注车辆使用和驾驶员个性化的数字产品与服务（图 8-3）。受访行业高管表示，车辆使用能力具有最高优

在 2020 年和 2030 年，为了提高驾驶员的忠诚度，提供有助于增强驾驶员行车安全的功能都是最主要的优先任务。

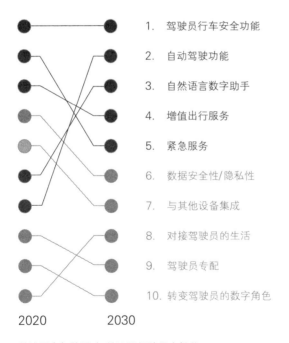

1. 驾驶员行车安全功能
2. 自动驾驶功能
3. 自然语言数字助手
4. 增值出行服务
5. 紧急服务
6. 数据安全性/隐私性
7. 与其他设备集成
8. 对接驾驶员的生活
9. 驾驶员专配
10. 转变驾驶员的数字角色

2020　　2030

关注于车辆使用 ｜ 关注于驾驶员个性化

注：线条表示优先级的变化
问题：到 2030 年，对于建立驾驶员忠诚度而言，最重要的差异化属性是什么？

图 8-3　驾驶员忠诚度

先级。在 2020 年和 2030 年的优先级排行榜中，有助于提升驾驶员行车安全的车辆功能均位居榜首。增值出行服务和紧急服务目前也具有很高的优先级。从驾驶员个性化的角度来看，数据安全性和隐私以及与驾驶员个人设备的集成都非常重要。

展望 2030 年，随着数字化技术不断成熟，自动驾驶功能和具有自然语言能力的数字助手的优先级可能会提升。紧急服务在 2020 年位列优先级第二，而到了 2030 年预计优先级会有所下降，主要原因在于届时可能会推出更多旨在提高卡车行车安全的自动化技术。卡车能够识别驾驶员，向他们展示个性化内容。卡车还会不断学习，根据驾驶员兴趣提出新的建议。对于关注健康或身体有恙的驾驶员，卡车可以监控他们的健康状况，发出问题警报，并与其他健康相关设备共享信息。

有趣的是，受访高管将驾驶员个性化功能排在 2030 年优先级排行榜的后半部分。正如我们在"2030 年汽车行业展望"调研中了解到的那样，个性化功能以及与驾驶员生活其他方面的整合对于未来的驾驶员忠诚度至关重要。[1] 卡车企业高管们可能希望将来能够提高对驾驶员体验功能的重视程度，从而提高驾驶员的忠诚度。

通过生成和使用车辆数据，为提高车队所有者和驾驶员的忠诚度带来了大量机遇。据估算，一辆自动驾驶汽车如果按平均水平的行驶里程计算，每年可生成超过 300TB 的数据。[2]

---

[1] Knoedler, Daniel, Dirk Wollschlaeger, and Ben Stanley. "Automotive 2030: Racing toward a Digital Future." IBM Institute for Business Value. November 2020. https://www.ibm.com/thought-leadership/institute-business-value/report/auto-2030.

[2] Dimitriev, Stan. "Autonomous Cars will Generate more than 300 TB of Data per Year." Tuxera Blog. November 28, 2017. https://www.tuxera.com/blog/autonomous-cars-300-tb-of-data-per-year.

大多数远见者都非常重视数据。76%的远见者企业和51%的其他企业认为卡车数据将直接影响车辆诊断和维护。例如，沃尔沃集团希望通过使用所收集的海量数据，在卡车进行维护之前预测零部件和维修需求。[①] 72%的远见者企业和57%的其他企业表示，车队管理服务也将从数据中受益匪浅。

在我们的调研中，认为数据将为驾驶员助手功能带来巨大帮助的远见者企业要比其他企业多出60%。在认为数据对于打造更为个性化的车内体验（比如个性化配置和个人设备集成等功能）非常重要的受访者中，远见者企业要比其他企业多出52%。

卡车企业也将从车辆数据中受益。77%的远见者对于通过数据发掘高价值的新收入流寄予厚望，而表达同样观点的其他企业的比例为52%。65%的远见者认为数据有助于显著增强相邻行业的产品和服务，相比之下，表达同样观点的其他企业的比例为47%。

第三节　新的战略重点

对于卡车行业而言，传统的卡车销售和售后服务一直是主要的收入来源。卡车企业建立了规模庞大而且非常成功的业务网络，为运输业提供支持。未来10年，全球卡车行业的复合年均增长率（CAGR）

---

① "Vovlo Group：Achieving Better Processes with Predictive Maintenance." IBM. 2021. https://www.ibm.com/case-studies/volvo-group.

预计将保持 5% 的温和增速，市场价值预计将达到 5 万亿美元。[①]

2019 年至 2030 年，仅美国的卡车总货运量预计就将增长 21.4%，达到 142 亿吨。[②] 消费者线上购物、车辆技术进步以及货物流动模式创新的需求将不断增长。

尽管传统的卡车销售模式到 2030 年仍然有效，但卡车企业所面临的商机越来越多，可以通过车队服务、货物流动和其他新兴收入渠道探索新的增长途径。这些其他收入来源可帮助卡车企业分散其收入组合，减少对卡车销售的绝对依赖。它们还帮助卡车企业开拓由数字化技术实现的新收入流，打破非传统企业独霸这一领域的局面。

创新就是差异化优势

对于希望使自身品牌实现差异化优势的卡车企业而言，创新仍然至关重要。67% 的受访者表示，创新是定义目前和未来的竞争优势的最重要属性之一。远见者和其他企业都认同创新的重要性，认为创新有助于推动企业各个方面的重塑，但远见者对此的期望更高。两个群体最大的分歧在于对行业模式创新的需求。在认为必须借助数字化技术重新定义行业甚至建立新行业的受访者中，远见者的比例要比其他企业高出 52%。

---

① "Freight Truck Market，2019–2030." Transparency Market Research. https://www.transparencymarketresearch.com/freight-trucking-market.html.

② "ATA Freight Forecast Projects 25.6% Rise in Tonnage by 2030." Bulk Transporter. August 28，2019. https://www.bulktransporter.com/resources/article/21658181/ata-freight-forecast-projects-256-rise-in-tonnage-by-2030.

两组受访者在企业模式创新思维方面的差距最小。企业必须确定自己的核心能力以及希望在多个生态系统网络中扮演的不同角色，认同这种说法非常重要的远见者的比例要比其他企业高出 39%。

在其他领域，认为"战略创新对于建立敏捷性以应对快速变革和机遇至关重要"的远见者要多出 45%。在企业开发和尝试针对车队服务、出行服务和数据的新业务模式时，战略创新同样重要。

认为流程和运营创新有助于企业提高运营效率的远见者比其他企业多出 39%。当然，产品和服务创新也具有非常高的重要性，将其视为成功的主要推动力量的远见者要比其他企业多 42%。

最后，认为创新将在新的收入模式创新中发挥重要作用的远见者要比其他企业多出 42%。鉴于卡车企业逐渐将产品组合扩展到传统的卡车销售和售后市场之外，这种想法尤其正确。

实现业务增长的新途径

技术进步形成了新的客户期望，替代性货物流动模式和共享经济为业务增长带来了新的机遇。与此同时，新的非传统竞争对手正在进入卡车货运生态系统，他们利用数字化技术创建新的业务模式和货运方式。MacroPoint 就是一个例子，这个货运可视性平台为承运商提供寻源和运能匹配服务。[①] 远见者注意到了这一点，他们认识到，如果不重新激发创业精神，就有可能被远远甩在后面。75%的远见者表示，

① "Capacity in a Volatile Market." Descartes MacroPoint. Accessed January 31, 2021. https://www.macropoint.com/capacity-matching-for-lsps.

要激发能够大力推动企业取得成功的新想法,就需要有创业思维,相比之下,有这种想法的其他企业的比例为 58%。

当被问及最可行的增长途径时,远见者认为最主要的途径是锁定新的目标客户群以及创建新的车队服务(图 8-4)。他们还认为,投资于新业务模式以及持续进军成长型市场(对跨国企业而言)至关重

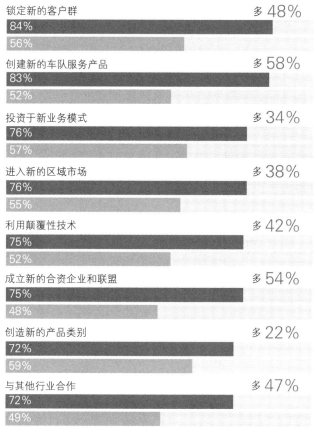

锁定新的客户群　　　　　　　　　多 48%
84%
56%

创建新的车队服务产品　　　　　　多 58%
83%
52%

投资于新业务模式　　　　　　　　多 34%
76%
57%

进入新的区域市场　　　　　　　　多 38%
76%
55%

利用颠覆性技术　　　　　　　　　多 42%
75%
52%

成立新的合资企业和联盟　　　　　多 54%
75%
48%

创造新的产品类别　　　　　　　　多 22%
72%
59%

与其他行业合作　　　　　　　　　多 47%
72%
49%

远见者　|　其他企业

问题:您在多大程度同意:以下将成为贵组织在 2030 年的增长机遇?

图 8-4　实现业务增长的途径

要。相反，总部位于成长型市场的卡车企业则在向全球范围扩大知名度。

通过对来自不同地区的受访者的回答进行分析，我们发现巴西（75%）、德国（68%）和瑞典（65%）的受访高管将"锁定新的客户群"视为最主要的增长机遇。而日本（76%）、美国（69%）、中国（63%）和意大利（50%）的高管则将"创造新的产品类别"视为最大的机遇。此外，62%的印度受访高管认为"投资于新业务模式"是增长机遇的最佳选择。

过去几年，按需提供的货物流动和相关服务呈爆炸式增长，而且人们预期其他服务在未来也将呈现强劲势头，这都在帮助卡车制造商创造新的收入流。为确定整体收入池受到的潜在影响，我们询问卡车企业高管到 2030 年他们的收入组合将会发生怎样的变化。

我们将收入组合描述为四个分组：传统的卡车销售、售后服务、车队服务和其他服务（例如融资租赁和保险）。

卡车企业高管预测，未来 10 年销售和服务年收入之间差异将发生重大变化（图 8-5）。在所有受访企业 2019 年的年度总收入 5.8 万亿美元中，4.5 万亿美元（78%）来自卡车销售和售后服务，其余 1.3 万亿美元（22%）来自车队和其他服务。

高管们预计，与目前相比，2030 年的车队服务收入将增长 32%，其他非销售服务收入将增长 43%。因此预计到 2030 年，4650 亿美元的收入来源会从传统的年度销售转移至新服务上（不考虑行业成长或衰退）。这种朝着服务方向的转变会创造出新的收入流机遇，同时也会吸引希望进入服务市场的非传统企业加入市场竞争。

卡车企业高管预计，到2030 年，他们的车队服务收入将比
目前增加32％。

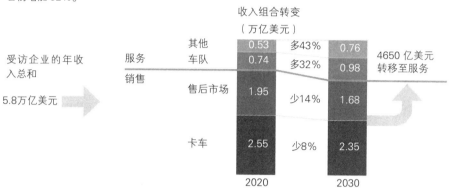

图 8-5　不断变化的收入池

第四节　新的工作方式

卡车制造商目前面临激烈的竞争。成功的企业正在努力适应新的业务模式、敏捷流程、快速发布以及对客户的高度关注。

75％的远见者表示，采用新的工作方式对企业的成功非常重要，有这种想法的其他企业的比例为 56％。这包括将设计思维、共同创造、敏捷流程以及数据驱动的决策融入企业文化之中。76％的远见者认为促进敏捷灵活的业务流程和技术架构对于企业成功至关重要，55％的其他企业同意这种说法。

78％的远见者认为，构建动态的跨职能团队并从市场经验中快速学习的能力非常重要，有相同看法的其他企业的比例为 52％。81％的远见者表示，敏捷的团队合作可以让构想顺畅地经历从试点到生产的

整个流程，促进快速地传授知识和培养技能，这与持相同观点的其他企业相比高出 53%。

动态的跨职能团队不受组织边界的限制。在当今倡导快速发展和共同创造的世界中，这些团队需要扩展到组织之外，进入生态系统，甚至跨行业合作。传统上一直激烈竞争的对手，现在也开始携手合作，快速将新的车队和运输产品及服务推向市场。如果企业单打独斗，往往非常耗时耗力，成本高昂。

通过平台建立合作关系

远见者对数字平台给企业带来的价值有更深刻的认识。80% 的远见者和 58% 的其他企业认为，平台可以促进产品和服务方面的创新；78% 的远见者表示平台为消费者带来了更多的个性化服务，比持相同观点的其他企业多出 42%。77% 的远见者和 58% 的其他企业指出，平台能够促进从数据和信息中获得价值，73% 的远见者认为平台有助于降低行业进入门槛。75% 的远见者表示数字平台有助于促进合作伙伴之间的协作与信任，相比之下，有这种想法的其他企业的比例为 57%。

有五种类型的数字平台为企业带来价值（请参阅下文"观点：通过五类数字平台推动实现新的增长"），其中业务平台、技术平台和车队平台最为活跃（图 8-6）。这与行业目前采用的以产品为中心的业务模式相符，但同时也支持创建更多服务的愿景。

业务平台、技术平台和车队平台是最活跃的数字化平台。

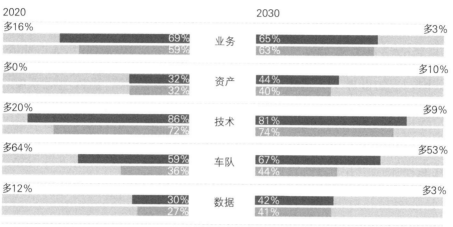

问题：您目前在哪些平台上开展运营，以及希望到 2030 年在哪些平台上开展运营？

图 8-6　平台方法

观点：通过五类数字平台推动实现新的增长

业务平台。打造整合环境，用于支持和促进生态系统的运营。

资产平台。提供或管理在供应链或网络中用于生产环境的物理资产，或者生态系统中的其他关键活动。

技术平台。提供无法以同样实惠的价格从其他来源获得的技术能力。

车队平台。打造并协调最终消费者的体验。

数据平台。在生态系统中提供关键数据。

展望 2030 年，我们预计车队平台会持续成长，数据和资产平台的重要性也会不断提升。这有利于企业转型为以数字化为中心，为消费者创造更为个性化的体验，还可以帮助卡车企业充分利用易于访问的

海量数据。

但现在，其他企业对于多个平台的使用仍显得不够成熟。正在运营或参与三到四类平台的远见者和其他企业的比例分别为 62% 和 35%。其他企业需要加快使用多个平台，充分利用更广泛的生态系统中更多数量的合作伙伴提供的产品、服务和专业知识。

受访高管表示，目前企业流经平台的总收入为 1.1 万亿美元（见图 8-7），业务和技术平台的收入约占总收入的 2/3，资产、车队和数据平台的收入占 1/3。

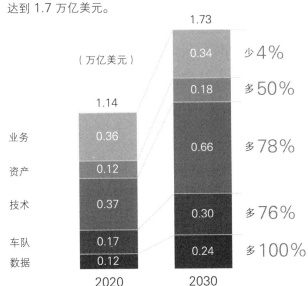

卡车企业高管们预计，到 2030 年，平台收入将增长 51%，达到 1.7 万亿美元。

IBV 基于该问题进行分析：您从各类平台获得的收入的百分比是多少？

图 8-7　按平台类型划分的收入

高管们预计，到 2030 年，平台收入将增长 51%，达到 1.7 万亿美元。其中数据平台收入可能会翻一番，技术平台和车队平台收入将增长 3/4，业务平台收入可能会略有下降。企业将更注重与车辆和出行服务相关的平台，届时专用于平台的年度 IT 总预算将达到 104 亿美元。这表明平台投资预算将比目前增加 46%。

智能自动化

现代企业运营必须确保能够灵动响应，而且与企业生态系统和工作流保持互联互通。为此，必须实现端到端的企业可视性，获得实时洞察并采取果断行动。

利用智能自动化来实现这些能力的卡车制造商，已准备好应对员工生产力、供应链和客户服务中断等方面的挑战。同时，智能自动化还可以帮助他们为将来做好准备——通过智能化工作流程提高运营效率。

通过实现智能自动化，员工就能够将更多的时间和精力用于和客户相关的优先任务，并且有助于显著增强企业适应和应对瞬息万变的竞争环境并茁壮成长的能力。

那些制定强有力自动化计划的企业，将机器人和设备等范围广泛的技术与机器学习、自然语言处理、增强智能及计算机视觉和听觉等 AI 技术有机结合起来。通过结合多种适当的技术处理当前任务，不仅提高了智能化工作流的效率，还有助于增加收入和利润。

63% 的远见者和 56% 的其他企业表示智能自动化有助于改善客户体验。改进决策是智能自动化的另一个优点，65% 的远见者和 56% 的其他企业同意这种说法。

当被问及哪些用例对企业成功的贡献最大时，受访高管们指出了智能自动化在多个业务领域中的应用（图 8-8）。例如，自动化工作流程可帮助企业以无缝和一致的方式主动满足客户需求，从而推动收入增长。自动化工作流程还有助于消除因缺乏治理能力而造成的多余工作和错误，从而降低运营成本。Mahindra & Mahindra 对自己的电气和电子工程流程进行了简化和自动化改造，在从需求定义到交付的整个产品创新生命周期中，实现了无缝管理。[①]

受访者认为，自动化工作流程、客户洞察、实时响应以及制造自动化对于企业成功而言最为重要。

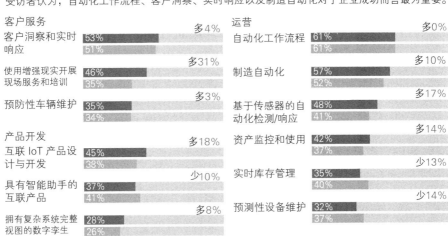

问题：以下哪种智能自动化用例对贵公司未来 10 年的成功最为重要?

图 8-8　潜在的自动化用例

当需要对卡车进行定期维护时，机器人可以向技术人员实时提供指令和视觉帮助，通过增强现实完成现场服务和培训。具有智能助手的互联设备可以为运货方、车队经理和驾驶员提供洞察和指导。

显然，自动化的一大战略成果是降低运营成本。56%的远见者和

---

① "Mahindra & Mahindra Ltd：Streamlines and Automates Its Electrical and Electronics Engineering Processes." IBM. 2021. https://www.ibm.com/case-studies/u939588r25439g08.

49%的其他企业对此表示非常赞同。受访高管预计，到 2030 年，年运营成本将累计降低 6380 亿美元。

数据驱动的战略

卡车企业坐拥珍贵的数据宝藏，包括业务、产品、服务、客户及其他外部来源生成的数据。这些数据具有广泛的潜在用途——比如显著改善行业和企业实践，以及定制客户产品与服务等。

数据拥有非常高的战略价值。75%的远见者认为数据在定义企业战略和愿景方面具有很高的价值，56%的其他企业持相同观点。

远见者还发现数据可以在其他许多领域贡献卓越价值，包括收入增长和运营效率（图 8-9）。

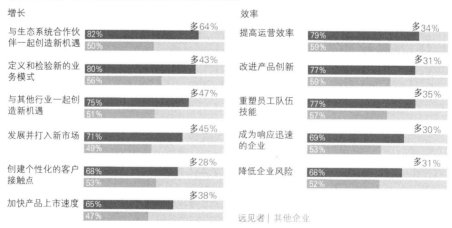

数据在促进收入增长和提高运营效率方面具有很高的价值。

增长		效率	
与生态系统合作伙伴一起创造新机遇	82% / 50% 多64%	提高运营效率	79% / 59% 多34%
定义和检验新的业务模式	80% / 56% 多43%	改进产品创新	77% / 59% 多31%
与其他行业一起创造新机遇	75% / 51% 多47%	重塑员工队伍技能	77% / 57% 多35%
发展并打入新市场	71% / 49% 多45%	成为响应迅速的企业	69% / 53% 多30%
创建个性化的客户接触点	68% / 53% 多28%	降低企业风险	68% / 52% 多31%
加快产品上市速度	65% / 47% 多38%		

远见者 | 其他企业

问题：数据将在多大程度上帮助贵企业在以下每个领域建立战略优势？

图 8-9　数据的力量

从增长的角度来看，在生态系统合作伙伴之间共享数据有助于发现以前未曾察觉的机遇。数据能够揭示全新洞察，可用于定义和检验新的业务模式。例如，驾驶员在驾驶卡车时如何实现人车互动，以及车队所有者可以提供哪些新服务。

数据还可以在其他行业创造机遇。例如，卡车可以在运输路途中收集道路状况、天气和交通方面的数据，其他行业可使用这些数据开发新的产品和服务。通过为客户创建定制化服务，有助于提高品牌忠诚度。

数据还能够提高效率。AI产生的洞察有助于提高制造效率，例如改进工作流程、进行预测性维护以及即时检测并响应供应链问题。通过将性能数据反馈给工程师，有助于促进产品创新。

数据的价值还在于发现技能差距，以提供个性化的培训，从而提高企业的总体技能水平。此外，切实可行的数据洞察可帮助企业更及时地响应业务和客户需求。

在利用不同类型和来源的数据产生切实可行的洞察方面，远见者取得了更大的成功。77%的远见者高度认同自己的企业从多个来源获取和链接数据，比持同样观点的其他企业多出43%。这些来源包括工厂中的物联网设备、汽车传感器和摄像头以及包含手写分析内容的经销商技术报告。

72%的远见者认为自己的企业可以实时访问数据，比持同样观点的其他企业多出31%。70%的远见者表示自己能够访问多种来源的结构化和非结构化数据，比持同样观点的其他企业多出46%。

此外，77%的远见者表示正在设法实现数据的经济效益，相比之下，这样做的其他企业的比例为 44%。而且，远见者将数据视为战略资产并加以保护。72% 的远见者应用数据治理机制和安全实践，这样做的其他企业的比例为 48%。

在数据的支持下，卡车企业能够通过数字化技术实现重塑。企业可以挖掘几乎所有业务方面的数据洞察，包括描述如何使用产品和服务的数据和客户提供的数据，从而更深入地了解背景和洞察。这些背景和洞察可以助力企业实现新的增长，为员工和消费者带来全新体验。

数字化的主导地位

60% 的远见者认为，一些卡车原始设备制造商为了集中精力发展数字化，应该大量外包汽车生产业务，而持该观点的其他企业的比例为 50%。

数字计划有望给企业的各个业务职能部门带来更高的价值，而这些职能部门又能直接影响到客户。59% 的受访者认同数字化技术能够在客户体验方面带来更高的价值。57% 的受访者认为业务流程和工作流程将受益于数字化技术。55% 的受访者表示，制造自动化是 IoT、AI 和基于软件的机器人流程自动化等技术的理想应用领域。

51% 的受访者表示，数字化的产品和服务使品牌企业能够将重点从功能和特性转移到体验上来。例如，新的个性化产品和服务可以通过订购或按使用付费模式提供。

47% 的受访者预计，新业务模式可通过数字计划实现。通过将卡车与驾驶员生活的其他方面整合起来，卡车企业就有机会探索保险、金融和医疗保健等行业中的新型业务模式。通过从整个供应链的物料和货物的移动及状态信息中获得切实可行的洞察，企业就能够主动预测问题并作出响应，而不是事后作出反应。虚拟现实和增强现实以及可穿戴设备之类的技术可以帮助工作人员找到改进和优化车间运营的新方法。

当被问及他们认为自己的企业未来 10 年将如何分配数字计划中的投资时，受访高管认为云计算、人工智能和物联网是需要投资的技术（图 8-10）。

云计算、人工智能和物联网被认为是最需要投资的三大数字化技术。

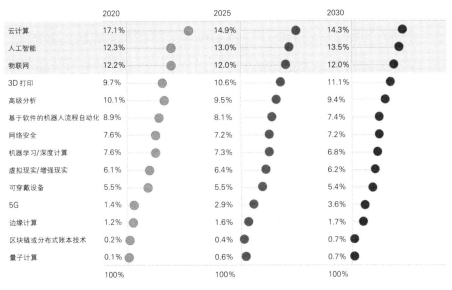

	2020		2025		2030	
云计算	17.1%		14.9%		14.3%	
人工智能	12.3%		13.0%		13.5%	
物联网	12.2%		12.0%		12.0%	
3D 打印	9.7%		10.6%		11.1%	
高级分析	10.1%		9.5%		9.4%	
基于软件的机器人流程自动化	8.9%		8.1%		7.4%	
网络安全	7.6%		7.2%		7.2%	
机器学习/深度计算	7.6%		7.3%		6.8%	
虚拟现实/增强现实	6.1%		6.4%		6.2%	
可穿戴设备	5.5%		5.5%		5.4%	
5G	1.4%		2.9%		3.6%	
边缘计算	1.2%		1.6%		1.7%	
区块链或分布式账本技术	0.2%		0.4%		0.7%	
量子计算	0.1%		0.6%		0.7%	
	100%		100%		100%	

问题：在计划对以下数字化技术的投资总额中，为了实现战略目标而应用每种技术的投资额的占比是多少？

图 8-10　数字化投资

另外，随着打印技术和材料的改进，人们对 3D 打印的兴趣也在增长。3D 打印的使用潜力不断扩展，不再仅仅是为小批量生产和再制造创建原型。例如，Volvo Truck 的 Vulcan 项目研究如何通过 3D 打印改进卡车发动机的设计。[①]

5G 技术的到来意味着车辆连接速度更快，以及需要高带宽的高速视频播放更流畅。即便是量子计算这种新兴技术，也有望在未来 10 年内获得更多的投资。

令人惊讶的是，受访者计划对区块链的投资金额非常低。区块链可用于跟踪物料来源、追溯零部件和车辆在生命周期内的使用情况，理应是企业数字化战略中不可或缺的要素。而且区块链对于可持续性尤为重要。如果拥有可信的卡车零部件和危险材料（例如电池）的使用记录，就可以让卡车的最终拆解和处置变得更加容易。

受访高管期望自己的数字化技术投资能够带来可观的财务回报，他们预计未来 10 年的平均回报率将达到 35%。这可能导致对其他支持数字化重塑的战略计划的投资。

第五节　新的专业知识

随着行业的迅速变革，技能也在快速更新换代。最新分析表明，现在技能的半衰期只有 5 年。[②] 这意味着，现在学到的技能，到五年后，其价值就会变为一半，而且我们甚至不知道自己还缺乏什么样的

---

① Gronstedt, Carolina. "How Can 3D Printing Change the Trucking Industry?" Volvo Trucks. November 29, 2019. https://knowledgehub.volvotrucks.com/technology-and-innovation/how-will-3d-printing-change-the-trucking-industry.

② Kasriel, Stephane. "Skill, Re-skill and Re-skill again. How to Keep up with the Future of Work." World Economic Forum. July 31, 2017. https://www.weforum.org/agenda/2017/07/skill-reskill-prepare-for-future-of-work.

技能。

尤其是在自主出行生态系统中，新工作岗位的快速增长迫使卡车企业激烈争夺相关人才。设想一下，自动驾驶卡车依靠"出行交通控制员"为复杂场景导航。或者，需要"人机接口经理"确定可通过新技术、新方法、新技能、新互动和新构造实现升级哪些任务、流程、系统和体验。[①]

卡车企业要实现数字化重塑，就需要掌握新的技能，而不仅仅是具备可帮助工人加快工作速度的技能。这些新技能还需要帮助员工队伍执行数字任务，支持和创造新的工作方式。

了解和预测技能需求以及将技能与需求相匹配可能是一项挑战。72%的远见者表示，他们通过使用基于 AI 的洞察来了解技能需求并推动员工队伍的管理和学习，有力地促进了企业成功，相比之下，其他企业中这样做的比例为 56%。77%的远见者和 57%的其他企业表示，使用数字平台匹配技能和需求也是一个重要考虑因素。

不断重塑员工队伍技能

40%的卡车行业高管估计，到 2030 年，27%的员工需要重塑技能，以便满足企业的数字需求。这些数据没有考虑 5 年的技能半衰期以及出现新职位的可能性。因此，最终的技能缺口可能更大。

总体而言，受访企业的员工总数达到 1670 万人。卡车企业将在未

---

① Anderson, Bruce. "12 Jobs You'll Be Recruiting for in 2030." LinkedIn Talent Blog. November 29, 2018. https://business. linkedin. com/talent – solutions/blog/future – ofrecruiting/2018/12-jobs-you-will-be-recruiting-for-in-2030.

来 10 年花费超过 1180 亿美元，以使其员工队伍的技能赶上数字化的发展步伐。为了实现这个目标，高管们预计他们培训/重塑技能的预算将增加 70%。

目前，最重要的七个关键需求中有四个是"软技能"，但是到 2030 年，将变为五个是"硬技能"（图 8-11）。在这两个时期都具有最高优先级的是汽车技术技能以及业务转型技能，前者是设计和制造高质量卡车所必备的技能，后者对于利用新业务模式、智能自动化和企业创新战略而言至关重要。

在这两个时期，创新/创业技能的重要性没有变化。但是，随着数字技术的不断成熟和实施，许多软技能（例如协作、领导能力和沟通能力）的优先级会下降，让位于汽车流程、定量/技术和数据技能。

软件工程技能的优先级始终比较低，这让人感到困惑。尽管车内软件数量以及在企业中使用的 AI、分析和自动化技术都呈指数级增长，但令人惊讶的是，卡车企业并没有更加重视软件工程。

企业面临关键抉择——将哪些技能保留在内部，哪些技能可通过外包及合作方式实现。员工所拥有技能的战略价值、需求的紧迫程度以及技能需求的时间长短，都会决定企业该使用哪些策略来填补技能缺口。

69% 的远见者和 65% 的其他企业表示，直接聘用是最佳策略。排名第二的策略是通过收购其他企业，以快速获得技能，63% 的远见者和 41% 的其他企业选择这样做。60% 的远见者和 44% 的其他企业认为，汽车企业可通过收购一家科技巨头以快速获得所需技能。此外，60% 的远见者和 40% 的其他企业认为，一家科技巨头可选择收购一家汽车到 2030 年，排名前三的员工队伍技能是汽车技术、业务转型和汽车流程。

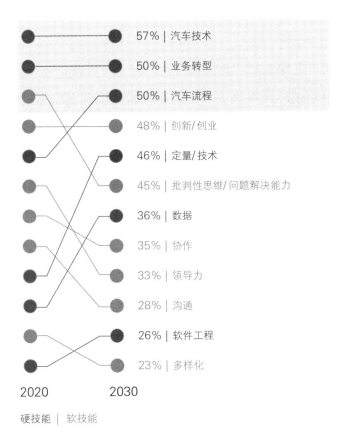

57% | 汽车技术

50% | 业务转型

50% | 汽车流程

48% | 创新/创业

46% | 定量/技术

45% | 批判性思维/问题解决能力

36% | 数据

35% | 协作

33% | 领导力

28% | 沟通

26% | 软件工程

23% | 多样化

2020   2030

硬技能 ｜ 软技能

注：线条表示优先级的变化

问题：现在/将来对于贵公司取得成功最重要的员工队伍技能是什么？

图 8-11 企业成功所需的关键技能

企业以获得其专业知识。

60% 的远见者和 42% 的其他企业认为，另一家企业的外包资源也是获取所需技能的可行方法。最后，48% 的远见者选择将工作本身的责任外包给另一家企业，比这样做的其他企业多出 30%。

第六节　竞赛已经开始

数字化占主导地位，消费者为王，随着高科技企业在充满活力的生态系统中紧跟时代潮流，卡车企业开始认识到自己需要实现重塑。智能、自动化、互联和创新是未来发展的真谛。

卡车行业生态系统预计将成为混合环境，包含来自多个行业的企业，他们技术精湛、敏捷灵活、绩效出众，每个企业都能为整个混合环境带来自己的专长和价值。

尽管目前远见者和其他企业在数字化重塑之旅中所处的阶段大致相同，但远见者具有更深入的洞察、更高度的紧迫感和更完善的组织准备工作，因此能够加快前进步伐。远见者利用以数据为动力的数字化技术，为长期的成功奠定坚实基础。

需要思考的重要问题

您将如何为企业文化注入创新的创业思维？

您根据哪些指标来确定企业所需的平台参与程度（参与者和/或所有者）？您如何设定相应的期望值？

您如何创建敏捷型企业，与新兴的出行服务初创企业和网络规模企业开展竞争？您打算制定怎样的路线图，用于整合设计思维、共同创造、敏捷流程和快速发布流程？

您计划如何打造数据驱动型文化？记住，这包括将洞察融入几乎每次行动、互动和决策的意愿。

您会制定怎样的战略，用于指导持续重塑企业技能，以利用数字技术支持新的工作方式？您如何利用业务合作伙伴和其他渠道来弥补技能缺口？

行动指南

卡车行业再次面临转折点，而且这次不同于以往。过去，推动变革的因素来自行业本身。为了进军新市场、优化全球业务布局以及实现可持续运营，卡车企业不得不制定新战略，开发新产品和新服务，以及取得成功所需的新技能。

而现在，数字技术的发展、货物流动方式的创新和客户的期望正在对该行业的方方面面产生深远影响。卡车企业需要作出抉择——要么抓住机遇，通过数字技术重塑自身，形成新的体验、新的战略重点、新的工作方式以及新的员工队伍技能；要么继续走老路，始终战战兢兢，为自己随时会被淘汰而担忧。

我们建议高管们考虑采取以下措施：

1. 追求新的增长

——坚持创新，超越传统的卡车产品和服务，尤其要在新业务、新企业与新行业模式方面开拓进取。

——培养创业精神，激发创新思想。使用设计思维概念，快速发现新想法，并将其推广到货物流动市场。

——探索新的增长途径，尤其要利用数字化技术（例如混合云与AI）和数据洞察发掘新的机遇。

——对产品和服务进行数字化，打造差异化的客户体验，提升车队所有者与驾驶员的忠诚度。

2. 通过平台有目的地开展协作

——确定什么是企业的战略核心，同时也要面向从平台衍生的生态系统，精心制定价值主张，以便积极开展协作。

——利用深厚的专业技能、开放式工作流以及数据协同效应，发挥生态系统的扩展潜力。

——为传统行业平台参与者，特别为非传统行业平台参与者创造"快速而无摩擦的"切入点，以便他们能够快速增加价值。

——在保险、运输和物流等其他行业中寻找平台机遇，积极打造新的产品和服务。

3. 实现自动化与敏捷性

——实现工作数字化，重新设计关键流程，从而建立新的智能化工作流程。

——融入 AI 技术，增强智能自动化，提高对客户的响应能力，改善客户体验，改进员工技能与工作，加强与合作伙伴的协作并抓住机遇。

——执行敏捷的运营模式，增强弹性和运营响应能力。

——不断提高员工的智能自动化能力，让他们参与到向新工作方式的转变之中。

4. 利用和共享数据

——不断地从业务、车辆、出行服务和客户的各个方面发现新的数据源，从而获得新洞察，发现新机遇。

——利用 AI 技术，整理并丰富"会思考"和"能行动"的数据，满足特定业务需求。需要注意的是，一个数据视图并不能适应全部情况。

——不懈地在企业内部和整个生态系统中共享数据和洞察，共同创建新业务模式和收入流。

5. 技能培养与重塑

——在人工智能的支持下，重新思考学习职能。利用人工智能创造人类智慧。

——创建学习平台生态系统，使所有类型的内容和职能以及多个参与方都能建立联系并进行互动。快速大规模地向学习平台添加内容，为每一名员工营造动态个性化的学习氛围。

——深入洞察数据，预测企业所需的关键技能并推动创建新内容。

——制定战略以填补技能差距，确保能够在适当的时候提供适当的技能。

调研方法

IBV 与牛津经济研究院合作，对分布在 8 个国家或地区的 1320 名卡车行业高管进行了调研。受访高管来自两个行业领域：商用汽车制造商（包括重型卡车制造商）和部件（包括车身、拖车、发动机和工具等）制造商。这些企业拥有 1670 万名员工，在 2019 年的总收入达到 5.8 万亿美元。

这次调研的目的是更好地了解这些企业的数字化重塑愿景，以适应未来 10 年卡车支持的行业发生的变化和需要进行的变革。这些个人

包括最高层主管（CEO、CIO、CFO、CMO、COO、CHRO 等），以及
总经理、执行副总裁、高级副总裁、副总裁和总监。

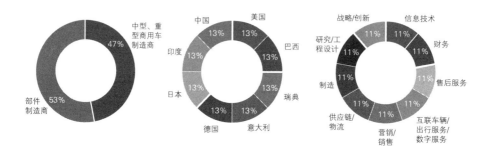

第九章

汽车商务的未来

数字化体验创造全新未来

作者介绍

Philipp Beckmannshagen，IBM 汽车客户体验转型全球汽车团队解决方案负责人，他在汽车数字化转型的业务、技术和客户体验设计的交汇领域拥有超过八年的项目和销售经验。他与全球众多汽车企业合作，结合 IBM 的服务和技术能力，为数字化销售、用户和售后体验开发创新型解决方案。

联系方式：LinkedIn 账号 linkedin.com/in/beckmannshagen，电子邮箱 philipp.beckmannshagen@ de.ibm.com。

Russell Gowers，IBM 汽车能力中心客户合作转型欧洲负责人。他在 2020 年领导开展了"IBM 汽车零售加速器"推广活动，负责参与制定 IBM 战略，帮助汽车制造商实现最佳体验。凭借在汽车和电信行业十年的丰富经验，他目前负责为一家欧洲 OEM 实施为期数年的数字化商机管理计划。

联系方式：LinkedIn 账号 linkedin. com/in/russellgowers，电子邮箱 GOWERSR1@ uk.ibm.com;@ russellgowers。

Ferdinand Rieger，IBM 数字化战略团队顾问，负责打造全新的数字化客户体验之旅，通过整合线上线下互动，促进形成无缝的全渠道体验。他在财务、战略和 IT 咨询领域拥有多年丰富经验，目前负责开发 IBM 汽车银行专家网络。

联系方式：LinkedIn 账号 linkedin.com/in/ferdinand-rieger，电子邮箱 ferdinand.rieger@ ibm.com。

Peter Schel，IBM Services 首席客户合作伙伴，在设计和实施数字化业务平台方面经验丰富。

联系方式：LinkedIn 账号 linkedin.com/in/peterschel2020，电子邮箱 peter.schel@ de.ibm.com。

Marko Thorhauer，IBM iX 执行创意总监兼设计负责人，全球高级设计领导力和德国艺术总监俱乐部的成员，在汽车行业拥有二十多年的丰富经验，在数字化转型、数字化营销、商务和客户体验等方面为主要的汽车客户提供咨询服务。他领导着位于柏林的 IBM iX 工作室的一个大型设计团队，与其他领导共同负责德国、奥地利、瑞士和 EMEA 的 IBM iX 设计。

联系方式：LinkedIn 账号 linkedin.com/in/markothorhauer，电子邮箱 Marko.Thorhauer@ibm.com。

本章要点

对于汽车企业而言，数字化商务已成为必备能力，而且不仅限于购车

对于大多数汽车企业而言，购车体验主要还是复杂的面对面流程，涉及各种不同参与者的生态系统。创造卓越的线上购车体验是至关重要的一步，可以带来更多的数字化商机，包括融资、保险、保修、互联汽车服务等。

紧跟体验步伐，为数字化升级做好准备

OEM 必须采取数字化体验主导的方法，从客户的视角构思未来的销售体验，创造出提升客户忠诚度的绝佳机遇。但请注意：消费者的期望可不低。

着眼大局，但从小规模起步，逐步扩展

开放的"无头"平台可以支持 OEM 从小规模起步，然后在整个车辆生命周期逐步扩展。这种方法可扩展至多个流程、产品和服务、地域市场以及消费者细分群体。

第一节　数字化商务：汽车行业新冒险

当客户从数字化商务联想到汽车行业时，线上购车自然而然会浮现在脑海中。许多汽车企业已经开始探索数字化零售，但截至目前，技术的复杂性以及与特许经营法规的潜在冲突阻碍了进展。因此，在2018 年，仅有约9%的车辆通过线上方式交易。

但很明显，新冠肺炎疫情彻底改变了市场。疫情迫使汽车营销商大胆创新，在购车流程中采用数字化商务体验。疫情来袭之时，特斯拉等数字化领先者仍然能够在线上销售车辆，而其他一些 OEM 则不得不关闭他们依赖于面对面经销关系的线下销售渠道。[①] 不过，疫情并非唯一的推动因素。客户期望越来越高，购买行为不断变化，这些都在推动行业创造富有竞争力的线上商务体验。2020 年 4 月进行的一项调研反映了这一点：市场上 61%的消费者愿意在线上购买汽车，而这一数据在 2019 年仅为 32%。[②]

目前比以往任何时候都更需要数字化零售，它并非可有可无，亦非形象工程。实际上，2019 年的 IBM IBV 报告显示，50%的汽车企业高管表示，为了谋发展，甚至是求生存，就不得不进行数字化重塑。

[①] Boudette, Neal E. "Tesla Shines During the Pandemic as Other Automakers Struggle." New York Times. July 2, 2020. https://www. nytimes. com/2020/07/02/business/tesla-sales-second-quarter.html.

[②] CarGurus U. S. COVID - 19 Sentiment Study. CarGurus. com. April 2020. https://go.cargurus.com/rs/611-AVR-738/images/US-Covid19-Study.pdf.

42%的受访高管表达了高度的紧迫感。[①] 这一点与亚洲是增长最快的市场尤其相关，因为亚洲市场对以数字化方式购买产品和服务的期望更高。

　　汽车行业的未来取决于能否围绕汽车建立无缝的数字化商务体验，以迎合直接的客户互动与交易，包括所有权、订购、共享和其他电子商务机遇。为了蓬勃发展，汽车品牌企业必须对客户价值有全新认识，而不是仅仅局限于所销售的汽车。他们必须与车主直接进行线上交易，在许多情况下，这是创造数字化商务体验的首次机会。

第二节　体验：全新战场

　　近年来，消费者对线上购车的接受度大幅提升。即使在疫情暴发之前，业界预计到2025年，线上汽车销售市场也将以38%的年增长率持续发展。[②]这既是机遇，也是挑战。OEM可以通过线上销售与客户建立直接关系。这是形成第一印象的大好机会，通过数据驱动的个性化平台的强大力量，振兴汽车品牌，与消费者建立牢固关系。

　　挑战就是：亟须改善用户体验。一项重要的调研发现，61%的消

---

　　① Knoedler, Daniel, Dirk Wollschlaeger, and Ben Stanley. "Automotive 2030: Racing toward a Digital Future." IBM Institute for Business Value. October 2019. https://www.ibm.com/thought-leadership/institute-business-value/report/auto-2030.

　　② "Online Retail to Become the Preferred Form of Vehicle Purchasing Among Private Buyers." Press Release. Frost & Sullivan. September 5, 2019. https://ww2.frost.com/news/press-releases/online-retail-to-become-the-preferred-form-of-vehicle-purchasing-among-private-buyers.

费者认为自上次购车以来，购车体验并未有明显改善。[①] 客户的期望值很高，而且研究表明，70% 的消费者愿意为改善后的一流体验付费。[②] 毕竟，他们已经习惯了苹果和亚马逊等商业巨头提供的最先进的个性化数字商务体验。我们看到，越来越多的消费者在线上购买诸如小型电动摩托车、手表和家具之类的高价商品，这些商品不久前还需要面对面才能完成交易。现在呢？人们感到老式的面对面客户服务显得官僚主义、繁琐，甚至让人厌烦。实际上，我们的一项调研发现，四分之一的英国客户会在没有试驾的情况下购买汽车。[③] 仅在美国，汽车电子商务市场的价值就高达 146 亿美元。[④]

对于汽车制造商而言，超越消费者的高期望值正迅速成为他们的主要差异化竞争优势，但究竟该如何做到呢？（图 9-1）每个产品、服务和品牌的质量都要接受客户体验的检验，客户或积极或消极的看法会在社交媒体上迅速扩散。

与车辆本身的设计规范相比，定义 OEM 的数字化消费者商务体验正变得更为重要。然而，OEM 预算分配在很大程度上会优先考虑车辆设计，对于打造与车辆相关的令人印象深刻的数字化体验，分配的资

① "2019 Car Buyer Journey：Key Stats/All Buyers." Cox Automotive. 2019. https：//www.coxautoinc. com/wp－content/uploads/2019/04/2019－Cox－Automotive－Car－Buyer-Journey-Infographics.pdf.

② "State of the Connected Customer：Second Edition." Salesforce. 2018. https：//www.salesforce.com/ content/dam/web/en_ us/www/documents/e－books/ state－of－the－conne-cted-customer-report-second-edition2018.pdf.

③ "27% of Brits Would Be Happy to Buy a Car Online without a Test Drive." Peter Vardy. Accessed October 12，2020. https：//www.petervardy.com/buy-a-car-online.

④ "2020 Automotive Ecommerce Report." Digital Commerce 360. 2020. https：//www.digitalcommerce 360.com/product/automotive-ecommerce.

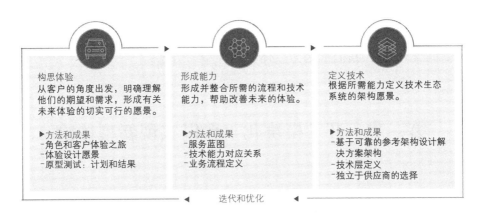

来源：IBM 商业价值研究院

图9-1　体验主导的方法具有不断迭代、以客户为中心以及由设计驱动的特点

源往往很少。尽管汽车制造商以产品工程为荣，但产品工程必须融入更注重整体的方法之中。

购得车辆是最直接的目的，即便是通过先进的前端数字化渠道购买也是如此。但通过这些先进渠道，OEM 可以赢得持续的客户忠诚度，尤其是当他们发展新的所有权模式时，例如车辆订购和共享。即使采用传统的车辆所有权模式，OEM 也需要将思维从"一锤子买卖"转变为持续的数字化客户互动，包括保修、保险、环境费用、服务计划、道路救援以及按需车辆功能定制和升级等。每次互动都是一次机会，都可以推动示范性的客户体验，加强 OEM 品牌忠诚度。

数字化商务的成功需要原创型的理念：以全新方式将过程、企业组织架构、IT 架构与跨学科思维结合起来。

无论是在汽车行业内还是行业外，我们都获得了宝贵的经验，有时为此付出了不菲的代价。结果如何呢？我们的方法首先关注客户体验。首先从消费者的角度设想未来的销售体验，然后基于这一愿景开发流程和技术，我们称之为"体验主导型"方法。

第三节　开发模块化平台以实现新型体验

各行各业的客户的期望值都很高。但是对于汽车企业的 CTO、CMO 和 CDO 而言，门槛更高，因为他们需要设计和开发覆盖多个用例的客户体验。目前，车辆所有权模式本身也比以往任何时候都更需要富有吸引力的线上体验，还需要消化吸收了同样理念的数字化经销关系以及售后交易渠道。车辆数字互联互通水平的不断提高，也为这种持续的客户互动奠定了基础。这不仅给 IT 基础架构带来了业务挑战，而且 IT 基础架构必须解决这些难题。

全面的数字化设计系统指南、可重复使用的 UX/UI 和代码组件可以对解决这些难题有所帮助，但这只是起点。CTO 需要整合各种商务、销售、CRM、经销商管理、内容管理、体验平台以及许多其他要素。必须协调所有这些接触点，以打造全面整体、无缝衔接和日益个性化的数字化体验。

总体而言，OEM 需要灵活开放的架构，从小规模起步，快速扩展做大，避免出现被供应商技术套牢的情况。否则，这些内部系统以及相关外部生态系统的点到点整合可能很快会变得如噩梦般错综复杂、纠缠不清。

洞察：OEM 的开放式 "无头" 数字化体验

传统上，电子商务实施都遵循以下两种模式之一："内容主导"或"商务主导"。

商务主导模式通常使用与商务平台捆绑在一起的模板店面，可快速扩展交易站点。这些模式倾向于功能性，比较常见。另一种方法是将内容主导的自定义站点精心嵌入内容管理系统（CMS）中，看起来会很棒。但是开发、实施和维护的成本可能很高，尤其是与商务平台集成时。

这些方法将 CMS 和商务平台紧紧捆绑在一起，因此会被供应商技术套牢，而且会使技术支持需求更为复杂。尝试使用以上任何一种方法的 OEM 通常要花费数年才能完成电子商务实施。而且，他们实施的站点往往是不灵活的单体结构，并且无法满足 OEM 要求的快速更新。更糟糕的是，商务主导型或内容主导型的方法都倾向于定制特定用例，例如处理新车押金或销售二手车。在这种情况下，新的用例往往被视为单独项目，这与我们建议的综合方法背道而驰。

重要的是，我们看到真正的汽车商务"无头"模式已经浮出水面（图 9-2）。"无头"商务表示在前端层和后端层之间创建一组先进的适配器，以确保前后端不会相互依赖。

"无头"模式将潜在的商务用例分解为原子组件。可使用同一后端访问或组合这些组件，以提供几乎任意数量的用例。适配器可以调

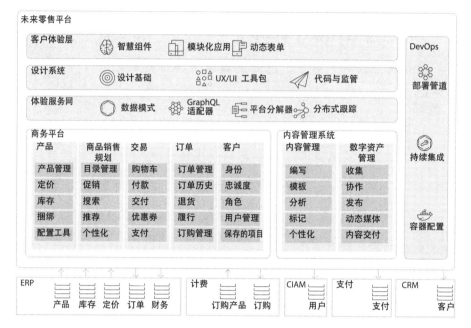

来源：IBM 商业价值研究院

图 9-2 "无头"架构支持 OEM 开发灵活的模块化客户体验层

用商务、内容、价格、物流或第三方服务，满足 OEM 为打造以商务为中心的体验所需的一切支持。"无头"方法甚至允许在商务后端之间进行切换，或者在不同的市场中使用不同的"包"，而这样做不会造成宕机或响应速度明显变化。

"无头"商务中最重要的方面是对多种用户体验的固有支持。OEM 是否想要提供订购服务、出售二手车、将电动汽车充电与新车捆绑销售，甚至提供车内支付通行费服务？单一"无头"商务实施即可完成上述所有任务。因此，"无头"方法的吸引力显而易见，OEM 不必费力解决与可支持性、复杂性和成本相关的问题，可以专注于创新商业理念的下一步尝试。

一种迅速流行的方法是将前端体验与后端平台分离或解耦，也称为"无头"模式（请参阅前文洞察："OEM 的开放式"无头"数字化体验"）。与不灵活、成本高昂的现有方法截然相反，"无头"架构支持 OEM 开发自己的体验层，并且能够快速灵活地适应不断变化的客户期望，建立模块化服务。渠道、体验和整个技术方法都可以加入进来，并视其有效性排除低效的组件。

因为"无头"方法是面向未来的高效方法，所以可以在持续变化的世界中促进技术变革。这对于在不同市场中拥有异构 IT 环境的 OEM 而言尤其重要。"无头"方法可以更快地推出服务，并且无须更改前端即可适应不同的后端平台。

第四节　统一的客户体验始于统一的组织

可以说，在汽车行业建立数字化商务系统非常复杂。因此需要创新精神。这可能就是为什么在 IBV 的一项调研中，82% 的汽车行业高管认为创业精神和全新理念对于企业成功和发展贡献巨大。[①] 这也提出了一个关键问题：如何建立既能致力于数字化商务又能推动其发展的企业。

OEM 的数字化商务转型需要 CMO、CXO 和 COO 的职能保持高度

---

① Knoedler, Daniel, Dirk Wollschlaeger, and Ben Stanley. "Automotive 2030: Racing toward a Digital Future." IBM Institute for Business Value. October 2019. https://www.ibm.com/thought-leadership/institute-business-value/report/auto-2030.

统一。此外，企业应任命商务体验总监，由专门的跨团队同事组成的体验委员会提供指导。适当的企业架构有助于在 OEM 组织中传播体验主导"基因"。认真听取体验委员会的意见，有助于高效推出数字化商务与整合的业务模式和路线图。

将数字化商务计划与战略 KPI 和管理目标联系起来是成功的关键。数字化商务结构可以提供各种宝贵数据，不仅仅是销售数字，还包括总访问量、客户流失率和退出点之类的指标。与客户群构成和行为有关的数据可以推动客户体验的逐步改进。更重要的是，证明改进的指标必须上报给管理层。

当然，净推荐值（NPS）是衡量客户对汽车商务体验满意度的关键指标。NPS 跟踪那些会推荐或宣传所获体验的客户，与不会这样做的客户（即批评者）进行对比。通过衡量整个客户生命周期的 NPS，可以深入洞悉所了解到的客户体验，并与其他数字化购买体验进行比较。几项调研都谈到了较高的 NPS 和积极的业务影响之间的相关性。[①]随着 OEM 打造并不断完善数字化汽车商务体验，NPS 数据可成为指导性的 KPI 和指引前进方向的"北极星"。

另一个经常被忽视的观点是，OEM 需要衡量和优化每个客户的生命周期价值，而不只是关注每月的汽车销售数据。我们希望，随着新的数字化体验生态系统对收入的支持力度不断加大，收入来源可实现多元化。眼光要放长远些，不只是了解"这个顾客买车了吗?"，而应

---

① Sauro, Jeff, Ph. D. "Assessing the Predictive Ability of the Net Promoter Score in 14 Industries." MeasuringU. March 12, 2019. https://measuringu.com/nps-predictive-ability.

当关注"这个客户带来了多少价值？我们如何增加这个数字？"。

另外，需要事先制定战略，以决定哪些辅助功能由内部提供，哪些通过合作关系和其他生态系统获得。OEM 需要获得多方面的支持，例如付款、信用资格审查、订购管理等，这里无法一一列举。对于汽车客户而言，在其他行业中获得的体验也必须无缝地体现在汽车行业中。具有汽车和跨行业专业知识的体验设计、业务建模和技术实施合作伙伴可以帮助 OEM 制定和执行全面的战略。

此外，不要忽视汽车经销商。他们自己无法实现分散的客户体验。他们需要被整合到数字化商务流程中，最终与法规和法律框架保持一致，更好地服务于线上销售愿景，这样才能生存下来。例如，经销商可充当咨询销售代理而不是合同所有者，并相应地调整报酬。

最后一点也非常重要——数据。OEM 与消费者的数字化互动会产生与这些关系和体验有关的宝贵数据。打破数据孤岛（例如银行、OEM 和经销商）有助于在企业和生态系统之间共享客户数据和洞察。在一项调研中，71%的行业高管表示，数据可以帮助他们推销和开发相邻行业的产品和服务。同样比例的行业高管预计销售数据可以创造全新的收入来源。[①] 这些新的业务模式和收入来源可以帮助 OEM 缓冲疫情等意外事件带来的打击。

但是，为了确保企业诚信和客户信任，必须记住一项重要原则：企业必须以安全可靠而且合乎道德的方式，制定旨在实现数据经济效

---

① Knoedler, Daniel, Dirk Wollschlaeger, and Ben Stanley. "Automotive 2030：Racing toward a Digital Future." IBM Institute for Business Value. October 2019. https://www.ibm.com/thought-leadership/institute-business-value/report/auto-2030.

益的战略。

行动指南

线上购车只是汽车数字化体验的第一步。现在是时候同时从消费者和企业的角度双管齐下，定义、构思和打造更广泛的体验。这不仅是为您的汽车企业，也是为整个行业塑造数字化体验的机会。

由于变化是数字化零售生态系统中唯一不变的因素，因此我们建议采用敏捷方法。从最小可行产品（MVP）起步，不断迭代，不断改进。我们认为，MVP 的目标是在两个维度形成有价值的信息。第一个维度是通过从最小技术解决方案快速获得用户反馈，从而设计未来的数字化商务解决方案。第二个维度强调以全新方法打造未来的数字化商务企业。我们概括了一些入门步骤：

——建立数字化商务团队，将数据思维融入企业"基因"中。

在企业中，将跨学科团队与所有利益相关方职能领域的专家汇集在一起，创建数字化商务 MVP。开发动态数字化角色以捕获个人出行信息，实现终极个性化。利用数字助手和其他数字技术，将已知数据与未知的未来事件联系起来。

——首先认可体验带来的业务潜力，优先将体验设计与业务及技术设计结合起来。

从客户体验倒推。通过考察几乎所有参与者的观点整合使用体验，确保体验直观而无缝。定义体验后，积极地重塑业务和工作流程，以数据为基础，确定全新的重点、体验和工作方式。

——建立开放、灵活的"无头"架构，以适应未来不可避免的变化。

首先必须将零售过程作为核心。但是，要保持灵活性和开放性，以便轻松添加其他有价值的服务，例如金融、移动、保险、互联服务等。在整个车辆所有权的生命周期内，为各个接触点和品牌提供一致的体验。

第十章

混合云处方
加速医疗保健和生命科学行业转型

作者介绍

Ryan Hodgin，IBM 全球市场部医疗保健服务提供方业务首席技术官，在指导大型组织实施云转型方面，拥有深厚的专业知识。他担任过开发人员、应用架构师和新兴技术专家，主要为开发团队和最高管理层提供第一手的技术领导知识和经验。

联系方式：LinkedIn 账号 linkedin.com/in/rhodgin/，电子邮箱 hodgin@us.ibm.com。

Carlin "Rick" Smith，IBM 全球市场部医保支付方业务首席技术官，主要负责为客户制定创新的整合战略、解决方案设计和架构方法。他具有多样化的专业背景，广泛涉猎高性能计算、研究计算以及网格计划。

联系方式：LinkedIn 账号 linkedin.com/in/carlinsmithjr/，电子邮箱 crsmithj@us.ibm.com。

Ramesh Gangisetty，IBM 全球市场部消费者医疗保健业务首席技术官，拥有丰富的行业经验，25 年来一直在金融服务、公共服务以及医保支付等行业直接面向客户提供服务。他与 IBM 技术架构与创新部门紧密合作，是值得信任的战略和技术顾问。

联系方式：LinkedIn 账号 linkedin.com/in/rameshgangisetty/，电子邮箱 ramesh.gangisetty@us.ibm.com。

Neeraj Nargund，IBM 全球市场部生命科学业务首席技术官。他在金融服务、保险和生命科学行业拥有超过 22 年的丰富经验，领导实施了高度监管行业中的多个全球技术转型项目。

联系方式：LinkedIn 账号 linkedin.com/in/neerajnargund/，电子邮箱 Neeraj.Nargund@ibm.com。

本章要点

新冠肺炎疫情强调了变革的必要性

为了有效保护人群的健康，医疗保健和生命科学企业在新型冠状病毒发现之初就必须迅速响应，远程联系看护者和患者，并快速研发检测方法和疫苗。

敏感数据，谨慎处理

医疗保健组织必须采用先进技术，满足不断提高的关键安全要求，保护患者数据，遵守法规，同时降低风险。组织需要高度安全、高度灵活的架构，可以根据需要扩展规模，加速实现价值。

医疗保健和生命科学转型：正当其时

云计算有潜力创造更为个性化的患者体验，帮助组织在医疗保健行业的新时代开展竞争。

第一节　翻开新篇章

多年来，医疗保健和生命科学企业一直在不懈努力，积极提高服务质量，扩大服务范围，同时降低服务成本。新冠肺炎疫情表明，现有的和预料中的收入流、供应链与劳动力可用性可能转瞬间就会被摧毁。为了应对变化莫测的市场，该行业目前正开足马力实施数字化转型，以提高响应速度和敏捷性。

截至 2019 年，全球 80% 的受访企业已迁移到云环境，但只有 20%

的工作负载（通常是云原生型微服务）在云端运行。[①] 接下来的任务就是完成剩余 80% 的任务关键型应用与核心业务工作负载的迁移。

事实上，迁移到混合云基础架构能够解决整个医疗生态系统中的组织所面临的挑战，可以惠及医疗服务提供方与医保支付方、消费者健康服务提供方以及生命科学组织。混合云结合了公有云和本地基础架构的优点，有助于提高企业应用和数据的敏捷性与可扩展性。

然而，难点在于健康数据具有高度敏感性。遭泄露的受保护健康信息（PHI）是暗网上出售的最有利可图的数据类型之一，甚至超过了社会保险号和信用卡信息。[②] 而且要考虑迁移的数据量极其庞大。

第二节　变数众多

医疗保健和生命科学生态系统由各种不同的实体构成，他们都不断产生海量数据。例如在家庭护理领域，数据由患者家中的设备收集。其中一些数据供健康系统、医保支付方、药店，可能还有生命科学企业使用。

每个组织都以各自的方式使用这些数据，包括将其发送给其他组

---

① Comfort, Jim, Blaine Dolph, Steve Robinson, Lynn Kesterson - Townes, and Anthony Marshall. "The Hybrid Cloud Platform Advantage." IBM Institute for Business Value. June 2020. https://www.ibm.com/thought - leadership/institute - business - value/report/hybrid-cloud-platform#.

② Norquist, Alan. "Medical Records are Worth ＄50 Each on the Black Market." Veriphyr. Accessed August 3, 2020. https://veriphyr.com/patient-data-worth-50-each-on-black-market/.

织。医保支付方收集有关数据，确定报销金额，并将财务和补助信息发送给医疗服务提供方的收入流转管理部门。药店则向会员发送续订药品的提醒，并向医保支付方发送报销提醒。

鉴于对数据安全和隐私的担忧，医疗保健一直是在采用云技术方面行动迟缓的行业之一。由于网络攻击或数据泄露造成的数据损失，不仅会给敏感数据被披露的组织和个人的声誉带来负面影响，责任方组织还会遭到媒体轰炸，遭到巨额罚款。

在美国，《健康保险携带与责任法案》（HIPAA）负责保护患者的个人信息和医疗记录，并监控医疗保健服务提供方的合规性（请参阅下文"HIPAA：为何对医疗专业人员和患者如此重要"）。负责实施HIPAA的公民权利办公室（OCR）在2003年至2019年期间已落实或实施了超过1.16亿美元的罚款。①

HIPAA：为何对医疗专业人员和患者如此重要②

——HIPAA禁止某些医疗服务提供方透露患者信息，以此防止医疗身份盗用。

——患者可以不受限制地访问自己的完整医疗记录副本。

——HIPAA要求每个医疗机构都设有合规部门，以确保患者信息的保密性。

---

① "Enforcement Results as of June 30, 2020" HHS. Accessed August 20, 2020. https://www.hhs.gov/hipaa/for-professionals/compliance-enforcement/data/enforcement-highlights/index.html；"HIPAA Violation Fines." HIPAA Journal. Accessed August 19, 2020. https://www.hipaajournal.com/hipaa-violation-fines/.

② U. S. Department of Health & Human Services（HHS）. Accessed August 20, 2020. https://www.hhs.gov/hipaa/index.html.

如果将安全与隐私置于行业业务的核心地位，该行业就可以更有信心地向公有云环境迁移。医疗保健企业需要依靠由云提供商构建的技术，但必须保证提供商无法访问他们的数据。加密技术可用于保护来自云提供商和其他云租户的数据。诸如"自带密钥"（BYOK）与"自管密钥"（KYOK）等加密功能提供了额外的保护层，支持云客户使用并非由云提供商生成的加密密钥，确保其他用户无法读取自己的数据。

在过去五年中，越来越多的医疗保健和生命科学组织采用了云技术或在这方面取得重大进展，并且带着更多的意向、兴趣和投资不断向前发展（图 10-1）。2019 年 IBM 全球最高管理层调研确定了一组

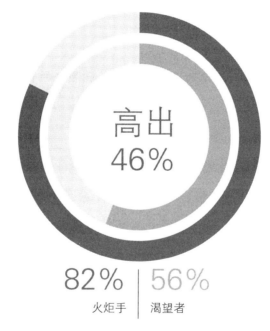

来源：全球最高管理层调研（第 20 期）：建立信任优势。IBM 商业价值研究院 2019 年 11 月。

图 10-1　医疗保健和生命科学行业的领军企业投资于混合云

"火炬手"企业，在受访的13000多位高管中占比9%，他们率先将数据纳入自己的战略、运营和文化中。在医疗保健和生命科学领域的"火炬手"企业中，82%希望在未来几年内对混合云进行大量投资，比同样具有这种想法的"渴望者"企业要高出46%。"渴望者"企业指的是那些开始整合企业范围的业务和数据战略，但尚未形成数据驱动型文化的企业。

云工具与能力使连接更为方便，在行业规则和法规不断变化的背景下，尤其凸显出价值。其中包括由"医疗保险和医疗补助服务中心"（CMS）制定的互操作性规则，用于规范美国两个最大的医疗保健计划的产品和服务的报销；[①] 还包括由 HIPAA 和"健康信息信托联盟"（HITRUST）制定并监督实施的通用安全框架。[②] 包括"快速医疗保健互操作性资源"（FHIR）在内的常见互操作性格式，规定了用于交换电子健康记录的标准数据格式、元素与应用编程接口。[③]

除了构建基础项目，以及开发全新或云原生应用以摆脱现有应用的复杂性和传统缺点以外，组织还开始转而使用云解决方案将更多精力放在改进复杂的系统上。

---

① "CMS Interoperability and Patient Access final rule." Centers for Medicare & Medicaid Service. Accessed August 6, 2020. https://www.cms.gov/Regulations-and-Guidance/Guidance/Interoperability/index.

② Halbleib, Matt. "What is HITRUST Compliance?" Security Metrics. Accessed August 6, 2020. https://www.securitymetrics.com/blog/what-hitrust-compliance.

③ Bresnick, Jennifer. "4 Basics to Know about the Role of FHIR in Interoperability." Health IT Analytics. Accessed August 6, 2020. https://healthitanalytics.com/news/4-basics-to-know-about-the-role-of-fhir-in-interoperability.

第三节　医疗保健服务提供方：
患者期望和理应享受到的医疗服务

对于医疗保健服务提供方而言，投资的重点在于提供医疗服务。而云可以降低成本，以最有效的个性化方式吸引消费者。因此，虽然目前落后于其他行业，但生命科学企业和医疗保健服务提供方计划在未来三年迎头赶上（图 10-2）。

主要行业在未来三年计划部署云的数量

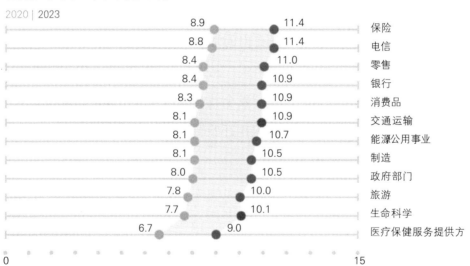

2020	2023	
8.9	11.4	保险
8.8	11.4	电信
8.4	11.0	零售
8.4	10.9	银行
8.3	10.9	消费品
8.1	10.9	交通运输
8.1	10.7	能源公用事业
8.1	10.5	制造
8.0	10.5	政府部门
7.8	10.0	旅游
7.7	10.1	生命科学
6.7	9.0	医疗保健服务提供方

来源：混合云平台的优势。IBM 商业价值研究院 2020 年 6 月。

图 10-2　云技术热度高涨

服务提供方通过 Web、移动与可穿戴设备以及视频交流等形式开展数字互动，吸引了注重成本并接受自我医疗管理的患者群。虚拟远程医疗可作为面对面互动的补充选项，提供数字检查点以及治疗工具，以降低所有人的治疗成本，即使是那些病情复杂、需要监控和定期就诊的患者。

数字互动的优点包括实现更理想的健康成果（请参阅下文"洞察：面对医生，血压上升"），例如，初步诊断或手术后的再次入院率降低，预防性治疗越来越普及，更多的人能够获得医疗服务，以及让人们过上更健康、更充实的生活。此外，尽管医疗成本降低，但患者的满意度和忠诚度却逆势上扬。

洞察：面对医生，血压上升[①]

人体的急性应激反应可能会妨碍医学检测结果。"白大褂高血压"也称"白大褂综合征"，是指患者看到身着白色工作服的医护人员便会感到焦虑，从而引起血压和心率骤增，导致医学检测读数不准确。数字化健康的一大好处是能够持续测量生命体征，而不仅仅是在医生诊所或临床环境中。

健康消费者已经习惯通过不同的方式来接受治疗，比如简单地在线订购处方药、邮递送达，而不用前往药店。由于云可以根据需要随

———————————

① Cassidy, Natalie. "White Coat Hypertension: Do You Have it and How to Manage It." Qardio. Accessed August 6, 2020. https://www.getqardio.com/healthy-heart-blog/white-coat-hypertension/.

时扩展，因此医疗服务提供方不必担心本地数据中心或基础架构的规模。最近，疫情导致远程医疗使用量激增，而且这种趋势不太可能很快消退。[①]

第四节　医保付款方：全身心投入数字化转型

包括医疗保健和生命科学在内的许多行业都运行多云环境，但许多组织缺乏深思熟虑的管理战略。医保支付方的高管应当认识到，组织的工作负载可以迁移到云端并在其中运行，但是如果达不到最优运行状态，就可能无法实现真正的效益，浪费投资。他们既要满足每月处理数百万项报销事务的短期需求，又要践行通过更贴近消费者的分布式方式运行工作负载的长期愿景，并在这两者之间取得平衡。

医疗保健和生命科学行业的转型还需要大规模重新构想传统计划和创业追求。消费者希望获得"一站式"的互动体验，因此必须在整个生态系统中实施数字化。例如，能够在全球范围内发展为无报销处理模式吗？一些国家或地区已经实现：当患者与医保提供方联系时，会实时执行"当场支付"。

通过在端到端流程中融合机器学习和人工智能（AI），就可以根

---

① Fraser, Heather. "Telemedicine Isn't Just Here To Help – It's Here To Stay." Electronic Health Reporter. June 25, 2020. https://electronichealthreporter. com/telemedicine-isnt-just-here-to-help-its-here-to-stay/.

据历史和统计模型，使用预测方法确定在传统多步骤流程中是否缺少某项操作。通过实现端到端的数字化，可在医疗领域普及云计算或与云连接的边缘计算。

美国某主要的医保支付方制定了一项短期计划，打算在五年内将所有数据中心迁移到云端，并由可靠的控制和安全结构提供保护，最终可以帮助组织及其流程实现全面的数字化转型。这样做会重新定义组织架构或文化理念，建立全新工作方式，使用自动化技术，减少人工干预，从而降低成本，减少错误。如果文化变革根植于全新的工作方法，那么随后形成的工作流程将变得更加高效，并且可以更快地扩展。

第五节　消费者健康：携手合作

医疗保健服务提供方可以是面向消费者的零售商、药店补助管理方或健康保险提供方。为了向客户以及合作伙伴提供最出色的服务，整个生态系统必须整合。但是，生态系统中的各个实体现在仍然各自为战，就像是一个企业中各个互不相干的子公司。

混合云有助于加快整合各条业务线，形成更持久、更为整体的单一平台。例如，某些药店的店员可能缺乏对生态系统中其他部分的了解。他们无法访问健康记录，如果给消费者开出的处方药剂量过大，可能会带来危险的后果。此外，他们也不知道患者在店内的零售区购买了什么，例如天然补品可能会与处方药产生不良反应或降低其有效性。

建立统一平台后，无论在哪个接触点，相关人员都可以全面了解客户情况，从而能够提供优质的服务和更为个性化的体验。药店店员还可在店内交叉销售或追加销售其他产品，例如，推荐可能不会像处方药那样带来副作用（如反胃）的替代性非处方药。云是实现端到端终极客户可视性的关键因素。

第六节　生命科学：制药业的数字化竞赛

药品、疫苗以及有助于促进自我治疗的消费产品能够改变一个人的生活，甚至能够拯救生命。对于生命科学企业而言，数字化平台提供个性化治疗，根据结果自动执行医疗服务和管理。数字化医疗管理包括一系列核心服务，比如以患者为中心的教育培训、咨询服务和坚持治疗方案，以及有关处方药定期配药的提醒。希望迁移到云的生命科学领先企业大胆行动，将"推向市场"模式转变为可随时交换信息的模式，从而增强数据安全性。通过实施先进技术，生命科学企业可以享受到各种各样的好处。例如，通过在制药企业和医保付款方之间交换报销数据，有助于深入洞察药物的治疗效果；如果要召回某种药品，则可轻松跟踪该药品在整个供应链中的流转情况；通过在付款处理流程中减少人工干预，降低账单中出现笔误的可能性。借助人工智能和机器学习获得的数据洞察还有助于加快药物研发的速度。药物研发过程必须让合作伙伴参与进来并且能够访问相关数据。此外，最终产品的价格必须让消费者能够承受。制药企业齐心协力，研发新冠肺炎的有效疫苗，[①] 而人工智能和云计算有能力影响研发方式。药企需要采用新型模式，支持安全地交换信息，并能够使数据中心连接到云和其他合作伙伴（请参阅下文"洞察：挖掘数据，确定药物靶标"）。

洞察：挖掘数据，确定药物靶标[②]

辉瑞和 Insilico Medicine 开展研究合作，确定与多种疾病有关的潜在治疗靶标的真实证据。此次合作旨在探索人工智能与机器学习如何在药物研发领域帮助确定项目中的靶标和生物标志物。

行动指南

迁移到混合云能够实现更出色的灵活性、系统可扩展性和互操作性，促进数据顺畅流动，还可通过协作研究和药物开发提高患者治疗效果。

1. 保护患者隐私

我们所选择的云提供商必须优先考虑安全性，数据必须按照"须知"原则由医疗保健组织牢牢掌握。

---

① Staines, Richard. "Pharma Giants Including Novartis Collaborate on COVID – 19 Therapies." pharmaphorum. March 26, 2020. https://pharmaphorum.com/news/collaborate-covid19-therapies/.

② Fassbender, Melissa. "Pfizer Taps Insilico Medicine to Use AI for Drug Target Discovery." Xconomy. January 14, 2020. https://xconomy.com/national/2020/01/14/pfizer-taps-insilico-medicine-to-use-ai-for-drug-target-discovery/.

2. 确保合规

医疗保健和生命科学企业已经建立了强有力的合规部门。通过采用基于混合云的新能力，扩大现有控制措施的范围，提高响应能力。

3. 提高透明度，建立信任

实现医疗保健系统现代化，以维持安全性，保障全新的能力。云端的安全控制可实现更高的可视性，并确保对系统进行应有的管理。

4. 创建云协作空间

专家警告称，新冠肺炎疫苗的研发必须争分夺秒。[①] 云平台可以支持全新能力，创造全新机遇，除了巩固现有合作关系外，还有助于和其他合作伙伴、供应商和组织开展协作，为疫苗研发做好准备。

---

① Tatelbaum, Julianna. "Pharma Giants Granted Coronavirus Approvals but Doubts Remain on Manufacturing a Global Vaccine." CNBC. Accessed August 6, 2020. https://www.cnbc.com/2020/05/04/coronavirus－drug－approvals－but－doubts－remain－on－manufacturing－vaccine.html.

第十一章

人工智能为石油和天然气价值链注入活力

作者介绍

Ole Evensen，IBM 全球市场部全球石油化工及工业品能力中心的负责人，IBM 行业学会成员。他拥有超过 25 年的全球企业工作经验，担任过业务部门负责人、技术顾问和管理咨询合作伙伴，负责帮助国内外石油和天然气企业制定并实施业务和技术战略。
联系方式：LinkedIn 账号 linkedin.com/in/evensen/，电子邮箱 ole.evensen@no.ibm.com。

Spencer Lin，IBM 商业价值研究院的全球石油、化工及工业品行业全球调研负责人，在财务管理和战略咨询领域具有超过 25 年的从业经验。
联系方式：LinkedIn 账号 linkedin.com/in/spencer-lin-35896317/，电子邮箱 spencer.lin@us.ibm.com。

Dariusz Piotrowski，IBM 工业领域全球解决方案总监，IBM 行业学会的成员，负责为高层主管提供有关创新技术和数字化业务转型的战略和实施建议。
联系方式：LinkedIn 账号 linkedin.com/in/dariusz-piotrowski-921b086/，电子邮箱 dariuszp@ca.ibm.com。

David M. Womack，IBM 石油化工行业的战略与业务拓展全球总监，IBM 行业学会的成员，负责开拓新的市场和解决方案商机，管理特定于行业的解决方案组合的开发工作，实施市场计划以推动业务发展，并领导与这些战略相关的关键业务合作伙伴联盟。
联系方式：LinkedIn 账号 linkedin.com/in/david-womack-4b81454/，电子邮箱 dmwomack@us.ibm.com。

Zaheer，IBM 全球市场部全球石油化工数字化客户体验的负责人，IBM 行业学会的成员。他为客户提供建议，帮助他们使用呈指数级发展的技术，推进碳中和数字转型计划，重点是推动客户的可持续发展和社会负责方面的转型之旅。
联系方式：LinkedIn 账号 linkedin.com/in/ash-zaheer-a4890817，电子邮箱 zaheer@us.ibm.com。

本章要点

人工智能对于优化价值链至关重要

将近60%的受访者证明，人工智能（AI）对于企业的成功至关重要。AI可以帮助石油和天然气行业实现最重要的业务目标，包括降低运营成本和提高自动化水平。然而，表示正在石油和天然气行业范围实施AI战略的受访企业不到半数。

AI为领军企业指引方向

我们确定了一小部分石油和天然气行业领先者（占受访者的24%），他们能够更有效地制定和执行企业AI战略，在收入增长和盈利方面的财务绩效都处于领先地位。将近四分之三的领先者表示，他们在过去三年超额实现了AI投资的价值目标。

借助AI取得成功离不开三大要素

AI领军企业建立了充分利用AI能力所需的基础。他们实施AI业务蓝图并将AI融入整个价值链。

第一节　新的现实

在新冠肺炎疫情期间，石油和天然气（O&G）行业面临令人难以置信的挑战。需求下降与产量纠纷给该行业造成双重打击，导致资源供过于求以及随后的油价暴跌。尽管石油和天然气企业对具有挑战性的外部力量并不陌生，但他们发现，为了应对当前局面，并为新的市场供求状况做好准备，必须以更快的速度和更高的敏捷性进行调整。

由于目前供过于求，全球近 70 亿个油桶已被装满，油轮被用来储存原油而不是运输。分包商服务生态系统虽然一直是危机中的受害者，始终面临合同终止、项目推迟、运营显著减少以及价格降低等窘境，但本次挑战的规模和影响之大，促使形成了以前不可想象的政治联盟、协议和决策，例如大幅减产。[①]

供需不平衡使经济形势出现了新局面，给企业在各个方面（如维持生产、促进新发展，甚至开拓新领域的能力）带来了挑战。同样，下游的运营规模也大幅缩减，燃料采购量将从名义上的增加 30%变为减少 40%。[②]

当前疫情和长期能源需求的综合影响，决定了供过于求的局面将长期存在。因此，运营商应将重点放在回报而不是增长上，这就需要重视盈亏平衡能力较弱的资产和组织。

即使面对如此严峻的形势，石油和天然气企业仍计划进行更大的转型，将目标转向了碳氢化合物以外的能源上。社会、股东和员工对运营完整性寄予更高的期望，要求企业包含可持续发展目标，并且培养弹性，以抵御行业仍可能会面临的周期性经济挑战。

多达半数的受访者宣布了前所未有的资本和运营支出削减计划，以保障积极构建转型所需的经济平台。埃克森美孚将 2020 年的资本预

---

① Womack，David. "COVID-19 Accelerates New Ways of Working in the Energy Frontier." IBM Institute for Business Value blog. May 21，2020. https：//www.ibm.com/thought-leadership/institute-business-value/blog/covid-19-oil-gas.

② Ibid.

算削减了30%（100亿美元），将现金运营支出削减了15%。[①] 壳牌公司立志与社会同步，到2050年或更早实现能源零排放。[②] 数字化转型可以帮助壳牌推进能源转型。该公司通过三种方式应对这些转型带来的挑战和机遇：①开展合作；②培养能力；③为客户提供多样选择。[③]

第二节 AI的重要性

新常态（也可以说是新的异常状况）要求石油与天然气企业用数字技术武装自己，提高敏捷响应能力，并通过全新的方法和思维推动业务绩效。在转型过程中，必须借助人工智能（AI）优化价值链。为了了解石油与天然气企业在哪些领域应用AI，IBM商业价值研究院（IBV）与牛津经济研究院合作开展了一项调研，采访了18个国家/地区的400位石油与天然气行业高管，他们都参与各自企业AI战略的制定和/或实施工作（请参阅文末"调研方法"）。

① Bade，Dyna Mariel. "UPDATE：Oil Price War Fallout：Capital Spending Cuts Sweep through Shale." S&P Global. April 7，2020. https://www.spglobal.com/marketintelligence/en/news - insights/latest - newsheadlines/update - oil - pricewar - fallout - capital - spending-cutssweep-throughshale-57505881.

② "Shell's Ambition to Be a Net-zero Emissions Energy Business." Shell. Accessed September 21，2020. https://www.shell.com/energy - and - innovation/theenergy - future/shells - ambition-to-be-a-net-zero-emissionsenergybusiness.html.

③ Sebregts，Yuri（Shell Chief Technology Officer）. "Three Ways to Thrive through the Digital and Energy Transitions." Shell. September 2，2020. https://www.shell.com/energy - and-innovation/digitalisation/newsroom/threeways-to-thrive-through-the-digitaland-energytransitions.html.

56%的受访石油与天然气行业高管表示，AI 对当今企业的成功非常重要，而且这个比例有望在短短三年内增加到84%。现有的 AI 投资为企业创造了价值。在所有受访者中，去年 AI 投资的平均回报率为32%；过去三年的支出减少了 3%，收入增加了 3%。对于一家平均市值为 100 亿美元、利润率为 10%的企业而言，这意味着可以额外获得5.7 亿美元的利润。AI 投资还使新产品/服务的面市时间缩短了 31 天。

AI 投资之所以如此重要，是因为如果没有 AI，企业就无法实现最重要的业务目标（图 11-1）。将近三分之二的受访高管表示自己非常重视降低运营成本。在像石油与天然气这样流程复杂、资产密集的行业中，AI 可对运营产生重大影响。58%的受访者表示，他们希望引入更高水平的机器人和自动化技术，接近半数的受访者希望有机地提高市场份额，推出新的产品/服务/价值主张。在各个石油与天然气细分市场中，这两个最重要的目标是相同的。

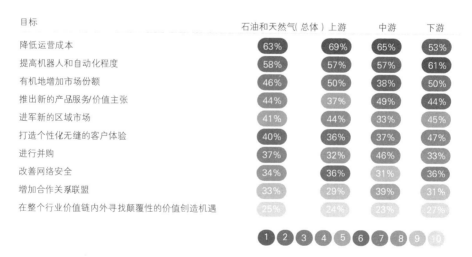

问题：贵组织最重要的业务目标是什么？n = 400。

图 11-1　最重要的业务目标（按细分市场划分）

AI 不同于其他呈指数级发展的技术。AI 具有学习能力，由算法指导，能够调整、完善和改变响应与决策方式。AI 可应用于主要业务流程或活动。通过结合使用 AI 以及其他呈指数级发展的技术，石油与天然气企业就能够从根本上重塑业务运营方式以及与利益相关者的合作方式。这可能包括以全新方式实现价值、重新定义客户合作，以及为员工及合作伙伴打造富有吸引力的体验。

第三节　AI 现状

尽管受访者表示 AI 对自己所在的石油与天然气企业非常重要，但 AI 在整个行业中的应用并不普遍。只有 47% 的受访者表示正在企业范围实施 AI 战略。

好消息是，AI 投资逐渐与其他呈指数级发展的技术相结合。目前，技术预算分布在云计算、机器人流程自动化、物联网、AI、移动以及其他技术中。预计未来三年，在这些技术中，AI 在预算中的增长速度最快，将从 14% 上升到 17%。石油与天然气行业的受访者表示，已在价值链的特定领域实施了 AI（图 11-2）。大多数受访者特别表示，希望将 AI 应用于勘探、开发以及风险管理。

在上游采用 AI 有助于确定最理想的井位，提高钻井效率和安全性，并改善与开采策略和最终的"油田回报"相关的绩效。使用诸如机器学习、人工神经网络、专家系统和模糊逻辑等工具的 AI 系统可以执行分析任务，帮助使用和更好地理解来自地震勘测、地质评估和油

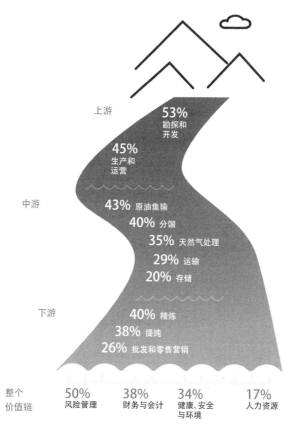

问题: 贵组织在以下领域实施了哪些技术? $n=400$。

图 11-2　实施 AI 的领域

藏模拟的数据。这种分析方法有能力将全球平均油气储量开采率提高
10%，相当于增加 1 万亿桶石油当量（BOE）[①]。AI 计划还有助于了解
地下储量，可使产量提高约 15%—30%[②]。

---

① McKinsey y & Company ". An Analytical Approach to Maximizing Reservoir Produc-
tion." September 2017. https：//www.mckinsey.com/industries/oil-and-gas/our-insights/an-
analytical-approach-tomaximizingreservoir-production.

② Ibid.

在中下游采用 AI，通过监控设备、泵和压缩机的工作状况，帮助管理流程变量，减少与分馏、纯化和精炼流程相关的停机时间。在原油集输领域，AI 有助于预测产品流量、需求和价格，以优化利润。

AI 可帮助进行风险管理，预测和控制不确定性和波动。例如，在供应链中，天气会影响原材料、制成品和产品的运输，风暴、洪水和强风可能会给运输和交货带来噩梦。AI 可帮助将天气数据与运营数据结合起来，确定如何调整路线、交付时间和产能。

如果没有适当的数据管理流程，AI 的功效就会大打折扣。对于石油与天然气企业而言，许多有用的数据来自传感器，包括技术、资产、服务与设备方面的数据。一些企业没有将重点放在充分利用这些数据和有效的数据治理机制上，因此无法获得有效的洞察，从而与提高运营效率、增强客户合作以及通过新产品和服务实现增长失之交臂。只有 38% 的受访者表示他们拥有企业范围的信息标准，不到一半的受访者制定了统一的数据来源策略，40% 的受访者制定了一致的指标定义。

IT 基础架构也必不可少。由于 AI 及其决策以数据为基础，因此企业 IT 架构是必备要素。但是，只有 40% 的石油与天然气企业高管表示，他们的企业已经根据业务活动，建立了全面一致的企业架构，以支持数字计划。不到半数表示已经开发了混合多云环境以支持业务战略。如果没有这个基础，企业就难以开发/维护有关客户接触点和整个生态系统的数据。

洞察：调研受访者比较

此次调研包括两组受访者：一组为"疫情之前"的受访者，共有 182 位石油与天然气企业高管，在 2020 年 1 月至 3 月间接受调研；另一组为 218 位"疫情期间"的受访者，在 2020 年 6 月至 7 月间接受调研。这两组受访者的最主要业务目标也基本相同，降低运营成本排在第一位，引入更高水平的机器人和自动化技术排在第二位。

"疫情期间"的受访者表示，这些目标实现得并不顺利，这毫不奇怪。新冠肺炎疫情和油价暴跌的双重打击让这些受访企业措手不及，暴露出运营弹性方面的短板。这反映"疫情期间"的受访者制定和执行战略的有效性明显低于"疫情之前"的受访者。

人工智能对两组受访者的未来成功的重要性大致相同，认为人工智能对企业成功至关重要的"疫情之前"受访者占比 88%，持相同观点的"疫情期间"的受访者占比 79%。这两组受访者实施 AI 的进展也基本相同，两组中均有将近一半的受访者或完全实施了 AI 战略，或已经采取措施，根据战略和执行计划实施转型。

第四节　向 AI 领军企业学习

为了帮助企业制定具体战略以提高 AI 能力，我们分析了调研反馈，并确定了为数不多的石油与天然气行业"AI 领军企业"，他们占此次调研样本的 24%。这些受访高管指出，他们的企业明确制定了能够理解的 AI 战略，并在企业范围内贯彻执行。

与同行相比，AI领军企业通过AI计划创造了更多的价值。将近四分之三的领先者表示，在过去三年，领军企业超额实现了AI计划的价值目标，而所有其他企业的这个比例只有37%。AI领军企业的AI投资回报率更高，平均达到43%，而其他企业仅为29%，但这两组企业在AI方面的支出基本相同，领军企业每10亿美元收入中有450万美元用于AI投资，其他企业则为420万美元。

这些领先者的财务绩效也优于同行——他们的收入增长平均达到77%，其他企业平均为52%；他们的利润率平均达到77%，而其他企业平均为50%。AI领军企业在制定和执行企业战略的效率方面也更出色（分别为85%和92%），而同行在这两个方面的效率分别为58%和71%。他们的领先能力体现在能够更有效地实现最重要的业务目标上（图11-3）。

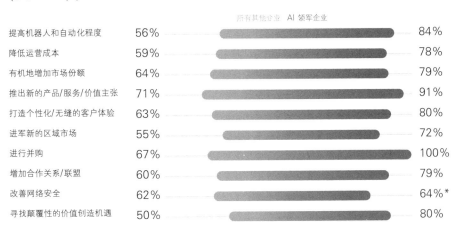

* 回答数量较少的结果从统计意义而言是不可靠的，但可以视为方向性指标。百分比代表按照五分制选择4分或5分的受访者数量。
问题：贵组织在实现这些业务目标方面的效率如何？n＝99—250。

图11-3　AI领军企业能够更有效地实现业务目标

与同行相比，AI 领军企业已经能够借助 AI 计划进一步增加收入，降低支出，维持人员配置以及减少资本开支（图 11-4）。假设同样是市值 100 亿美元、利润率 10%的企业，AI 领军企业的利润平均要比同行高出 3.6 亿美元。

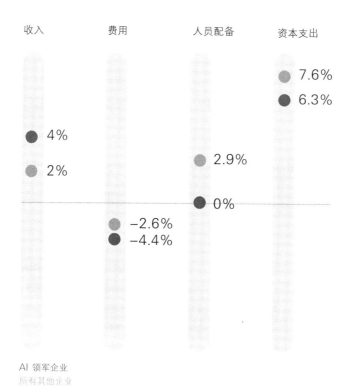

问题：贵组织过去三年中的 AI 投资如何影响以下方面？ $n=400$ 。

图 11-4　AI 投资的价值

Eni S. p. A：借助 AI 推动地质数据解读[①]

Eni S. p. A 是总部位于意大利的石油和天然气跨国企业。该公司在数字化转型的过程中，通过外部支持建立了基于 AI 的增强智能平台，名为"认知发现"，旨在帮助 Eni 在碳氢化合物（一种天然存在于原油中的物质）勘探的初期阶段做出决策。

碳氢化合物勘探是复杂的知识密集型业务，涉及大量数据，需要分析地质、物理和地球化学信息，以评估碳氢化合物聚集的可能性和潜在规模。"认知发现"平台使用公共和专有来源的数据，并将其与数值模拟和实验环境的结果相结合。这样，地球科学家就可执行分析，并提供相关分析结果，这有助于改善决策水平，确定并验证替代性勘探方案。

第五节 借助 AI 取得成功

AI 领军企业强调借助 AI 取得成功所需的三项关键行动：

1. 建立充分利用 AI 能力所需的基础

2. 实施 AI 业务蓝图

---

① Bekas，Costas and Peter Staar "．Eni and IBM Boost Geological Data Interpretation with AI." IBM blog. June 25，2019. https：//www. ibm. com/blogs/research/2019/06/eni－ibm－geological－data/.

3. 将 AI 融入整个价值链

建立充分利用 AI 能力所需的基础

AI 的价值取决于企业利用数据的能力,95% 的 AI 领军企业建立了数据驱动型文化,相比之下,只有 60% 的同行做到了这一点。

降低数据结构复杂度成为有效利用数据先决条件。我们的调研表明,AI 领军企业在数据通用性方面先行一步。超过四分之三的 AI 领军企业实施了标准的财务会计表,超过三分之二建立了统一的指标定义,而其他企业的这两个比例分别只有 45% 和 37%。

数据访问同样至关重要。68% 的 AI 领军企业使用通用数据源,而同行的这个比例只有 40%。超过三分之二的 AI 领军企业已经部署数据仓库用来管理海量数据。这有效缩短了准备、验证和清理数据所需的时间。将近三分之二的领先者创建了灵活的数据架构,相比之下,只有 43% 的其他同行这样做。灵活的数据架构有利于改善数据的开放性和透明度。

洞察: Open Subsurface Data Universe[①]

2018 年春季,一组领先的石油与天然气企业讨论如何使用云技术来改变当前复杂的数据和应用环境。Open Subsurface Data

---

① "The OSDU Forum–Home." The Open Group. Accessed September 23, 2020. https://www.opengroup.org/osdu/forum–homepage.

Universe（OSDU）是 Open Group 的一个论坛，其目标是支持新的云原生数据驱动的应用无缝访问所有地下和油井数据，并支持现有的应用和数据框架。OSDU 解决方案的核心原则是将数据与应用分开。他们使用标准的公共 API 开发了一个通用数据平台，做到了这一点。

埃克森美孚：借助数据推动 AI 之旅[①]

埃克森美孚是世界上最大的石油天然气上市公司，他们对 AI 寄予厚望。但该公司在 AI 之旅中面临重重困难：数据存在于各个孤岛之中、缺乏数据科学家技能，以及新系统的采用存在各种问题。该公司对位于圭亚那的一处海上油田勘探工程投资了数十亿美元，为此，他们希望建立现代化的数据平台，支持 AI 和工作流程，从而加快项目开发和回报速度。

在那里，地震专家与外部人才进行了为期 12 个月的合作，对埃克森美孚的数据库进行了现代化改造，使其易于访问。专家利用开源技术，从企业多云环境中访问数据，以更快的速度做出决策。

此举带来了诸多好处，包括将新油井钻探设计的最初规划周期从九个月缩短到七个月。据估算，该团队还节省了 40% 的数据准备时间。

---

① Clemente, Jennifer. "Extracting the Lifeblood of AI at ExxonMobil." IBM blog. September 29, 2019. https://www.ibm.com/blogs/journey-to-ai/2019/09/extracting-the-lifeblood-of-ai-at-exxonmobil/.

64%的 AI 领军企业利用数据可视化/探索工具，相比之下，这样做的其他同行只有 36%。在工具的大力支持下，工作人员可以深入挖掘数据，加快信息处理速度，充分利用洞察来提高绩效。他们借助数据治理机制支持数据通用性和数据访问。超过一半的 AI 领军企业设立了首席数据官（CDO）或具有同等权力的高管，相比之下，这样做的同行的比例为三分之一。CDO 由业务部门推动的信息管理委员会加以补充，将近三分之二的 AI 领军企业设立了该管理委员会，而在其他企业中这一比例只有 43%。

企业可以从海量结构化、非结构化业务环境和运行状况数据中提取知识和发掘洞察（图 11-5）。AI 领军企业充分利用可用数据源，帮助及时调整运营模式，确定员工队伍需求，改变竞争对策以及把握新兴趋势。例如，通过市场需求预测，可获知原材料采购、库存更新以及能源消耗。这有助于节省成本，改善生产流程以及做出积极的决策。

AI 领军企业已经部署了必要的企业 IT 架构（图 11-6）。这种架构使他们能够无缝扩展，实现开放，支持无缝的数据流。

Suncor：应用 AI 管理复杂运营[①]

Suncor Energy 是加拿大主要的综合能源企业。Suncor 的油砂矿基地工厂专门打造油砂采矿、提炼和改质价值链。工厂运营高度整合、异常复杂，而且需要大量投资。这些运营流程由"现场负责人"（SWL）负责监督——审查端到端流程并优化生产。

---

① IBM Institute for Business Value. "Building the Cognitive Enterprise：A blueprint for AI-powered transformation." January 2020. https：//ibm.co/buildcognitive-enterprise.

　　为了管理这些复杂运营，Suncor 在 35 家工厂中部署了超过 8.7 万个传感器，跟踪 900 余项关键指标。但这些传感器读取的数据量过于庞大，人类难以进行全面分析并生成有效洞察。因此，Suncor 借助 AI 的力量，充分利用实时读取的数据。

　　Suncor 开发了 SWL Advisor，它由 100 多个 AI 模型提供技术支持，分析复杂数据读数，提供深入运营洞察。SWL Advisor 不仅可以分析各种来源的数据，包括运营数据、维护计划和天气数据，通过提供深入洞察，帮助运营商寻找机会优化生产还能够提供实时异常检测功能，最多可提前一小时预测关键事件，及时向运营商发出通知，便于他们主动做出响应，从而降低风险、削减维护成本以及缩短停机时间。这项计划可将复杂的大数据转化为切实可行的洞察，每年创造数千万美元的业务价值。

实施 AI 业务蓝图

　　AI 领军企业具备借助 AI 取得成功所需的战略、资源和人才，并在整个企业范围执行 AI 战略。超过四分之三的 AI 领军企业要么已完全执行 AI 战略，要么已采取措施根据战略和执行计划进行转型。相比之下，只有 37% 的其他企业这样做。这些领先者并不是在多个职能领域试验多个 AI 项目，而是运行总体 AI 计划。企业 AI 战略有助于推动与合作伙伴及业务生态系统共同使用 AI。事实上，超过五分之四的 AI 领军企业做到了这一点。

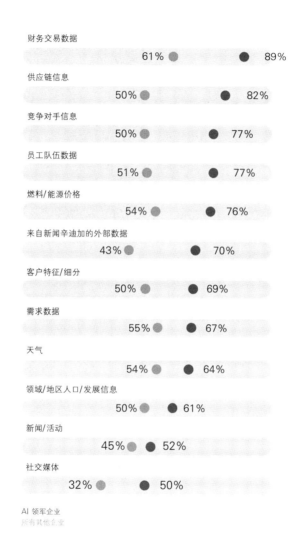

财务交易数据 61% 89%

供应链信息 50% 82%

竞争对手信息 50% 77%

员工队伍数据 51% 77%

燃料/能源价格 54% 76%

来自新闻辛迪加的外部数据 43% 70%

客户特征/细分 50% 69%

需求数据 55% 67%

天气 54% 64%

领域/地区人口/发展信息 50% 61%

新闻/活动 45% 52%

社交媒体 32% 50%

AI 领军企业
所有其他企业

百分比代表按照五分制选择 4 分或 5 分的受访者数量。

问题：贵组织在多大程度上使用以下数据源来发挥 AI 的作用？ n = 376—399。

图 11-5　AI 领军企业对新数据源的利用率更高

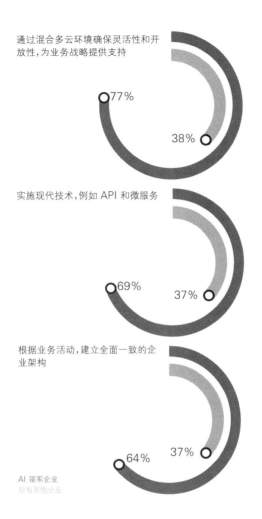

通过混合多云环境确保灵活性和开放性,为业务战略提供支持

77%

38%

实施现代技术,例如 API 和微服务

69%

37%

根据业务活动,建立全面一致的企业架构

64%

37%

AI 领军企业
所有其他企业

百分比代表按照五分制选择 4 分或 5 分的受访者数量。

问题:请思考一下,对于统筹企业 IT 架构以支持 AI 实施,贵组织在以下每个目标方面取得了多大的进展? n=400。

图 11-6 企业 IT 架构创造了灵活性和开放性

将近 80% 的领先者已部署人员、技能和资源来执行 EPM 战略，所有其他受访企业的这一比例仅为 50%。AI 领军企业知道，这些资产有助于企业实现 AI 的价值，推动改善价值链，增强客户合作，并提供更理想的风险管理。

与同行相比，AI 领军企业花更大的力气改善人才队伍以支持 AI（图 11-7）。为了应对不断变化的形势与机遇，这些领先者投资培养敏捷性，将其作为一种新的工作方式，以便能够根据产品/服务开发和运营流程中的实时反馈来调整行动。AI 领军企业通过对个人和技术技能的投资，有目标地提高敏捷性。70% 的 AI 领军企业投资于项目管理，相比之下，只有 41% 的其他企业这样做。超过半数的 AI 领

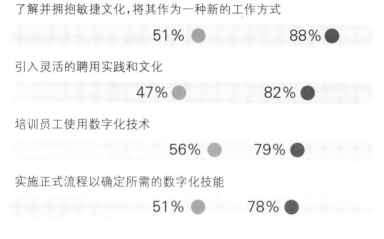

了解并拥抱敏捷文化,将其作为一种新的工作方式

51% ● 88% ●

引入灵活的聘用实践和文化

47% ● 82% ●

培训员工使用数字化技术

56% ● 79% ●

实施正式流程以确定所需的数字化技能

51% ● 78% ●

AI 领军企业
所有其他企业

百分比代表按照五分制选择 4 分或 5 分的受访者数量。
问题：贵组织在与 AI 实施相关的以下每项人才计划中进行了多大程度的投资？ $n = 396—400$。

图 11-7　AI 领军企业积极培养人才

军企业投资于机器学习技能，用于训练认知系统，近半数投资于机器人和流程自动化开发技能。这些 AI 领军企业认识到，要适应不断发展的环境，员工必须能够快速改变方向以及从海量数据中提取洞察并采取相应行动。

投资于数据技能的 AI 领军企业的数量是其他企业的两倍（图 11-8），这些技能包括高级数据架构、数据可视化以及高级数据分析等。AI 领军企业招募掌握相关技能的人才，结合 AI，实施预测性分析，发掘规范性洞察，提出下一步最佳行动建议。

百分比代表按照五分制选择 4 分或 5 分的受访者数量。

问题：贵组织在多大程度上投资培养以下技能，以支持使用 AI？ n=400。

图 11-8　AI 领军企业具备充分利用 AI 能力所需的数据技能

壳牌：制定 "AI 人才实习计划"[①]

壳牌是全球性的能源公司，在勘探、生产、提炼和销售石油天然气以及制造和销售化学产品方面拥有丰富的专业知识。

为了实现发展壮大企业人才队伍的雄心壮志，壳牌公司启动了为期两年的 "AI 人才实习计划"，为参与该计划的学生提供沉浸式学习的机会，让他们体验壳牌各个业务领域的项目。

该计划由壳牌数字化专业知识中心赞助，为实习生提供在整个 AI 领域培养深厚技术专业知识的机会，帮助他们更深入地了解能源行业信息，并与敏捷团队合作开发新的解决方案、优化当前流程、赋能员工队伍并开创全新业务模式。

获得成功的实习生可能会赢得壳牌的正式职位，成为领先的数据科学家或 AI 工程师团队中的一员。

将 AI 融入整个价值链

AI 领军企业已经应用这一技术来实现最重要的业务目标（图 11-9）。事实上，四分之三或更多的 AI 领军企业的这些 AI 计划已投入运营，或者已完全实施和优化，从而帮助提高自动化水平、提供个性化客户体验、寻找并购机遇以及增进合作关系。

---

① Shell. "Artificial Intelligence." Accessed December 11, 2019. https://www.shell.com/energy-andinnovation overcoming-technology-challenges/digitalinnovation/artificial-intelligence.html; Shell. "Shell. AI Residency Programme." Accessed December 11, 2019. https://www.shell.com/energy-and-innovation/overcomingtechnology-challenges/digital-innovation/artificial-intelligence/advancing-the-digital-revolution.html.

　　AI 领军企业的优势在于，他们在特定于行业的领域实施 AI 技术，以支持上游、中游和下游产业（图 11-10）。AI 帮助他们推动创新、

所有其他企业　AI领军企业

	所有其他企业	AI领军企业
提高机器人和自动化程度	34%	75%
降低运营成本	46%	68%
有机地增加市场份额	35%	71%
推出新的产品/服务/价值主张	31%	72%
打造个性化/无缝的客户体验	47%	89%
进军新的区域市场	33%	60%
进行并购	28%	87%
增加合作关系/联盟	35%	82%
改善网络安全	34%	64%*
寻找颠覆性的价值创造机遇	45%	68%*

* 回答数量较少的结果从统计意义而言是不可靠的，但可以视为方向性指标。
问题：贵组织在多大程度上实施 AI 以支持实现业务目标？选择"已投入运营"或"已全面实施"的受访者。$n = 99—250$。

图 11-9　借助 AI 支持实现业务目标

上游		中游		下游	
地球物理评估与设计 23%	62%	需求预测 25%	47%	机会原油分析 25%	47%
储量建模 33%	67%	集输线路系统 19%	56%	精炼产品生产 19%	56%
钻探作业 30%	55%	中游加工设施 26%	51%	船队管理与成品物流 26%	51%
油井完成 26%	52%	管道完整性与运行状况 25%	47%	精炼厂资产维护 25%	47%
油井干预 28%	49%	干线 26%	49%	先进材料和碳氢化合物存储的设计 26%	49%
生产优化 29%	65%	终端运营 30%	60%	供应与贸易优化 30%	60%
油井弃用 17%	48%	储存储罐管理 19%	39%	定价优化 19%	39%
生产设备维护 27%	53%	货运调度与管理 26%	53%	加油站分析 26%	53%
				加油站监控 26%	53%

问题：贵组织在多大程度上在特殊行业活动中实施了 AI？选择"已投入运营"或"已全面实施"的受访者。$n = 259—311$（上游），$n = 360—373$（中游），$n = 250—366$（下游）

图 11-10　为特殊行业活动实施 AI

优化流程、改善资源管理。对于石油和天然气行业来说，仍然存在改进的机会，因为只有不到一半的企业将 AI 用于油井管理、油气输送和精炼流程。

俄罗斯天然气工业股份公司：

通过 AI 驱动的钻探分析技术，提高石油钻探效率[①]

俄罗斯天然气工业股份公司（Gazprom Neft）是一家垂直整合的石油企业，主要从事油气勘探与生产、精炼以及石油产品的生产与销售。它是俄罗斯最大的石油生产商之一。

提高钻探效率是该公司最优先的任务之一。该公司决定创建预测系统，将其部署到钻探管理中心（DMC）内。

他们构建了预测性钻探分析解决方案，旨在防患于未然，提前预防停工事件影响生产。该公司开发并训练机器学习算法，以监控钻探状况，在发现潜在问题时发出警报。他们希望消除 75% 可避免的停工原因。

他们的预测性钻探分析解决方案不仅可将钻探成本降低 15%，而且还大大减少了钻探工程师必须承担的低价值的手动分析工作，为他们腾出更多时间，能够专注于进一步增强数据驱动的钻探能力。

为了推动无机增长，AI 领军企业将 AI 应用于并购活动。40% 的

---

① IBM. "Gazprom Neft PJSC：Improving oil drilling efficiency with AI-powered drilling analytics." April 2019. https：//www.ibm.com/case-studies/gazpromneft.

AI 领军企业使用 AI 确定并购候选对象，而只有 16% 的同行这样做。在 AI 的支持下，企业可以考虑更广泛的潜在收购项目。

自然语言处理（NLP）、信息发现和分类服务可用于评估商业新闻和企业公开信息发布，如财报会议。然后，可使用情绪分析（例如词语使用和语音模式）实时产生一组符合并购战略准则和潜在目标的企业。[①]

一旦确定最有希望的收购目标，将近一半的 AI 领军企业使用 AI 进行尽职调查，而只有 19% 的同行这样做。调查内容包括确定战略、运营、财务、合规、IT 与网络安全等方面的风险。

应用 AI 可帮助 AI 领军企业了解并减轻价值的风险。改进风险评估有助于确定目标企业的价值是否符合采购方的需求。此类评估有助于确立定价准则、交易条款及合同结构。[②]

为了支持客户互动与合作，AI 领军企业在营销、销售和服务等领域实施 AI（图 11-11），比在这些领域实施 AI 的同行的比例要高出两倍。领先者通过 AI 技术整合外部数据，帮助营销人员大规模确定潜在客户并逐一了解他们。AI 还提供信息深度挖掘能力，帮助销售人员采取后续最佳行动。在服务方面，AI 可以协助执行初步诊断并提供解决方案建议。

---

① Price, Paul, David Womack, Lisa Fisher and Spencer Lin. "AI-Assisted Acquisitions." IBM Institute for BusinessValue. June 2020. https://ibm.com/thought-leadership/institute-business-value/report/ai-assistedacquisitions.

② Ibid.

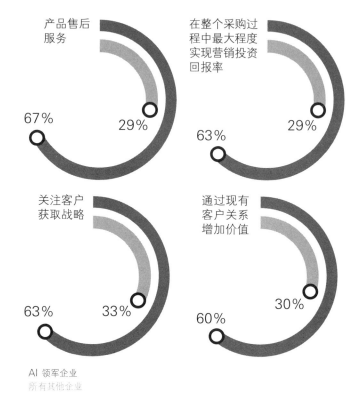

图 11-11　在营销、销售和服务领域应用 AI 可带来可观的收益

问题：贵组织在多大程度上在以下活动中实施 AI？ n = 400。

---

eprimo：使用 AI 改善客户的数字化服务体验①

eprimo 是德国最主要的电力和天然气供应商之一。

直到最近，eprimo 还只是通过呼叫中心客服、电子邮件、邮政服务和在线表单与客户进行互动。随着越来越多的客户使用数

---

① Peter，Jens Michael. "Technology links energy consumers to 24×7 instant customer service." IBM. March 10, 2020. https://www. ibm. com/blogs/clientvoices/eprimo－transforms－customerservice－withchatbot/.

字渠道，他们已无法满足客户对即时服务的期望。

　　于是该公司创建了 Sophie，这是7×24式全天候 AI 对话客服，是企业线上网站主页的第一联络点。Sophie 可以立即回答有关客户账单与到期日、新服务产品、仪表读数等问题，以及有关客户联系信息、银行详细信息与能源服务的变更情况。它还提供更多有关 eprimo、能源供应和气候变化政策方面的常规信息。

　　当 Sophie 于2017年末首次被推出时，每月收到约700条查询。如今，每月的查询量超过7万条，首次回答准确率达到55%。在过去两年中，Eprimo 的数字互动率从40%提高到75%，这在很大程度上归功于 Sophie。客服人员不再需要回答常规问题，可以专注于客户更希望由人工回答的问题，为他们带来更高的价值。而且，基于云的服务可以轻松扩展，以满足查询"旺季"的需求高峰，从而提高客户满意度。

　　AI 领军企业利用 AI 实现大规模个性化技能培养，帮助企业弥补与技能相关的差距。AI 通过了解大多数员工的当前技能，确定企业和个人希望或需要发展的技能，并且提供个性化的学习与职业道路，帮助企业实现个性化和有意义的员工体验。将近三分之二的 AI 领军企业采用 AI 来确定目前技能和未来技能之间的差距，相比之下，只有不到四分之一的其他企业这样做。三分之二的 AI 领军企业借助 AI 打造个性化的学习体验，而同行中做到这一点的只有五分之一。

　　AI 领军企业认识到，在整个企业中管理知识对于成功至关重要。有关买方行为、客户概况、竞争动态及社交舆情等方面的共享数据可帮助团队从多个角度分析客户,从而更好地设计客户体验。知识共享有助于减少多余的学习活动,支持思想交流,从而催生新的产品、服务和业务模式。将近三分之二的 AI 领军企业告诉我们,他们使用 AI 来管理知识,而其他企业中这样做的只有四分之一。

AI 是领军企业支持和跟踪战略执行的基石。事实上,将近 80% 的领先者出于此目的采用 AI 技术;相比之下,只有 37% 的同行这样做。企业以 KPI 指导战略的执行。AI 可帮助确定 KPI、衡量这些成果并划分优先级。这些 KPI 有助于明确企业战略执行的责任。经过 AI 优化的战略 KPI 有助于提高分析水平,增强监督力度。[①]

行动指南

AI 领军企业建立了框架,在整个企业中推动 AI 的实施。为此,石油和天然气企业的工作重点应放在:

为 AI 打下坚实基础

——建立通用性和企业数据治理框架,以建立对数据的信任。

——任命首席数据官和业务驱动的信息治理委员会。

——将数据资产(数据、数据源和平台)与各个业务目标和 AI 计划对接起来。

——整合信息技术(IT)与运营技术(OT)领域,这是在 AI 的推动下交流信息和建议的必备条件。

---

① Kiron, David, and Michael Schrage. "Strategy For and With AI." MIT Sloan Management Review. June 11, 2019. https://www.researchgate.net/publication/337926463_Strategy_For_and_With_AI.

——实施中央存储库，汇总财务数据、运营数据和外部整理的数据。

——利用新的数据源，增加 AI 的应用机遇与学习范围。

——携手 IT 部门打造灵活的数据架构，支持访问多个数据源。

加速 AI 之旅

——制定企业范围的 AI 战略，按照价值链领域形成计划，并且协调技术投资和必要资源。为此，应充分利用"车库概念"作为最佳实践，通过业务参与与敏捷原则，发现、确认并优先考虑要转变为最小可行产品（MVP）的想法，根据成功经验，制定试点、部署和采用计划。

——成立领导团队，了解 AI 的能力，支持企业抓住新机遇。

——提升数学建模和数据可视化人才的技能，以便能够发现关联和数据关系。

——为负责实现 AI 愿景的员工提供培训和支持。

——采用敏捷原则，明确确定 AI 计划的成果并设定里程碑。

——开发与 AI 计划相关的主动变更管理机制。

将 AI 作为业务催化剂

——使用 AI 进一步挖掘企业数据的价值，根据背景理解数据，自动执行工作流，打造人性化客户体验。

——将 AI 应用于上、中、下游活动，重点关注最符合业务目标的活动。

——将 AI 交到需要与业务合作伙伴及客户合作的每一位员工的手中。

——使用 AI 跟踪战略执行。

调研方法

2020 年 1 月到 3 月以及 2020 年 6 月到 7 月间，IBV 与牛津经济研究院合作，对全球 18 个国家或地区的 400 名石油与天然气行业高管开展了一项调研，两个时间段的调研受访者分别为 182 名和 218 名。我们收集了首席执行官、战略主管或创新主管、首席数字官、首席信息官、首席运营官以及首席转型官的反馈。调研参与者来自位于亚太、欧洲、中东、北美和南美的企业。400 位石油和天然气行业受访者来自不同的领域和不同规模的企业。所有数据都由受访者自己报告。

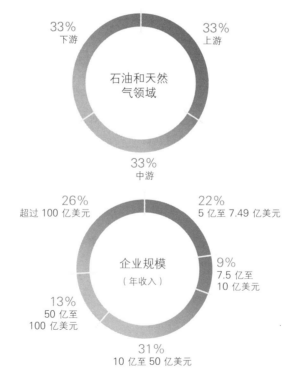

问题 1：贵组织在石油行业的哪个主要领域开展竞争？问题 2：贵组织的年收入（美元）大约是多少？n=400。

第十二章

人工智能助力优化化工价值链

作者介绍

Viswanath Krishnan，博士，IBM 石油化工行业解决方案的全球主题专家和主管，IBM 行业学会成员，专长研究炼油、石化和化工设施的制造、运营和供应链环节。他重点负责领导行业数字化重塑过程中的 AI、物联网和区块链解决方案的开发和交付工作。

联系方式：LinkedIn 账号 linkedin. com/in/v – krishnan，电子邮箱 viswanath.krishnan@ ibm.com。

David Womack，IBM 石油化工全球战略与卓越运营团队的总监，IBM 行业学会成员。他负责开拓新的市场和解决方案商机，管理特定于行业的解决方案组合的开发工作，实施市场计划以推动业务发展，并领导与这些战略相关的关键业务合作伙伴联盟。

联系方式：LinkedIn 账号 linkedin.com/in/ david – womack – 4b81454/，电子邮箱 dmwomack@ us.ibm.com。

Spencer Lin，IBM 商业价值研究院的全球石油化工行业及工业品行业全球调研负责人，在财务管理和战略咨询领域具有超过 25 年的从业经验。

联系方式：LinkedIn 账号 linkedin.com/in/spencer-lin-35896317/，电子邮箱 spencer.lin@ us.ibm.com。

本章要点

利用 AI 优化价值链势在必行

将近 60% 的受访者证明，AI 对于企业的成功至关重要。企业必须以更快的速度和敏捷性来适应目前的形势，而 AI 可以帮助他们实现最重要的业务目标：推动有机增长，降低运营成本。但是，在 400 名化

工行业的受访高管中，只有 40% 表示他们正在执行企业范围的 AI
战略。

向 AI 领军者企业学习

我们确定了一小部分化工行业领先者（占受访者的 22%），他们
明确制定了企业 AI 战略。他们在收入增长和盈利方面的财务绩效都处
于领先地位。这些 AI 领军企业能够更有效地实现业务目标，他们中有
超过四分之三表示，在过去三年中，他们超额实现了通过 AI 投资创造
价值的预期目标。

AI 成功的三大要素

AI 领军企业建立了充分利用 AI 能力所需的基础。他们实施了 AI
业务蓝图，并在价值链中融合了 AI 与其他呈指数级发展的技术。

第一节　新的现实

在新冠肺炎疫情和油价暴跌的双重打击下，化工行业面临着难以
置信的挑战。供需波动导致生产制造领域缩减规模，以期应对短期震
荡，并减少运营资本和支出。美国化工行业在就业率连续增长七年之
后，预计 2020 年将失去近 2 万个工作岗位。[①] 尽管化工企业对具有挑
战性的外部力量并不陌生，但他们发现，为了应对当前局面，并为新

---

① "ACC's Swift: Chemical Industry Employment Set To Fall By 20, 000." Chemicals
Processing. June 24, 2020. https://www.chemicalprocessing.com/industrynews/2020/accs-
swift-chemical-industry-employment-set-to-fall-by-20000/.

的市场状况作好准备，必须以更快的速度和更高的敏捷性进行调整。

产能过剩和利润下降已经导致生产设施利用率降低、工厂建设停止以及裁员和停工。涂料与合成橡胶的生产受到的打击尤其严重，它们的最终用户市场主要是汽车、建筑和施工等行业。但化工行业在疫情中也不乏亮点，包括生产抗菌产品、洗手液、消毒剂、肥皂表面活性剂以及个人防护设备的企业。[①]

供需不平衡使经济形势出现了新局面，给企业维持生产、促进新发展甚至开拓新领域的能力带来了挑战。

即使是在如此困难的局面下，化工企业仍需要谋划更大规模的转型和创新，使自己能够脱颖而出。社会、股东与员工对负责任的价值链以及行业弹性应对周期性经济挑战抱有更高的期望。

人工智能（AI）可以起到关键作用，帮助企业增强敏捷响应能力，以全新的方法与理念推动业务绩效。AI 已经成为价值链不可或缺的催化剂。

为了了解化工企业在哪些领域应用 AI，IBM 商业价值研究院与牛津经济研究院合作开展了一项调研，采访了 18 个国家/地区的 400 名化工企业高管，他们都参与了各自企业 AI 战略的制定和/或实施工作（请参阅文后"调研方法"）。

57%的受访化工行业高管表示，AI 对当今企业的成功非常重要，而且这个比例有望在短短三年内增加到 80%。现有的 AI 投资为企业创

---

① O'Reilly, Callum. "The chemical industry responds to a crisis." Hydrocarbon Engineering. May 22, 2020. https://www.hydrocarbonengineering.com/petrochemicals/22052020/the-chemical-industry-responds-to-a-crisis/.

造了价值。

上年，AI 投资的平均回报率为 28%。在过去三年中，这些投资对支出（降低 2%）和收入（增加 3%）产生了影响。AI 投资还使新产品和服务的面市时间缩短了 24 天。

AI 投资之所以如此重要，是因为如果没有 AI，企业就无法实现最重要的业务目标（图 12-1）。超过 60% 的受访高管表示自己非常重视降低运营成本。如果生产流程非常复杂或者属于资产密集型，AI 就可以对运营产生重大影响。半数以上的受访者希望有机地增加市场份额，将近半数的受访者希望引入更高水平的机器人和自动化技术。

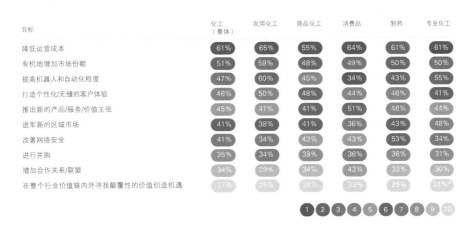

目标	化工（整体）	农用化工	商品化工	消费品	制药	专业化工
降低运营成本	61%	65%	55%	64%	61%	61%
有机地增加市场份额	51%	59%	48%	49%	50%	50%
提高机器人和自动化程度	47%	60%	45%	34%	43%	55%
打造个性化/无缝的客户体验	46%	50%	48%	44%	46%	41%
推出新的产品/服务/价值主张	45%	41%	41%	51%	46%	44%
进军新的区域市场	41%	38%	41%	36%	43%	48%
改善网络安全	41%	34%	43%	43%	53%	34%
进行并购	35%	34%	38%	36%	36%	31%
增加合作关系/联盟	34%	29%	34%	43%	33%	30%
在整个行业价值链内外寻找颠覆性的价值创造机遇	27%	25%	28%	33%	25%	24%*

1 2 3 4 5 6 7 8 9 10

*回答数量较少的结果就统计意义而言是不可靠的，但可以视为方向性指标。
问题：贵组织最重要的业务目标是什么？n = 400。

图 12-1　最重要的业务目标（按细分市场划分）

细分市场之间存在差异。最显著的差异在于，消费品细分市场强调推出新产品和服务，例如扩大洗护用品和化妆品的市场份额；而制药细分市场则希望提高网络安全，保护与药物开发和技术进步有关的专利信息。

由于制药领域很大程度上基于处方，而且可预测性很高（因为原料和工艺无变化），因此 AI 在该领域帮助降低运营成本的作用不大。此外，由于专业化工流程包括包装，因此自动化/机器人技术能够发挥更重要的作用，类似于汽车装配线。

AI 不同于其他呈指数级发展的技术。AI 具有学习能力，由算法指导，能够调整、完善和改变响应与决策方式。AI 可应用于主要业务流程或活动。

通过结合使用 AI 以及其他呈指数级发展的技术，化工企业就能够从根本上重塑业务运营方式以及与利益相关者的合作方式。这可能包括以全新方式实现价值、重新定义客户合作，以及为员工及合作伙伴打造富有吸引力的体验。

第二节　AI 现状

尽管受访者表示 AI 对自己所在化工企业非常重要，但 AI 在整个企业中的应用并不普遍。仅有 40% 的受访者表示正在企业范围实施 AI 战略。

好消息是，AI 投资逐渐与其他呈指数级发展的技术相结合（图 12-2）。预计未来三年，在这些技术中，AI 在预算中的增长速度最快，将从 13% 上升到 16%。云计算的预算占比保持不变，机器人流程自动化占比将从 16% 增加到 17%。

化工行业的受访者表示，已在价值链的特定领域实施了 AI（图

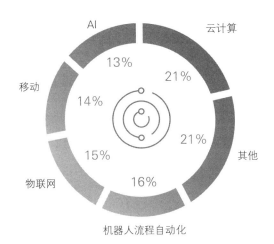

问题：目前和未来三年内，贵组织的技术预算中分别有多少投资用于以上技术？

图 12-2　目前化工行业技术预算在数字化技术方面的分配情况

12-3）。大多数受访者特别表示，希望将 AI 应用于研发、产品制造和风险管理。面向特定行业活动的特殊 AI 应用支持这些领域（图 12-4）。

在研发领域，AI 可用于对化合物进行分类，显著加快这个传统上非常耗时的人工过程；此外，还可以预测化学反应的结果。在药物发现的各个阶段都有 AI 的身影。例如，标靶验证、合理药物/化学品开发的虚拟筛选、确定预后生物标志物以及在临床实验中分析数字病理数据等。[①]

数据驱动的决策有助于加快研发过程，降低药物发现的失败率。在专业化工领域，AI 可帮助预测聚合物、陶瓷的化学、物理或机械性能以及其他材料性能，而无须开展全新的实验。[②]

[①]　Grietans，Jochem. "AI & chemistry, a match made in heaven." Verhaert. February 14，2020. https://verhaert.com/ai-and-chemistry/.

[②]　Ibid.

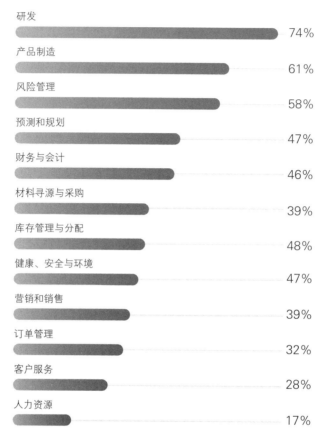

研发　74%

产品制造　61%

风险管理　58%

预测和规划　47%

财务与会计　46%

材料寻源与采购　39%

库存管理与分配　48%

健康、安全与环境　47%

营销和销售　39%

订单管理　32%

客户服务　28%

人力资源　17%

问题：贵组织在以上领域实施了哪些技术？$n=400$。

图 12-3　实施 AI 的领域

在制造领域，生产优化、流程管理以及控制和资产预测性维护等方面都可以应用 AI。在化学过程控制领域，AI 有助于优化运行，减少计划外停机。示例包括：

——采用计算机视觉，高速准确地控制连续流化学反应器的温度。

——预测性人工神经网络。

——利用神经网络在线监控反应器。

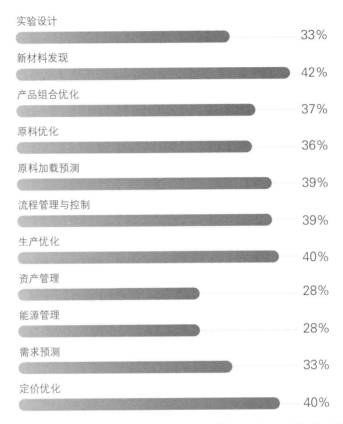

实验设计 33%

新材料发现 42%

产品组合优化 37%

原料优化 36%

原料加载预测 39%

流程管理与控制 39%

生产优化 40%

资产管理 28%

能源管理 28%

需求预测 33%

定价优化 40%

问题：贵组织在多大程度上在特殊行业活动中实施了 AI？选择"已投入运营"或"已全面实施"的受访者。$n=398—400$。

图 12-4 为特殊行业活动实施 AI

——使用深度学习监控热解反应器，使用热成像执行智能监控，通过神经网络检测故障。[1]

在资产维护方面，AI 可以发现异常，评估严重性，确定问题根源，预测需要维护的时间，并帮助维护技术人员一次性正确实施维修。

---

[1] Grietans, Jochem. "AI & chemistry, a match made in heaven." Verhaert. February 14, 2020. https://verhaert.com/ai-and-chemistry/.

AI 可帮助进行风险管理，预测和控制不确定性和波动。例如，在供应链中，天气会影响原材料、制成品和产品的运输。风暴、洪水和强风可能会给运输和交货带来噩梦。AI 可帮助将天气数据与运营数据结合起来，确定如何调整路线、交付时间和产能。

洞察：调研受访者比较

此次调研包括两组受访者：一组为"疫情之前"的受访者，共有 224 名化工企业高管，在 2020 年 1 月至 3 月间接受调研；另一组为 176 名"疫情期间"的受访者，在 2020 年 6 月至 7 月间接受调研。两组受访者最重要的业务目标大致相同：降低运营成本排名第一，有机地增长市场份额位列前三。

"疫情期间"的受访者表示，他们实现这些目标的工作并不顺利，这毫不奇怪。新冠肺炎疫情和油价暴跌的双重打击让这些受访企业措手不及，暴露出运营弹性方面的短板。这反映在"疫情期间"的受访者制定和执行战略的有效性明显低于"疫情之前"的受访者。

两组受访者中认为 AI 对于未来企业成功非常重要的比例差不多，均为 80%。这两组受访者实施 AI 的进展也基本相同，两组中均有 40% 的受访者或完全实施了 AI 战略，或已经采取措施，根据战略和执行计划实施转型。最后，这两组受访者在 11 种行业特定活动中有 10 种的 AI 实施情况相似，唯一不同的是能源管理。

第三节　其他技术的使用也在增加

AI 并非化工行业受访者使用的唯一技术。为了协助进行产品制造，大多数受访者还实施了物联网（50%）和机器人流程自动化技术（64%）。AI 的强大能力在于可利用传感器和设备生成的海量信息。

云计算也广泛用于以下特定领域的应用和数据存储：

——预测和规划

——订单管理

——库存管理

——人力资源

——财务与会计

有 67% 的受访者在营销和销售领域实施了移动应用，65% 的受访者在客服领域实施了移动应用。移动技术使信息访问无处不在。

第四节　卓越数据管理和 IT 架构的重要性

如果没有适当的数据管理，缺乏支持数据计划的企业 IT 架构，AI 的作用将大打折扣。对于化工企业而言，许多有用的数据来自实验室和生产运营，包括技术、资产、服务与设备。

一些企业没有将重点放在充分利用这些数据和适当的数据治理机制上，因此无法获得适当的洞察，从而与提高运营效率、增强客户合作以及通过新产品和服务实现增长失之交臂。

不到三分之一的受访者表示在企业范围实施了信息标准。只有40%的受访者制定了统一的数据来源策略，只有36%的受访者制定了一致的指标定义。

IT基础架构必须可以足够灵活地响应新的市场动态、客户要求、战略计划和用户需求。由于AI及其决策以数据为基础，因此企业IT架构是必备要素。但是，只有40%的化工企业高管告诉我们，他们的企业已经根据业务活动建立了全面一致的企业架构，以支持数字计划。

在受访的化工企业高管中，不到半数表示已经开发了混合多云环境以支持业务战略。没有云环境，企业就难以开发/维护有关客户接触点和整个生态系统的数据。

第五节　向AI领军者企业学习

为了帮助所有企业制定具体战略以提高AI能力，我们分析了调研反馈，并确定了为数不多的化工行业"AI领军企业"，占此次调研样本的22%。这些受访高管指出，他们的企业明确制定了能够理解的AI战略，并在企业范围贯彻执行。

通过实施这种战略，AI领军企业追求不同于其他同行的业务目标——重点关注客户与发展，而不是成本（图12-5）。AI领军企业在

目标	AI 领军者企业		所有其他企业	
推出新的产品/服务/价值主张	56%	1	42%	6
打造个性化/无缝的客户体验	55%	2	43%	5
提高机器人和自动化程度	51%	3	46%	3
有机地增加市场份额	49%	4	51%	2
进行并购	46%	5	32%	8
进军新的区域市场	46%	6	40%	7
降低运营成本	45%	7	65%	1
增加合作关系/联盟（或协作）	40%	8	32%	8
在整个行业价值链内外寻找颠覆性的价值创造机遇	32%	9	25%	10
改善网络安全	29%	10	44%	4

问题：贵组织最重要的业务目标是什么？$n=400$。

图 12-5　AI 领军者企业追求与同行不同的业务目标，并强调增长

未来三年对 AI 计划的投资也证明了这一点，他们中有 54% 重点投资于面向增长的机遇，而同行的这一比例仅为 23%。

这些领先者的财务绩效也优于同行：他们的收入增长平均达到 69%，其他企业平均为 42%；他们的利润率平均达到 82%，而其他企业平均为 42%。与竞争对手相比，他们的成功还体现在敏捷性和创新方面的出色表现。

AI 领军企业在制定和执行企业战略的效率方面也更出色（分别为 80% 和 93%），而同行在这两个方面的效率分别为 58% 和 70%。他们的领先能力体现在能够更有效地实现最重要的业务目标（图 12-6）。

真正让 AI 领军企业脱颖而出的是他们通过 AI 计划所创造的价值。超过四分之三的领先者表示，在过去三年超额实现了 AI 计划的价值目标，而所有其他企业的这个比例只有 27%。

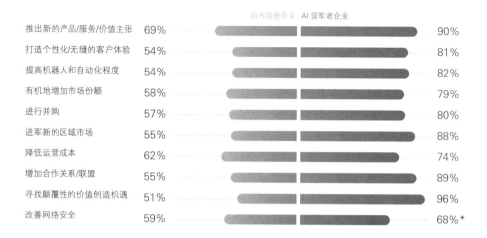

	所有其他企业	AI 领军者企业	
推出新的产品/服务/价值主张	69%		90%
打造个性化/无缝的客户体验	54%		81%
提高机器人和自动化程度	54%		82%
有机地增加市场份额	58%		79%
进行并购	57%		80%
进军新的区域市场	55%		88%
降低运营成本	62%		74%
增加合作关系/联盟	55%		89%
寻找颠覆性的价值创造机遇	51%		96%
改善网络安全	59%		68%*

＊回答数量较少的结果从统计意义而言是不可靠的，但可以视为方向性指标。百分比代表按照五分制选择 4 分或 5 分的受访者数量。

问题：贵组织在实现这些业务目标方面的效率如何？$n = 400$。

图 12-6　AI 领军者企业能够更有效地实现业务目标

日本化工企业：开展 AI 合作，研发先进材料①

包括日本旭化成、三菱化学、三井化学、住友化学与东丽工业等在内的约 20 家日本企业与经济产业省合作，在 2021 年开始联合管理一个基于 AI 的系统，以使用国内专利来研发先进材料。

该系统将使用 AI 分析海量信息，帮助制造特殊材料。此举有望将新材料的研发时间从大约十年缩短到数月。这将使研发过程摆脱传统上依靠研究人员的经验以及反复试验的局面，转变为通过分析过去的试验和研究论文中的大数据，使用 AI 来尝试新材料的过程。

---

① Goto, Hiromitsu. "Japan chemical makers to tap AI in joint materials project." Nikkei Asian Review. February 25, 2020. https://asia.nikkei/com/Business/Business-trends/Japan-chemical-makers-to-tap-AI-in-joint-materials-project.

AI 领军企业的 AI 投资回报率更高，平均达到 39%，而其他企业仅为 25%，但这两组企业在 AI 方面的支出基本相同，领军企业每 10 亿美元收入中有 490 万美元用于 AI 投资，其他企业则为 440 万美元。

与同行相比，AI 领军企业已经能够借助 AI 计划进一步增加收入、降低支出、维持人员配置以及减少资本开支（图 12-7）。假设同样是市值 50 亿美元、利润率 10% 的企业，AI 领军企业的利润平均要比同行高出 2 亿美元。

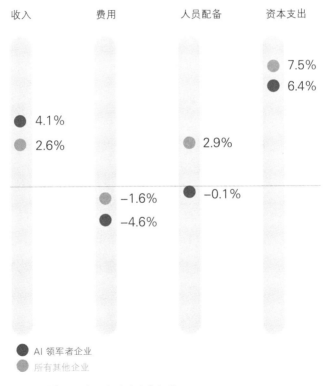

百分比代表按照五分制选择 4 分或 5 分的受访者数量。

问题：贵组织过去三年中的 AI 投资如何影响以上方面？n = 400。

图 12-7　AI 投资的价值

Evonik：为油漆和涂料行业创建虚拟助手[①]

Evonik 是专业化工领域的全球领军企业之一。

经过两年的研发，该企业推出了虚拟助手 COATINO，可供油漆和涂料行业免费试用。配方师不仅可以在粉刷过程中从 AI 那里获得添加剂建议，还可以获得有关颜料浓缩液的单独配方。COATINO 不仅可在任何电子设备上使用，还可以通过语音命令进行操作。

该虚拟助手可将推荐的多种产品进行动态比较，帮助客户快速了解差异并作出决策。它可以从将近 300 种产品中进行选择，包括消泡剂、分散添加剂和消光剂。如有需要，COATINO 还可以提供技术、法规和安全说明书。

第六节　借助 AI 取得成功

AI 领军企业强调借助 AI 取得成功所需的三项关键行动：

——建立充分利用 AI 能力所需的基础。

——实施 AI 业务蓝图。

——在价值链中融合 AI 与其他技术。

---

① Evonik. "Virtual Formulation Assistant COATINO officially launched." June 26, 2020. https://corporate. evonik. com/en/virtual − formulation − assistant − coatino − officially − launched−136239.html.

建立充分利用 AI 能力所需的基础

AI 的价值取决于企业利用数据的能力，97% 的 AI 领军企业建立了数据驱动型文化；相比之下，只有 59% 的同行做到这一点。降低数据结构复杂度成为先决条件，这意味着，必须建立数据标准和企业数据治理框架。

我们的调研表明，AI 领军者企业在数据通用性方面先行一步。将近四分之三的 AI 领军者企业实施了标准的财务会计表，超过三分之二建立了统一的指标定义，而其他企业的这两个比例分别只有 38% 和 27%。超过三分之二的 AI 领军者企业具有统一的数据定义，而只有三分之一的同行做到这一点。

数据访问同样至关重要。将近四分之三的 AI 领军企业使用通用数据源，而同行的这个比例只有十分之三。将近三分之二的 AI 领军企业已部署数据仓库以管理海量数据。这有效缩短了准备、验证和清理数据所需的时间。因此，他们能够有效整理现有数据，并运用这些数据作出决策。超过三分之二的领先者创建了灵活的数据架构；相比之下，只有三分之一的其他同行这样做。灵活的数据架构有利于改善数据的开放性和透明度。

数据通用性与数据访问必须基于清晰的数据管理愿景——谁拥有数据、数据的含义是什么以及如何管理数据。44% 的 AI 领军企业通过首席数据官（CDO）或具有同等权力的高管来推动明确的数据治理；相比之下，这样做的同行的比例为 31%。CDO 由业务部门领导的信息管理委员会加以补充，60% 的 AI 领军者企业设立了该管理委员会，而在其他企业中这一比例只有 36%。

　　企业可以从海量结构化和非结构化业务环境和运行状况数据中提取知识和发掘洞察（图 12-8）。AI 领军企业充分利用可用数据源，帮助及时调整运营模式，确定员工队伍需求，改变竞争对策以及把握新兴趋势。例如，通过市场需求预测，可影响原材料采购、库存更新以及能源消耗。这有助于节省成本，改善生产流程以及作出积极的决策。

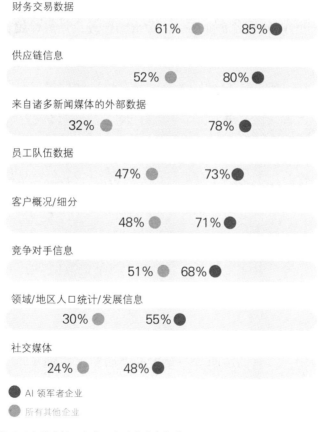

财务交易数据　61% ●　85% ●

供应链信息　52% ●　80% ●

来自诸多新闻媒体的外部数据　32% ●　78% ●

员工队伍数据　47% ●　73% ●

客户概况/细分　48% ●　71% ●

竞争对手信息　51% ●　68% ●

领域/地区人口统计/发展信息　30% ●　55% ●

社交媒体　24% ●　48% ●

● AI 领军者企业
● 所有其他企业

百分比代表按照五分制选择 4 分或 5 分的受访者数量。
问题：贵组织在多大程度上使用以上数据源来发挥 AI 的作用？ n = 382—399。

图 12-8　AI 领军企业对新数据源的利用率更高

为了充分利用 AI 和其他数字化技术以及大量数据源，AI 领军企业已经建立了企业 IT 架构（图 12-9）。全面一致的企业架构对于模块化工作流的扩展和兼容具有重要意义。这个技术基础为开创性业务平台提供了所需的开放性。混合云有助于轻松访问各种呈指数级发展的技术，提供无缝的数据流，因此 AI 领军企业能够以全新方式使用数据。

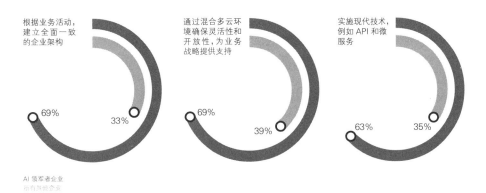

根据业务活动，建立全面一致的企业架构　　69%　　33%

通过混合多云环境确保灵活性和开放性，为业务战略提供支持　　69%　　39%

实施现代技术，例如 API 和微服务　　63%　　35%

AI 领军者企业
所有其他企业

百分比代表按照五分制选择 4 分或 5 分的受访者数量。

问题：请思考一下，对于统筹企业 IT 架构以支持 AI 实施，贵组织在以上每个目标方面取得了多大的进展？$n=400$。

图 12-9　企业 IT 架构创造了灵活性和开放性

Yara：培育高收益平台，促进企业发展[①]

Yara 总部位于挪威，是全球领先的肥料企业之一，也是著名的环境解决方案提供商。

Yara 正在构建数字化农业平台，旨在与个体农户对接，为他们赋能。该平台是 Yara 现有业务模式的延伸，通过从农业数据中

---

① IBM Institute for Business Value. "Building the Cognitive Enterprise：A blueprint for AI-powered transformation." January 2020. https://ibm.co/build-cognitive-enterprise.

挖掘洞察，为农户带来丰硕的成果。Yara 希望借助该平台，在农业领域建立首屈一指的差异化竞争优势。这个平台独立于云环境，旨在覆盖全球 7% 的耕地，通过损害预测和天气预报等能力，帮助管理现有农作物。它还会使用物联网（IoT）、传感器和 AI，帮助改善下一季的农业收成。短短十周，下载该平台的农户已超过 60 万人次，而且采用率仍在持续上升。该平台遵循按使用量付费的商业模式，提供两种数据服务：天气数据和农作物产量。

实施 AI 业务蓝图

AI 领军者企业将 AI 作为企业最优先考虑的技术。因此，他们更进一步，在整个企业范围实施 AI 战略。

69% 的 AI 领军者企业要么已完全执行 AI 战略，要么已采取措施根据战略和执行计划进行转型，相比之下，只有三分之一的其他企业这样做。这些领先者并不是在多个职能领域试验多个 AI 项目，而是运行总体 AI 计划。企业 AI 战略有助于推动与合作伙伴及业务生态系统共同使用 AI；事实上，超过四分之三的 AI 领军者企业做到了这一点。

在这些领先者中，80% 配备了相应的人员与技能，70% 投入了财务资源以执行 AI 战略。所有其他企业能做到这一点的不足 50%。AI 领军者企业知道，这些资产有助于企业实现 AI 的价值，推动改善价值链，增强客户合作，并提供更理想的风险管理。

绝大多数 AI 领军者企业认识到，企业人才需要参与到 AI 战略和实施之中。为此，与同行相比，领先者花更大的力气改善人才队伍以支持 AI（图 12-10）。

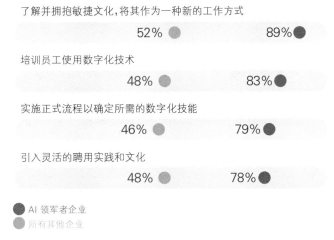

了解并拥抱敏捷文化，将其作为一种新的工作方式
52% 89%

培训员工使用数字化技术
48% 83%

实施正式流程以确定所需的数字化技能
46% 79%

引入灵活的聘用实践和文化
48% 78%

● AI 领军者企业
● 所有其他企业

百分比代表按照五分制选择 4 分或 5 分的受访者数量。
问题：贵组织在与 AI 实施相关的以上每项人才计划中进行了多大程度的投资？$n=397$—399。

图 12-10　AI 领军者企业采取具体步骤以提高人才能力

为了保持市场领先地位，适应不断变化的市场动态和机遇，AI 领军者企业积极投资发展敏捷项目管理能力，将其作为一种全新的工作方式，从而能够在产品开发和运营流程中根据测试、迭代和持续改进工作的实时反馈进行调整。其他投资包括通过数字化技术培训提高现有员工的技能以及寻找新的人才。

投资于数据技能的 AI 领军者企业的数量是其他企业的两倍（图 12-11），这些技能包括高级数据架构、数据可视化以及高级数据分析等。AI 领军者企业招募掌握相关技能的人才，结合 AI 实施预测性分析，发掘规范性洞察，提出下一步最佳行动建议。这种人才是产生洞察的基础。

百分比代表按照五分制选择 4 分或 5 分的受访者数量。

问题：贵组织在多大程度上投资培养以下技能，以支持使用 AI？ $n=400$。

图 12-11　AI 领军者企业具备充分利用 AI 能力所需的数据技能

陶氏化学：拓展数字技能①

陶氏化学雄心勃勃，旨在成为在创新力、以客户为中心、包

容性以及可持续发展等方面都首屈一指的全球材料科学企业，他

---

①　Miller，Paul. "Digital Transformation：Dow Breaks Down Cultural and Organizational Barriers." Chemicals Processing. March 27，2020. https://www.chemicalprocessing.com/articles/2020/digital-transformation-dow-breaks-down-cultural-and-organizational-barriers/；Eventful. "The Dow Digital Operations Center Tour in Deer Park, TX." September 21, 2018. https://houston. eventful. com/evenets/dow - digital - operations - center - tour -/E0 - 001 - 118198986-2.

们现有的业务包括一系列性能材料、工业中间产品以及塑料产品。陶氏实施了新的数字化战略，希望从一家"采用数字化技术开展业务"的化工企业转型为新材料的数字化开发商。

他们创建了陶氏数字化运营中心（DOC），集中整个企业深厚的领域专业知识。该中心的员工具备众多领域的专业知识，包括生产、维护、过程控制和自动化、工艺开发、机器人、制造执行系统、企业架构、移动技术等。

他们组成多学科团队，使用数据分析、移动设备、机器人平台、高级控制、传感器和数据系统连接，快速开发新技术的原型，显著改善制造和物流运营，并推动在制造部门实施先进的IT技术。

AI领军者企业通过对个人和技术技能的投资，有目标地提高敏捷性。超过三分之二的AI领军者企业投资于项目管理，相比之下，只有37%的其他企业这样做。将近三分之二的AI领军者企业投资于技术含量较高的技能，例如用于训练认知系统的机器学习，超过半数的领军者企业投资于机器人和流程自动化技能。

这些领军者企业认识到，要适应不断发展的环境，员工必须能够有效沟通、快速改变方向、应用问题解决与批判性思维能力以及从海量数据中提取洞察并采取相应行动。

India Glycols：实现数字化转型①

India Glycols 使用绿色技术生产大宗化工产品、专业化工产品、高性能化工产品以及天然胶、烈性酒、工业气体、糖和保健食品。

企业制定了雄心勃勃的计划，希望提高能效和成品率，但他们认识到，不够灵活的系统基础架构无法胜任这些计划。于是 India Glycols 在 IBM Power Systems H922 上部署了 SAP S/4HANA 和生产控制应用，迈出了数字化转型之旅的重要一步。他们希望首先实现卓越运营，涉及原材料资源规划和订购到支付等基本流程。该公司使标准财务报表的编制速度提高了 80%，使订购到支付报告的检索时间缩短了 91%。每天都可获得关键材料需求规划信息。

India Glycols 将数字化转型与业务管理转型联系在一起，正在部署一系列工业物联网、机器人流程自动化和 AI 技术。他们的目标是获得更精益、更环保的制造能力，提高能效、成品率、质量以及产量。

在价值链中融合 AI 与其他技术

AI 领军者企业应用 AI 来实现最重要的业务目标（图 12-12），尤

---

① IBM. "India Glycols：Enhances production efficiency, raises margins, cuts waste and reduces environmental impact with IBM." November 2019. https://www.ibm.com/case-studies/india-glycols-ibm-systems-hardware-sap-fiori.

其是在客户合作、通过新产品和服务实现增长以及自动化等领域。事实上，四分之三或更多的 AI 领军者企业的这些 AI 计划已投入运营，或者已经完全实施和优化。

* 回答数量较少的结果就统计意义而言是不可靠的，但可以视为方向性指标。
问题：贵组织在多大程度上实施 AI 以支持实现业务目标？n=400。

图 12-12 借助 AI 支持实现业务目标

AI 领军者企业在整个价值链中结合使用各种数字化技术（图 12-13），以保障核心的行业与支持流程。与同行相比，这些领先者在更多领域实施了 AI，比如预测与规划、材料采购以及财务和会计等。

AI 算法可帮助预测需求和管理材料，从而节省规划时间、资源和成本。在财务和会计职能领域，可利用 AI 预测收入或定价，基于 AI 的工作流/对账模块可汇总子分类账交易，执行基于风险的对账，生成认知洞察以用于预测和场景分析。

AI 领军者企业充分利用了组合技术的力量。例如，他们加大了云计算、物联网和移动技术的使用力度，以进一步发掘现有投资的价值。

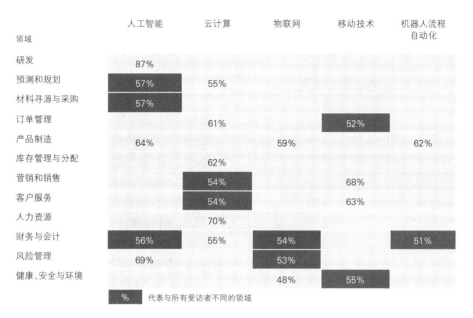

问题：贵组织在以上领域实施了哪些技术? $n=87$。

图 12-13　AI 领军者企业在各种行业活动中使用呈指数级发展的技术

这些技术都有助于增加收入、降低成本和管控风险。

AI 领军者企业的优势在于，他们在特定于行业的领域实施 AI 技术，以支持研发、制造和销售等职能（图 12-14）。AI 帮助他们推动创新，优化化工流程，改善资源管理。对于这些领先者来说，仍然存在改进的机会，因为只有不到一半的企业将 AI 用于资产管理和能源管理。

为了推动无机增长，AI 领军者企业将 AI 应用于并购活动。40% 的 AI 领军者企业使用 AI 确定并购候选对象，而只有 12% 的同行这样做。在 AI 的支持下，企业可以考虑更广泛的潜在收购项目。

自然语言处理（NLP）、信息发现和分类服务可用于评估商业新闻和企业公开信息发布，如财报会议。然后，可使用情绪分析（例如词

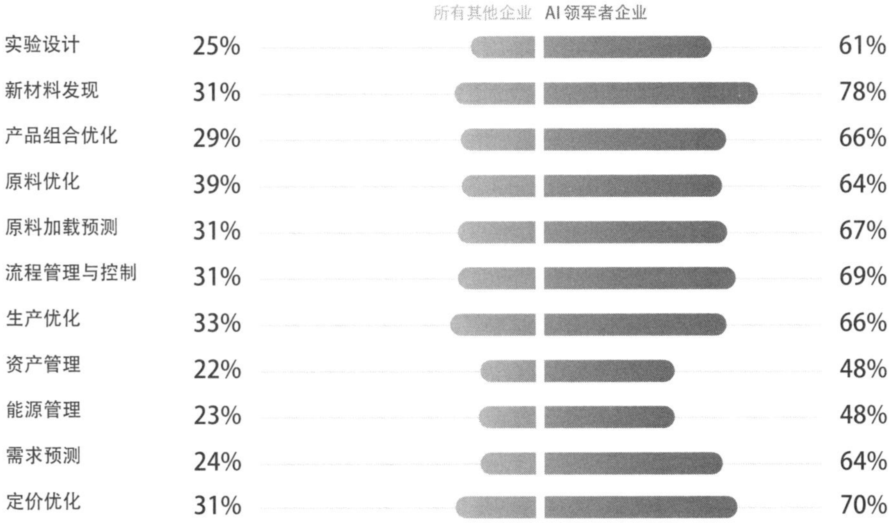

所有其他企业　AI 领军者企业

实验设计	25%	61%
新材料发现	31%	78%
产品组合优化	29%	66%
原料优化	39%	64%
原料加载预测	31%	67%
流程管理与控制	31%	69%
生产优化	33%	66%
资产管理	22%	48%
能源管理	23%	48%
需求预测	24%	64%
定价优化	31%	70%

问题：贵组织在多大程度上在特殊行业活动中实施了 AI？选择"已投入运营"或"已全面实施"的受访者。$n = 398—400$。

图 12-14　为特殊行业活动实施 AI

语使用和语音模式）实时产生一组符合并购战略准则和潜在目标的企业。一旦确定最有希望的收购目标，43% 的 AI 领军者企业使用 AI 进行尽职调查，而只有 13% 的同行这样做。调查内容包括确定战略、运营、财务、合规、IT 与网络安全等方面的风险。[①]

应用 AI 可帮助 AI 领军者企业了解并减轻价值的风险。改进风险评估有助于确定目标企业的价值是否符合采购方的需求。此类评估有助于确立定价准则、交易条款及合同结构。

为了支持客户互动与合作，AI 领军者企业在营销、销售和服务等

---

① Price, Paul, David Womack, Lisa Fisher and Spencer Lin. "AI-assisted acquisitions." IBM Institute for Business Value. June 2020. https://ibm.com/thought-leadership/institute-business-value/report/ai-assisted-acquisitions.

领域实施 AI（见图 12-15），比在这些领域实施 AI 的同行的比例要高出两至三倍。领先者通过 AI 技术整合外部数据，帮助营销人员大规模确定潜在客户并逐一了解他们。[①] AI 还提供信息深度挖掘能力，帮助销售人员采取后续最佳行动。在服务方面，AI 可以协助执行初步诊断并提供解决方案建议。

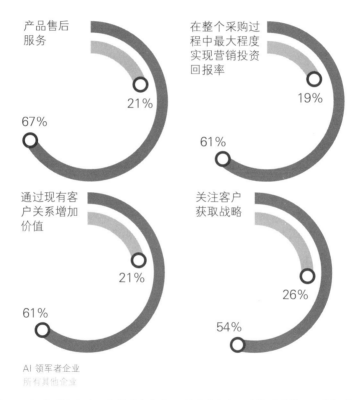

问题：[4.5，6.7] 贵组织在以上活动中实施 AI 的程度如何？选择"已投入运营"或"已全面实施"的受访者。n=400。

图 12-15　在营销、销售和服务领域应用 AI 可带来可观的收益

---

① Price，Paul，David Womack，Lisa Fisher and Spencer Lin. "AI-assisted acquisi-tions." IBM Institute for Business Value. June 2020. https://ibm.com/thought-leadership/in-stitute-business-value/report/ai-assisted-acquisitions.

领军者企业利用 AI 实现大规模个性化技能培养，帮助企业弥补与技能相关的差距。AI 通过了解每名员工的当前技能，确定企业和个人希望或需要发展的技能，并且提供个性化的学习与职业道路，帮助企业实现个性化和有意义的员工体验。

将近一半的 AI 领军者企业采用 AI 来确定目前技能和未来技能之间的差距，相比之下，只有五分之一的其他企业这样做。45% 的 AI 领军者企业借助 AI 打造个性化的学习体验，而同行中做到这一点的只有 17%。

AI 领军者企业认识到，在整个企业中管理知识对于成功至关重要。有关买方行为、客户概况、竞争动态及社交舆情等方面的共享数据可帮助团队从多个角度分析客户，从而更好地设计客户体验。

知识管理和共享有助于减少多余的学习活动，支持思想交流，从而催生新的产品、服务和业务模式。超过一半的 AI 领军者企业告诉我们，他们使用 AI 来管理知识，而其他企业中这样做的不到五分之一。

AI 是领军者企业支持和跟踪战略执行的基石。事实上，84% 的领先者出于此目的采用 AI 技术；相比之下，只有 35% 的同行这样做。企业以 KPI 指导战略的执行，AI 可帮助确定 KPI、衡量这些成果并划分优先级。这些 KPI 有助于明确企业战略执行的责任。

经过 AI 优化的战略 KPI 有助于提高分析水平，增强监督力度。①如果不采用 AI 来跟踪战略执行情况，团队的执行效率就会大打折扣，

①　Kiron, David, and Michael Schrage. "Strategy For and With AI." MIT Sloan Management Review. June 11, 2019. https://www. researchgate. net/publication/337926463_ Strategy_ For_ and_ With_ AI.

可能要多花超过 83% 的时间防范和应对战术问题，而无法重点关注战略活动。[1]

科思创：将 AI 用于预测性维护[2]

科思创（Covestro）是世界领先的高级聚合物供应商之一，主要经营三大门类的产品：聚氨酯、聚碳酸酯以及涂料和胶粘剂。

该企业开展了一项试点项目，在生产工厂中运用机器学习和 AI，对系统进行预测性智能维护。他们将温度与振动传感器安装在工厂中的大型发动机上，并在运行过程中将发动机状态数据传输至软件。这些信息使团队能够提前 8 个月预测发动机可能发生的故障。智能集成数据管理的推广，提高了工厂的正常运行水平，并使生产过程更加高效。该公司目前已在位于中国上海漕泾的生产基地继续实施这一项目。

行动指南

AI 助力优化化工价值链

AI 领军者企业建立了框架，在整个企业中推动 AI 的实施。为此，

---

[1] Wiita, Nathan, and Orla Leonard. "How the Most Successful Teams Bridge the Strategy-Execution Gap." Harvard Business Review. November 23, 2017. https://hbr.org/2017/11/how-the-most-successful-teams-bridge-the-strategy-execution-gap.

[2] Stark, Alexander. "Artificial Intelligence in Covestro's Production on the Rise." Process Worldwide. September 16, 2019. https://www.process-worldwide.com/artificial-intelligence-in-covestros-production-on-the-rise-a-864852/.

化工企业的工作重点应放在：

为 AI 打下坚实基础

——建立通用性和企业数据治理框架，以建立对数据的信任。

——任命首席数据官或业务驱动的信息治理委员会。

——将数据资产（数据、数据源和平台）与各个业务目标和 AI 计划对接起来。

——整合信息技术（IT）与运营技术（OT）领域，这是在 AI 的推动下交流信息和建议的必备条件。

——实施中央存储库，汇总财务数据、运营数据和外部整理的数据。

——利用新的数据源，增加 AI 的应用机遇与学习范围。

——携手 IT 部门打造灵活的数据架构，支持访问多个数据源。

加速 AI 之旅

——制定企业范围的 AI 战略，按照价值链领域形成计划，并且协调技术投资和必要资源。

——成立领导团队，了解 AI 的能力，支持企业抓住新机遇。

——提升数学建模和数据可视化人才的技能，以便能够发现关联和数据关系。

——为负责实现 AI 愿景的员工提供培训和支持。

——采用敏捷原则，明确确定 AI 计划的成果并设定里程碑。

——开发与 AI 计划相关的主动变更管理机制。

将 AI 作为业务催化剂

——使用 AI 进一步挖掘企业数据的价值，根据背景理解数据，自动执行工作流，打造人性化客户体验。

——在前台活动中应用呈指数级发展的技术，尤其是最符合业务目标的技术。

——将 AI 交到需要与业务合作伙伴及客户合作的每一名员工的手中。

——使用 AI 跟踪战略执行。

调研方法

IBV 与牛津经济研究院开展合作，对 18 个国家/地区的 400 名化工企业的高管进行了调研，2020 年 1 月至 2020 年 3 月采访了 224 人，2020 年 6 月至 2020 年 7 月采访了 176 人。我们收集了首席执行官、战略主管或创新主管、首席数字官、首席信息官、首席运营官以及首席转型官的反馈。调研参与者来自位于亚太地方、欧洲、中东、北美洲和南美洲的企业。400 名化工行业受访者来自不同的领域和不同规模的企业。所有数据都由受访者自己报告。

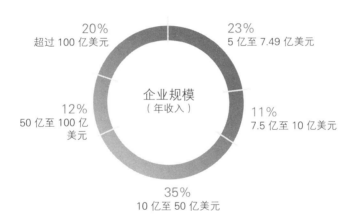

问题1：贵组织在化工行业的哪个主要领域参与竞争？问题2：贵组织的年收入（美元）大约是多少？$n = 400$。

第十三章

借助区块链，让老化电网重现活力

建立新型模式，提高能源灵活性

作者介绍

Alex Bausch，区块链和通信行业的业务负责人，1988 年与他人共同创立了 Bausch Datacom。最近，该公司与公用事业行业解决方案的领军企业 Ritter Starkstrom Technik 实现了合并。Alex 坚信，就像彻底改变电信行业的互联网革命一样，电网的发展也需要经历一次彻底的变革。Alex 是区块链初创企业的导师，经常就这个主题发表文章和进行演讲。他认为，区块链是在复杂的公用事业和其他生态系统中开展合作的关键推动力。

联系方式：LinkedIn 账号 linkedin.com/in/alexbausch/，电子邮箱 ax-bausch@ bausch.me。

Louis de Bruin，IBM 区块链思想领袖，IBM 全球企业咨询服务部区块链思想领袖，曾担任 IBM 能源和公用事业行业合作伙伴生态系统的全球经理。作为创业者和顾问，Louis 使用区块链、人工智能、云和物联网等技术，在复杂的生态系统中实施解决方案。他目前是荷兰弹性工程中心战略顾问委员会的成员。

联系方式：LinkedIn 账号 linkedin. com/in/louisdebruin，电子邮箱 Louis_ de_ Bruin@nl.ibm.com。

Utpal Mangla，IBM Watson AI、物联网与区块链全球负责人，IBM 副总裁兼高级合伙人，负责领导全球电信、媒体与娱乐等行业的创新能力，重点关注 Watson AI、区块链、5G、边缘计算与物联网技术。他与自己的团队身处最前沿，为全球 IBM 通信领域的客户构建、试验和部署解决方案。

联系方式：LinkedIn 账号 linkedin.com/in/utpal-mangla-b748541，电子邮箱 utpal.mangla@ ca.ibm.com。

Jos Röling，IBM 能源、环境和公用事业区块链首席技术官，Open Group 经过认证的杰出架构师，以及能源、环境和公用事业区块链首席技术官。他是能源行业区块链应用的思想领袖，也是 IT/OT 融合方面的专家。Jos 为欧洲公用事业企业提供关于物联网与区块链计划的咨询服务。

联系方式：LinkedIn 账号 linkedin.com/in/josroling，电子邮箱 jos.roling @ nl.ibm.com。

本章要点

集中式供电变得越来越难以控制，需要平衡来自需求方的影响

区块链有助于统筹成千上万的小型能源，使它们通过市场机制去响应来自公用事业组织的控制，其中一些机制已在发挥作用，还有一些尚待建立。

基于区块链的自主型弹性电网通过验证连接到电网的设备所发的电力，建立信任

区块链用于管理这些未来电网上产生和使用的能源，使它们拥有自我主权身份；此外，还有助于保护国家安全。

自主型弹性模式将集中式大规模发电与分散式小规模发电相匹配

区块链是一种支持技术，可用于创建新市场，使曾经无法使用的分布式资源积极参与到电网稳定服务中。

第一节　一旦停电，整个社会都会停摆

目前的电网是为一个不存在的世界而建的。在这个世界中，数量有限、可控制的大型电厂持续发电，配电系统运营方（DSO）通过自上而下的传统电网结构，源源不断地输送电力负荷。问题还不止于此，快速老化的电网还不断面临网络攻击和其他破坏的风险。在为主要地区或整个国家设计电网时，还必须考虑如何避免受到罕见的灾难性事件的影响。

为了给社会带来最大利益，必须全面管理系统运营，平衡多个输配电网络，充分发挥分散资产的作用，让电网更具弹性。越来越多的间歇性能源给还没有为新能源模式作好准备的电网带来压力，而区块链和其他技术有助于减轻这种压力。这些全新的数字技术通过提高现有系统的智能、透明和自动化水平，帮助减少重新设计物理电网架构所需的大量资本投入。

第二节　用电者也是发电者

能源供应不断与时俱进，产生了越来越多的配送选择，而且能够在需要的地点、适当的时间使用适当的资源发电。但是，在电网停电期间，太阳能电池组、风力涡轮机和电池等分散的能源通常无法供电。这些设备在边缘进行控制，或根本没有控制。它们缺乏做出适当响应所需的功能和智能。如果电网或通信网络发生故障，分散式发电设备、控制系统和电话通常会断开连接，无法发挥作用。

将风能、光能和其他能源转化为电能，传输到电池中进行存储。这样做可将大量相对较小的千瓦级负荷在传统上仅用于消费的中低电压点汇入电网。这些"产消者"的形式和规模各异，包括：

——家庭住户。

——在屋顶安装太阳能电池板的企业。

——在自己的土地上安装风力发电机和太阳能电池板的农户，与传统的农业活动相比，这种发电活动的利润更高。

——将主要生产过程中所产生的热能（以前被直接排放，现在成了有价值的副产品）用于发电并输送到电网的企业。

分散式能源生产者通常将所发的电力输送到电网，然后流向消费者。发生电力中断时，由于电网中不受控制的电流可能会导致危险情况，因此会停止向电网输送分散化的电力。那些发电者自身也无法用电。但是，在自主型电网模式中，会在网络的较低层级激活分散式网络管理功能，以匹配当地的发电量和用电量。在日益分散化的电力网络中，区块链能够管理设备身份、付款以及各方之间的通信（图13-1）。

输电系统运营方（TSO）负责保证跨境电网的稳定性。在传统上，这意味着将数量有限的发电厂所产生的兆瓦级持续负荷与数以百万计具有千瓦级需求的小型消费者以及一些大型商业与工业负荷的需求匹配起来。随着产消者和可再生能源的出现，小规模的发电负荷间歇性地通过配电公用事业组织进入电网，使自上而下的传统电网管理模式承受巨大压力。

配电系统运营方（DSO）大力倡导分散式微电网控制与当地区域负荷平衡。以DSO为中心的观点是，首先在街道层面保持平衡，之后在社区甚至城市层面保持平衡，从而减少输电量。这也意味着接管TSO的职责。

TSO与DSO必须充当向电网提供电力的所有各方（包括大型中心

■ 产消者

图 13-1　平衡区块链上的电力供需

发电厂和产消者）的"看门人"。产消者希望进入更广泛的市场，能够从任何来源获得电力，向任何目标出售电力，而不仅仅是与邻居或 DSO 做交易。比方说，可以通过家庭和朋友的能源社区或从其他地方获得电力。

在这种模式下，DSO 可创建额外的"电力市场"，与目前的 TSO 市场一起进行管理。由于分散式能源的加入，整个电网系统变得更具弹性。从技术上而言，未来的电网运营将是更为分布式、更具弹性的系统，在 TSO 层面维持整体系统运营。最终，DSO 能够像从 TSO 处获得电力一样，从产消者那里购电。产消者则可以更充分地参与新的电力市场。

第三节　实现电力互联网

仅仅对目前的集中化模式进行调整，无法缓解不断增长的分散式发电和存储对电网造成的压力。就像电信行业所发生的变革那样，必须用"互联网类型"的分散式方法取代大型的集中运营电网。这样，通过将电网重塑成众多微电网所构成的网络，就可以自主平衡电力的供需。当中央电网发生故障时，微电网仍能保持自身内部正常运行，并在故障修复后与中央网络重新连接。

在短期内，自主型弹性网络有助于缓解因中央系统故障而对社会造成的冲击，减少电网故障的连锁反应（轮流停电）。

TenneT：成功试点后，电网平衡仍在继续

欧洲输电运营商 TenneT 实施了一个平台试点项目，旨在展示如何有效应用区块链，确保使用电力存储系统（包括汽车电池）的电网稳定运行。住宅太阳能电池网络加入电网，当电网中电力需求增加时，将暂停对电动汽车充电，车主将从这种中断中获得补偿。[①]

[①] Patel, Sonal. "Blockchain pilot shows promise for grid balancing," POWER magazine. June 2019. https：//www.powermag.com/blockchain-pilot-shows-promise-for-grid-balancing.

Bausch-Ritter：电力处理虚拟化

智慧电网创新企业 Bausch-Ritter 畅想如何使用未来技术支持虚拟电厂（VPP）。VPP 是中等规模的分散发电单元所构成的网络，支持各个发电点像发电厂那样互相协作，像子电网或微电网那样工作。这种技术适用于个体发电与用电。例如，VPP 能够让洗衣机和电加热器在特定时间打开和关闭，具体取决于成本与电力可用性。这样做可以增强而不是削弱电网的稳定性。

这种模式还有助于消除大规模停电导致附带损失的可能性。如果通信电网中断，就无法使用电子方式为商品和服务付款；无法访问互联网；旅行和导航将变得非常困难，甚至完全无法进行；紧急服务电话可能被打爆。

在自主型微电网中，即使非常罕见的重大灾难袭击某个微电网，也不会影响其他微电网。所有微电网都不受范围外灾难的影响。

支持微电网的技术包括：

TCP/IP。和用于对数据进行标记、识别、存储和寻址的电信领域的 TCP/IP 不同，在电网中流动的电子和为设备供电的能量无法单独路由。在物联网（IoT）技术的支持下，可以唯一标识发电设备、输电设备和用电设备，从而有的放矢地在网络中引导电力到达目标。

区块链。分布式账本不能由某方独自处理，而是需要所有交易方达成共识。区块链技术能够验证电网上设备的身份。区块链的一种用途是确保电表只能使用获得授权的电量。区块链技术可提供设备身份，控制灵活性，创建稳定的微电网，从而帮助用户建立对网络的信任。因此，区块链能够在设计中保证系统的完整性和信任度。智能合约以数字方式简化、验证或实施履约过程，确保微电网实现分散式发电与需求之间的平衡。区块链还提供交易解决机制，可以平衡微电网产生的分散式电力。

人工智能（AI）。通过分析来自各个物联网设备的众多数据流，并且接近实时地做出响应，人工智能能够有效预测和推动自主微电网的供需平衡，满足其他需求，在未来的电网中占据不可或缺的地位。在电网停电期间，通过使用嵌入到分布式控制系统设备级别的自主型 AI 代理以及手机，可以形成临时网状网络，将分散式发电设备所发的本地可用电力与社区需求相匹配。

物联网。发电设备、配电站、智能电表和控制系统都是微电网中的"事物"。用电设备也是如此，但它们必须能够进行通信并标识自己，以便系统可以控制其能源行为。从物联网设备收集的数据中得到的洞察有助于将需要能源的人与微网络和微电网对接。

第四节　更稳定、更环保、更灵活的电网

在近一个世纪的时间里，电网一直保持着相同的基本特征；而在过去 30 年中，电信业发生了翻天覆地的变化。互联网激发了电信行业的革命，使其从集中管理的电话系统变身为以网络为中心的互联网协议。

目前通信网络的分散式结构使其具有出色的弹性，能够轻松适应不断变化的情况，并在网络中断时启动"自我修复"机制。自我修复是一种恢复过程，当设备或系统察觉到无法正常运行时，无须人工干预即可进行必要的调整，从而恢复正常工作。

无线通信网络中的自我修复网络架构可应用于微电网，但这需要较长的时间才能实现。为了能够应对输电路径中发生的故障，需要重新制造当前的设备，并升级电网规范以使其合规。这些"智慧电网"的运营质量水平不能低于采取措施之前的系统。如果以"云修复"（即云计算环境中服务的自动修复）为目标，那么当主电力供应出现故障时，必须对所有物理方面进行远程控制，以实现稳定的分散式自主型电网。这是一项技术要求极高的跨学科工作，由于公用事业归政府所有，因此可能会花费大量时间。

例如，在加利福尼亚州，法规和技术的进步共同形成了新的电网规范，以使用可再生能源的形式提高能源效率。加州是美国第一个要求在太阳能系统中使用智能逆变器的州，这有助于提高互连智慧电网中太阳能逆变器的互操作性和安全性。[①] 自 2020 年 1 月 1 日起，必须使用太阳能逆变器以支持电网，这样，即使出现问题，电网也不必被迫断开连接。要实现这一目标，需要结合全新的逆变器设计、规范与法规变化，并说服监管机构相信，清洁能源的未来对电网更加有利。

---

① "Understanding Rule 21: California and beyond." Scoop Solar. April 2019. https://www.scoop.solar/blog/understanding-rule-21-california-and-beyond.

第五节 发生电网故障时

2019 年 6 月，阿根廷大陆所有地区发生了空前的大规模停电，4400 万公民大多处于黑暗之中。[1] 人们认为，此次停电应归咎于恶劣天气——这也是全球停电的主要原因之一。近年来，美国局部停电的发生率和持续时间均有所增加，这主要是由森林大火和极端天气造成的。[2]

分散式发电和电力存储的发展与需要电网运营方的传统中央电网管理系统背道而驰。区块链可管理所有资产和设备的身份，监控网络设备是否真实，是否已连接。

准备好迎接电网的未来了吗？

——电网的市场结构和监管框架需要与时俱进，以不断提高电网的自主和弹性水平。必须积极制定鼓励分散式发电的政策，要求发展电力互联网以及自主功能。

——主要参与方必须齐心协力，坚持清晰的技术愿景，快速采用

---

[1] Kirby, Jen. "Blackout leaves tens of millions in the dark in Argentina and Uruguay." Vox. June 2019. https://www.vox.com/2019/6/17/18681989/argentina-blackout-uruguay-electricity-macri.

[2] "Average U. S. electricity customer interruptions totaled nearly 8 hours in 2017." US Energy Information Administration. November 2018. https://www.eia.gov/todayinenergy/detail.php?id=37652.

新技术，并引领发展潮流。各方应了解在没有可信第三方的情况下建立信任的好处，以及这样做如何使他们在电力生态系统中受益。

　　——在一个有效运转的市场中，不是根据各方之间的单独交易来管理合作，而是通过在算法中实现的透明协议进行管理，并以智能合约的形式在区块链上自主执行。

第十四章

疫情过后恢复活力

旅游业复苏的四种方式

作者介绍

John Bailey，IBM 全球旅游与交通运输（T&T）行业负责人。20 年来，John 一直担任航空公司、机场和铁路客运公司的顾问。他于 2016 年加入 IBM，负责为旅游服务行业开发和交付创新型解决方案。在此之前，John 曾在美国联合航空公司和美国铁路公司领导数字化转型计划。

联系方式：LinkedIn 账号 https://www.linkedin.com/in/johndbailey/，电子邮箱 John.Bailey@ibm.com。

Lauren Isbell 是 IBM 整合转型主管，也是位于华盛顿特区的 IBM 行业学会的成员，擅长通过创新方法来选择和实施合适的技术与分析平台，将其作为解决方案，用于转变客户体验。她与旅游和酒店行业的《财富》500 强企业有着密切的合作关系。

联系方式：LinkedIn 账号 https://www.linkedin.com/in/laurenisbell/，电子邮箱 Lauren.Isbell1@ibm.com。

Greg Land，IBM 全球旅游和交通运输行业负责人，负责航空、酒店和旅游相关服务。Greg 负责的行业领域包括航空公司、机场、酒店、租车、邮轮、赌场以及旅行社等。他在"开放旅游联盟委员会"和"世界旅游及旅行理事会"（WTTC）中担任 IBM 代表，并在 WTTC 新冠肺炎疫情后复苏计划全球工作组中担任职务。

联系方式：LinkedIn 账号 https://www.linkedin.com/in/gregland/，电子邮箱 greg.land@us.ibm.com。

本章要点

"旧常态"一去不复返

要在全球疫情之后重新获得旅客的信任，航空公司和酒店企业必须证明，保证客户和员工的身体健康同样是企业最优先的任务。

思考过去的危机管理

与那些只想着怎么削减成本的旅游企业相比，为在后疫情时期开展竞争而制定出色决策的旅游企业，将享受到客户数量和忠诚度方面的优势。

企业短期求生存和长期谋发展完全是两回事

以下四种战略可指导实施恢复计划：吸引旅客，建立深度信任；打造差异化的旅客体验；优化成本运营；以及重塑业务模式。

第一节　我们仍面临极大的不确定性

旅游业仍深陷疫情危机的影响。有关各个领域的财务重组计划、政府救济计划、破产与裁员的新闻屡屡见诸报端。许多航空公司、酒店、游轮运营商、旅行社和租车公司苦苦挣扎。尽管旅游企业管理层为做出应对疫情危机的关键决策而疲于奔命，但行业领先者企业还是需要及早谋划复苏大计。

最近的调研结果预测旅客数量的恢复将比较缓慢：62%的受访者表示未来六个月内不会旅行，而且许多人不愿意参加会议（55%）、去主题公园游玩（43%）或到现场观看体育赛事（45%）。[①] 甚至当新增病例数减少、疫情曲线趋于平缓时，18%的受访者仍表示他们不再乘

[①] IBM Institute for Business Value Market Research Insights Survey of 5054 U. S. adults，fielded 21-26 April 2020.

飞机旅行，36%的受访者表示不会选择游轮旅行。[①]

第二节　这场危机非比寻常

美国"9·11"恐怖袭击后航空企业遭受重创，2003 年非典（SARS）暴发严重打击了亚洲旅游产业，2008 年全球金融危机期间消费者纷纷捂紧钱包，但在这些危机过后，旅游业都挺了过来。所有这些事件都严重影响旅游业提供旅行服务的能力。然而，以前这些危机尽管造成了直接后果，基本的旅行需求仍保持相对稳定。

而新冠肺炎疫情对旅行服务需求造成了全球范围的沉重持续打击。非典疫情不是全球性事件，影响范围较小，"9·11"带来的是短暂的局部性供应冲击。全球金融危机对旅行需求或服务供应的影响也很小。尽管新冠肺炎疫情对旅游业造成重创，但危机后的复苏必将到来。为此，我们提出了四项重要的优先任务，帮助旅游行业的企业顺利恢复：吸引、差异化、优化和重塑（图 14-1）。

第三节　吸引：吸引旅客

想要吸引客户，就需要全新的程序和有效的沟通，充分发挥旅客

---

① IBM Institute for Business Value Market Research Insights Survey of 5054 U. S. adults, fielded 21-26 April 2020.

吸引

通过新流程提高安全性和建立信任,从而吸引旅客

差异化

通过开发更多个性化和独特的旅行服务,为增强行业竞争力做好准备

优化

持续寻找短期降本的机会,并制订不断降低运营成本的计划

重塑

设计、检验和实施业务模式,从固定模式转为可变模式

图 14-1　旅游业如何复苏

个人移动设备的作用,更多地使用其他自助服务技术。企业首先要做的是让旅客感到安全。

航空公司

与空气不流通和无法保持社交距离的封闭群体聚集情况相比,满载乘客的现代客机可能更安全。飞机每小时可换气 10—12 次。[①] 在医院的隔离病房,最低要求是每小时换气 6—12 次。机舱空气从

---

① Allen,Joseph. "Airplanes don't make you sick. Really." The Washington Post. Accessed May 2020. https://www.washingtonpost.com/opinions/2020/05/18/airplanes-dont-make-you-sick-really/.

上到下迅速循环，通过 HEPA 过滤器可过滤掉空气中 99.97%的颗粒。①绝大多数乘客座椅的靠背都很高，并且朝向相同，从而形成了物理屏障。

为了满足政府的要求，并证明飞行的安全性，机场和航空公司竭尽所能，降低传播新冠肺炎的风险，宣传推广经过改进的方法，以保证旅客的健康。这包括：

——强化的清洁流程。美国大型航空公司达美②和联合航空③已实施并推广充分的卫生措施，并与医院和保洁公司合作，以提高卫生清洁工作的频率和深度。

——机场值机。航空公司建议旅客使用自己的移动设备而不是自助值机，在通过安检口时扫描登机牌，获得无接触式体验，并且按照地面标志线排队，保持 6 英尺的距离。

——乘客筛查。筛查方法包括电子形式的有关疾病症状的自我调查，使用手持温度计或高级相机测温，在现场进行新冠肺炎检测，以及在旅行之前或之后进行强制性隔离。

——登机。使用个人移动设备和面部扫描设备，避免乘客与登机口接待人员发生身体接触。靠窗座位首先登机，或按座位从后向前登机。限制随身携带的行李也可以减少与其他乘客的身体接触。

---

① "What is a HEPA filter?" United States Environmental Protection Agency. Accessed July 2020. https://www.epa.gov/indoor-air-quality-iaq/what-hepa-filter-1.

② "A New Standard of Clean-Delta Clean." YouTube. Accessed July 2020. https://www.youtube.com/watch?v=sbx88jkOx1k.

③ "United—A message from our new CEO, Scott Kirby." YouTube. Accessed July 2020. https://www.youtube.com/watch?v=s4Xb0S7Armw.

——机上。为了最大限度地减少接触，空乘人员可以在所有乘客登机之前将食物、饮料和清洁用品摆放在座椅上。根据某些航空公司的政策，空出中间座位，增加旅客之间的距离。在许多情况下，乘客可以使用移动设备和机上娱乐设备与空乘人员进行沟通。

在另有通知以前，佩戴口罩是机组人员和乘客的新常态。尽管某些航空公司还是比较犹豫，但航空业必须继续在旅行过程中做出明显的改变，尽量避免人与人身体接触，降低个人健康风险。[1] 在未来的数月甚至数年中，一些政府将要求旅行服务提供商遵守新出台的健康安全措施，以降低病毒被带入或重新带入当地的风险。美国地方政府对来自疫情热点地区的人员实施旅行限制，强制要求他们在抵达时自我隔离。[2] 尽管国际旅行已重新开放，但美国旅客可能根本不被允许进入欧盟国家。[3]

酒店

住宿会带来传播病毒的风险，但在酒店房间外传播病毒的风险更

---

[1]　McGinnis, Chris. "Airline passengers refuse to wear masks, mayhem ensues." SF-GATE. Accessed June 2020. https://www.sfgate.com/travel/article/Airline – passenger – refuses–mask–15349202.php.

[2]　"Governor Cuomo Announces Individuals Traveling to New York from Four Additional States Will Be Required to Quarantine for 14 Days." NY. gov. Accessed July 16, 2020. https://www.governor.ny.gov/news/governor–cuomo–announces–individuals–traveling–new–york–four–additional–states–will–be–required.

[3]　Chappell, Bill. "EU Sets New List Of Approved Travel Partners. The U. S. Isn't On It." NPR. Accessed June 2020. https://www.npr.org/sections/coronavirus – live – updates/2020/06/30/883858231/eu-sets-new-list-of-approved-travel-partners-the-u-s-isnt-on-it.

大,比如与酒店员工和其他客人接触,或使用公共的便利设施和公共场所。如果遵循恰当的清洁卫生程序(包括使用 EPA 批准的消毒剂),那么就可以消灭新冠肺炎。酒店正在将自己改造成更清洁、更安全的避风港,还提供无接触式接待服务。

与用于快速登机、共享航班状态并引导旅客前往登机口的应用不同,酒店的移动应用使用频率较低,因为它们通常提供的个性化内容较少。

但是旅客可使用酒店应用,体验无接触式入住和退房服务。一些酒店经营者为会员提供数字钥匙,可以完全绕过前台,直接选择自己的房间和楼层,并获得独家服务和促销优惠。[①] 餐饮、客房清洁、礼宾或维护等酒店服务请求也可通过移动应用提交,从而无接触地使用便利设施。

随着酒店移动应用的使用率不断提升,预计会带来全新的机遇,包括:

——酒店收益增加:人工智能(AI)根据客人过去的行为而定制的服务,可能成为增收机制,推动商品购买,例如付费后即可预留游泳池边的热门位置。

——会员计划:会员可以在客房升级之后获得奖励积分,用于兑换其他特别服务,例如泳池小屋、餐厅预订或私人健身课程。

---

① "How Much ROI Can Hoteliers Make With Digital Keys?" OpenKey. Accessed April 2019. https://www.openkey.co/2019/04/28/hotel-digital-key-roi/.

希尔顿酒店：增加流动性①

希尔顿是最早利用信贷额度来应对疫情的企业之一。希尔顿全球控股有限公司通过向联名信用卡合作伙伴美国运通提前出售忠诚度积分，筹集了 10 亿美元。希尔顿将其用于营运资本和一般企业用途。此次出售为未来18—24 个月的酒店运营提供了充足的流动资金。

第四节　差异化：建立持久的关系

重新吸引客人还远远不够。疫情后的结构性行业变革将形成截然不同的竞争环境。"人有我也有"的产品和服务无法吸引客户，也不是提价的理由，毕竟航空公司都是从少数几个提供商那里购买飞机和座位，并且在机上提供的服务也大致相同。

后疫情时期的旅游业竞争异常激烈，旅游提供商必须无休止地满足差异化服务和体验方面的要求，包括满足新的卫生标准。选择哪家航空公司以及住哪家酒店可能归根结底是价格问题。如果所有航空公司的健康保护措施都一样，为什么要根据品牌或忠诚度来选择旅行服务呢？为了提高忠诚度，提供商必须通过开发与众不同或更加出色的

---

① Leff, Gary. "American Express Just Bought Nearly Half a Trillion Hilton Honors Points." View from the Wing. Accessed April 2020. https://viewfromthewing.com/american-express-just-bought-nearly-half-a-trillion-hilton-honors-points/.

新服务和新体验，引起旅客的兴趣。

第五节　优化：调整运营，严控成本

在最初受疫情影响的日子里，许多酒店企业迅速采取行动以削减后台的成本。快速降本措施包括无薪休假和裁员；停止对核心运营而言非必要的项目；与服务提供商协商以延迟大型技术投资的付款；出售债务，使用会员积分作为担保（请参阅前文"希尔顿酒店：增加流动性"）。

在恢复期间，酒店企业不太会在基础架构和服务方面进行长期的 IT 投资，以避免更加不确定的成本结构。他们不会直接投资于现成可用的云、人工智能、边缘计算和软件，以用来预测本地需求，更加动态地调整人员和供应；而是转而使用拼接型解决方案，将财务负担转移给特许经营商。但这可能无法帮助酒店业者大幅降低长期成本。

第六节　重塑：重新创造富有弹性的业务模式

一些行业领先者企业认为可借复苏期之机，重组债务负担，证明痛苦而又久拖未决的降本活动的合理性。擅长将固定成本转变为可变成本的旅游提供商能够在未来占据更有利的位置，这就是大多数企业都计划为成本最高的部门和运营注入更多弹性的原因。

　　在充满不确定性的时期，当前的状况和全球市场的动荡进一步放大了弹性业务模式的价值。弹性业务模式可根据服务使用量，逐步增加或暂时减少成本。这意味着用逐步增加的运营成本取代大规模的一次性资本成本，并将与成本骤降有关的风险转移给服务提供商（图14-2）。

基础架构 → 基于使用量的云

应用 → 基于使用量的软件及服务 (SaaS)

服务 → 灵活的外包人员

业务流程 → 基于结果的业务流程

图 14-2　弹性业务模式转移了部分风险

　　基础架构。使用云计算就是实现弹性业务模式的一个典型例子。所有主要的云在设计中就考虑了基于使用量的商业模式。疫情导致封锁，预订量骤降95%，在云端托管的航空公司应用的基础架构成本会自动下降。而传统数据中心内托管的应用的基础架构成本则不可能下降，除非人工关闭环境以节省开支。

　　应用。大型航空公司依靠数百种应用运营业务。一些企业构建和维护定制解决方案，另一些则选择服务提供商和通用应用。当然，不应将真正差异化的应用外包，但是考虑到现在支持此类应用需要数以千计的 IT 人员，因此有充分理由将更多注意力转移到 SaaS。

服务。人员是航空公司 IT 成本的主要部分。与其他更大程度依靠合同工的行业相比，这种缺乏弹性的员工队伍增加了成本和风险。

业务流程。以极具竞争力的价格在有限的时间范围内运行标准职能的能力，对于愿意外包业务流程的航空公司来说是一个关键优势。

行动指南

疫情过后恢复活力

与规划行之有效的复苏战略相关的近期挑战在于，需要制定灵活的愿景以应对当前的不确定性，还必须能够根据市场变化进行调整。

1. 认识到当下的独特性

从旅游业的过去发展历史可以学到一条重要经验，那就是企业的自身条件固然重要，但并不能决定未来的结果。

2. 设想多种恢复方案

尽管巨大的不确定性和动荡将主导未来的旅游计划，但这并不能掩盖旅游提供商在即将到来的新常态之前立即制订和实施恢复计划的紧迫性。

3. 采用全新的业务模式

当前的危机可能促成持久的结构性变化，以防止未来需求冲击带来最严重的影响。在这个固定成本极高、本身具有可变且不可控的运营支出的行业中，旅游服务必须严控成本。

第十五章

工业品行业大规模数字化转型

企业范围变革的三项行动

作者介绍

David Dickson，IBM 的合伙人，也是全球采矿行业负责人以及化工、石油和工业品行业的全球行业转型负责人。他把工作重点放在应用型技术和数字化计划上面，致力于整合资源运营，提高企业绩效以及丰富运营知识。他是 IBM 行业学会的成员、特许专业工程师，也是澳大利亚工程师协会的研究员。

联系方式：LinkedIn 账号 linkedin.com/in/daviddicksonsinektiks/，电子邮箱 david.dickson@au1.ibm.com。

Gaurav Garg，IBM Services 的业务发展主管和副合伙人。他是工业机械和重工业领域的全球负责人、IBM 售后服务解决方案的市场拓展负责人，也是 IBM 行业学会的成员。

联系方式：LinkedIn 账号 linkedin.com/in/gargaurav，电子邮箱 gauravgarg@dk.ibm.com。

Wilco Kaijim，高管合伙人，IBM 行业学会的成员，领导全球工业品行业工程、建筑和运营（EC&O）领域的研究。

联系方式：LinkedIn 账号 linkedin.com/in/wilco-kaijim-8483434/，电子邮箱 wilco_kaijim@nl.ibm.com。

Spencer Lin，IBM 商业价值研究院的全球石油化工行业及工业品行业的研究负责人。他在财务管理和战略咨询领域具有超过 25 年的从业经验。

联系方式：LinkedIn 账号 linkedin.com/in/spencer-lin-35896317，电子邮箱 spencer.lin@us.ibm.com。

Pritam Pritu，业务开发主管，负责领导日本的石油化工和工业品能力中心。他是工业品行业金属领域的主题专家，在推动企业和 IT 转型方面具有超过 20 年的丰富经验，主要的工作包括制定数字化战略、优化供应链、设计区块链解决方案和大规模实施 ERP。

联系方式：LinkedIn 账号 linkedin.com/in/pritam-pritu-521b0a7/，电子邮箱 pritam.pritu@ibm.com。

本章要点

数字化转型的关键性

扩大数字化转型的规模不再是可选项；它已成为实现关键业务目标的必要条件，例如降低运营成本和促进有机增长。但是，只有2/5的工业品行业受访高管表示他们正在企业范围实施数字化战略。

向领跑者学习

我们确定了一小组工业品企业，他们能够非常有效地实现最重要的业务目标，在收入增长和盈利能力方面也一马当先。与其他同行相比，这些"领跑者"企业制定和执行企业战略的效率要高出两倍；超过90%的领跑者企业表示，过去三年，他们的数字化计划实现了超出预期的价值。

扩大数字化转型规模的三大要素

领跑者执行数字化业务蓝图。他们在流程中融入技术。他们为员工、客户和生态系统打造全新企业体验。

第一节　数字化转型不可或缺

不断变化的市场动态迫使工业品企业重新审视企业的方方面面。客户越来越精明，对企业交付能力的期望也越来越高。根据一项对6700多名买家的全球调查，将近70%的商业买家希望业务供应商提供

"类似于亚马逊的" 购买体验。[①] 客户要求所订购的产品能够实现定制化和快速交付。事实上，72%的商业买家希望供应商能够根据自己的需求进行个性化定制。[②]

技术的快速变化推动制造、资产管理和维护等流程的效率不断提高。互联设备和物联网（IoT）技术的激增不仅促进了自动化、远程监控甚至新型合作关系，也产生了铺天盖地的原始数据。例如，某家现代化工厂的一条生产线可能配备2000台不同的设备。每台设备安装 100—200 个传感器，用于持续收集数据，每个月产生2200TB 的数据。[③] 通过 AI 对这些数据进行汇总、分类和分析，获得深入洞察；借助预测性分析，帮助提高生产力，发现让数据实现经济效益的机遇。

除了现有的行业动态之外，新冠肺炎疫情也凸显出许多工业品企业现有的数字能力不足。例如，工程和建筑领域的流程在很大程度上仍然是模拟和手动的，自动化程度非常有限。由于无法实时协调和执行供应链，这些企业的预测能力严重受限，很难预测工作安排以及材料和设备需求。Gartner Group 开展了一项调研分析，旨在衡量企业当前和预期的技术投资。结果表明，在所有行业中，建筑和制造/自然资源领域的企业对新兴技术的预期支出与实际支出之间的差

---

① "State of the Connected Customer." Salesforce Research. June 2018. https://www.salesforce.com/content/dam/web/en_ us/www/documents/e-books/state-of-the-connected-customer-report-second-edition2018.pdf.

② Ibid.

③ "3 Must - Haves For Intelligent Manufacturing." Forbes. January 6，2020. https://www.forbes.com/sites/samsungsds/2020/01/06/3-must-haves-for-intelligentmanufacturing/#e004ddc670ea.

距最大。①这些企业声称对数字化技术很感兴趣，但实际投资远没有预想的那么多。

数字化转型不仅仅是让各种能力和职能或者业务流程或活动实现数字化。它指的是结合多种呈指数级发展的技术，从根本上重塑企业的运营方式，以及企业与利益相关方之间的互动方式。数字化转型发展新的方法，通过开创性业务平台实现价值并获得收益。它对产品、服务和流程进行数字化，帮助重新定义客户体验，创造差异化优势。它旨在创造并保持数字化的组织，为员工及合作伙伴打造富有吸引力的体验，并且能够最大限度优化人机偕行的潜力。

这种环境要求企业重塑战略，持续调整竞争和运营模式。扩大数字化转型规模势在必行。为了了解工业品企业如何应对数字化转型，IBM 商业价值研究院和牛津经济研究所合作，对 18 个国家/地区的 600 名工业品企业高管开展了调研，分析他们所在企业的数字化战略和/或企业计划。

41%的受访工业品企业高管告诉我们，数字化计划对于企业目前取得成功至关重要。这个数字有望在短短三年内增加到将近 3/4。数字化转型帮助这些企业实现最重要的业务目标：降低运营成本（64%的受访高管提及）和有机扩大市场份额（61%的受访高管提及）。

事实上，现有的数字化投资已经为工业品企业创造了显著的价值：平均投资回报率达到 15%，支出减少了 5%，收入增加了 4%，新

---

① Rosenthal, Adam. "How to Use Technology Adoption Rates to Market Emerging Tech." Capterra blog post. May 30, 2019. https://blog.capterra.com/use-technology-adoption-rates-tomarket-emergent-tech/.

产品/服务的面市时间缩短了 62 天。对于一家年收入 50 亿美元、利润率 10% 的企业来说,这意味着将额外获得 4.25 亿美元的利润。这些收益彰显数字化转型在帮助企业完成最重要的优先任务方面的关键性。

第二节 数字化机遇仍有待孕育

尽管数字化转型的优点显而易见,但目前仍主要处于试验阶段。仅有 2/5 的受访者正在企业范围实施数字化战略。工业品行业中的不同领域情况也各不相同,有些领域实施率要低一些:林业、纸浆和造纸领域(36%);工程和建筑领域(34%);采矿领域(32%)。

好消息是,数字化投资注重于技术融合(图 15-1),预计未来仍将保持这种趋势。

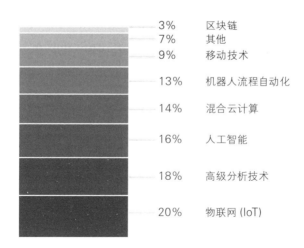

3%	区块链
7%	其他
9%	移动技术
13%	机器人流程自动化
14%	混合云计算
16%	人工智能
18%	高级分析技术
20%	物联网 (IoT)

问题:贵企业目前的技术预算中有多少百分比投资于以上技术?

图 15-1 分配给数字化技术的工业品行业技术预算

但是，如果缺乏以下要素，企业就无法充分利用这些技术：合适的文化氛围、在整个企业管理数据的能力、支持数据计划的企业 IT 架构以及重塑的适当资源。

大多数受访工业品企业都没有形成支持数字化转型所需的企业文化。只有44%的企业了解并采用敏捷技术，将其作为一种工作方式；只有37%的企业积极培育数据驱动型文化。如果没有足够的敏捷性，这些企业的行动就比较迟缓，团队无法迅速调整以抓住新机遇或应对新挑战。

工业品企业通过传感器从技术解决方案、资产、服务和设备中收集了大量有用的数据。根据 IDC 的数据，到 2025 年，全球（各行业）数据领域中所产生的数据，有超过 25% 具有实时性质，其中 95% 以上由物联网生成。① 如果企业无法采用适当的数据治理机制管理和分析这些数据，就可能错过有助于揭示新机遇的关键洞察。

只有半数受访工业品企业建立了与业务活动协调一致的全面企业架构，以支持数字化计划。要能够充分利用 AI 洞察，迅速响应新的市场动态、客户需求、数字化计划或用户要求，必须建立灵活敏捷的企业 IT 架构。此外，只有 1/3 多一点的企业开发了用于支持业务战略的混合多云环境。如果没有这种云环境，企业就难以管理客户接触点数据，无法整合产品和服务以形成更广泛的客户解决方案。

最后，只有半数受访者表示，他们拥有执行数字化战略所需的人

---

① "Enormous Growth in Data is Coming-How to Prepare for It, and Prosper From It." Seagate blog post featuring highlights from IDC report (sponsored by Seagate): "Data Age 2025: The Digitization of the World." November 2018 (with data refreshed May 2020). https://blog.seagate.com/business/enormous-growth-in-data-is-coming-how-to-prepare-for-itand-prosper-from-it/.

员和技能。如果没有这样的人才，企业就无法充分利用呈指数级发展的技术的真正力量，也就难以实现最重要的业务目标。因此，数字化转型计划很可能停滞不前，企业很可能会输掉战略赌注。

第三节　领跑者：抓住数字化机遇

我们在调研中确定了一小组工业品行业的"领跑者"企业，他们表示自己能够非常有效地实现最重要的业务目标。

这些领先者占调查样本的18%，他们表示自己企业的财务绩效优于业内同行。88%的领跑者表示过去三年的收入增长高于竞争对手，同样这样表示的其他受访者的比例为55%。88%的领跑者告诉我们，他们的盈利能力优于竞争对手，而这样评价自己的其他受访者的比例为52%。

他们的成功还体现在敏捷性和创新能力方面的出色表现。表示有效制定和执行企业战略的领跑者企业的比例分别为81%和80%，相比之下，其他同行的这两个比例为45%和46%。成功的战略执行可转化为财务绩效，因为从总体上看，企业因执行不力会损失40%的潜在战略价值。[1]

是什么让领跑者真正脱颖而出呢？是数字化计划所产生的价值。超过90%的领先者表示，在过去三年，他们的数字化计划实现了超出预期的价值，而其他所有企业中的这个比例只有35%。与业内同行相

---

① Mankins, Michael. "5 Ways the Best Companies Close the Strategy-Execution Gap." Harvard Business Review. November 20, 2017. https://hbr.org/2017/11/5-ways-the-best-companies-close-the-strategy-execution-gap.

比，领跑者在利用数字化投资来降低成本、增加收入和控制资本支出方面更为成功（图 15-2）。假设同样是年收入 50 亿美元、利润率 10% 的企业，领跑者的利润要比同行高出 1.3 亿美元。

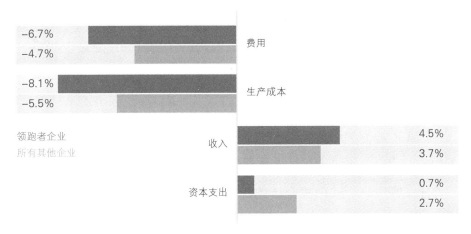

费用 −6.7% / −4.7%

生产成本 −8.1% / −5.5%

领跑者企业
所有其他企业

收入 4.5% / 3.7%

资本支出 0.7% / 2.7%

图 15-2　数字化投资的影响

为了确定哪些措施让领跑者脱颖而出，我们分析了他们的调研数据，以及为了提高数字化转型能力而特别使用的方法。我们确定了领跑者为了扩大数字化转型规模普遍采用的三项措施：

——执行数字化业务蓝图

——在流程中融入技术

——打造全新的企业体验

执行数字化业务蓝图

领跑者将数字化转型提升至战略高度。超过 4/5 的领跑者理解数字化技术的价值以及实施数字化技术所需作出的改变，而表达同样观点的其他企业的比例只有 57%。同样有超过 4/5 的领跑者明确制定了员工能够理解的数字化战略。

领跑者在企业范围执行数字化战略方面的表现也更加出色。86%的领跑者已完全实施数字化战略，或已根据战略和执行计划采取转型措施，相比之下，这样做的其他企业的比例仅有 30%。通过以战略活动为中心制订整体转型计划，可以让这些领先者避免在不同职能实施多项数字化试验活动。

对于领跑者来说，在数字化领域下的"大赌注"主要是全新的业务模式和投资。这可能包括进军新的或相邻的行业，加强跨行业合作，重新定义现有行业或创建全新的行业；还可能包括改变与供应商、客户、员工和其他相关方的关系，从而转变企业在价值链中的角色。

Oren Marketplace：为采矿和工业领域创建首个 B2B 市场[①]

壳牌和 IBM 强强联合，共同创建了采矿和工业领域的首个 B2B 市场 Oren。Oren 提供解决方案、软件、服务以及集成工作流，帮助加快端到端价值链中的数字化转型和可持续发展转型。

例如，它的 MachineMax 服务通过无线传感器为车队和机器提供物联网服务。该解决方案使用人工智能，生成切实可行的分析，帮助运营商和现场经理降低维护成本，优化车辆运营，减少资产闲置和燃料消耗，同时降低二氧化碳排放量。

---

① "Meet Oren." Oren Marketplace website，accessed June 11, 2020. https://www.orenmarketplace.com/meet-oren；"Highlighted Solutions." Oren Marketplace website，accessed June 11,2020. https://www.orenmarketplace.com/category/1.

> Marketplace 成员可以搜索适合的专用解决方案，一站式获取最新的工业解决方案以满足自己特定用例的需求，并与创新技术和智能工具对接。解决方案提供商可产生全新的经常性收入流，建立新的行业共同销售和生态系统合作关系，共同创造新一代解决方案，加快销售流程的执行。

将近 3/4 的领跑者实施了合作关系生态系统战略，相比之下，这样做的所有其他企业不到 1/3。4/5 的领跑者量化目标价值和投资，以实现相关的生态系统机遇，而同行中这样做的只有 37%。

领跑者还专注于调研中定义的创造性业务平台（图 15-3）：

——行业平台代表合作伙伴和/或竞争对手提供关键的流程能力。

——技术平台提供用于支撑工作流和业务产品的技术。

——内部平台通过新技术和新技能，提高企业的运营效率和有效性。

——消费者平台产生消费者数据和洞察，并从中实现经济效益。

而行业平台让多个行业参与者从数字化能力（尤其是 AI 和云能力）中受益。例如，主要致力于采矿和金属行业应用的技术公司MineHub 建立了一个联盟，包含采矿、技术和银行业企业，作为区块链平台的一部分。该平台旨在管理整个供应链中的高价值资产，让成员能够实时了解资产向目标接收方的流动情况。[①] 另一个例子是 Re-

---

① Halford-Thompson, Guy. "How blockchain technology amplifies mining industry efficiency." Blockchain Pulse: IBM Blockchain Blog. September 25, 2019. https://www.ibm.com/blogs/blockchain/2019/09/how-blockchain-technologyamplifies-mining-industry-efficiency/.

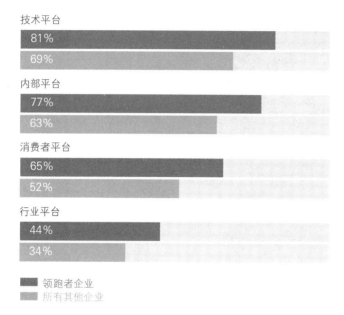

问题：贵企业目前投资于以上哪些类型的平台业务模式？

图 15-3　对平台业务模式的投资——目前

sponsible Sourcing Blockchain Network（RSBN），这是一个行业范围的开放式区块链平台，用于跟踪钴从矿山、冶炼厂、电池制造商直至汽车OEM 的整个供应链中的流转情况。[①]

工程、运营、维护、生产规划以及流程控制和可靠性领域的技术是内部平台的基础。这些技术平台执行多种功能，包括管理信息和指标、指导工作流以及支持有效的用户体验。

---

① "Ford Motor Company, Huayou Cobalt, IBM, LG Chem and RCS Global Launch Blockchain Pilot to Address Concerns in Strategic Mineral Supply Chains." IBM press release. January 16, 2019. https://newsroom.ibm.com/2019-01-16-Ford-Motor-Company-Huayou-Cobalt-IBM-LGChem-and-RCS-Global-Launch-Blockchain-Pilot-to-Address-Concerns-in-Strategic-Mineral-Supply-Chains.

内部平台嵌入各种差异化工作流，形成竞争优势。他们通过在典型的工作流中引入呈指数级发展的技术，建立全新工作方式和技能，帮助提高运营竞争优势。例如，在采矿业，针对爆破过程增加预测能力，帮助开采高质量的矿床，并将智能整合到工厂中以优化运营。

建材供应商 CEMEX 就是使用者平台的一个例子。该公司使用 Go 平台，试运行一些可即时为客户带来价值的技术。CEMEX 根据客户反馈，通过添加新功能对平台进行持续改进。CEMEX Go 平台起初是"客户整合平台"，旨在提供实时详细信息，支持下订单、实时跟踪发货，以及管理 CEMEX 主要产品的发票和付款。由于客户担心周期时间，CEMEX 将 Quarry Link 添加到 CEMEX Go 中，自动完成建材供应诸多方面的工作，缩短客户的等待时间。[①]

在流程中融入技术

领跑者应用呈指数级发展的技术，实现最重要的业务目标（图 15-4）。实际上，超过 3/4（最多达 94%）的领跑者已在有效使用或者已完全实施和优化这些数字化技术。

数字化计划如何支持这些目标的实现？成功者将数字化技术融入整个价值链中，既包括研发和产品制造等核心行业流程，也包括财务和会计以及健康、安全和环境等支持流程。例如，在研发领域，通过

---

① "10，000 customers embrace CEMEX Go." CEMEX press release. June 12，2018. https://www.cemexusa.com/-/10-000-customers-embrace-cemex-go；"CEMEX Go Quarry Link delivers faster pickup for aggregates customers." CEMEX press release. October 21,2019. https://www.cemexusa.com/-/cemex-go-quarry-link-delivers-fasterpickup-for-aggregates-customers.

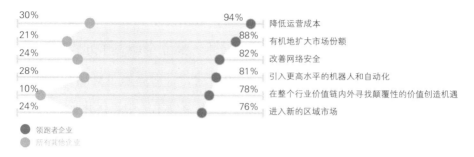

图 15-4　用数字化计划支持业务目标

高级分析技术支持产品组合分配决策以及产品开发生命周期优化。又如，智能制造利用强大的技术组合实施运营转型，这些技术包括高级分析、增材制造、人工智能（AI）、自动化、云计算、数字孪生、边缘计算、5G 和 IoT 等。实现这一切的基础是用于为本地优化和互联资产提供支持的边缘计算和云计算基础架构。资产和设备上的传感器以及 AI 驱动的机器人技术推动机器学习。[1] 借助智能制造，生产缺陷检测率可提高 50%，产量可增加 20%。[2]

　　另一个例子，财务职能可采用机器人流程自动化技术，只需将预算和资本计划输入系统，即可生成财务规划和分析报告。此外，可通过预测性分析和 AI 能力，让更多常规任务实现自动化，几乎不需要人工干预，从而将财务人员解放出来，集中精力从事更高价值的活动。可利用

---

[1]　Snyder, Skip, David Meek, Tomipeka Lehtonen, and Plamen Kiradjiev. "Smart manufacturing: AI technologies, intelligent insight." IBM Institute for Business Value. May 2020. https://www.ibm.com/downloads/cas/ZLKE8R2X.

[2]　"Benefits of AI on Manufacturing: A Visual Guide." Industry Week. February 8, 2019. https://www.industryweek.com/ technology-and-iiot/article/22027119/benefits-of-ai-on-manufacturing-a-visual-guide.

自动化、分析和 AI，更深入地洞察企业的战略、运用和财务绩效。

在数字化转型过程中使用 AI 的领跑者的数量比业内同行多出三倍。他们将 AI 应用于各种特定于行业的活动，实现全新的价值（图15-5）。

AI 可有效运行或已完全实施和优化

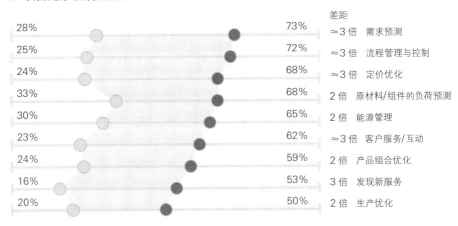

		差距	
28%	73%	≈3 倍	需求预测
25%	72%	≈3 倍	流程管理与控制
24%	68%	≈3 倍	定价优化
33%	68%	2 倍	原材料/组件的负荷预测
30%	65%	2 倍	能源管理
23%	62%	≈3 倍	客户服务/互动
24%	59%	2 倍	产品组合优化
16%	53%	3 倍	发现新服务
20%	50%	2 倍	生产优化

● 领跑者企业
○ 所有其他企业

问题：贵企业多大程度在特定于行业的活动中实施了 AI?

图 15-5　在价值链中使用人工智能

Hitachi Zosen：
运营 Hitz Advanced Information Technology Center[①]

日本大型工业和工程企业 Hitachi Zosen 创建了 Hitz Advanced

---

① "Hitachi Zosen Commences Operation of Hub of ICT Use：Hitz Advanced Information Technology Center." Hitachi Zosen website. October 23，2018. https：//www.hitachizosen.co.jp/english/news/2018/10/003198.html.

Information Technology Center，这是远程监控和使用信息与通信技术（包括 IoT、大数据和 AI）的内部中心。该中心支持三项服务：远程监控和运营支持，IoT、大数据和 AI 开发，以及开放式创新。

远程监控和运营支持服务面向以垃圾为原料的发电厂。该中心利用积累的数据提供售后、运营和维护服务，包括延长设施设备的使用寿命，以及提供先进的运营支持与控制。

该中心使用 Hitachi Zosen 的多种技术，包括垃圾发电、AI 图像识别、无人机控制、GPS、故障分析等，收集和存储数据，对其进行分析，直观呈现结果，以及扩展为新的服务和商业计划。

为了推动开放式创新，该中心积极与外部企业和大学研究机构合作。通过将外部数字化技术与内部专业知识相融合，Hitachi Zosen 加快了发展步伐。

领跑者还在客户服务工作流中实施 AI。在依靠 AI 解决方案评估客户满意度、增加现有客户关系的价值、改善客户争取战略、优化整个客户争取过程的营销投资回报率以及提供售后服务方面，领跑者的数量比业内同行多出两到三倍。领跑者通过 AI 技术整合外部数据以获取洞察，帮助营销人员大规模确定潜在客户并逐一了解他们。AI 可执行深入知识发现，从而获取洞察，帮助销售人员采取最合适的后续行动。在服务方面，AI 系统可执行初步诊断，并提供解决方案建议。

此外，领跑者还利用 AI 实现大规模个性化，弥补与技能相关的差距。AI 通过了解每个员工的当前技能，明确企业和个人希望或需要在哪些技能方面更进一步，并且推荐个性化的学习和职业发展道路，实现有意义的个性化员工体验。56%的领跑者使用 AI 来确定当前技能和未来技能之间的差距，而所有其他企业中这样做的比例仅有 1/5。41%的领跑者通过 AI 实现个性化的学习，相比之下，这样做的业内同行仅有 14%。

对于领跑者而言，AI 是支持和跟踪战略执行情况的基石。事实上，将近90%的领先者出于此目的采用 AI 技术；相比之下，仅有28%的其他同行具有同样的战略眼光。企业以 KPI 指导战略的执行。AI 有助于确定要衡量的 KPI、衡量方法以及最有效的优化方法。通过分析技术加强监督，企业可借助这些 KPI 明确战略执行的责任。[①]

为了充分利用数字化技术和大量数据源，领跑者建立了企业 IT 架构（图 15-6）。模块化工作流的扩展和兼容离不开这种全面而一致的企业架构。这个基础还有助于实现开创性业务平台所需的开放性。领跑者以全新方式，通过混合云使用呈指数级发展的技术，实现无缝的数据流动。

数字化技术的价值取决于企业从数据中建立信任的能力。前提是降低数据结构的复杂性。这就需要通用的信息架构、企业数据治理框架、数据标准以及中心数据存储库。我们的调研表明，在数据管理计划方面，领跑者又一次走在其他同行前面（图 15-7）。

---

① Kiron, David, and Michael Schrage. "Strategy For and With AI." MIT Sloan Management Review. June 11, 2019. https://sloanreview.mit.edu/article/strategy-for-and-with-ai/.

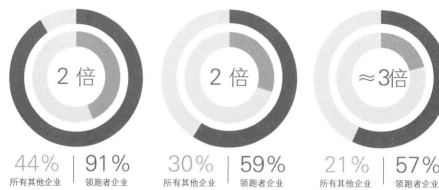

问题:为了统筹协调企业 IT 架构以支持数字计划,贵企业在实现以下目标方面取得了多大程度的进展?百分比代表按照五分制选择 4 分或 5 分的受访者数量。

图 15-6　领跑者企业 IT 架构

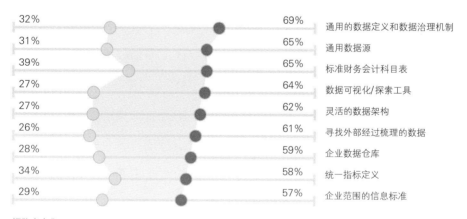

问题:贵企业在多大程度上实施以下数据管理改进项目,以支持数字计划?百分比代表按照五分制选择 4 分或 5 分的受访者数量。

图 15-7　领跑者通过标准化和通用性建立数据信任

领跑者建立了"企业范围"的信息标准，并使用通用的指标术语。这种一致性使他们能够更轻松、更有效地衡量成果，进一步明确战略的执行责任。

领跑者有效缩短了准备、验证和清理数据所需的时间。近60%的领跑者实施了企业数据仓库——这个比例几乎是其他同行的两倍。他们因此能够整理现有数据并将其应用于决策。

最后，近64%的领跑者采用数据可视化/探索工具；相比之下，仅有27%的其他同行使用此类工具。在工具的大力支持下，工作人员可以深入挖掘数据，加快信息处理速度，充分利用洞察来提高绩效。

企业可以从海量结构化和非结构化业务环境和运行状况数据中提取知识和发掘洞察（图15-8）。领跑者充分利用可用数据源，帮助及时调整运营模式，确定员工队伍需求，改变竞争对策以及把握新兴趋势。例如，天气预报和市场需求预测可影响到原材料采购、库存更新和能源消耗。这有助于节省成本、改进生产流程以及主动作出决策。

打造全新的企业体验

领跑者积极打造丰富的员工体验和客户体验。随着呈指数级发展的技术在企业中日益普及，这些领先企业在数字化计划中开始考虑提升员工技能，以及与客户一起创新。

领跑者认识到要取得成功，数字化转型必须从领导层开始，领导层必须调整投资方向以加速发展，并指导整个企业范围的系统性变革。90%的领跑者告诉我们，他们拥有必要的、强有力的领导能力。91%的领跑者表示，他们以结果作为企业数字化计划的导向，而表达

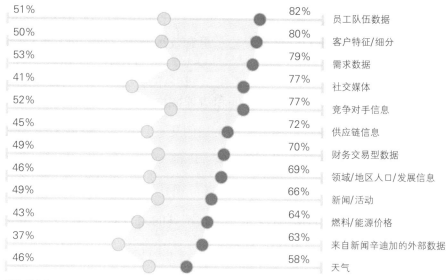

	领跑者企业	所有其他企业
员工队伍数据	82%	51%
客户特征/细分	80%	50%
需求数据	79%	53%
社交媒体	77%	41%
竞争对手信息	77%	52%
供应链信息	72%	45%
财务交易型数据	70%	49%
领域/地区人口/发展信息	69%	46%
新闻/活动	66%	49%
燃料/能源价格	64%	43%
来自新闻辛迪加的外部数据	63%	37%
天气	58%	46%

领跑者企业
所有其他企业

问题：贵企业在多大程度上使用以下数据源，以充分利用数字能力？百分比代表按照五分制选择 4 分或 5 分的受访者数量。

图 15-8　领跑者对新数据源的利用更为深入

同样观点的其他受访者的比例则为 67%。

为了保持市场领先地位，并随着不断变化的市场动态和机遇而迅速调整，企业必须保持敏捷。72% 的领跑者具备提振数字化转型精神所必需的敏捷性；相比之下，仅有 35% 的同行企业具备这种敏捷性。

强有力的人才管理计划有助于实现稳固的领导能力、明确的发展方向和卓越的敏捷性（图 15-9）。领跑者大力投资于敏捷方法，根据来自整个产品开发和运行过程中测试、迭代和改进活动的实时反馈进行修改。他们建立了适当的企业文化，推动数据和数字化技术的使用。他们将企业数字战略、数据驱动的文化和敏捷运营结合起来，促进企业的敏捷性。

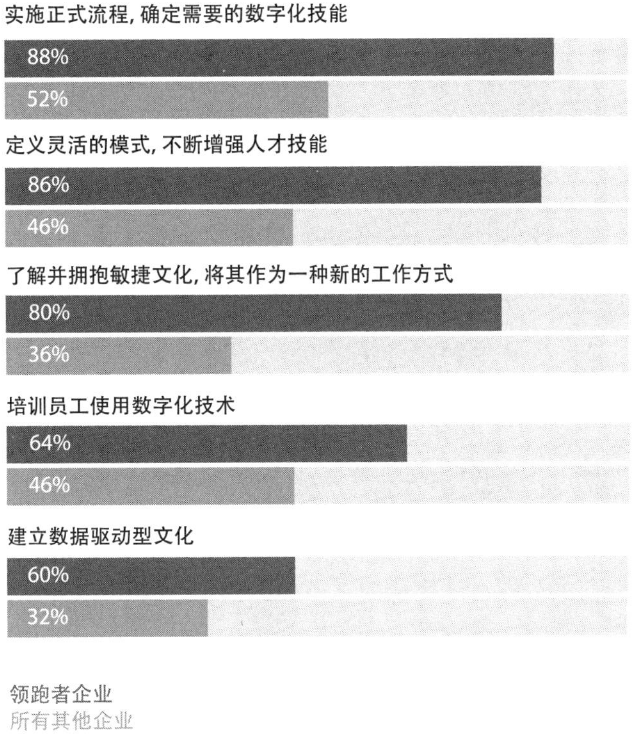

实施正式流程，确定需要的数字化技能

88%

52%

定义灵活的模式，不断增强人才技能

86%

46%

了解并拥抱敏捷文化，将其作为一种新的工作方式

80%

36%

培训员工使用数字化技术

64%

46%

建立数据驱动型文化

60%

32%

领跑者企业
所有其他企业

问题：贵企业在与数字计划相关的以下每项人才计划中进行了何种程度的投资？百分比代表按照五分制选择 4 分或 5 分的受访者数量。

图 15-9　领跑者大力投资培养人才

JFE Steel：在维护工作中融入 AI 技术[①]

如果在炼钢过程中出现设备故障，并且生产线长时间停产，那么可能会造成巨大损失。因此，设备必须保持 7×24 式全天候运行，紧急情况下也能尽快恢复。随着拥有丰富的维护经验和技

---

① "JFE Steel Corporation." AI/Watson, Chemicals and Petroleum, IBM case study. IBM Japan website, accessed September 2, 2020. https://www. ibm. com/jp － ja/casestudies/jfe-steel.

术知识的员工相继退休，该公司发现中青年员工不仅数量很少，技术知识也很薄弱。

作为全球领先的综合钢铁生产商之一，JFE Steel 部署了 AI 维护解决方案，可以搜索大量文档，例如过去几十年创建的日常工作报告、故障报告和工作手册。该解决方案能够识别过去的事件和解决方案，帮助维护人员快速访问集体知识，及时获得所需的结果。

2018 年 9 月，JFE Steel 的控制器和仪器故障恢复支持系统在六个地区的钢厂/制造厂的所有生产线上实施。该系统实施后，设备故障造成的制造停机时间至少减少了 20%。

西门子：对员工支持工作创新[①]

西门子是总部位于德国慕尼黑的跨国集团，是欧洲最大的工业制造企业，业务几乎遍及世界上的每个国家或地区。

为了支持数字化转型计划，西门子的人力资源领导一直希望使用数字化技术，为全球 37.9 万员工提供更出色的支持。该团队希望为员工提供互动式体验，更迅速、更准确地回答问题——无论涉及的地点、设备或时间。

---

① "Siemens AG: A one-of-a-kind AI-based chatbot innovates employee support." IBM case study. IBM website, accessed August 11, 2020. https://www.ibm.com/casestudies/siemens-ag-watson-ai.

因此他们创建了 CARL，这是基于 AI 的 HR 聊天机器人，为 20 个国家/地区的 28 万西门子员工提供与 HR 相关的支持。现在，CARL 能说流利的德语、英语、法语、西班牙语和葡萄牙语，熟悉 200 多个主题，每月可响应大约 100 万次标准的员工查询。

CARL 使西门子的员工和 HR 部门的工作更加轻松。员工可以更迅速、更直接地找到与 HR 相关的信息，从而提高员工满意度，减少 HR 人员在回答员工支持请求上花费的时间。

在对社交媒体数据挖掘、大数据相关信息管理和数据整理等技能投资的受访者中，领跑者的比例是其他企业的两倍。借助适当的人才和数字化技术，企业可以生成规范性洞察，提供最合适的后续行动建议，弥合战略执行方面的差距。

领跑者通过对个人技能进行投资，有的放矢地提升敏捷性。超过 4/5 的领跑者投资于项目管理技能；相较而言，仅有 48% 的其他所有企业这样做。将近 3/4 的领跑者投资于软技能，例如协作、领导能力、社交和情商等，而这样做的同行仅有 43%。领跑者认识到，要在不断发展的环境中有所作为，必须拥有合适的人才：他们能够有效进行沟通，迅速改变前进方向，运用问题解决和批判性思维能力推动数字化转型，并且能够从海量数据中挖掘洞察并采取行动。

最后，领跑者还关注客户体验创新，积极改变客户互动方式。超过 3/4 的领跑者为微客户群打造个性化的体验；相比之下，这样做的同行只有 30%。通过将客户体验之旅作为推动力，团队可以确定客户需求与参与程度，并使用更丰富的洞察作出明智决策，积极改善客户体验。超过 3/4 的领跑者高度依赖数据作出客户体验战略决策，保持单一的客户视角；将近 3/4 的领跑者在每个客户接触点为员工提供客户知识。

领跑者倡导开放式创新，通过共同创造，积极鼓励从企业外部获得新的奇思妙想（图 15-10）。他们使用业务平台，与合作伙伴密切合作，激发全新构思，打造全新产品和服务。他们通过合作关系获得流程专业知识、特定于行业的技术以及新兴技术。这些领跑者还直接与客户合作，开发全新体验。

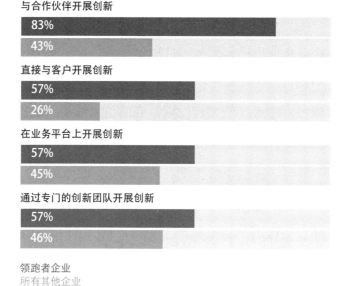

与合作伙伴开展创新
83%
43%

直接与客户开展创新
57%
26%

在业务平台上开展创新
57%
45%

通过专门的创新团队开展创新
57%
46%

领跑者企业
所有其他企业

问题：贵企业在多大程度上通过以下渠道开展创新活动？百分比代表按照五分制选择 4 分或 5 分的受访者数量。

图 15-10　领跑者通过多种渠道进行创新

ABB：实现客户支持转型①

ABB 是全球技术领先企业，生产发电、配电、自动化和消费设备。

该公司拥有众多的客户服务系统，收集了不同语言的大量客户评论。为此，该公司需要一种解决方案，不仅能够收集和分析评论，并将其翻译为英文以大规模发现趋势，还需要理解客户的感受。如果能够及时了解客户的情绪和情感，企业就可以使用这些信息来改善制造过程，避免将来出现问题。

ABB 实施了一个 AI 客户服务解决方案，其中包括自然语言处理（NLP）技术，用于理解客户评论并将其翻译为英文；以及自然语言理解（NLU）技术，用于分析文本，从内容中提取元数据，例如概念、实体、关键字、类别、关系和语义角色等，以便学习和理解情绪、情感和语气。通过将这些信息与结构化数据联系起来，就可以找到问题的根本原因，并围绕因果分析建立分析模型，以便今后作出更明智的决策，提高工作效率。该解决方案帮助质量工程师显著提高了工作效率，使他们能够更深入地理解问题的根本原因。

---

① Kuttala, Babu. "How AI transformed ABB customer support in just 90 days." IBM Client Success Field Notes. October 9, 2018. https://www.ibm.com/blogs/client-voices/how-ai-transformed-abb-customer-support-90-days/.

行动指南

工业品行业大规模数字化转型

领跑者打造数字化转型框架，推动企业发展。在他们的引领下，工业品企业可集中精力执行以下三个优先任务：

1. 执行数字化业务蓝图

制定企业范围的数字战略，并按照价值链领域、经过协调的技术投资和必要的资源，制订相应的计划。例如，全球最大的建筑设备制造商卡特彼勒（Caterpillar）制定了重点明确的长期数字战略，并建立了通用技术平台和数据架构，用于连接自己的所有设备和一系列应用，旨在提高产品的智能化水平以及客户的生产力与安全性。[①]

此外，借助新的数据源和生态系统合作伙伴，策划全新的产品和体验，拓展市场商机。选择业务平台，建立差异化优势，在整个生态系统中统一协调与数据和业务关系相关的能力。发展与数字化计划相关的主动变革管理能力。

2. 在流程中融入技术

在前台和后台活动中应用呈指数级发展的技术，重点关注最符合业务目标的技术。使用 AI 跟踪战略执行情况。建立全面一致的企业架构，实现开放的灵活性。部署混合云以访问数据，开发新的用途，覆盖工作流。本着开放、敏捷的原则，对原有应用进行现代化改造，并

---

① Gibson, Rowan. "Caterpillar's Five Proven Steps to Digital Excellence." The Leadership Network. September 26, 2019. https://theleadershipnetwork.com/article/caterpillar-s-five-proven-steps-to-digital-excellence.

部署新应用。

建立通用性和治理机制，通过数据产生信任。整合 IT 与 OT 领域，这是交流基于 AI 的信息和建议的必备条件。利用经过梳理的新数据源，挖掘最重要的价值。

发现将智能应用于研发、生产、分销以及面向客户的职能和活动的新方法。例如，AI 可以建议最合适的后续行动，帮助采购部门以数据为依据作出明智决策。通过收集和分析有关买方行为、客户特点以及社交舆情等方面的数据，营销部门能够从多个角度分析客户，从而更好地设计客户体验。预测性销售建模和产品/服务数据、描述和用例等，都是帮助销售部门不断接近目标并最终完成交易的关键数据。

例如，日本建筑设备制造商小松利用智能开展与客户相关的活动。该企业将远程监控系统 Komatsu Machine Tracking System（KOMTRAX）作为大多数产品的标配功能。该系统将传感器和 GPS 功能整合到机器中，为客户提供实时信息，包括利用率、维护状况和油耗等。[1]

3. 打造全新的企业体验

让领导团队了解呈指数级发展的技术的力量，帮助企业抓住新机遇。转变为新的学习型企业，为聘用、培训和管理人才制订相应的计划。了解每个员工的当前技能，明确企业和个人希望或需要在哪些技能方面更进一步，并且推荐个性化的学习和职业发展道路，从而为员工量身定制职业发展、技能培养和个人学习计划。

---

[1]　Nakagawa, Tomo. "KOMTRAX-Use of data analytics in construction machine industry." Harvard Business School Digital Initiative. April 5, 2017. https://digit. hbs. org/submission/komtrax-use-of-data-analytics-inconstruction-machine-industry/.

增添数据、个人和技术技能，作为现有资源的补充。开展跨界（合作伙伴、客户与平台）协作，加速创新。采用敏捷原则，确定数字计划的成果，并设定里程碑。

最后，精心打造丰富的体验，吸引客户并使其满意。例如，通力电梯公司（KONE）围绕客户体验创建了全新业务模式。了解客户需求后，通力采用 AI 和 IoT 技术获取实时洞察，主动预测维护需求，帮助客户改善建筑物中的"人员流"，从而带来更加无缝的服务体验。①

调研方法

2020 年 1 月到 2 月间，IBV 与牛津经济研究院携手合作，对全球 18 个国家或地区的 600 名工业品行业高管开展了一项调研，收集了各种职位的高管的回答，包括首席执行官、战略主管或创新主管、首席财务官、首席营销官、首席运营官、首席信息官、首席人力资源官以及主要负责战略联盟或合作关系的高管。调研参与者来自亚太地区、欧洲、中东、北美和南美地区的企业。600 名工业品行业高管代表不同的细分市场和规模不一的企业。所有数据都由受访者自己报告。

领跑者的定义：表示自己在实现最重要的业务目标方面非常有效的受访高管所在的企业。受访者认为自己能够非常有效地实现以下三到五个目标：

---

① "How technology supports the best people flow experience at KONE." IBM Think blog. January 1, 2019. https://www.ibm.com/blogs/think/be-en/2019/01/09/technology-for-best-people-flow-experience-at-kone/.

——有机扩大市场份额

——降低运营成本

——引入更高水平的机器人和自动化

——进入新的区域市场

——在整个产业价值链及其他领域寻求颠覆性的价值创造机遇，
包括新的平台业务模式

——改善网络安全

——推出新产品、服务或价值主张

——增强合作关系/联盟（或协作）

——打造个性化、无缝的多渠道客户体验

——寻求并购机会

受访者（按细分市场划分）

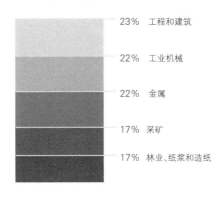

23%　工程和建筑

22%　工业机械

22%　金属

17%　采矿

17%　林业、纸浆和造纸

受访者（按企业规模划分）

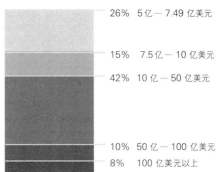

26%　5 亿 — 7.49 亿美元

15%　7.5 亿 — 10 亿美元

42%　10 亿 — 50 亿美元

10%　50 亿 — 100 亿美元

8%　100 亿美元以上

第十六章

发展服务化业务模式

工业机械明星企业指引前进方向

作者介绍

Hans Bracke，基于 Salesforce 的行业解决方案的欧洲地区负责人，在数字解决方案领域拥有 20 年的丰富经验，擅长在人工智能的支持下整合客户、员工和资产管理活动，帮助客户实现业务转型。

联系方式：LinkedIn 账号 linkedin.com/in/hansbracke/，电子邮箱 hans.bracke@uk.ibm.com。

Gaurav Garg，IBM 产业学会成员，IBM 工业自动化、机械和重工业领域的负责人。他重点关注工业制造商/运营商生态系统中数据驱动的业务模式转型。

联系方式：LinkedIn 账号 linkedin.com/in/gargaurav，电子邮箱 gauravgarg@dk.ibm.com。

Spencer Lin，IBM 商业价值研究院的石油化工行业及工业品行业解决方案的全球研究领导者。他在财务管理和战略咨询领域具有超过 25 年的从业经验。

联系方式：LinkedIn 账号 linkedin.com/in/spencer-lin-35896317/，电子邮箱 spencer.lin@us.ibm.com。

本章要点

服务的重要性

与设备/资产的周期性收入相比，服务可带来持续的收入流，为工业机械制造商提供增长引擎。由于服务覆盖整个产品生命周期，因此优质服务还有助于改善客户体验。

服务战略转型框架

我们确定了一小部分明确制定了服务战略的工业机械行业领跑者

企业，约占调研受访者的 21%。他们在服务客户满意度和服务交付成本方面均表现出色。他们在收入增长和盈利能力方面也交出了领先于同行的财务成绩单。

六大主要措施，助力走向成功

领先的企业实现了服务转型——他们制定服务战略，建立治理框架，在整个企业统一思想；促进客户互动；在整个生态系统开展合作；充分发挥技术与工具的作用；根据数据和洞察采取行动；积极解决人才问题。

第一节　工业机械行业实现服务化

颠覆性市场力量引发行业巨变，对于工业机械制造商而言，提供优质服务是有效的应对之策。由于产品利润不断下降，新资本设备的订单不断萎缩，客户基于产品的品牌忠诚度也非常有限，因此原始设备制造商（OEM）都在努力通过调整成本、功能或质量，让自己的产品具备差异化优势。新冠肺炎疫情的暴发对 OEM 而言可谓雪上加霜，导致市场对新产品的需求大幅下降。

客户需要更为个性化的服务。他们希望现场服务工程师能够立即解决问题，并作为值得信任的顾问，帮助他们从所购资产中获得更多价值。然而，许多企业都没有能力满足客户对这种服务的愿望。制造企业的服务体验并没有给客户留下深刻印象，只有 15% 的客户对体验给予高度评价。[①]

为了推动增长，工业机械企业必须转型，不仅仅是销售产品，还要提供广泛的服务。服务可基于设备、性能和/或使用情况：

——基于产品的服务：保持资产可靠性，例如维护和维修。

——增值服务：提供更多价值，例如维护检查、知识传授与咨询服务。

——服务级别协议：降低风险，例如保证 99% 的设备正常运行率。

——流程优化服务：提供流程优化和资产优化服务，例如提供用于改善资产运行状况或实现预期成果的服务。

——基于结果的服务：实现业务成果，例如生产能力。

与设备的周期性收入相比，服务可带来持续的收入流，为企业提供增长引擎。通常，OEM 的服务业务年增长率为 5%—10%，而原始设备业务的年增长率仅为 2%。[②] 而且服务往往能带来更高的利润。基于服务的模式所产生的息税前利润（EBIT）比新设备销售的 EBIT 要高

① "State of the Connected Customer." Salesforce Research. June 7, 2019. https://www.salesforce.com/form/conf/state-of-the-connected-customer-3rd-edition/?leadcr eated = true&redirect = true&DriverCampaignId = 7010M000000ujR9QAI&FormCampaignId = 7010M000000ujR4QAI.

② "After Sales Services: The Quest for Faster Growth and Higher Margins." Barkawi Management Consultants. Accessed October 8, 2020. https://www.barkawi.com/fileadmin/templates/barkawi/images/Publikationen/BMC-Study-Industrial-Services-Final-Web-02.pdf.

出三至七倍。[①]

服务可以覆盖整个产品生命周期，因此还可以帮助工业机械制造商改善客户体验。通过拉近与客户的距离，更好地了解客户，OEM 就可以提高服务水平，有针对性地定制产品和服务。此外，制造商可以更深入地了解客户使用产品的方式以及产品的性能。这些洞察为完善产品设计和开发新一代产品与服务打下了基础。

这些服务还可以帮助最终客户应对许多最紧迫的挑战。借助 OEM 提供的服务，客户不必自行维护运营设备，从而避免可能出现的效率低下问题。通过使用 OEM 的服务，客户可从资本支出（拥有设备）转变为运营支出（使用设备），从而满足现金流优化需求。此外，基于流程和基于结果的合同将风险从客户转移到供应商身上。只有五分之一的制造企业进行战略性资产管理，以跟踪和监控资产。[②]

为了了解工业品企业在服务战略与交付方面的情况，IBM 商业价值研究院（IBV）与牛津经济研究所合作，对 23 个国家或地区的 500 位高管进行了一次调研，受访者都参与所在企业的服务开发和/或交付工作（请参阅文末"调研方法"）。

[①] "Product-as-a-Service, the Shifting Model in Industrial Machinery." FutureBridge blog. Accessed October 8, 2020. https://www.futurebridge.com/blog/product-as-a-service-the-shifting-model-inindustrial-machinery/.

[②] "Building Resilient Manufacturing Operations." IDC. August 2020. https://www.ibm.com/downloads/cas/KQ1WYQG9.

第二节　服务现状

工业机械企业的主管认识到了企业对服务的需求。将近 3/5 的受访高管认为传统业务模式在当今市场环境中难以维系。56% 的受访高管表示客户/消费者行为正从基于产品转向基于体验。超过半数的受访者表示，OEM 产品日趋商品化，而且产品、价格、质量和交付等方面的差异化因素急剧减少。

企业的业务目标能够彰显服务的重要性。受访高管目前最关注的目标是降低运营成本，有将近三分之二的受访者提到这一点；重要性排名第二的是推出新服务，认同这一点的受访者达到 48%；而排在其后的则是提高网络安全性以及引入更高水平的机器人和自动化技术。服务优先级体现在服务收入和利润的增长（图 16-1）。而且这两方面都有望继续增长。受访者认为利用数据的服务也将不断增加，从而为以上两个方面的增长提供支持（表 16-1）。事实上，基于流程和基于结果的服务，其收入和利润增长率最高，这包括按性能付费的活动和流程优化服务。

然而，大多数企业在服务交付方面都面临执行问题。只有 44% 的受访者表示，他们的企业能够提供与服务相关的无缝客户互动。

这可能是因为服务渠道不一致而造成的。通过各种渠道为客户提供服务并给予必要的支持，对于争取和留住客户至关重要。

受访者表示，他们最主要的客户服务渠道还是传统方式，例如联络中心、线上交谈以及合作伙伴/分销商服务运营（图16-2）。然而，只有不到半数的企业提供更高级的服务，例如，互动式语音响应和计划内的现场服务运营。提供自助服务以及建立服务生态系统的企业则更少。

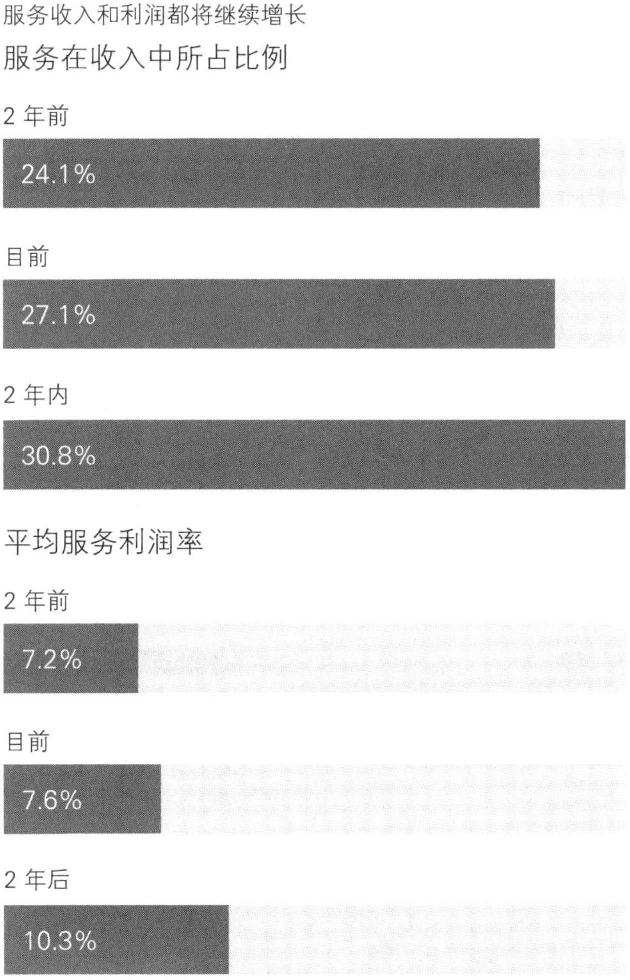

服务收入和利润都将继续增长

服务在收入中所占比例

2 年前
24.1%

目前
27.1%

2 年内
30.8%

平均服务利润率

2 年前
7.2%

目前
7.6%

2 年后
10.3%

图 16-1　工业机械服务的增长

表 16-1　服务的增长

预计大多数服务,尤其是那些利用数据的服务将实现增长

服务	目前	2 年后	增长率 (CAGR)
基于知识的服务	44%	54%	11%
在线监控	42%	46%	5%
培训	36%	42%	8%
按性能付费的方法	34%	46%	16%
流程优化服务	32%	48%	22%
设备维修与维护	32%	31%	−2%
服务级别协议	30%	38%	13%
预测性维护	29%	37%	13%
设施优化/设备运行咨询	25%	27%	4%
竞争对手解决方案支持	20%	23%	7%
提供备件	19%	27%	19%
纳入合作伙伴服务(生态系统)	19%	18%	−3%
基于结果的服务	12%	18%	22%
将现有产品/应用转化为服务	5%	8%	26%

主要的服务渠道采用传统方法

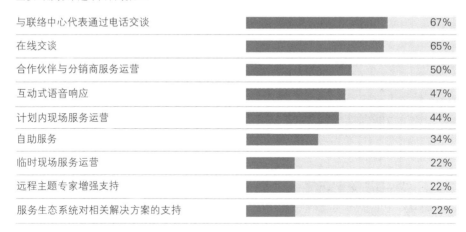

与联络中心代表通过电话交谈	67%
在线交谈	65%
合作伙伴与分销商服务运营	50%
互动式语音响应	47%
计划内现场服务运营	44%
自助服务	34%
临时现场服务运营	22%
远程主题专家增强支持	22%
服务生态系统对相关解决方案的支持	22%

图 16-2　客户服务渠道

　　工具不足影响到服务的执行。尽管超过半数的受访者拥有客户关系管理工具，但只有 49% 拥有优化库存所需的需求预测工具。只

有 2/5 的企业使用现场服务管理工具，帮助优化服务工作安排。由于工具不足，企业难以支持制造、销售、客户服务和现场服务职能作出准确决策、获得专家支持与客户知识、缩短响应时间以及提高效率。

缺乏客户数据和洞察给这些企业带来了挑战。只有一半的受访高管表示，在每个客户接触点都可以获得有关客户的知识，以便为进一步客户互动提供信息支持。只有 51% 的受访者拥有统一的客户视图，这导致服务人员难以出色地完成服务工作。服务规划人员需要相关的客户和资产信息，才能有效满足广泛的客户期望。联络中心代表与销售团队需要了解所有客户互动情况和工作流程，以满足客户请求或采取后续最佳行动。

第三节　向"服务明星"企业学习

为了帮助企业提高服务能力，我们分析了调研反馈，并确定了一小部分工业机械行业的"服务明星"企业，约占调研样本的 1/5（21%）。这些明星企业的高管表示，他们明确制定了服务战略，并确保员工理解战略。

这些领跑者在收入增长和盈利能力方面都交出了领先于业界同行的财务成绩单——在实现收入增长方面，前者比例为 71%，后者为 58%；在实现盈利方面，前者比例为 74%，后者为 51%。表示通过创新建立了专业化服务能力的服务明星企业达到 76%，而其他受访者的这一比例为 46%。

　服务明星企业在客户满意度方面也表现出色，他们的平均服务交付成本要比同行低 40%（图 16-3）。此外，与同行相比，明星企业能够更有效地实现三个最重要的业务目标——在引入更高水平的机器人和自动化技术方面，明星企业的比例要比同行多出 33%；在降低运营成本方面，比同行多出 1.5 倍；在推出新服务方面，也同样多出 1.5 倍。

服务明星企业的客户满意度更高,服务交付成本更低

服务体验的净推荐值

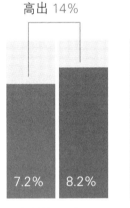

高出 14%

服务明星企业的服务交付职能年成本在收入中的占比要比所有其他企业低

41%

7.2%　8.2%

所有其他　服务明星
企业　　　企业

图 16-3　卓越服务

　我们的调研表明，服务明星企业通过采取六项措施，推动服务转型：

　1. 制定服务战略，建立治理框架，统一全员思想

2. 促进客户互动

3. 展开生态系统协作

4. 充分发挥技术与工具的作用

5. 根据数据和洞察采取行动

6. 积极解决人才问题

制定服务战略，建立治理框架，统一全员思想

服务明星企业将服务列为企业的优先任务。将近 2/3 的服务明星企业积极开发全新的服务和业务模式，为企业建立差异化优势，而这样做的其他企业的比例为 42%。3/4 的领先企业投入可观的财务资源来执行服务战略，其他企业中只有不到一半这样做。

这种服务理念将客户和用户体验放在核心位置，服务明星企业表示，他们提供更多服务，重点关注服务级别协议、流程优化服务和基于结果的服务（表 16-2）。例如，流程优化服务充分利用用户洞察，更深入地了解产品使用情况，有的放矢地优化产品组合。这些服务还利用从价值链中挖掘的深入洞察，提高客户计划中的生产和使用情况的透明度。

服务明星企业认识到，卓越服务的目的是为客户带来价值，而非提高产品的性能。这是思维模式的重大转变，需要采用不同的数据集和洞察来定义服务合同、风险和定价。

这些领先企业预计将来会运用基于分析和人工智能（AI）服务的能力，提供优质服务。例如，预测性维护可主动触发相关活动，防患于未然，避免停机。按性能付费的活动主要是在客户场所执行产品生

命周期管理，支持客户的业务运营，根据需要更换产品。

表 16-2　服务开发

服务明星企业积极开发新服务

	目前		2 年后	
	服务明星企业	所有其他企业	服务明星企业	所有其他企业
基于知识的服务	50%	42%	60%	53%
按性能付费的方法	48%	30%	64%	42%
流程优化服务	46%	29%	53%	46%
在线监控	41%	43%	41%	48%
设备维修与维护	39%	31%	37%	29%
预测性维护	37%	27%	61%	30%
服务级别协议	37%	29%	46%	36%
培训	36%	36%	41%	42%
设施优化	34%	22%	39%	24%
纳入合作伙伴服务(生态系统)	31%	16%	24%	17%
提供备件	30%	16%	39%	24%

■ *明显差异*

对于服务明星企业来说，服务是企业范围、管理主导的方法。将近 2/3 的服务明星企业建立了跨职能的关键绩效指标（KPI），以确保客户满意度、收入增长和服务级别协议，而这样做的同行比例为 41%。要有效交付基于流程和基于结果的服务，需要整个企业在法律、商业、人力资源、IT 和运营等多方面统一思想。

通过量化服务，服务明星企业明确了自己想要实现的目标，并重点关注服务责任。他们还奖励现场服务部门和销售队伍，以推动服务销售。4/5 的服务明星企业对服务和现场服务部门实施激励措施，以推动零部件和服务的销售；将近 3/4 的明星企业制定了财务激励措施，以鼓励销售人员积极销售服务解决方案。

通力电梯：从以产品为中心转向以客户为中心①

通力电梯公司（KONE）围绕客户体验创建了全新业务模式。在了解客户需求之后，通力使用技术来连接、远程监控和优化对数百万部电梯、自动扶梯、门和旋转门的管理；系统分析传感器数据，发现和预测问题，最大限度减少宕机，并为用户营造个性化体验。通力可以实时预测与响应特定的技术问题，并且能够远程运行测试以及发出云指令，因此无须致电服务工程师，也不需要按部就班地执行维护计划。

通力的愿景是打造完美的客流体验，成为电梯和自动扶梯行业的全球领导者。② 通力电梯比利时和卢森堡公司维修总监 Ilse Vanderlocht 表示："最佳用户体验的增值效应越来越明显。"③

促进客户互动

服务明星企业将客户视为企业的优先关注目标：超过 3/4 的受访者认识到有必要将关注重点从产品转移到体验。新型服务要求企业更深入地了解客户期望，并且灵活透明地满足这些期望。通过深入了解

---

① "IBM and KONE：Watson IoT Gives Lift To Innovation In Smart Buildings." YouTube. February 22，2017．https：// www.youtube.com/watch?v＝EVbd3ejEXus.

② "Vision and strategy：Our vision is to deliver the best people flow experience." Kone. https：//www.kone.com/ en/company/vision−andstrategy/.

③ "How technology supports the best people flow experience at KONE." IBM website. January 1，2019．https：//www.ibm.com/blogs/think/be−en/2019/01/09/technology−for−best−people−flow−experience−atkone/.

客户期望，领先企业开始提供基于数据的服务，优化客户体验并扩展服务生态系统。

服务明星企业已经找到了与客户互动的秘籍。他们通过多个渠道为客户提供服务（表 16-3）。这样他们就能够在多个相互补充的方面提供整体客户服务：

表 16-3　面向客户的服务渠道

服务明星企业同时提供传统服务渠道和高级服务渠道

	服务明星企业	所有其他企业
在线交谈	70%	64%
与联络中心代表通过电话交谈	66%	67%
合作伙伴与分销商服务运营	57%	48%
计划内现场服务运营	56%	41%
互动式语音响应	52%	49%
自助服务	50%	30%
远程主题专家增强支持	34%	19%
服务生态系统对相关解决方案的支持	30%	19%
临时现场服务运营	28%	20%

▨ *明显差异*

——重点关注最终用户的产品体验。这包括主动提供与使用方法、远程协助、自助服务与呼叫中心解决方案、产品支持、状态追踪以及现场服务计划有关的建议。

——现场服务包括由现场服务人员提供的远程或现场维护和支持服务活动，以及咨询服务。

新冠肺炎疫情迫使企业加速实施自助服务、增强远程支持和生态系统支持，以应对不断变化的接触限制和健康问题。服务明星企业已经利用这些渠道以提高客户满意度和降低成本。

这些明星企业擅长利用数字洞察，推动服务体验的数字化转型。3/4 的明星企业在各个接触点提供客户数据，实现无缝的全渠道体验。超过 3/4 的服务明星企业在整个企业共享统一的客户视图，相比之下，这样做的其他企业仅有 18%。

Fisher & Paykel：将现场服务与品牌忠诚度联系起来[①]

Fisher & Paykel 是新西兰的一家设备制造企业。为了提高品牌忠诚度而不仅仅是增加产品销售，该公司的客户服务和现场服务团队必须在每个售后接触点提供一致、无缝的客户体验，以便有效管理产品交付、安装、维修和日常维护。

他们将外部 CRM 平台与内部企业资源计划（ERP）系统以及现场服务软件集成，将系统整合为客户信息与活动的单一来源。目前，Fisher & Paykel 通过两小时的维修预约窗口和自动预约状态识别，为客户提供更灵活的维护与维修服务。此举成果显著，客户满意度提高了 20% 以上，联络中心培训时间减少了一半，员工满意度提高了 15%。

---

① "Fisher & Paykel：How Fisher & Paykel Connects Field Service to Brand Loyalty." bluewolf. Accessed October 26，2020. https://www.bluewolf.com/content/fisher-paykel.

开展生态系统协作

　　服务明星企业同时使用"由内而外"和"由外而内"的方法来制定服务战略和实施服务交付。较多的明星企业建立了合作伙伴生态系统，以便在服务设计和开发以及客户体验转型方面获得帮助。与仅依靠内部资源相比，利用生态系统资源使他们能够加快创新步伐。3/5的服务明星企业与合作伙伴积极合作，通过创建服务生态系统来扩大市场范围。

　　在服务交付方面，这些企业认为，要取得成功必须有效利用企业内部的核心能力以及外部实体的优势。这些生态系统加快了补充服务的执行速度，提高了服务采用率。服务明星企业与合作伙伴共享支持流程以及数据和信息（图 16-4）。例如，87%的服务明星企业表示他们正与供应商以及合作伙伴或服务提供商共同运营、优化或实施数据共享和分析流程；相比之下，这样做的其他企业只有 45%。这些领先

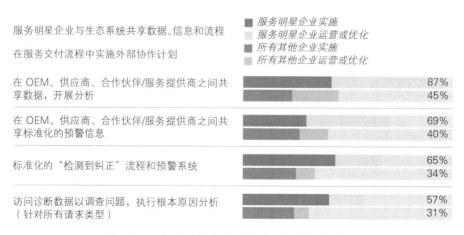

图 16-4　与合作伙伴携手合作，增强服务交付

企业利用洞察来创建灵活的服务交付模式，专注持续改进，快速应对市场商机。

服务明星企业实施必要的管理，确保与生态系统合作伙伴有效开展合作。将近70%的领先企业建立了创新和技术合作伙伴管理机制，相比之下，这样做的其他同行只有42%。经过这些努力，服务明星企业可以与合作伙伴携手合作，不断探索和尝试新服务，并以数字方式赋能服务人员。

充分发挥技术与工具的作用

服务明星企业将技术视为服务体验数字化转型的关键推动力量。超过4/5的明星企业表示，他们使用技术提高服务和现场服务的敏捷性和响应速度，从而使客户受益，相比之下，这样做的其他同行的比例为46%。81%的服务明星企业表示，他们不断了解与产品相关的新技术，以便提供适当的服务。

这些明星企业认为技术组合对于服务交付至关重要（图16-5）。物联网解决方案能够持续监控资产和流程数据，以提供有关运行状态的信息。此外，物联网技术有助于实现产品即服务业务模式。云计算可用于围绕客户接触点运行服务应用和开发/维护数据，以及在不同地点共享信息。移动技术使信息访问无处不在，并帮助执行现场服务。自动化技术有助于提高技术工单流程的生产力和效率。

服务明星企业在服务交付流程中充分发挥物联网、云、机器人和移动技术的力量

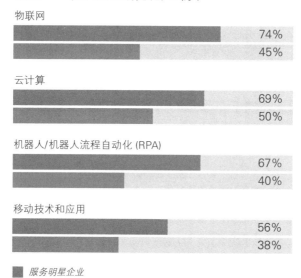

实施 —— 投入运营或优化（目前）

物联网

| | 74% |
| | 45% |

云计算

| | 69% |
| | 50% |

机器人/机器人流程自动化 (RPA)

| | 67% |
| | 40% |

移动技术和应用

| | 56% |
| | 38% |

服务明星企业
所有其他企业

图 16-5　充分发挥技术的力量

Sandvik Mining and Rock Technology：
提供采矿流程优化服务①

作为采矿和建筑设备领域的全球供应商，Sandvik Mining and Rock Technology 提供用于优化整个采矿过程的解决方案。这种解决方案利用 AI、物联网（IoT）和预测性分析技术，分析和优化地

---

① "OptiMine® analytics and process optimization." Sandvik. Accessed October 26, 2020. https://www.rocktechnology. sandvik/en/products/automation/optimine – information – management – system/"Knowledge is power. Unleash your insights." https://www. rocktechnology.sandvik/en/campaigns/optimine/.

下硬岩的开采和处理流程。该解决方案的平台基于开放系统架构，有效集成了来自采矿系统和各个提供商的设备的数据，从而能够提供实时的预测性洞察，帮助改善运营。Sandvik 解决方案关注整体设备效率，能够发现潜在的时间损失并预测故障。

服务明星企业希望将来在服务交付过程中采用其他呈指数级发展的技术，以此增强可视性和透明度，提高执行速度，并且扩大服务规模。具体来说，将近3/5 的明星企业表示将利用 AI，而有这种想法的其他企业只有40%。AI 可以支持客户服务聊天机器人以及面向客户和员工的应用，提供诊断洞察，指导员工采取行动。

43%的明星企业计划利用3D 打印技术来制造无库存的零件/组件，以便在仓库中开展维修活动。1/4 的明星企业打算使用增强现实（AR）技术，指导现场服务代表或客户进行维修。例如，现场服务代表可拍摄 2D 产品图像，然后通过 AR 将其呈现为 3D 影像，从而使技术专家可以进行深入检查，确定问题所在。然后，专家可以将说明和规范直接添加到图片中，将其发送至最终用户设备。[①]

服务明星企业使用各种工具，帮助客户服务和现场服务职能开展工作（图16-6）。现场服务自动化工具使日常任务实现数字化，提供所需的零部件，共享必要的客户信息，以及监控整个现场服务网络的

---

① Teich, David A. "IBM Augmented Reality Working To Support And Accelerate How Support Services Are Changing." Forbes. April 28, 2020. https://www.forbes.com/sites/davidteich/2020/04/28/ibm-augmented-reality-working-to-support-andaccelerate-how-support-services-arechanging/#5465e9e42c56.

服务明星企业为客户服务和现场服务提供生产力工具。

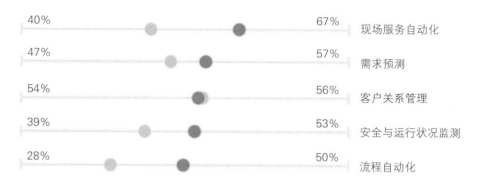

图 16-6　支持服务交付的工具

维修和零部件情况。

　　安全与健康监控工具通过接近实时地深入洞察工作场所和现场服务技术人员，帮助提高工作安全性和智能化水平。物联网数据和分析工具执行监控和事件跟踪。穿戴式传感器可以帮助员工有效预防身体伤害。

　　流程自动化工具生成端到端流程总体视图，其中包含客户服务专家、现场服务工作人员和服务经理的服务内容。自动化工具包括服务请求和确认、建议和采购、订单处理、订单执行以及服务报告和计费。

　　服务明星企业已经建立必要的企业 IT 架构，以支持服务交付。将近 90% 的明星企业通过混合多云实现灵活性和开放性，支持服务战略的实施；相比之下，这样做的其他同行的比例只有一半。3/4 的明星企业建立了与业务活动保持一致的全面企业架构，而其他受访者中的这一比例为 47%。这种基础使他们能够轻松实现扩展，提供开放性并支持无缝的数据流。

根据数据和洞察采取行动

服务明星企业使用更丰富的洞察，作出有关改进客户体验的明智决策。88%的明星企业已建立与服务战略和交付相关的数据驱动型文化，相较之下，同行中只有52%做到了这一点。这种文化在跨职能团队中具有强大的感染力，并且体现在产品开发、供应链及市场营销和销售领域的服务数据与运营数据的整合过程中（图16-7）。通过将客

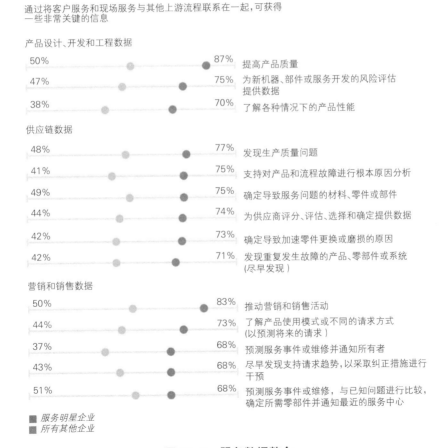

图 16-7 服务数据整合

户服务和现场服务与其他上游流程联系在一起，可获得一些非常关键的信息。组合的数据可帮助客户服务和现场服务员工作出有关服务体验战略的决策，并增强企业绩效。服务明星企业能够更有效地发现挑战，制订服务开发计划，从而主动预测客户需求，创建个性化的流程，提供基于结果的服务。尽早实现（远程）产品配置和控制，有助于优化客户成果，降低服务运营成本。

Armstrong Fluid Technology：提供预测性维护分析[①]

Armstrong 总部位于加拿大多伦多，专门从事智能流体设备的设计、工程和制造业务。其服务包括设计封装技术、系统自动化与优化服务以及暖通空调（HVAC）、水暖和消防安全解决方案。为了在产品之外获得更多价值，Armstrong 希望帮助客户解决预测性维护问题。

该公司开发了基于智能云的性能跟踪服务，由物联网和预测性维护分析技术提供支持。该服务用于管理水泵性能，提供实时洞察，帮助建筑物业主运行和维护 HVAC 系统，达到最优效率。例如，Armstrong 帮助中国的郑州大学将年度能源消耗减少了78%，二氧化碳排放量减少了43303千克。加拿大的卡尔森法院占地30万平方英尺，在 Armstrong 的帮助下，能源消耗减少了87%，二氧化碳排放量减少了131053千克。

---

① "Armstrong Fluid Technology：Manage HVAC systems to optimize performance and save up to 40 percent." IBM case study. August 2019. https：//www. ibm. com/case - studies/armstrong-fluid-technology.

在供应链中，生产团队可以查看需要更换的关键零部件的相关数据，了解资产故障率。这样就可以轻松优化库存管理和补货流程。利用这些洞察，向现场服务技术人员提供适当的零部件，有助于提高客户满意度。通常情况下，对于企业而言，越早发现并解决问题，成本就越低。

服务明星企业结合营销、销售和服务交付数据，有效提高决策水平。这使他们能够预测服务事件或维修活动，并在发生故障之前通知客户。因此，他们能够提前储备所需的零部件。服务明星企业了解产品的使用模式，这有助于预测未来的支持请求情况，或更早地发现客户支持趋势和困难，从而缩短从发现到改正问题的周期。因此，服务明星企业能够更快地检测和解决问题。这些明星企业从问题发现到改正的平均周期为 21 个自然日，在统计上明显优于同行的 22.9 个自然日。

拥有必要的人才和资源

3/4 的服务明星企业已拥有执行服务战略所需的人员和技能，其他受访企业的这一比例低于 50%。服务明星企业了解这些资产如何帮助自己收获服务价值以及改善客户互动。

84% 的领跑企业表示，他们的服务战略由变革管理提供支持，而同行中的这一比例仅为 45%。由于出色的服务需要专业化的服务能力，因此服务明星企业并没有低估变革的程度，这包括在整个企业形成服务理念、执行有效的流程、建立实时可视性和监控机制，以及积极使用呈指数级发展的技术和工具。

日立造船：运营日立高级信息技术中心①

日本著名的工业和工程企业日立造船（Hitachi Zosen）建立了日立高级信息技术中心，将其作为执行远程监控以及使用信息和通信技术（包括 IoT、大数据和 AI）的枢纽。该中心支持三项服务：远程监控和运营支持；IoT、大数据和 AI 开发；开放式创新。

远程监控和运营支持服务面向垃圾发电厂的发电设施。该中心利用积累的数据提供售后、运营和维护服务，包括延长设施设备的使用寿命以及提供先进的运营支持与控制。

该中心使用日立造船的各种先进技术，包括垃圾发电、AI 图像识别、无人机控制、GPS 和故障分析等，收集、存储、分析并直观呈现数据，使用这些数据开发新型服务和商业计划。为了促进开放式创新，该中心积极与外部企业和大学研究机构开展合作。通过融合外部数字技术与内部专业知识，日立造船加快了开发过程。

与同行相比，服务明星企业开展了更多的人才改进工作，以便为服务提供支持（图16-8）。他们视技能为服务战略的核心，目标是深入掌握整个企业的技能状况。超过 3/4 的明星企业建立了正式流程，以解决服务员工队伍的技能问题。随着退休潮的来临，人才短缺成为工业机械企业面临的最大威胁之一；企业对年轻员工缺乏吸引力，导

① "Hitachi Zosen Commences Operation of Hub of ICT Use: Hitz Advanced Information Technology Center." Hitachi Zosen website. October 23, 2018. https://www.hitachizosen.co.jp/english/news/2018/10/003198.html.

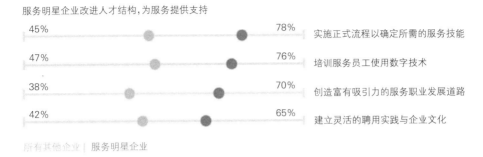

服务明星企业改进人才结构,为服务提供支持

45%	78%	实施正式流程以确定所需的服务技能
47%	76%	培训服务员工使用数字技术
38%	70%	创造富有吸引力的服务职业发展道路
42%	65%	建立灵活的聘用实践与企业文化

所有其他企业 | 服务明星企业

图 16-8　人才投资

致难以留住专业人才,并加剧了人才竞争。

服务明星企业根据员工的经验、目标、兴趣以及个人目的,为服务员工量身定制职业发展道路、技能培养途径和学习计划。这包括了解企业和服务人员希望或需要培养的技能,打造富有吸引力的职业发展道路。通过加大对数字技术培训的投资力度,强化企业技能储备。这有助于留住人才,建立服务型员工队伍。

为了应对不断变化的形势和机遇,这些领先企业投资发展全新的工作方式。这就需要从整个企业的角度来确定运营模式、企业范围的影响以及提供卓越服务所需的平台。通过使用灵活的实践,服务明星企业可以根据服务开发和运营过程中的实时反馈来调整行动。这样,现场服务就能够获得数字化认知助手与人类认知助手的帮助,以及集中式远程支持,从而减少对专家知识的现场需求。

行动指南

发展服务化业务模式

贵组织可以学习服务明星企业,建立新型框架,通过采取以下六大措施，转变服务战略和交付模式：

1. 推动统一愿景

在服务开发、交付和治理框架的支持下，使服务成为组织思维方式不可或缺的一部分：

——确定服务愿景，从产品销售支持服务转变为增值服务和基于结果的服务。

——建立清晰明确的服务战略和计划，涵盖客户、员工与合作伙伴，在整个企业范围统一思想（包括愿景、战略和目标）。

——结合服务 KPI 和激励措施，衡量用户价值和业务价值，推动服务取得成功。

——由最高管理层负责服务的管理，确保各业务职能统一行动，实现更高的透明度、协作水平和控制力度。

2. 设计体验

利用多种渠道和客户数据来吸引客户：

——开展深入研究，了解客户期望（B2B 和 B2B2C）

——将企业主导原则和体验设计融入企业的服务战略；寻找关键机遇，并且建立、评估、扩展和增强体验。

——确定实现值得信赖的咨询服务体验所需的渠道、运营模式、企业范围影响、合同、定价、工具、数据以及平台。

3. 加强合作伙伴生态系统

建立合作伙伴生态系统，以便在设计和开发以及客户体验转型方面获得帮助：

——选择合作伙伴网络以提供卓越服务，打入新的目标市场，加强价值主张。

——支持生态系统共享并结合产品、服务和数据，为客户提供增值服务/产品（B2B 和 B2B2C）。

4. 整合数据与洞察，实现更好的互动

结合服务数据与运营数据，生成洞察，以此提高效率并改善体验：

——确保贵组织的服务战略同时涵盖结构化和非结构化数据，以便更好地了解客户的流程并实现互动目标。

——横向连接数据（在商务、营销、销售、服务、现场服务、法务和定价职能之间实现透明度）以及纵向连接数据（客户生命周期与互动、资产与资产绩效以及资源管理）。

5. 实现服务职能的数字化

为营销、销售和服务职能提供数字化技术，将其融入特定领域：

——创建企业范围的智能工作流，将流程、人员和洞察联系起来。

——融入数字技术，优化销售、服务和现场服务职能领域的流程。

——通过资产绩效管理、高级分析技术和 AI，简化并对接各种服务运营。

——在流程和现场服务中使用自动化技术。

——部署混合云以访问数据，开发新用途，整合工作流。

——转而使用战略平台，实现敏捷业务、运营和 IT 实践。

6. 建立合适的团队

增强服务人才队伍，有效管理各种变革：

——培养服务技能和能力，开创新的职业发展道路和工作方式。

——针对因退休潮和无法吸引年轻劳动力而导致的人才缺口，确

定相应的行动。

——增加数据技能、个人技能和技术技能，作为对现有服务资源的有益补充。

——获得并传播知识，以提高技能和服务效率。

——由于服务转型涉及业务、运营和人才方面的重大变化，因此应制定主动的变革管理战略。

调研方法

2020 年 7 月到 9 月间，IBV 与牛津经济研究院携手合作，对全球 23 个国家或地区的 500 名工业机械行业高管开展了一项调研。500 名高管来自不同地理区域，担任不同职务，所在企业的规模也各不相同。所有数据都由受访者自己报告。

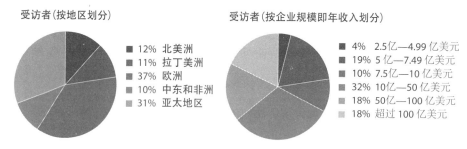

受访者(按地区划分)

- 12% 北美洲
- 11% 拉丁美洲
- 37% 欧洲
- 10% 中东和非洲
- 31% 亚太地区

受访者(按企业规模即年收入划分)

- 4% 2.5亿—4.99 亿美元
- 19% 5 亿—7.49 亿美元
- 10% 7.5亿—10 亿美元
- 32% 10亿—50 亿美元
- 18% 50亿—100 亿美元
- 18% 超过 100 亿美元

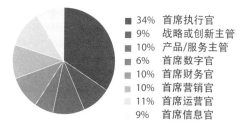

受访者(按职务划分)

- 34% 首席执行官
- 9% 战略或创新主管
- 10% 产品/服务主管
- 6% 首席数字官
- 10% 首席财务官
- 10% 首席营销官
- 11% 首席运营官
- 9% 首席信息官

第十七章

制胜产业互联网经济

构建产业互联网的三大关键要素

作者介绍

于海霞，IBM 全球企业咨询服务部数字化体验部总经理合伙人。
联系方式：电子邮箱 aliceyu@cn.ibm.com。

蔡任燕，IBM 全球企业咨询服务部数字化创新团队负责人副合伙人。
联系方式：电子邮箱 shrycai@cn.ibm.com。

张伟，IBM 全球企业咨询服务部高级咨询经理。
联系方式：电子邮箱 dlweizg@cn.ibm.com。

王莉，IBM 商业价值研究院高级咨询经理。
联系方式：电子邮箱 gbswangl@cn.ibm.com。

本章要点

重塑传统产业资源

产业互联网的本质是打通全产业链的需求侧和供给侧，构建生态圈效应。

开放的平台服务战略

以消费互联网为核心的平台经济竞争日趋成熟，以产业互联网为核心的平台经济竞争刚刚开始。

行业标准与客户体验的有效融合

产业互联网需要提出行业标准才能形成行业共识，达到规模化效应。对于企业用户需要打造个性化的方案，建立生态黏性。

第一节　构建生态体系，服务全产业客户

优步（Uber）将乘客和车辆引入线上平台，基于数据自动匹配需求和供给、定价机制、交易处理，并通过担保和安全机制建立信用体系，把国民交通出行这个传统行业改造为基于数据和算法的智能新产业，在运输服务业细分产业领域创建了一个完整的全栈体验。在创立不过六年的时间内，该公司市值攀升到近千亿美元。

总部位于墨西哥的 CEMEX 是全球领先的重型建材供应商。在过去的三年里，该公司致力于企业转型，通过构建产业互联网平台为 B2B 客户和生态系统中的合作伙伴提供差异化的价值主张，来提升自身竞争力。[①] 在 2018 年末，平台经济的总市值估计为 7 万亿美元。预计到 2025 年，这一市场规模将扩大到 60 万亿美元左右，约占全球商业总额的三分之一。[②] 以消费互联网为核心的平台经济竞争日趋成熟，而以产业互联网为核心的平台经济竞争才刚刚开始。

产业互联网是从消费互联网引申的概念。伴随着人工智能、区块链、边缘计算、物联网和混合云等信息技术带来的创新竞争能力，更多的传统企业通过数字化重塑与转型、商业模式重构等举措，一方面保持其在自身领域内的竞争优势，另一方面也与跨行业的规则颠覆者

---

① "认知型企业：发挥人工智能优势，全面重塑企业–七大成功要素"，IBM 商业价值研究院。2019 年 2 月 https://www.ibm.com/downloads/cas/7JM7WMGJ.

② 同上。

展开跨界竞争。

产业互联网通过覆盖企业内部以及整个产业链（研发、生产、交易、流通和资金等各个环节）的数字化、智能化，达到对内提升效率，对外赋能生态圈合作伙伴，打通全产业链的需求侧和供给侧，形成产业规模效应的目的。

区别于按照线下信息建立真实对应的线上数据要素的消费互联网，在产业互联网领域，线上系统采集物理实体的数据，基于智能业务流程和算法进行实体资源的配置，线下实体要素依照线上模型输出的数据完成业务流程。

在当前新常态下，企业应该如何定位自身在产业中的位置，整合产业资源，加速数字化重塑，进行产业升级？这是产业互联网时代中所有企业面临的一个重要挑战。

第二节　三思而后行

面对这样的挑战，IBM 认为，希望在产业互联网经济中占据一席之地的企业应当思考如下问题：

价值定位

定义企业在产业价值链中所扮演的角色以及价值。企业自身是否具有召集生态圈构建的声誉和地位？企业是扮演产业平台的领导者还是参与者？企业需要根据自身在产业中的定位，分析企业在平台上的行为将如何创造价值。无论企业在产业链中扮演什么角色，基于价值定位的数字化转型都是必不可少的关键环节。

价值交付

定义企业在产业价值链中的位置。平台价值主张通常分为四个组成部分，即信息搜索、授信、交易和交付（图 17-1）。

图 17-1　平台价值主张的四个组成部分[1]

不同企业聚焦的方向各有侧重。平台提供者可以关注其中某些价值组成部分。例如，CEMEX 聚焦的是信息搜索、授信、金融交易和实体交付。客户在 CEMEX 平台上搜索并购买水泥，同时发布建筑项目方案。

---

[1]　Saul Berman，Jamie Cattell，Edward Giesen. "享受平台业务模式红利：变革性机遇，机不可失，时不再来"，IBM 商业价值研究院。2019 年 8 月，https://www.ibm.com/downloads/cas/QRMREW5X.

生态圈融合

接下来是有关是否"建立、购买、合作或参与"以及任何独立业务将在平台上开展业务的决策。

定义企业需要哪些参与者才能交付所需的价值，并使该平台成为供应商和客户的可持续互动场所。简而言之，在控制技术和执行业务模型的同时成为平台的唯一所有者是正确的选择吗？还是成立一个多方共同拥有和管理的平台更有意义？

第三节　构建产业互联网的三大关键要素

企业构建产业互联网需要聚焦三大关键要素，分别是重塑传统产业资源，开放的平台战略，行业标准与客户体验的有效融合。接下来，我们将分别进行阐述。

重塑传统产业资源

如果说过去几十年的经济发展主要依靠包括人口、资本在内的多种红利以及资源的推动，那未来十年的经济增长点可能更多依靠生产力的提升和生产关系的重塑。

在过去十年间，传统行业企业广泛完成了企业内部的信息化建设，通过传统经销商协同及管理平台、企业资源管理系统、工作流系统的建设实现了企业内部业务流程的标准化、线上管理，提升了既有生产关系内多方协同效率的提升。

在新常态和数字化的时代背景下，数字化重塑的先行者在数字化领域向深度和广度两个方向寻求突破。深度是将企业内部的信息化能力深化为智能化能力，将业务流程中的数据转化为洞察客户及市场的能力，实现数据支撑的智能决策。同时，企业数字化业务平台是以行业应用为导向，基于行业特质拓展数字化能力。广度则是将企业内部的数字化能力外延，与产业内的上中下游合作伙伴互联互通，形成生态圈效应。以上两者均是实现产业互联网的关键推动因素。

产业互联网的本质是拉通全产业链的需求侧和供给侧，构建生态圈效应（图 17-2）。这意味着需要将原有的线下资源通过创新业务模式，并结合数字化手段完成重塑，实现资源的高效配置和规模效益。在重塑产业资源的过程中，需要通过创新的业务场景构建新业务模式落地，但如何构建创新的覆盖产业内企业的业务场景？

IBM 在服务传统企业数字化转型过程中，通过 IBM Garage 方法

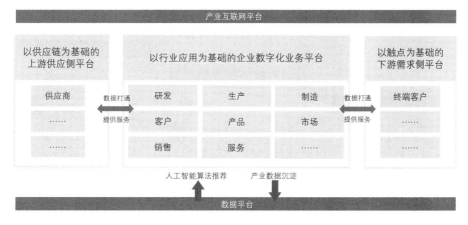

图 17-2 产业互联网的核心构成

论，基于共同设计、共同执行、共同运营的理念，从用户视角出发，推演产业内部端到端的业务场景，以商业画布为框架审视业务场景中的业务创新价值点或者生态圈赋能点，将创新业务模式以场景输出，作为平台建设的切入点（参阅下文："IBM 车库方法论助力地产企业实现创新业务模式落地"）。

此外，产业互联网建设还需要从行业洞察出发，在企业内部完成数字化转型，同时洞悉产业链上下游痛点、利益诉求，打通同一产业内不同企业间的数字化壁垒，将产业资源以数字化的手段进行重组，形成新价值增长点。

以工业品领域企业的产业互联网建设路径为例（图17-3）。首先，需要通过企业自身的数字化转型，为客户提供更立体、更深度的交互体验；其次，通过与产业合作伙伴更紧密、更透明的协作，共建产业联盟，推进行业智能化演进；最后，构建平台化、自动化的运营模式，促进创新不断涌现。

以往分销领域的企业更多依赖对经销商的管控提升渠道力，而随

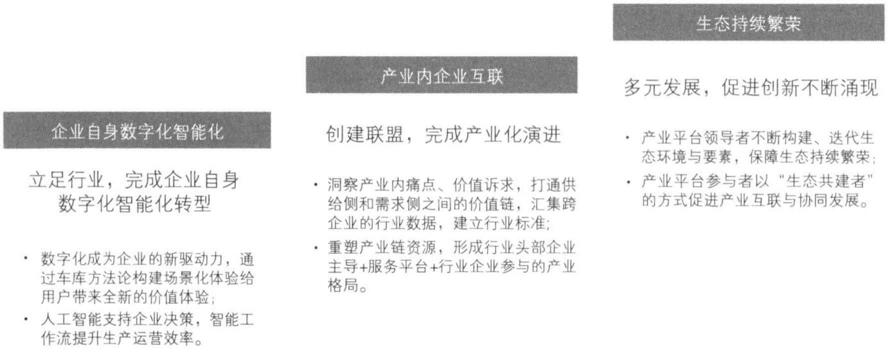

生态持续繁荣

多元发展，促进创新不断涌现

· 产业平台领导者不断构建、迭代生态环境与要素，保障生态持续繁荣。
· 产业平台参与者以"生态共建者"的方式促进产业互联与协同发展。

产业内企业互联

创建联盟，完成产业化演进

· 洞察产业内痛点、价值诉求，打通供给侧和需求之间的价值链，汇集跨企业的行业数据，建立行业标准。
· 重塑产业链资源，形成行业头部企业主导+服务平台+行业企业参与的产业格局。

企业自身数字化智能化

立足行业，完成企业自身数字化智能化转型

· 数字化成为企业的新驱动力，通过车库方法论构建场景化体验给用户带来全新的价值体验。
· 人工智能支持企业决策，智能工作流提升生产运营效率。

图17-3 工业品领域企业的产业互联网建设路径

着近年产业互联网和生态圈概念的兴起和实践，更多的分销型企业开始将整个分销渠道的合作伙伴纳入赋能的范围。例如，品牌商不仅仅局限于为经销商提供交易平台，同时希望经销商能够在企业提供的平台上开线上店，引流社会化终端门店在品牌商的产业互联网平台上完成交易，进而在平台上获得多元的赋能服务。

IBM 车库方法论助力地产企业实现创新业务模式落地

在北京某大型跨业态地产企业客户全周期运营项目中，基于 Proptech，通过 IBM 车库方法论，与客户共创联结跨业态客户，延长客户生命周期的业务场景。覆盖地产产业互联网、奥莱产业互联网、长租生态圈建设，实现了企业内部的降本增效和向美好生活运营服务商的业务转型。通过创建业务场景的构建，企业实现渠道投放费用降低 20%，物业管家执行效率提升 27%，业主满意度提升 15%。

开放的平台战略

产业互联网的重要支撑是企业的平台战略和基于云原生构建的平台技术体系。在产业互联网领域，平台企业构建的产业平台有四个重要特征：

——平台有能力积累大规模的用户。

——平台能够给用户提供巨大黏性的服务。例如合作伙伴数据赋能、撮合服务、融资服务等，使新的服务和产品能够在这些服务的基础上被创造出来。

——平台要服务入驻方，保证合作伙伴的利益，实现共赢。

——平台能够接受用户的反馈并快速演进，在不断的反馈中完善产品和服务，应对快速变化的市场用户需求。

在技术平台构建方面，承载产业互联网的技术平台首先应该具备开放的特征，同时兼具丰富的行业应用和创新技术。这个技术平台能够助力企业完成自身的数字化转型，之后企业再结合自身在所处行业中的情况，选择以产业平台领导者的地位或是产业平台参与者的位置，参与到产业互联的商业模式中。

实现企业自身数字化到生态圈数字化的跃迁，恰恰是 Nebula 平台的优势。Nebula 是基于开源技术构建的技术平台，同时承载了丰富的行业应用和包含人工智能、区块链、IoT 等在内的前沿技术。它使企业客户可以在最新的行业应用基础上轻松构建符合自身业务需求的能力中心，同时以开放平台界面或者 API 的方式向外输出，形成企业在行业内的影响力。

近年，工业品领域的头部企业纷纷选择升级原有的经销商管理系统到新一代面向全渠道伙伴赋能的数字化平台。究其背后的原因，一方面是市场的变化要求主机厂以赋能而非管控的角度与生态圈伙伴合作，共同为客户提供价值服务；另一方面，行业头部企业布局企业价值的外向输出，以构建企业自身数字化平台为契机，在适当的时间打通全产业链，向外延展成为服务于行业的产业平台。

以纺织产业互联网平台架构为例（图 17-4）。整体架构分为体验层、业务服务层、共享能力层和基础设施层四个部分。体验层面向全产业互联网相关方提供触点，即各个合作伙伴所需要的业务及数据入口。业务服务层覆盖产业互联网上下游整合业务及资源，能够提供从上游棉花供采到成衣、分销，再到消费者的全业务链路功能，能够支持产业内多方创新业务场景实现。共享能力层主要提供包括 API 服务、微服务架构、注册服务在内的一系列服务接入能力。基础设施层提供通用的创建技术接入，例如 5G、人工智能、物联网等。

图 17-4　纺织行业产业互联网平台架构

Nebula 平台助力工程机械领域企业实现平台战略

　　过去工程机械领域的客户通过构建经销商管理平台实现对经销商的管控。伴随着数字化进程推进，更多企业发现需要构建数字化业务平台，为包括经销商/服务商在内的生态合作伙伴提供能力支持。

在Nebula平台上构建客户中心、营销中心、销售中心、信用中心、服务及后市场中心，以及物联网中心等功能组，打通企业、合作伙伴到客户的业务流及数据流，实现了整合全链路数据的客户全景视图+设备全景视图。同时将整合后的全景视图数据赋能给合作伙伴，使其能够基于全景数据，制定差异化的销售策略和服务政策。

洞察：以技术跃迁而非数量扩张为特点的下一个风口——人工智能

在 IBM，我们使用 Nebula AI Accelerator 自我学习 AI 平台，帮助企业确定哪些营销活动最能引起消费流量提升。企业通过使用 Nebula AI Accelerator 的感知功能，更好地捕捉市场和终端客户需求的变化，在提高广告投入产出比的同时，让客户感受到企业倾听了自己的声音。在对照组测试中，我们看到 AI Accelerator 使企业渠道投放费用降低了 20%，小程序二次访问量提升了 30%。

行业标准与客户体验的有效融合

产业互联网的一个重要构成部分是行业标准。产业互联网需要提出行业标准才能形成行业共识，达到规模化效应。但同时产业互联网不同于消费者端引流，对于企业用户需要根据其自身需求，打造个性化的方案，建立生态黏性。

在产业互联网领域，"用户体验"的概念不局限于最终用户或者消费者层面，需要扩展到为用户服务的员工、企业本身乃至整个生态圈合作伙伴层面。所有这些层面基于共同的价值观和文化体系，形成一致的生态环境。

例如，在肉类加工行业，企业通过构建产业互联网平台，将从粮食加工、养殖、屠宰、肉类深加工再到分销等产业链的各个环节的业务场景在平台上实现，进而定义产业的行业标准，形成食品溯源的数据基础和行业规模效应。与此同时，在统一标准的同时，将基于行业标准形成的数据赋能生态圈合作伙伴，向农户推送疫苗信息，向分销商推送烹饪信息等，将数据价值转化为企业的影响力。①

结　语

互联网经济的下半场是什么？我们看到，以产业互联网为核心的平台经济竞争蓄势待发。产业互联网的本质是打通全产业链的需求侧和供给侧，构建生态圈效应。在产业互联网的大趋势下，企业首先需要思考自身在产业链中的定位，选择与产业定位和企业发展战略相适应的价值交付和生态圈融合策略。之后企业可以从重塑传统产业资源、开放的平台战略、行业标准与客户体验的有效融合三大关键要素入手，经历企业内数字化转型、产业互联和生态圈持续繁荣阶段，持续运营产业互联网的发展，实现企业的新经济增长点。

---

① Michelle Peluso, Irina Yakubenko, Valerie Lemieux, Bethany Douglas. "借助 AI 主导的营销战略，将数据输入转化为影响力"，IBM 商业价值研究院，2020 年 11 月，https：//www.ibm.com/downloads/cas/ERY1XBVD.

需要思考的重要问题

——您在产业互联领域遇到哪些问题？

——您打算如何构建企业的平台战略？

——您打算从哪里起步？

图书在版编目（CIP）数据

IBM 商业价值蓝皮书. 比快更快／IBM 商业价值研究院 著. —北京：东方出版社，2021.12
ISBN 978-7-5207-1790-8

Ⅰ. ①I⋯ Ⅱ. ①I⋯ Ⅲ. ①企业管理—研究报告 Ⅳ. ①F272

中国版本图书馆 CIP 数据核字（2021）第 205025 号

IBM 商业价值蓝皮书：比快更快
（IBM SHANGYE JIAZHI LANPISHU：BIKUAI GENGKUAI）

作　　者：IBM 商业价值研究院
责任编辑：申　浩
出　　版：东方出版社
发　　行：人民东方出版传媒有限公司
地　　址：北京市西城区北三环中路 6 号
邮　　编：100120
印　　刷：北京联兴盛业印刷股份有限公司
版　　次：2021 年 12 月第 1 版
印　　次：2021 年 12 月第 1 次印刷
开　　本：710 毫米×1000 毫米　1/16
印　　张：40.25
字　　数：340 千字
书　　号：ISBN 978-7-5207-1790-8
定　　价：168.00 元
发行电话：(010) 85924663　85924644　85924641